体育新闻与传播专业教材系列编委会

体育新闻与传播专业教材系列

丛书主编　　肖沛雄

丛书副主编　王晓东　刘琨瑛　武学军

肖沛雄　主编

新闻与传播理论观照下的时代脉搏

暨南大学出版社
JINAN UNIVERSITY PRESS

中国·广州

图书在版编目（CIP）数据

新闻与传播理论观照下的时代脉搏/肖沛雄主编 . —广州：暨南大学出版社，2013.12
（体育新闻与传播专业教材系列）
ISBN 978 - 7 - 5668 - 0577 - 5

Ⅰ. ①新…　Ⅱ. ①肖…　Ⅲ. ①新闻学—传播学—文集　Ⅳ. ①G210 - 53

中国版本图书馆 CIP 数据核字（2013）第 094129 号

....

新闻与传播理论观照下的时代脉搏
主　　编　肖沛雄

出 版 人　徐义雄
策划编辑　杜小陆　史学英
责任编辑　史学英　黄海燕
责任校对　黄　斯
出版发行　暨南大学出版社（广州暨南大学　邮编：510630）
网　　址　http：//www. jnupress. com　http：//press. jnu. edu. cn
电　　话　总编室（8620）85221601
　　　　　营销部（8620）85225284　85228291　85228292（邮购）
排　　版　弓设计
印　　刷　佛山市浩文彩色印刷有限公司
开　　本　787mm ×960mm　1/16
印　　张　20. 75
字　　数　384 千
版　　次　2013 年 12 月第 1 版
印　　次　2013 年 12 月第 1 次
定　　价　45. 00 元

总　序

　　2012 年初，暨南大学出版社策划编辑杜小陆先生盛情邀请我为该社主编一套体育新闻与传播的系列教材。由于我之前在该社出版了两本专著，对该社的高瞻远瞩、独到眼光和敬业精神深有体会，所以经过与新闻系的同仁共商后，我们欣然应允。

　　十二年前我在广州体育学院主持创办了体育新闻专业（方向），旨在适应我国作为体育大国以及广东作为体育强省和新闻大省对体育新闻人才的迫切需要，培养体育新闻应用型专门人才。从新专业呱呱坠地之日起，我们坚持"夯实基础，服务社会，实践第一"的办学方针，在中国体育报等省内外各类媒体机构建立了数十个专业教学实践基地，先后从中央电视台、南方日报社、广州日报社、羊城晚报社、广东电视台、香港凤凰卫视和暨南大学等单位聘请了白岩松、孙正平、徐继承、余统浩、李一萍、丘克军、周志伟、黄泰兴、范伯祥、偏正中、王业军、李苗等十多位资深专家为我们的客座教授，组织学生参加了包括 2008 年的北京奥运会、2010 年的广州亚运会、2011 年的深圳世界大学生运动会、2012 年的贵州全国少数民族运动会在内的各类大型体育赛事的新闻报道实习；先后引进和培养了占全系教师人数一半以上的新闻学博士、教授和副教授，并组织教学骨干编撰了一套（共 6 部）由广东人民出版社出版的，具有体育新闻专业特色的新闻学与传播学方面的教材：《新编传播学》、《体育媒体通论》、《中国体育与信息高速公路》、《体育新闻摄影》、《广播电视体育新闻》、《节目主持人语言传播艺术》。各书均得到了较好评价。清华大学新闻与传播学院副院长、博士生导师陈昌凤教授在他所著的《中美新闻教育的传承与流变》一书中，把我系的体育新闻专业课程设置列为全国新闻高等教育的四大有特色的课程模式之一。

　　随着我国体育新闻事业、体育事业和体育新闻教育事业的迅猛发展，当前全国已有近 30 个院系设置体育新闻专业，在校生总计超过 3 000 人，加上体育新闻专业的研究生和成人教育的体育新闻专业学生则超过 4 000 人。虽然新闻学与传播学的教材已经出了很多，其中也不乏精品，但体育新闻专业的教学实践证明，无论从理论观念、内容结构还是技能训练来看，它们都跟不上时代发展对体育新闻教学的需要。

我系教授和一批近年成长起来的年轻博士、副教授在这几年不但先后公开发表了大量体育新闻传播方面有真知灼见的学术论文，承担并完成了一大批涉及体育新闻与传播学方面的国家级、省部级和厅局级的研究项目，而且有机会亲自参与了2008年北京奥运会、2010年广州亚运会和2011年深圳大学生运动会以及2012年伦敦奥运会的科学报告会和新闻传播实践，收获了关于体育新闻采访、写作、编辑、评论、摄影，体育展示以及体育大赛媒体运行、体育新闻服务等方面许多宝贵的信息知识、实践体验和理论认识，这些都是原有教材或其他一般新闻专业教材所没有而学生非常需要的教学新内容。

为了更好地促进体育新闻教育的发展，提高体育新闻教学水平和专业人才的培养质量，根据教高〔2012〕4号文《教育部关于全面提高高等教育质量的若干意见》中关于"优化学科专业和人才培养结构"，"创新人才培养模式坚持内涵式发展"和"突出学科专业特色和行业特色"的精神，在暨南大学出版社的大力支持下，我们编撰出版了这套"体育新闻与传播专业教材系列"，涵盖新闻学和传播学两大学科。指导思想为："以我国历史发展新时期对体育新闻人才素质的需求为导向，以教材的建设和创新为驱动，把新闻学、传播学的基础理论和体育新闻专业实践有机结合到教材的策划、研究和编撰全过程，体现体育新闻工作岗位理论知识和专业技能的要求，培养学生实践操作能力，充分体现体育新闻特色。"

本系列教材在体育新闻学方面，包括体育新闻采写、体育新闻编辑、体育新闻摄影、体育新闻翻译、体育大赛新闻媒体运行和新闻服务、体育展示、节目主持与评论；在传播学方面，包括现代应用传播、体育传播与社会文化、网络体育新闻等内容；此外，还有一本是我系体育新闻与传播专业方向的研究生公开发表的学术论文精选汇编，一共11本。全套教材将于2013年底到2014年上半年期间公开出版。期待各位专家学者和读者朋友的批评指正。

肖沛雄
2013年元旦

序

　　1998 年底，由于工作需要，我离开了在广东外语外贸大学亲自创办的国际新闻传播专业，调任广州体育学院党委书记；2000 年，在征询了粤港 9 位新闻业界和学界专家意见的基础上，我又主持创办了体育新闻与传播专业，并于 2002 年开始招收体育新闻（方向）的研究生。十年磨一剑，这个专业的硕士研究生导师从我单枪匹马开始，到今天，已经发展成为一支由 8 位校内导师以及一批校外新闻学界和业界知名专家组成的导师队伍，培养的研究生已超过 100 名。

　　十年来，我们在办学过程中始终坚持把新闻学、传播学的专业理论教学与社会实践、体育新闻、学术研究结合起来，充分利用广东作为新闻大省和体育强省的有利条件，让研究生不仅在专业理论的课堂上领略导师讲授知识的风采，参与各抒己见的讨论与演讲，还直接去到了 2008 年的北京奥运会、2010 年的广州亚运会、2011 年的深圳世界大运会、2012 年的贵州全国少数民族运动会等体育盛会的第一线，亲自参与世界和国家体育大赛的新闻报道、新闻服务和学术研究。研究生在学期间不仅跟随导师直接参加了多个国家级、省部级和厅局级的社会科学基金课题研究，参与编撰或协助完成多部体育新闻教材；而且在导师的指导下，把课堂和实践中获得的专业理论知识与社会实践结合起来，在国内外重大的新闻事件和体育大赛中发现问题、分析问题和解决问题，写出了多篇具有个人独特见解的学术论文，并在国内正式刊物公开发表。其中不少发表在核心刊物，还有的文章被人大复印资料中心全文转载。

　　本书所收集的 58 篇文章，是从我校新闻与传播专业研究生上百篇已经公开发表的文章中精选出来的。从内容看，同学们的新闻触觉非常灵敏，对社会的关注是多角度、多层面的：在重大新闻方面，从奥巴马竞选美国总统的政治传播、连宋访问大陆、中国足球"扫赌打黑"、百度竞价排名黑幕、"华南虎照片"事件、对广电总局"限娱令"的理性思考，到中日钓鱼岛争端问题中国家媒体形象传播等，可见同学们对国内外大事高瞻远瞩、体察入微的新闻敏感；在体育重大赛事方面，对广州三报进行奥运报道的比较，对《广州日报》亚运宣传的地域文化特色的研究，对网络传播与 2010 年广州亚运会的关系的探索、对北京奥运会新闻服务对广州亚运会启示的分析，凸显了学生在体育大赛新闻研究方面的专业特色和扎实功底；对影响我国体育政务信息网络化建设的因素的解剖，对我国体育政务信息网络化现状分析和对策探讨，对新浪网国内新闻版改版的启示研究，以及对体育博客的基本特征及其发展趋势的剖析，更说明学生已经超越了大众媒体而提升到网络新媒体的新层面上探寻媒介发展的规律；对"3·14"西藏危机事件国家传播策略的探析、亚运会广州城市形象传播的研究、"GMP"三主体在广州亚运重塑广州城市新形象中的功能等方面的探究，体现出新的历史时期研究生对国家媒体形象传播的关注度和责任感有了新的提升。此外，对中外体育电影奥斯卡获奖名片、电视品牌节目如《非诚勿扰》和《中国好声音》的研究，对中国报业的产业化运作规律的探索等文章，更说明学生对新闻学与传播学的研究已经远远超越了体育新闻的局限，走向了更宽广的社会范畴和学科领域。为了方便广大读者的阅读和理解，这些文章按其内容范畴分成如下八个专题：新闻策划舆论调控、体育新闻采写编评、体育新闻人文观念、体育新闻网络传播、媒体运行新闻服务、国家媒体形象传播、电影电视文化传播、体育新闻媒体经营。

今天，这些研究生绝大多数已经毕业，离开了母校和导师，在祖国各地不同的岗位上为国家的腾飞继续努力耕耘。他们有的已经成为高校的副教授；有的已成为国内各类新闻媒体的骨干精英；有的正"给力"于公务员岗位；有的在企业家的队伍中崭露头角；还有的继续朝着更高的学位奋力攀登……他们都有了更高的奋斗目标。但是，他们都有一个共同的体会，那就是研究生学习阶段运用新闻学与传播学的知识理论观照时代的脉搏，研究和撰写论文，培养了他们观察社会、分析社会、融入社会、服务社会的敏感度和责任感；提高了他们运用理论来分析和解决社会问题的能力；学会了从传播学的高度和角度来认识当今时代发展的政治格局多元化、全球经济一体化和信息传播全球化的新趋势。

本书出版的目的，既在于对走向社会的研究生的学习研究成果进行盘点和总结，也希望为后来的研究生提供借鉴。虽然这些文章（包括少量与导师合作的）受当时研究水平所限，难免存在不足，不过在运用所学的新闻学与传播学知识理论来观察与研究社会问题、新闻事件和体育赛事方面，还是会给后来者许多宝贵的启发。当然，把研究生公开发表的文章成集出版，也是对我们几年来朝夕相处、指点江山、切磋学问、感悟人生的一种"为了不忘却的纪念"。

　　必须一提的是，这些文章从上百篇文章中择优汇编出版，由于刊物的体例不同而造成格式上存在差异，编辑过程中除了全部删除英文摘要外，其他地方根据出版的要求略作删改和补充，还是尽量保持"原汁原味"。个别文章由于作者未能提供发表的版本，只能收集原来发稿的版本，敬请原谅。

肖沛雄

2013 年元旦

目　录

专题二　体育新闻采写编评

专题三　体育新闻人文观念

专题四　体育新闻网络传播

专题八　体育新闻媒体经营

专题一　新闻策划舆论调控

美国政治文化传播的新趋势

——奥巴马竞选总统的媒介传播策略

肖沛雄　王梦溪

　　摘　要：有学者曾提出："政治是传播的主神经，传播是政治的控制器。"[1]在 2008 年美国总统竞选中，民主党候选人奥巴马针对本次竞选国际和国内的特殊传播环境，突破了美国新闻传统观念，全面、充分、有效地利用现代多元传媒的优势以及利益集团、传媒和公众三足鼎立的传播调控态势，准确定位媒介传播的主体对象，聚焦经济民生的传播主题，运筹帷幄，讲究策略，彰显自身"草根精英"的亲民形象和"变革总统"的巨大魅力。这不仅使他成功地以美国历史上第一位黑人总统入主白宫，而且使这次选举成为美国历史上绚丽多彩的政治文化传播中的一个新的壮举而载入史册。

　　关键词：总统选举；媒介传播；策略

　　2008 年 11 月 5 日夜晚，手持蓝色气球的美国人欢呼雀跃地走上街头，庆祝历史性的一刻。民主党候选人奥巴马将入主白宫，成为美国历史上首位黑人总统，这揭开了美国民主政治的新篇章。奥巴马为正在饱受经济危机和伊战困扰的美国人带来了希望，为正处于衰退期的美国社会注入了一股新鲜的血液。他的媒介竞选策略刷新了美国总统选举的历史纪录，拓展了美国的政治传播文化。

　　美国政治文化的传播特色，历来充分反映在政治领袖、政治精英和学者针对重大政治问题对传播策略和传媒效果的研究上。从 1940 年美国总统大选期间，著名的传播学奠基者拉扎斯菲尔德在伊里县历经长达半年的时间，对 600 多人进行调查后写出《人民的选择》一文；到 1948 年杜鲁门成为在美国总统选举过程中利用电视广告发表演讲的"第一个吃螃蟹的人"；再到 1960 年肯尼迪抓住美国有史以来首次举办总统候选人电视辩论的机会，击败了比自己更具备竞争优势的对手……许多理论研究成果和政治传播的实践都一再证明：在美国的重大政治文化生活中，媒介传播都起着举足轻重的作用。在 2008 年美国总统大选中，奥

　　[作者简介] 肖沛雄：广州体育学院体育新闻与传播专业教授，硕士生导师；王梦溪：广州体育学院体育新闻与传播专业 2006 级研究生。

巴马阵营充分利用多元传媒的传播优势，把媒体公关传播的策略运用到了极致，开创了崭新的政治传播时代，为今后的政治传播实践和理论研究提供了宝贵的借鉴经验，开拓了新的研究领域。

一、突破新闻传统观念，三足鼎立调控传媒

1. 助选团充分利用传媒，传媒政治倾向鲜明

素有传媒大国之称的美国，向来宣称崇尚言论自由和新闻公正原则，其中包括：政府不干预媒体的自主独立，媒介不带倾向性评论国家政治。但实践一再证明：无论是政治集团还是私人利益财团控制的美国传媒不可能做到绝对的新闻自由。随着各种新媒体的出现和普及，在给社会带来更大的自由的同时，也将加大社会控制的难度。托夫勒在分析这种情况的时候曾说过："国家——任何国家——都竭力设法维护政权。正如国家在工业革命造成大众传播媒介的问世的同时发明实现思想控制的新形式一样，它将寻找新的手段和方法来对通过新的电子基础设施传播给它统治下人民的映像、思想、符号和观念形态至少保持某种控制。"

在当今美国大选的选举团制度下，要争取在一个州获胜，参选政党不仅必须将每个州视为独立的竞选阵地，还需要候选人通过媒体在全国范围内发表他们的政见，强调地方性和区域性问题以及当地选民所关注的问题，展开更有针对性的竞选拉票活动。杰伊·G. 布卢姆勒和迈克尔·古列维奇在《政治家和新闻界：一篇有关角色关系的论文》中谈道："在'政治家—媒介'这一伙伴关系中，每一方都为实现他们针对受众的特定目标而努力；但他们却不得不通过与另一方形成某种合作而达到目的。"[2] 奥巴马及其助选团熟谙其中之道，从竞选一开始就充分利用大众传播媒介传播速度快、范围广、信息量大的特点，运用新闻活动、媒体广告和公关技巧塑造其政治形象，引导舆论。他频繁出镜并积极主动地提供讲话、访谈和评论等第一手新闻资料来吸引受众，获得广播电视媒体的高收视（听）率和网络媒体的高点击率。

在美国，被称为"第四力量"的新闻媒体对美国大选和美国政治都有着重要影响，它既是可怕的第三只眼睛，也是一个可以利用的、可借助它扶摇直上的引擎和助推器。2008 年的美国大选中，传媒参政成为社会普遍关注的焦点。在奥巴马参选的 21 个月里，美国媒体俨然成了奥巴马的助选团。美国"媒体和公共事务中心"10 月 31 日公布的一份研究报告中说：美国媒体有关总统选举的报道不平衡，更多地偏向民主党总统候选人奥巴马。在过去两个月里，美国广播公司、哥伦比亚广播公司和全国广播公司晚间新闻节目中播放的选民、记者和主持

人言论中，其中65%有利于奥巴马，而有利于共和党总统候选人麦凯恩的言论只占31%。这个中心的负责人——美国乔治·梅森大学教授利希特尔指出，媒体将奥巴马描述成比麦凯恩更好的总统人选，如果选民经常收看晚间新闻，他们会受到影响，认为应该投票支持奥巴马。另据统计，奥巴马在媒体的曝光率足足比麦凯恩多出2倍；对于奥巴马的报道，负面内容只有29%，正面内容占36%；而有关麦凯恩的媒体报道中，57%的内容是负面的，只有14%是正面消息。美国一些报纸如《纽约邮报》和《纽约每日新闻》，还迫不及待地提前刊登奥巴马获胜的消息，甚至在头版头条称奥巴马为"新老板"，独钟之情溢于言表，反映了这些媒体前所未有的鲜明的政治倾向。导致这一结果的关键性原因在于：善于媒体操控的美国民主党大量投入公关和广告宣传经费对媒体来说正是投其所好，而已经市场化的媒体则是利用其"把关人"的角色和媒体议程设置的利器，控制公众对选情的认识，发挥心理暗示的作用以投桃报李。于是两者成了默契的"天作之合"。

2. 三重调控三足鼎立，共生共荣相互制约

在大众传播和社会舆论的调控中，政府、媒介和公众是不同层面的三重调控主体。在总统竞选中，政治经济利益集团支持下的总统候选人、公众和媒介也构成了三个不同层面的政治文化传播调控主体。公众的喜好和需求将左右着媒体的传播策略，决定着媒体的生存与发展；公众的利益需求影响着候选人的政治主张和参选策略；公众的最终投票决定着候选人的政治命运；候选人的执政策略关系到公众的生存发展。这就构成了一种微妙的三足鼎立的相互制约关系。

在这次总统竞选中，多数媒介很快就与候选人奥巴马及其背后的民主党助选团达成了默契，在旗帜鲜明地拥戴奥巴马的同时，充分发挥自身的互动性和多元性，满足公众反馈信息、积极参政、阐明政见和介入大选进程等需求。通过铺天盖地的新闻和广告反复灌输其观点，逐步构建适应奥巴马当选所需的拟态环境，将媒体的政治倾向直接"皮下注射"到公众的头脑中，并通过民意调查等分析报道，将舆论压力和群体压力施加在个人心理上，特别是对中间选民来说，通过让"公众使用特定的媒体内容来满足某种特定的内在需求，而这种需求在总体上驱动了公众的行为"，形成纽曼所描写的"沉默的螺旋"现象。而候选人奥巴马针对伊战和美国金融危机的特殊背景，着重从占有大部分人口比例的中产阶级与低收入家庭的利益和心理需要出发，审时度势地利用多元媒体展示了自己切中肯綮的政治主张、行事模式、个人形象以及语言风格。

虽然传媒财团从其政治理念和经济利益出发，带有明显党派政治偏见，让美国"卓越新闻"项目主任汤姆·罗森斯蒂尔感叹道，"我们已经走出了'观众笃信新闻'的时代"，但是面对政治和经济双重困惑的广大受众还是憧憬于白宫新

主人改革承诺的宣言，奥巴马最终获得了超过 6 300 万张选民票，创下美国历史上总统选举选民票总数的最高纪录。

二、抓住特殊传播环境，准确定位克敌制胜

在 2008 年的美国总统竞选中，最让美国人关心的这场"驴象之争"的核心集中在两大焦点问题上：一是华尔街金融危机已经如海啸般席卷美国，蔓延全球；二是阿富汗战争与伊拉克战争的巨大负面影响令布什政府尽失民心。这种历史与现状成了麦凯恩与布什在这次竞选中自圆其说的致命软肋。奥巴马竞选团队从一开始就针对这个特殊的传播环境，紧紧抓住对手的软肋，釜底抽薪，在传播主题信息和传播主体对象上准确定位，使对手陷入相当被动的境地。

1. 宣传聚焦经济民生，猛烈攻击对手软肋

针对这次大选面临的"经济危机"和"阿战伊战"两大传播环境，奥巴马在竞选传播中把传播信息的主题核心准确地定位于经济民生与和平反战。他们把目前的危机归咎于背后支持竞选对手的布什政府，指责共和党对这次危机的无奈、无知和无为，并将麦凯恩与布什紧紧绑在一起。奥巴马一针见血地指出："真正的改变并不是由麦凯恩这样的人带来的，这个人在过去 8 年里都支持布什，但在过去 10 天才跟他划清界限。"这使得共和党再次执政的希望近乎泡影。在奥巴马聚焦经济民生，承诺五大改革的舆论攻势下，选民们的普遍心理期待是：出现一位"颠覆传统型"的总统，宁可选择奥巴马换换手气，也不愿意冒再选一个"布什"的风险。这令麦凯恩在定位问题上进退维谷：如果定位保守，他将失去南部一些拉美裔选民的选票；反之，则可能失去保守派的支持。

大选后的民意调查再次证实，经济是当前美国选民最关注的压倒性议题，"受众的期望制约着其选择态度和行为"[3]，恰逢其时的奥巴马牢牢抓住了这一原则，不失时机地高擎起"变革"大旗，将竞选口号定为"Change we need"（我们需要的变革）。奥巴马指出：要挽救美国，当务之急就是稳定金融形势，重振经济活力。奥巴马列出的就职后几大首要任务都与经济、社会变革议题有关。他承诺在稳定金融体系的基础上，将在能源、税收、医疗保险、教育和移民五个领域推行改革。他成功地对公众反复进行了心理暗示——选择奥巴马意味着选择希望、选择改变、选择经济平衡！随着华尔街金融风暴的蔓延，选民选择"变革总统"的心理预期愈加强烈，它的作用已经超越了候选人自身的从政履历而成为选民抉择中的最大砝码。

2. 主体目标定位准确，切中受众最大需求

在信息社会中，在社会经济文化变革发展的时代，社会结构、价值取向、思

想意识等方面的非群体化趋势等变化，都为造就一批不同生活习惯、不同审美取向的受众奠定了基础。奥巴马团队为了最大限度地提高政治传播的效果，将营销传播的方法运用到目标受众的定位上，按照性别、年龄、种族、信仰、地域、社会阶层和政治倾向对美国选民进行详细的市场划分，并准确切中受众的需求点，制定相应的竞选宣传策略。

奥巴马首先把自己政治传播的主体受众定位于中产阶级和低收入家庭。这与希拉里赞同的创造就业机会、降低进口石油依赖、投资可再生能源等政策形成了鲜明的对照。奥巴马宣称自己是"唯一真正为中产阶级减税的候选人"，他的计划更倾向于广泛性，他希望能够帮助所有中产阶级和低收入家庭，他将提高资本增值税、打击逃税活动等方式完成自己的计划。与此同时，奥巴马深知女性选民的重要性，在其演讲和广告中多次重点提及美国女性的生计问题，关心女性群体利益，并拉拢之前与其竞争民主党总统候选人的希拉里，赢得了大批女性选民的爱戴，支持率比对手同期高出 13 个百分点；奥巴马利用自己年轻激进的优势在大学演讲拉票，充分运用年轻人广泛使用网络媒体的特点，使他们成为本届投票中的重要选民群体。在 18～34 岁的年轻选民中，奥巴马以 59%对 38%的压倒性优势领先。另外，奥巴马重视少数族裔选民，反复强调关注其切身利益。在奥巴马许多的竞选广告中都能看到少数族裔平民的采访和西班牙语版的宣传广告。再加上奥巴马的非裔身份，令大批非裔选民踊跃投票，数量创历史纪录。在拉美裔选民中，他的领先优势更为惊人：68%对 27%。700 万名有投票权的亚裔美国人中，大部分也选择了奥巴马。

3. 利用自身条件优势，突出和平亲民形象

"信息的接受者往往是以自己心目中的传播者的形象作为判断所接受的信息的可信度、真理性的重要标准的。"[4] 作为传播者的奥巴马形象是竞选传播效果的重要条件，它不仅是指外貌姿态、举止动作等外在表现，还包括了传播者总体特征的自我美化。通过媒体，奥巴马成功地展示了自己从外在形态到内在素质的三种特色，成功地塑造了美国人所期盼的"未来总统"的全新形象：

一是"明星"般的青春形象。对于奥巴马的众多"粉丝"来说，他那高大魁梧的身材、英俊潇洒的外表、雷厉风行的举止、天才的演讲能力、成功的造势策略，连同他均匀的黑色皮肤等都显示出他的与众不同。这位充满活力与激情、崇尚亲情与和平的年轻候选人令众多选民情不自禁地被吸引到这场不可思议的造星运动中。难怪大学生罗琳说："他英俊帅气、勇敢果断、才华横溢，我们都爱他。"相比满头银发的麦凯恩，奥巴马显然更受美国年轻人和媒体的宠爱。科罗拉多的大学生们甚至愿意为他满脸涂满颜料，挨家挨户地叩门拉票。

二是"草根精英"的亲民形象。奥巴马出身中产阶级平民家庭，人生道路

坎坷，通过个人奋斗最终实现"美国梦"，这本身就充满了传奇色彩，而且他在竞选中提出的以经济民生为主题的一系列改革主张以及在演讲、论辩和公关宣传中的言行举止无不尽显出一个亲民总统的眼光、胸怀和精力。这一点对美国主流中产阶级来说，真可谓正中下怀。

三是包容大度的外交家形象。虽然奥巴马在竞选美国总统中发起的"颜色革命"，为美国黑人改变命运迈出了一大步，但是他在竞选中从不打种族牌，而把自己定位为"碰巧是生为黑人的候选人"。他以"不同种族的团结与融合"为突出的政治主张，凭借游刃有余的政治技巧周旋于不同选民群体之间。在国内，他千万百计地与在美国经济、政治和媒体界都充满影响的犹太社团拉关系；在国际上，他视角广阔，宽宏大度，在与外国有不同政见的领导人进行协商时不把美国模式强加给其他国家，所以 70% 的欧洲人支持奥巴马。甚至连伊朗和古巴等"敌国"，奥巴马也主张通过外交手段解决问题。这使得全球更期待借助黑人奥巴马当选美国总统，来推动全球消除种族歧视、消除文化隔阂。

三、多元整合传媒优势，媒介公关运筹帷幄

1. 助选团队阵容鼎盛，立体公关卓有成效

历届美国总统选举的候选人都非常重视在利用传媒的过程中充分发挥助选团队的作用。高瞻远瞩的奥巴马不仅明智地选择了资历雄厚、善于辩论的有 30 多年国会议员政治、司法、外交经验的现任外交委员会主席拜登作为竞选伙伴，而且将名人效应和舆论领袖原理运用到竞选活动中。他还得到了众多有影响力的重量级人物的支持，如克林顿和希拉里夫妇帮助其赢得了更多白人工薪阶层和大批女性选民的支持；重量级共和党人物、前国务卿鲍威尔宣布放弃麦凯恩，转而支持奥巴马，使其在共和党人中的支持率随即由 9% 上升至 12%；拥有 5 000 万电视观众、被媒体誉为全世界最有影响力的女人之一的美国著名电视节目主持人奥普拉·温弗瑞也出席了奥巴马在爱荷华州的竞选集会，并宣布支持他……奥巴马还力邀民主党的一些著名政治操盘手加盟他的智囊团。这些"舆论领袖"利用自己在群体中的威望和权威，将特定的观念和信息重复传染式地输入民众的头脑中，令其信服并追随，为奥巴马赢得了大量中间选民。同时舆论领袖的影响力也左右着媒介的政治倾向，吸引了几乎所有的媒体对奥巴马进行大篇幅报道，让大部分美国主流媒体如《纽约时报》、美国有线新闻网等都为他摇旗呐喊。

2. 竞选广告异彩纷呈，媒体公众众星捧月

政治广告是候选人、政党以及提出问题的团体与公民进行交流的主要手段。2008 年美国大选的经费与开销创下新高，两位候选人共筹得将近 10 亿美元的竞

选经费。奥巴马更是不惜成本大量投放媒体广告，其中包括宣扬型广告、攻击型广告、对比型广告多种形式，或真诚承诺，树立形象；或抨击对手，入木三分；或鲜明对比，悬殊分明。伯恩巴克说："构思精巧的政治竞选的精髓浓缩在其广告中，而广告的精华浓缩在一个标语或主题中。"奥巴马的每一则广告都以他的声音"我是巴拉克·奥巴马，我证明这则信息"开头，并以他的竞选口号"我们需要的改革"结束。这种被重复强调的文字语言令观众产生强迫式和叠加式记忆。在奥巴马竞选广告中，文字、语言、声音、图像等多种元素巧妙穿插，针对家庭主妇的温饱问题、工薪阶级破产失业问题、老年人医疗保险问题等积极运用情感诉求、内心独白、故事叙述、情感关怀等不同形式的相同情感，唤起了正在遭受经济危机伤害的广大受众的情感共鸣与心灵共鸣。奥巴马的广告宣传不仅收获了得益媒体的投桃报李，也立体、生动、形象地传播了自己的执政理念和改革主张，打造了自身充满自信与活力、注重亲情、富有平民色彩的亲民形象，受到公众的广泛爱戴。

3. 电视辩论高屋建瓴，能攻善守，不卑不亢

从 1960 年至今，电视辩论已成为美国总统竞选中必不可少的三大关键环节之一，由于这是选民投票前最后一轮全国性的竞选活动，它被视作候选人争取中间选民的最后机会。在百年不遇的金融危机大背景下，这四场辩论在决定大选胜负上显得尤为重要。奥巴马清楚地知道这场辩论的对象不是麦凯恩，而是七千万名美国民众，赢得观众的赞同和喜爱才是辩论胜利的关键所在。因此，在辩论内容上，他紧扣公众最关心的经济民生话题，大力宣扬关注中产阶级利益的改革主张，并瞄准麦凯恩与布什政府的关系这一软肋穷追不舍；在辩论技巧上，他面对资格辈分高于自己的麦凯恩，不卑不亢，冷静机警、有理有节地与对手周旋。他一开场就主动迎向麦凯恩并与其友好拥抱；在论辩过程中，他总是目光坚定，思维敏捷，语言亲和，有条不紊；在对方论述时，他细心聆听，不时点头微笑；在辩论结束后，他快步上前，亲切拥抱，并称赞对方"做得好"，这种自信、潇洒，却又不乏谦逊、体贴的品质和风度，犹如一阵阵温暖和煦的春风沁人心田。本来就底气不足、老气横秋的对手难免自惭形秽了。

4. 整合多元传媒功能，凸显网络点击优势

"随着社会科学技术、社会经济和政治文明的进步，现代社会人们的精神需求和物质需求愈来愈呈现出人类信息需求的高层次和多元化的趋势。大众传播和网络信息技术为人们创造了日益先进的信息传播渠道和越来越广阔的互动交流平台。社会发展日新月异，全球传播不断进步，人们对直接参与大众传播的话语权诉求也在不断增长。"[5]奥巴马华盛顿皮尤研究中心开展的民调显示，为获取总统选举消息，24%的美国人选择网络，这一比例几乎是 2000 年的 3 倍，2004 年

的2倍。《纽约日报》称："2008年，决定总统大选结果的关键因素不是谁更懂政治，而是谁更懂网络。"奥巴马在充分运用各种大众媒体的同时，尤其注意发挥网络媒介普及性、互动性和即时性等特殊优势，凭借网络聚集传播力量，通过互联网、手机短信和社区网站等新媒介树立起鲜明的变革先锋形象，拉拢那些不再依靠报纸和电视获取信息的选民，成功改变了以往政治传播以传统大众媒体为主体的格局，迎合了美国人渴求突破低迷现状的心理。另外，他还建立了巨大的捐款人网络，筹集资金用于竞选，加上其他的资金来源，奥巴马在本次竞选中创造了个人筹款6.2亿美元的历史纪录。

注释：

[1] 周鸿铎. 政治传播学概论. 北京：中国纺织出版社，2005. 41.

[2] [英] 奥立弗·博伊德—巴雷特，克里斯·纽博尔德. 媒介研究的进路：经典文献读本. 汪凯，刘晓红译. 北京：新华出版社，2004.

[3] 郭鉴. 营销传播学. 杭州：浙江大学出版社，2004. 45.

[4] 张巨岩. 权力的声音：美国的媒体和战争. 北京：生活·读书·新知三联书店，2004. 312.

[5] 肖沛雄. 节目主持人语言传播艺术. 广州：暨南大学出版社，2008.

（本文发表于《当代传播》2009年第1期）

中外领土争端中塑造中国形象的策略

——以钓鱼岛争端为例

李　注

摘　要：近年来，国家之间领土主权争端屡见不鲜，如中俄黑瞎子岛之争、新马白礁岛争端、日俄北方四岛争端、日韩独岛之争等。钓鱼岛问题是中日之间已持续了一个多世纪的敏感问题。2012 年，日方接连上演"命名"、"登岛"、"海上垂钓"、"慰灵"、"购岛"等闹剧。面对日方一系列侵犯中国领土主权的行径，中国政府通过史实、法律、经济、军事等手段与媒体传播结合的策略，不但有理有节地宣示了中国对钓鱼岛的主权，而且通过全球媒体的传播，塑造了我国维护主权完整、推崇法治、热爱和平、谋求共赢的社会主义国家形象。

关键词：领土争端；钓鱼岛；国家形象；塑造

　　经济全球化促进了社会的快速发展及人口增长，也让资源紧缺、环境恶化等问题日益尖锐地暴露在各国的面前。在陆地资源开采殆尽时，一些国家将视线投向拥有丰富渔业资源、油气资源的海洋，从而引发了一些岛屿领土主权的争端。钓鱼岛列岛及其附近海域蕴藏着丰富的渔业资源，"根据联合国亚洲和远东经济委员会的勘探结果，钓鱼岛附近广大大陆棚海域可能储有大量石油"[1]。钓鱼岛地处中国进出太平洋的咽喉要道，其战略价值不言而喻，"中国军事科学学会副秘书长兼少将罗援指出，根据《国际海洋法公约》，如果钓鱼岛被日本占据，中日就得按中间线原则划分大陆架，中国不仅丢失大量的海洋管辖区和海底资源，而且美日对中国的战略封堵线，将从第一岛链又前推到中间线以西"[2]。因此，钓鱼岛对于中国来说具有巨大的经济和军事价值。

　　在以"和平与发展"为时代主题的当下，对于钓鱼岛争端的解决，最符合中国国家利益的是通过外交、谈判或国际法院等和平手段解决，以期达到中日双方的共赢。但是目前日本在钓鱼岛争端中的行动，不断挑战中国底线，钓鱼岛争端极有可能上升为国家主权领土受到侵略的直接威胁。在目前形势下的钓鱼岛争端中，针对日方接连上演的"登岛"、"购岛"等一系列侵犯中国领土主权的行

――――――――――
　　[作者简介] 李注：广州体育学院体育新闻与传播专业 2011 级研究生。

为，中国政府借助媒体，通过史实、法律、经济、军事等方面有理有节的宣示，不但捍卫了中国对钓鱼岛的主权，而且塑造了我国维护主权完整、推崇法治、热爱和平、谋求共赢的社会主义国家形象。

一、史实为据，破立结合

我国政府通过媒介对主权的宣示，首先立足于无可争议的历史事实。

一是"钓鱼岛列岛"领土归属的事实。大量历史文献资料表明：由钓鱼岛（主岛）等 8 个无人岛礁组成的"钓鱼岛列岛（Fishing Islands）在地质上和花瓶屿、棉花屿、彭佳屿一起，都是台湾北部近海的观音山、大屯山等海岸山脉延伸入海后的突出部分，为台湾岛的附属岛屿"[3]。自古以来，钓鱼岛就是中国的固有领土，由中国人最早发现、命名、开发以及最早列入海防范围，中国对钓鱼岛拥有无可争辩的主权。"明朝永乐年间的《顺风相送》是现存记载中琉交流和钓鱼诸岛最早的史籍。1534 年明朝册封使陈侃所著《使琉球录》记录了经过钓鱼台列屿的细节，还指出谷米山为中琉海界。1562 年胡宗宪和郑若曾编的《筹海图编》中的《万里海防图》将钓鱼列屿正式划入海防区域，1863 年清同治年间的《皇朝中外一统舆图》等官方正式舆图向全世界昭示了包括钓鱼诸岛在内的中国的疆域版图。"[4] 这些记载为钓鱼岛的主权归属问题提供了翔实的历史依据，也在全世界面前再一次展示了中国作为一个主权国家的原则立场和磊落胸怀。

二是以日本多次非法侵犯中国领土主权的历史事实，有力地批驳了日方的无理狡辩。我国政府通过媒介反复公布如下事实：中日邦交正常化以来，40 年间，日本屡次在钓鱼岛问题上制造事端。2012 年 9 月 10 日，日本政府宣布"购买"钓鱼岛及附属的南小岛、北小岛，实施所谓"国有化"。这是对中国领土主权的严重侵犯，严重践踏了历史事实和国际法理。

1971 年 6 月，美日签署的《归还冲绳协定》中，将钓鱼岛以经纬线的方式划归日本，遭到中国海峡两岸强烈反对。当年 10 月，"美国政府表示：'美国认为把原从日本取得的对这些岛屿的行政权归还给日本，毫不损害有关主权的主张……'中国一开始就坚决反对美国把钓鱼岛的施政权非法交给日本……就美国立场而言，施政权不等于主权，而主权和领土不容分割，既然美国从未承认日本拥有对钓鱼岛主权，就等于从未承认钓鱼岛是日本领土……"[5] 由此可见，日本所谓根据日美《归还冲绳协定》认为钓鱼岛是日本固有领土是毫无道理和法理依据的。日本右翼一直宣传的所谓的"尖阁列岛（即钓鱼岛）属于日本"的"铁证"，"其一是，'中华民国'驻长崎领事冯勉 1920 年 5 月 20 日对救援中国渔民给冲绳县石垣村的'感谢状'。其实，这份'感谢状'根本不足为据。因为早在 1895 年日本便通过不平等的《马关条约》霸占了中国的台湾省，而钓鱼岛又是台湾的附属岛屿，这种状态一直持续到 1945 年日本战败投降。因此，在这期间的'感谢状'中所述内容，充其量反映出当时一些人对日本占据钓鱼岛并将其纳入冲绳县的一种认识，而根本不能用它来证明钓鱼岛是日本的固有领土。其二是，日本有人指出，中国 1958 年出版的《世界地图集》日本版图中写有'尖阁诸岛'，并作为琉球群岛的一部分对待，而在中国地图中的台湾省部分则没有出现钓鱼岛。经查，此类地图集均注明系抗战时期《申报》地图绘制。这一时期《申报》出版的地图……不足以证明历史的全貌，更不能作为在正常情况下辨明领土主权归属的依据。而在 1953 年、1956 年的中国出版的地图中，日本版图中则无所谓'尖阁列岛'。其三是，日本有人列举《人民日报》1953 年 1 月 8 日发表《琉球人民反对美国占领的斗争》一文中曾把'尖阁列岛'包括在琉球群岛之中，指责中国发现石油后才主张钓鱼岛是中国的。经查，该文的确有误，但没有署名，只是一篇编译材料……所以显然不能代表中国政府或报社的立场"[6]。

中国政府在与日方的斡旋中，以史为据，破立结合，揭穿日本当局的谬论，明确钓鱼岛的主权归属，塑造了立场坚定、维护领土完整的主权国家形象。

二、法律为本，内外结合

当今世界，已经进入了推崇民主与法治的时代。中国政府和中国媒体在向全世界宣示中国拥有对钓鱼岛的绝对主权，揭露美日勾结侵犯中国对钓鱼岛的主权的非法本质时，始终立足于"以法治事"的原则，强调中国对钓鱼岛的主权诉求依理、依法都应当受到国际法的保护。

比如，我国政府坚持以国际的合法历史文献为依据：第二次世界大战结束后，1943 年 12 月，中、美、英三国首脑在开罗发表宣言，宣示了协同对日作战，并承诺了处置日本侵略者的安排。《开罗宣言》其中一条为："剥夺日本从第一次世界大战爆发后，在太平洋上夺得或占领的一切岛屿"，并将日本强占的中国领土，如东北地区、台湾和澎湖群岛等"归还中国"。1945 年 7 月，《波茨坦公告》也规定："开罗宣言之条件必须实施"，更明确限定日本主权为"限于本州、北海道、九州、四国及吾人所决定的其他小岛内"。《开罗宣言》和《波茨坦公告》明确规定了日本的领土范围，但均不包括钓鱼岛。1946 年 1 月，《联合国最高司令部训令第 667 号》再次明确规定了日本版图范围，即"日本的四个主要岛屿（北海道、本州、四国、九州）包括对马诸岛、北纬 30 度以南的琉球诸岛的约 1 000 个邻近小岛"。

再如，我国政府反复强调中国一直按照国际的有关法律法规来维护中国对钓鱼岛的主权。1992 年，中国颁布《中华人民共和国领海及毗连区法》时，明确规定"台湾及其包括钓鱼岛在内的附属各岛"属于中国领土；2009 年，《中华人民共和国海岛保护法》确立了海岛保护开发和管理制度；2012 年 3 月，中国公布了钓鱼岛及其部分附属岛屿的标准名称。2012 年 9 月 10 日，中国政府发表声明，公布了钓鱼岛及其附属岛屿的领海基线。2012 年 9 月 13 日，中国政府向联合国秘书长递交钓鱼岛及其附属岛屿领海基点基线的坐标表和海图。2012 年 9 月 25 日，中华人民共和国国务院新闻办公室发表《钓鱼岛是中国的固有领土》白皮书。

中国政府也通过媒体向全世界表明，中国对于解决中日钓鱼岛之争绝不赞成和纵容违反法律的过激行为。由于日本钓鱼岛"国有化"的举措引起了海内外爱国人士的强烈不满和谴责，2012 年 9 月份以来，国内各省、市相继进行大规模的合法的游行示威活动，但是，由于诸方面原因，在深圳、广州、西安、长沙等部分城市的游行队伍中出现了打、砸、抢等过激行为，有的甚至造成人身财产伤害，上升为违法行为。广州现场执勤民警果断出击，当场将打砸汽车的邓某等 7 名嫌疑人以及砸碎铺面玻璃门的詹某等 3 名嫌疑人抓获，并依法将其刑事拘留。此外，天河警方依法对损毁广告牌的赵某作出行政拘留处理。在西安，日系车主李建利被游行中的不法分子用"U"形锁砸穿颅骨，嫌犯近日也已落网。各地公安部门都在媒体上发出了严禁利用示威游行之机进行打、砸、抢等违法活动的通报。

在此次钓鱼岛争端中，我国政府无论是对内还是对外都坚持法治的原则，在全世界面前进一步塑造了有法必依、违法必究的法治国家形象。

三、经济为矛，攻交结合

中国既是一个发展中国家，又是世界第二大经济体，中国政府并没有孤立看待在钓鱼岛问题上的领土纷争，而是高瞻远瞩，知己知彼，经济为矛，攻交结合，动之以利，诚之以弊，展示了一个立足全局、放眼未来、谋求共赢的经济大国形象。

我国政府通过媒介多次分析日本经济发展的历史教训，告诫日本政府要以史为鉴：日本自 20 世纪 90 年代起已先后失去了两个 10 年的发展契机；以出口为主导的日本在国际金融危机中经济持续低迷；2010 年的大地震、海啸及福岛核泄漏更让经济雪上加霜；而政坛动荡、社会老龄化等社会痼疾日益凸显。日本经济之所以能苟延残喘，在很大程度上得益于对华贸易和中国在日投资的大幅度增加以及其在中国市场的收益。如果日本利令智昏，舍本逐末，将严重损害中日长远的合作关系和经济利益，很可能失去第三个 10 年发展期而再次陷入困境。

在《国别贸易报告》的"2011 年日本货物贸易及中日双边贸易概括"中，我们看到了如下经济信息报道："据日本海关统计，2011 年日本与中国的双边贸易额为 3 461.1 亿美元，增长 14.2%。其中，日本对中国出口 1 620.4 亿美元，增长 8.3%；自中国进口 1 840.6 亿美元，增长 20%。日本与中国的贸易逆差 220.2 亿美元，增长 488%。中国为日本第一大贸易伙伴、第一大出口目的地和最大的进口来源地。"[7] 可见日本经济对中国的经济手段缺乏免疫力。

正如《人民日报》所言，中日两国"合则两利，斗则俱伤"。打起经济战来，中日之间会互有损伤，但中国有为维护国家主权"杀敌一千，自损八百"的意志和承受力。正是由于我国政府通过媒介，知己知彼地正确分析了中日双方的经济形势和历史教训，切中了 20 多年来日本经济持续低迷的软肋和脆弱的神经，有力地打击了日本右翼分子的反华气焰。目前，日本内阁思想混乱，日本方面力图挽救对华出口贸易，日系汽车厂家相继出台措施以补偿中国车主，日本副首相冈田克也称"东京市触及钓鱼岛问题原本就是个错误"[8]。

四、军力为盾，虚实结合

随着日本钓鱼岛"国有化"闹剧的愈演愈烈，中国的领土主权在某种程度上遭受威胁。为了宣示中国捍卫领土主权的决心和实力，我国政府以军事实力为盾，实施了虚实结合的战略方针。

继国家领导人及全国人大、全国政协、外交部、国防部先后发表对日严正声明后，解放军南京、济南、广州等大军区近日频繁演练抢滩登岛，海军、空军、二炮也频频进行实兵实弹演习。《解放军报》2012 年 9 月 9 日报道了南京军区一场三军联合实兵自主对抗演习的细节。《解放军报》当日的另一则报道还透露了解放军海军成功使用新型舰炮进行反导拦截演练的消息，报道称此次演练创造了一项新的世界纪录和四项国内纪录。而中央电视台报道，济南军区某部日前在黄海深处一个无人小岛，演练侦察兵登岛对抗，检验"绝地谋生"、"泅渡潜伏"、"对抗速战"等一系列特战技能。"俄罗斯媒体报道，商业卫星拍摄的照片显示，中国已在福建省腹地部署了新型的 DF-21C 机动式固体燃料弹道导弹。这是中国军方首次在东部沿海地区部署这种新型武器系统。射程 3 200 公里的东风 21C（东风 25）弹道导弹，不光可以打击日本的目标，而且可以涵盖美军的关岛基地。由于核常兼备的东风 21C 采用车载发射系统公路机动，作战更灵活更难以发现，是中国战略力量的重要撒手锏武器之一。"[9]

中国政府的军事演习已经超越了常规的军事演练，是一种自上而下维护国家主权和领土完整的决心和能力的综合展现。对此，国内官方媒体将解放军一系列的大规模军演解读为：表明中国在维护中国对钓鱼岛主权问题上有理有据，也有实力，"不说空话"。另外，媒介通过刊登中国军方专家权威的报告和文章，传递了我军对侵犯国家领土主权的敌人以毁灭性打击的坚定决心和强大军力。在日本当局不断挑衅中国领土主权完整的情况下，中国通过政治、经济、外交、法律等和平手段进行磋商，同时，以强大的军事实力为后盾，虚实结合，塑造了一个捍卫国家、爱好和平的社会主义主权国家的媒体形象。

注释：

［1］百度百科. 钓鱼岛. http：//baike. baidu. com/view/244478. html.

［2］百度百科. 钓鱼岛. http：//baike. baidu. com/view/244478. html.

［3］百度百科. 钓鱼岛. http：//baike. baidu. com/view/244478. html.

［4］孙翠萍. 中日钓鱼岛问题的缘起. 理论界，2008（11）：111～112.

［5］刘江永. 钓鱼岛主权归属的法理依据. 瞭望，2012（30）：42.

［6］刘江永. 钓鱼岛主权归属的法理依据. 瞭望，2012（30）：42.

［7］http：//countryreport. mofcom. gov. cn/record/view110209. asp? news_id = 27876.

［8］分析称日经济因中日关系恶化而堪忧　副首相示弱. http：//news. sohu. com/20121023/n355496209. shtml.

［9］东风21C前沿部署　日本莫把中国演习当演戏. http：//military. china. com/critical3/27/20120926/17453147. html.

（本文发表于《青年记者》2013 年第 5 期）

公众的知情权诉求与网络媒体把关责任

——百度竞价排名黑幕引发的思考

肖沛雄　万文双

摘　要：本文通过对百度竞价排名黑幕及其后果的分析，从法学、新闻学和传播学的角度深入探讨了网络媒体维护社会主体知情权的重要性以及百度在把关责任上缺失的内在原因和深刻教训。

关键词：公众；知情权；网络；责任

2008 年 11 月 15、16 日，央视《新闻 30 分》连续两天披露百度的竞价排名黑幕，引发了公众对其商业道德的质疑。这是继"三鹿门"之后，百度这个第一大中文搜索引擎再次处于风口浪尖，成为全民口诛笔伐的对象。

所谓竞价排名，是搜索引擎关键词广告的一种形式，按照付费最高者排名靠前的原则，对购买了同一关键词的网站进行排名的一种方式[1]。这种商业模式在国外已经比较成熟，但百度"异化"了这一模式，借助搜索排名将商业利益放在了第一位，使之完全服务于自己的竞价目标。这种把在误导下形成的点击率转化为商业收入的行为，忽视了公众最基本的知情诉求，从而丧失了媒体应该有的把关责任。一石激起千层浪，这个事件应当引起我们对网络媒体在现代社会传播中如何理解和履行自己把关责任的深刻反思。

一、获知实情是社会主体最重要的权利之一

知情权的基本含义是公民有权知道他应该知道的事情，国家应最大限度地确认和保障公民获取信息（尤其是政务信息）的权利。受众有权要求国家和大众媒体及时提供政府、行政机构等的有关公共信息及国内外每天发生的重大事件的真实情况。知情权是我国十分重视且被宪法确认的公民所享有的最重要的基本权

[作者简介] 肖沛雄：广州体育学院体育新闻与传播专业教授，硕士生导师；万文双：广州体育学院体育新闻与传播专业 2008 级研究生。

利之一。凡是有意隐瞒这些信息或者传播歪曲失实甚至虚假的信息，即侵犯了受众的知情权。作为一个民主法治国家，知情权是我国民主政治的基础，是监督控权的需要，是优化资源配置、增加效益的手段，是防止权力腐败的有效措施，也是增强社会稳定的强黏合剂。只有充分保障了知情权，公众才有可能真正拥有对国家政治生活的话语权、参与权和监督权。如果公民的知情权被媒介有意无意地"剥夺"，实际上等同于他们参与和监督国家社会政治事务和经济生活的主体权利也被"剥夺"了。

从传播学和社会学的角度来说，"人类是一切社会关系的总和"，"人类是沟通的动物"。尤其是人类今天已经进入知识经济时代，知识和信息更是进一步成为国民经济最重要的战略资源，成为决策的依据、思维的工具和管理的灵魂。网络媒体整合了以往传统媒体的功能并创造出了新的传播形式，这种新媒体从诞生起就进一步增进了公众对网络媒体的依赖程度。传播学所说的"媒介依赖理论"告诉我们，公众越来越依赖媒介提供的信息，以满足他们的需求，实现他们的目标，"受众的媒介信息依赖程度会影响媒介信息对受众的影响程度。如果一个人对某个媒介存在依赖，他就会有选择地接受媒介的内容，更多地使用该媒介的信息来满足其需求，那么这个媒介的信息最终被受众接受并产生作用的可能性便会相应增加"[2]。所以生活在网络时代的公众期待信息的公开与透明，他们对网络传播者已经普遍怀有一种知情诉求被尊重与维护的热切期待，因此公众最不能接受的是其所依赖的网络媒体为了商业利益而牺牲和剥夺了他们的知情权。

百度是中国网络媒体迅速发展的一个代表，正是国家的种种扶持信息产业的政策保护，使它有机会发展成为中文第一大搜索引擎，它理应严格遵守国家的法律法规，珍惜长期努力建立起来的品牌价值和网民的信任，不遗余力地承担起维护公众知情权的把关责任。而百度本次被曝光的竞价排位的商业模式，为追求商业利益不加审查地将不实和违法广告排在前面的做法，被网友称为"勒索营销"，实质是侵害了公众的知情权。这也是曝光后百度遭受千夫所指、举国唾骂的原因所在。由此，我们便不难理解，在公众视野中，百度的竞价排名提供虚假信息是多么恶劣的一件事情。公众的知情权不容许权力对信息进行掩盖与遮蔽，同样也不允许一家公司为了一己之私而放弃对公众负责的态度和行为。任由虚假广告信息发布，制造商业陷阱，都是对公众知情权的漠视，最终也必然会遭到公众的唾弃。

二、报告实情是媒体把关责任的首要标志

全世界媒体工作者的一个最基本的职能就是向他们的"上帝"——广大受

众传递最新和最需要的信息。什么是信息？"信息是事物运动的状态和状态变化的方式"，"是人类通过大脑对事物运动状态的收集、加工、处理的精神创造物（包括内储形式的和外化形式的），它包括了在一定情况下能够减少或消除不确定性的任何事物"[3]。可见，媒体工作者所进行的最基本也是最神圣的"精神创造"过程和目的，就是通过对真实的、新颖的、大家最需要的关于"事物运动的状态和状态变化的方式"（信息）的传递来帮助广大受众减少或排除在政治、经济、思想、文化、生活各领域的种种"不确定性"。网络媒体应履行提供真实信息让公众了解和理解事实的责任，而绝不允许权力或金钱对信息的遮蔽与屏蔽，媒介是公众的媒介，任何给公众错误信息的行为都是对公众权利的侵犯，也是对社会公共空间的侵蚀。

在现代社会里，随着人类信息传播手段的进步和它所产生的巨大影响，人与现实客观环境的互动过程通过各种媒介的信息传播构建了一个重要的"新环境"，这就是"虚拟环境"，或者称之为"信息环境"。李普曼认为，现代社会越来越复杂化，人们由于实际活动的范围、精力和注意力有限，不可能对独立于人的意识、体验之外的客观世界——"现实世界"的"直接环境"保持经验性接触；对超出自己亲身感知以外的事物，人们的大部分外界信息都依靠各种大众传媒和网络等"新闻供给机构"，通过提供的各种新闻消息（实际上是被人意识或体验的主观世界——"虚拟环境"）去了解认知。媒介在全球大众传播与网络中已经编织了一个无边无垠、异彩纷呈却又沙泥俱下、鱼目混珠的"信息之网"。但正如李普曼所感慨，"我们的认识是何等的间接"，"我们大家都直接接触消息，而不是接触我们看不到的外界环境"。这样，人的行为已经不再是对现实世界、客观环境及其变化的反应，而成了对新闻机构通过对象征性事件或信息进行选择、加工和重新加以结构化之后向人们展示的某种"虚拟世界"、"拟态环境"的反应；而且现代人对这种"虚拟环境"的验证能力相对大大减弱了，同时又将"虚拟环境"视为"现实环境"来展开现实的行动，这就十分危险了[4]。

这次的百度竞价排名事件，正是利用广大受众对它的信任，为了获得高额的经济利润，不惜在广告质量上放弃把关，为公众构建了一个以假乱真、以次充好的"网上排名"。这一"虚拟环境"不仅严重误导了人们的认识，对人民生命财产产生了严重损害，而且纵容了许多国家明令禁止的犯罪行为，严重扰乱了国家社会经济秩序，对国家和媒介公信力产生了极大的不良影响。

在我国全力建设"以人为本"的和谐社会过程中，媒体应该对公众担负起真、善、美的人文关怀和倡导正确价值观的责任，在真与假、善与恶、美与丑的价值选择上，应当依据自己正确的判断标准进行严格的把关，始终不渝地紧跟时代发展的脚步，探寻人类文明进步的脉搏，追求真善美的人文理想，坚守维护正义和道德情操的高地，履行时代和人民赋予它的"国家和人民喉舌"的神圣职责。媒介把关首先要把好"真实"一关。在真、善、美之中，"真"是本，"真"即真实，不仅信息应该是真实的，感情也应该是真情，认知也应该是力求接近真知。戏剧艺术家余秋雨说过："人们对于真实的崇拜出于对人生实在性的追求。没有真实，人生就失去了依托和参照……求真的内驱力，历来是人们审美意识热情的重要动因。"百度的竞价排名之所以显得如此丑恶，首先是因为他们作为社会的公器，却在"公仆"与"上帝"关系上错了位，放弃了对受众"以人为本"的人文关怀，抛弃了以"真"为本的"真善美"的审美追求。从不久前曝光的三聚氰胺事件到这次对百度公信力的质疑与抨击，无疑都说明了追求真善美的人文关怀是媒介履行把关责任的内在强大精神动力。

三、见利忘义是媒体欺骗公众的根本原因

揭开百度竞价排名的黑幕，最终还是其商业利益在作祟。百度公司对商业利益的过度追求使其忽视了自己的公共职能，从而放弃了服务与监督权利。以今年第三季度为例，百度以竞价排名为核心的网络营销收入达9.128亿元，占其总收入的95%以上。百度一向宣扬"用户体验第一"，也曾经给用户免费提供了各种搜索服务。作为一家公司，它需要赢利，本身无可厚非。在维持用户良好的使用体验的基础上创新自己的赢利模式，理应给公众提供更好的服务。但是百度在两个关键的问题上放弃了把关：一是让虚假广告招摇过市，严重影响了用户的体验，形成了虚假的"排名"；二是进一步通过不实的排名，达到百度中饱私囊的目的。两个问题的要害均在于严重侵犯了公众的知情权。纸包不住火，即使没有央视的曝光，公众也会逐渐抛弃百度。这样一种建立在"假信息"与"私利欲"基础上的获利模式难道不是对百度"用户体验第一"的彻底背叛吗？

回顾百度不到十年的发展，正是中国网民数量飞速增长的"黄金十年"。现在中国网民数量超过了美国，跃居全球首位，而百度也以绝对领先的覆盖率和"更懂中文"的技术优势，力压搜索巨头Google，成为全球最大的中文搜索引擎。百度的错误和挫折是令人痛心的，从百度的教训中我们需要思考一个问题：随着互联网在公众生活中的日益渗透，网络搜索引擎不再仅仅是一项网络技术，它已经发展为一种新型的媒介公器；搜索引擎已获得巨大公权力，但当技术掌握在具有了公权力的私营化公司手里时，如何解决好社会责任和商业利益的关系，是当前网络媒体发展必须解决的问题。这涉及网络媒体的立法问题、网络媒体员工的素质问题、网络技术的革新问题以及加强政府和主流媒体的监督等多个方面。

亡羊补牢，为时不晚。主持人白岩松在《新闻周刊》中一针见血地指出："曝光不是打压，而恰恰相反，是扶持。CCTV 曝光的目的，根本不是'泄私愤'，而是为了让百度在快速的发展中，冷静下来，去芜存菁，更好地认清自己的方向，带领中国互联网产业更好地前行。"

注释：

［1］王玮鞾. 市场经济体制下的社会心态和媒体责任. 科教文汇，2006（3）.

［2］周庆山. 传播学概论. 北京：北京大学出版社，2004. 175.

［3］肖沛雄. 新编传播学. 广州：广东人民出版社，2006. 241，112.

［4］［美］李普曼. 舆论学. 林珊译. 北京：华夏出版社，1989. 48.

（本文发表于《新闻传播》2009 年第 11 期）

从足球"扫赌打黑"看政府、媒介、公众的互动

谭　欢

摘　要：多年来，备受关注的中国足球"扫赌打黑"，终于在公安机关的调查取证下取得了实质性成果。公众、政府、媒介和司法联手是其有所进展的关键性原因：国家政府职能部门高度重视，身体力行；广大公众同仇敌忾，推动发展；大众媒介拓宽舆论渠道，加强导向；司法机关依法介入，重拳出击，让人们看到了公众、政府、媒介和司法四位一体形成的巨大威力。

关键词：足球；扫赌；打黑

2009 年 11 月 3 日，由公安部督办、辽宁省公安厅承办的中国足坛抓赌第一大案进入实质性调查阶段。这场突如其来的足球"扫赌打黑"风暴，波及范围之广、所达程度之深史无前例，来自国内多家足球俱乐部的多名现役球员、教练、裁判、退役球员以及相关人员都在调查范围之内，被要求协助调查的人数多达上百人。一场中国足坛"扫赌打黑"风暴席卷大江南北。在这次"扫赌打黑"风暴中，公众、政府、媒介和司法机关环环相扣，联手出击，让人们看到了这四者的良性互动。

一、公众是把社会监督变成舆论的主力军

作为社会的主体，对社会事务的知情权、参与权、监督权和话语权是公众重要的主体权利。政府的一切事务管理、媒介的一切信息传播和司法的一切行政执法，无不在为广大公众服务，并应时时刻刻接受他们的监督。离开了广大受众的支持，任何媒体的传播内容和活动都是无水之源、无本之木。这次足球"扫赌打黑"风暴，形成一股铺天盖地的舆论洪流，其源头并非政府首发号令，也非媒介揭竿而起，它是多年来中国足坛丑闻令忍无可忍的广大公众在导火线引发下的集体爆发。足球"扫赌打黑"的怒吼迅速覆盖中华大地，于无声处响惊雷。

[作者简介] 谭欢：广州体育学院体育新闻与传播专业 2008 级研究生。

中超、中甲赛场上，"谢亚龙下课"的呐喊声此起彼伏。2008 年 8 月 19 日晚，奥运男足半决赛巴西对阿根廷的赛场成了中国球迷要求足协掌门人下台的情绪宣泄场，近 6 万球迷齐声呐喊"谢亚龙下课"，表达了对中国足球的失望。批判足球的公众情绪已经白热化，说明公众对中国足球的弊端已经到了忍无可忍的地步。

在中国足球的"扫赌打黑"活动中，球迷的舆论起了特殊的作用。李普曼认为，由于现代社会人们的实际活动范围以及精力和注意力有限，无力触及如此广袤而复杂的真实世界，不可能对与他们有关的整个外部环境和众多的事情保持经验性接触，因此公众对超出自己亲身感知以外的事物不得不借助间接经验来认识和判断。当公众对中国足球越来越失望之时，他们能较理性地对待现在的中国足球和"扫赌打黑"。他们认为在一定程度上，过去的毁灭即足球的新生，球迷对"扫赌打黑"的力度和成效怀有很高的期盼，不希望重蹈以前浅尝辄止的覆辙。出于对中国足球的深厚情结，不少球迷也更加积极、冷静、客观地看待足坛的"扫赌打黑"。在"扫赌打黑"的社会舆论的形成中，一些球迷甚至充当了公众舆论的领袖。

二、媒体是拓展舆论、加强导向的枢纽

传播媒介对舆论控制体现为一种社会信息传播体系自身在选择和整合信息中实施舆论把关、舆论拓展和加强导向的功能。在政府、公众和媒介三位一体的舆论调控中，它处于政府与受众之间的一个敏感而重要的枢纽位置。这是因为，大众传播机构是全球化社会和国家大系统中具有双向性功能的重要结构性因素，它既受到政府的宏观调控，为维护国家和人民的利益服务；同时作为舆论形成和导向的枢纽，它在选择、收集、整合、传播社会信息中履行自身的多种功能与责任，维护公众的知情权、表达权以及对公共事务的参与权、隐私权、知识产权等多项合法权利，妥善处理政府的喉舌、扬声器和公众的传声筒、守望器这双重管理功能的关系。媒介作为整合政府和公众之间信息最主要的平台与枢纽，更需要切实加强对自身的多元身份和多重功能的认识，协调好各方面的关系和注意传播流程。这次"扫赌打黑"活动的议程流向体现为：公众实施监督→形成舆论→媒介拓展舆论→加强导向→政府统筹指挥→完善管理→司法机关重拳出击→依法治理。

我国新闻媒介是中国足球兴衰浮沉最忠实的见证人，也是为足球"扫赌打黑"前赴后继的不懈抗争者。近二十年以来，媒体掀起的关于足球问题的论战总是在喧嚣过后默默归于平静，但平静背后酝酿的是更大的风暴，从而形成一轮

又一轮的舆论焦点。在媒体对足球的关注中，足球的诸多问题终于慢慢浮出水面，曝光在烈日之下。这次"扫赌打黑"风暴之所以能席卷全国，成千上万的大小媒介作为社会舆论形成与导向的枢纽，发挥了很大作用。一时间，从中央电视台的《新闻联播》、《焦点访谈》、《东方时空》到全国各地的广播电视、报纸、杂志，再到各类网络媒体都通过议程设置为广大公众跟踪了解事件的起因、过程、结果、内幕、实质并参与讨论、及时反馈提供了一个大平台、望远镜和显微镜，共同构筑了全国拓展舆论和加强导向的强大枢纽。正如斯坦利·巴兰、丹尼斯·戴维斯在《大众传播理论：基础、争鸣与未来》中所说的："在所处的工业社会中，我们越来越依赖于媒介理解这个社会，当我们身处的社会变得越来越复杂，我们不仅在很大程度上需要媒介来帮助我们感受意义，帮助我们了解自己应该作的最佳反应，以及帮助我们放松和应对，而且最终我们主要通过这些媒介来认识这个世界。注意在这个论断中，重点在意义理解上。"

三、政府和司法部门是把舆论监督变成依法治理的关键

前些年足球打假失败的事实进一步告诉我们，在涉及重大社会问题的时候，仅有公众的监督和媒介的舆论监督是远远不够的，还必须加强政府的宏观管理。这次"扫赌打黑"风暴，从中央到相关职能部门高度重视，重拳出击。中央高层领导连番表态直面足坛腐败，从中共中央政治局委员国务委员刘延东出席中国足球工作座谈会并发表讲话，到国家副主席习近平在德国访问时点评中国足球，再到胡锦涛总书记提出继续发扬志行风格；在果断撤换足协领导人的同时，国家体育总局召开足球专题会议，重点打击"假"、"赌"、"黑"等丑恶现象。国家体育总局局长刘鹏指出，中国与体育强国尚有差距，足球等项目成为"瓶颈"。体育总局将进一步惩治腐败，整顿足坛，争取走出一条"中国特色的足球发展道路"。体育总局副局长崔大林表示，反赌风暴治标不治本，要真正净化我国的足球环境，还必须从制度上进行改革。体育总局正在着手建立一个"扫赌打黑"的长效机制，用制度来规避风险。

以这次"扫赌打黑"风暴为例，司法机关的及时介入，重拳出击的关键作用更是有目共睹、不容置疑的。2010年3月9日，12个部委的相关人士组成了由公安部直接指挥、辽宁警方具体负责的"中国足球环境综合治理小组"，掌握了最核心的资源。各职业队伍所在省市成立专门的领导小组，顺藤摸瓜，严抓实打，涉案者纷纷人仰马翻。9月，公安部在上海召开全国足球安保工作会议，强调了打击假球、赌球和黑哨的决心，希望彻底整治中国足球环境。体育总局正联合公安部门制定反赌打假规范，一旦发现球员涉假、涉赌，将立即扭送公安机

关。事实证明，司法机构把广大公众的社会监督和正确舆论落实到司法介入的具体行动上，是这次"扫赌打黑"成功的关键。事实上，在涉及违法的重大社会问题上，任何国家都应当通过行政和司法结合的有效手段加以控制，来加强社会管理，维护人民群众的合法权益。政府的规范管理、司法机关的法治权威与社会公众的舆论监督以及大众传媒的舆论导向既相互依存又相互监督，即公众、媒体与政府的关系保持着动态平衡。

随着人类社会进入政治格局多元化、经济全球一体化和信息传播国际化的时代，法制化和民主化的进程日益加快。从足球"扫赌打黑"行动获得阶段性成果的经验中，我们应当深刻地认识到，作为与社会舆论密切相关的四个主体——公众、政府、媒体和司法，只有建立相互监督、相互支持和动态平衡的机制，才能更有力地整治类似足坛这样的腐败现象，才能更好地构建和谐社会。

参考文献：

［1］王运歌. 重识舆论：李普曼与诺依曼的舆论观研究. 河海大学学报（哲学社会科学版），2007（3）.

［2］肖沛雄. 媒体三主体"PMG"的互动关系与和谐社会的舆论构建. 新闻知识，2007（2）.

［3］［美］斯坦利·巴兰，丹尼斯·戴维斯. 大众传播理论：基础、争鸣与未来. 曹书乐译. 北京：清华大学出版社，2004.315.

［4］张诗蒂. 政府、媒体和公众关系的动态平衡. 四川大学学报，2005（1）.

（本文发表于《新闻世界》2010 年第 11 期）

央视新闻频道《24 小时》的策划解析

任　栋　徐照清

摘　要：本文尝试从新闻生产的流程以及新闻与社会的关系的角度，对电视新闻节目策划进行界定，明确电视新闻节目生产框架的现实存在性，并从专业主义、受众、市场三个维度对央视新闻频道《24 小时》进行策划解析。

关键词：新闻频道；《24 小时》；节目策划

在对央视新闻频道《24 小时》的节目策划进行讨论之前，首先要明确的是新闻节目是否可以"策划"。这里我们要区分的是：新闻策划与新闻节目策划。新闻本身不能也不应进行策划，这不单单是新闻观念或新闻原则问题，更是新闻事业的性质问题。[1] 在真实性和客观性等新闻理念越来越深入人心的今天，这样的表述已经得到了多数人的认同。但与此同时，我们认为新闻节目也有策划的必要，而且必须通过对市场的及时把握，不断更新自己的差异化策划方案，才能使自身的节目在市场竞争中立于不败之地。《24 小时》开播一年多以来，以独树一帜的策划风格和手法，给央视新闻频道带来了一股新鲜空气，也给我国电视新闻节目的提升提供了进一步的探索空间。

一、新闻频道与《24 小时》

中央电视台新闻频道于 2003 年 5 月设立，距今已有八年之久。2009 年 7 月，央视新闻频道全新改版，在新闻编排、节目包装等方面表现突出。作为一个具有强大影响力的电视频道，新闻频道折射了国内主流媒体的生存状态，几次的改版在某种程度上也为其他主流媒体的改革提供了很大的参考价值。按照中央电视台新闻中心主任梁晓涛的说法："新闻频道始终自觉担当媒体责任，坚守信息发布的权威性与准确性。……通过搭建开放自如的直播平台，无限接近事件的第

[作者简介] 任栋：广州大学新闻与传播学院 2005 级研究生；徐照清：广州体育学院体育新闻与传播专业 2009 级研究生。

一时间与第一现场，满足了受众的第一需求。"[2]

2009 年 8 月 10 日首次播出的《24 小时》是央视新闻频道改版后推出的一档梳理全天新闻的节目。《24 小时》打出"回顾当日重要新闻"、"回顾一天的新闻"的口号，最初以简单的新闻梳理为主，后来逐步调整了节目设置，设立了"主播关注"、"数说今天"、"今日面孔"、"声音"、"现场"、"图说今天"、"国内"和"国际"等板块，除一般的新闻梳理外，还力求展现平面媒体、网络媒体及网民关注的社会议题，挖掘新闻深度，表述方式相对轻松和多样化。

《24 小时》作为新闻频道最年轻的一档新闻节目，事实上也肩负着中央电视台传统电视新闻如何与网络内容结合的探索任务。网络媒体的声音逐渐成为主流媒体不可忽视的力量，网络中网民热议的话题、网络舆论指向的对象、网民揭露出的现实存在问题等，这些内容如何与主流新闻节目相融合，被主流新闻节目所采纳，是值得研究的问题，《24 小时》在这方面的努力值得关注。截至 2009 年 12 月 30 日，该栏目平均收视率比开播前同时段节目的 0.095 提升了 47%，达到 0.14。相比其他新闻栏目，该栏目的特点之一是充分考虑了网络时代人们收看电视新闻的心理和行为特性，在内容和形式上有所创新。

二、多维度解析《24 小时》

（一）专业主义维度

"欢迎观看 24 小时，一起来回顾今天的新闻。"这样的开场白成为《24 小时》的经典话语。"一起来回顾今天的新闻"表述也成为节目的一个注解，以"回顾"二字来概括，一方面出自播出时间上的考虑，另一方面笔者认为这是节目组有意为之，以突出自身节目的高端地位。这里的专业主义维度，不同于通常所说的西方"新闻专业主义"，而是在央视新闻频道这样一个专业频道背景下，来讨论《24 小时》是如何一步步形成自己的新闻节目专业风格。

1. "一日之计在于晨"，中国新闻节目的伪命题

"时段是电视节目存在的物质载体，对时段有效运营是频道管理的主要体现。"[3]央视新闻频道改版之际，许多学者对新推出的《朝闻天下》推崇有加，认为"随着人们生活方式的改变和生活节奏的加快，固定的早间时段的收视群体已经形成"，"一日之计在于晨"，人们除了关注天下大事外，更想知道新的一天的天气情况、交通情况等与自己生活密切相关的信息。……早上的《朝闻天下》栏目主要是及时播报当日最新的新闻消息，以时效性和服务性来吸引正在洗漱就餐或收拾行李的观众的注意力。[4]

实际上，以西方家庭早晨围坐在电视机前吃西式早点，然后开开心心去上班

为虚拟场景考虑的思维，与中国目前的现实存在较大的差距。同时，也与 CSM 媒介研究机构 2009 年的研究数据相左，该研究认为 6∶30—8∶15 这近两个小时，几乎是中国电视媒体一天中收视率（除了深夜之外）最低的收视时段。更多的人倾向于在上班途中利用移动媒体收看新闻节目以此来打发时间及获取新闻资讯。如此一来，在早晨悠闲地观看新闻节目似乎是一种奢望。所以笔者认为，"一日之计在于晨"是中国新闻节目的伪命题。我国新闻节目的黄金收视点仍是在传统晚间的黄金时段，早间新闻节目只能成为新闻节目样式时间差异化的一种候补。

2. 突出内容编排，深耕节目精品

早在 2009 年 3 月，新闻频道就推出了晚间节目带状编排宣传片，打造晚间深度"话语场"成为新闻频道晚间节目定位和编排的核心理念，也是实现外部竞争型博弈的重要砝码。新闻频道实质上分成了两个模块，白天时段主要以最新的动态消息为主，晚间时段则重在延伸新闻当事人和新闻事件的向度和维度，力图给受众一个全景式的视域体验和思维启蒙。重点打造晚间新闻频道也是差异化竞争的必然选择，打造新闻频道个性和多元声音的理念初露端倪，从最开始的新闻频道定位——"打开新闻频道，我们会看到世界发生了什么，新闻的价值在于第一现场，用开放的姿态，放大资讯的概念，新闻时刻在变化，唯一不变的是我们的承诺"——可以看出，这仅仅是将自身定位为资讯发布的窗口。而目前晚间时段的宣传语则为："从草根到高端，新闻因人而生动，从细节到悬念，讲述因人而精彩；理清事件因果，抵达真相纵深，记录正在发生的历史，渗透新闻背后的新闻；深度解析热点之中的利害纠葛，鲜明表达客观理性的媒体立场。"[5]

《24 小时》的策划特色突出体现在其"内容编排分析"上，即打散了国内国外顺序，以新闻重要性的大小排序。同时在内容的选取上做到了亦庄亦谐。

（二）受众维度

在一个收视率决定一切的时代，任何对观众的不重视都会对自身的节目造成难以挽回的影响。据人民网 2004 年的调查显示：新闻类电视节目是观众的最爱。

另据 CSM 2008 年的受众结构与节目收视调查，我们可得到以下三个结论[6]：

女性观众节目收视偏重娱乐与生活，男性观众节目收视偏重信息与知识；低学历观众节目收视更重放松与消遣，高学历观众节目收视偏重信息与知识；低收入观众节目收视偏重娱乐与消遣，高收入观众节目收视偏重信息与知识。

在简要了解受众群体之后，如何为这类群体服务，是受众分析研究的题中应有之义。笔者在简要分析《24 小时》后，认为该节目有如下特点：

1. 重视实时视频连线，时间长、观点多是《24 小时》视频连线的主要特点

与央视其他新闻节目不同，《24 小时》更能做到多方观点的采访与连线，并坚持在线连线的直播化，不因播出时间晚而用录播节目替代，在给各方说话权利的同时，也给了受众自己分析事件的客观条件，体现了对高端受众的重视与尊重。

2. 主持人"美女＋帅哥"战略

从《朝闻天下》首先启用美女主持人胡蝶开始，央视主持人的美女战略开始被观众关注。《24 小时》则有效进行了差异化竞争，在女主持人难分伯仲的情况下，果断启用"新人"男主播邱启明。实际上，在加盟《24 小时》之前，邱启明已经是南京观众非常熟悉的"名嘴"，曾被冠以"南京十大名嘴之首"的美誉，其主持风格轻松诙谐又不失讯诮。2010 年 6 月，江西省抚河干流右岸唱凯堤发生决口，在《24 小时》的抚河汛情电话采访中，邱启明两次打断江西防总办公室副主任平其俊的讲话，一句"平主任，我是非常想了解下游的群众有没有转移"，使他迅速赢得了网友的好评。在百度贴吧中"邱启明吧"共有主题 216 个，帖子 1 390 篇，邱启明粉丝"启明星"109 位，其受追捧程度可见一斑。主持人的成功，已经成为节目获取忠实观众的重要途径。

3. 口语化新闻播报风格

对于高端受众而言，电视新闻中的"新闻联播体"、报纸新闻中的"新华体"一直饱受诟病。将事实与宣传区分开来，在最短的时间内向受众提供最重要的新闻事实，这是一家新闻媒体的题中应有之义。《24 小时》的播出时间已经接近深夜，此时如果再运用新闻联播式的播报风格，得到的收视效果可想而知。节目组负责人曾表示，《24 小时》推出的主要特色就是"口语化"，节目组恰恰不需要主播念新闻，而是让他们"说"新闻。注重播报上的口语化、情感化和个性化，也逐渐成为业界的共识。"说"新闻的目的是为了缩短传受双方的心理距离，创作主体将新闻材料进行口语化处理，采用简练紧凑、富于个性化的消息式语体风格，使受众听着轻松、亲切、自然，对新闻信息的接受和理解更加便利，从而优化消息的有效传播。电视新闻播报风格的变化顺应了电视新闻节目的多样化要求。口语化的播报成了《24 小时》的显著特征，也在接近性上做到了与受众的一致。

4. 对网络声音的重视与回应

《24 小时》作为传统电视新闻栏目，除了从传统途径寻找选题，也注意参照网络上的热点议题，并深知扩大差异化信息源对于报道独家性的重要影响，有意识地在节目中加大对网络声音的关注。"声音"板块中经常有来自网络的声音，关注当前热点，第一时间形成舆论，做到了社会价值与新闻价值的统一。

　　事实上，初期的《24小时》打出"回顾当日重要新闻"、"回顾一天的新闻"的口号，以简单的新闻梳理为主，与央视新闻频道的其他新闻资讯类节目并无二致。而随着时间的推移，节目也在逐步调整，设立了"主播关注"、"声音"、"今日面孔"、"图说今天"等板块，除了一般的新闻梳理，还展现了平面媒体、网络媒体及网民关注的社会议题，努力挖掘新闻深度，表述方式相对轻松及多样化。

（三）市场维度

　　纵观每天的最后一个小时（23：00—24：00），多数频道播放电影、电视剧节目，而在这之前的新闻节目，笔者认为主要有两类：一类是重播新闻咨询类节目，另一类是首播谈话类、访谈类等节目。现实给《24小时》的生存留下了足够的空间。《24小时》的推出恰好与同时段的其他节目形成了差异化竞争，并牢牢占据了此时段"新闻资讯直播"的领地。

　　从央视新闻频道的晚间整体播出策略来看，21：00—22：00的节目定位和编排开始真正进入深度话语的场域，与同类型频道形成差异化竞争，重点吸引具有良好媒介素养和消费能力的核心受众，原因在于这刚好是首轮电视剧的间歇期，也是某些高端受众下班回家的时间。该时段新闻频道在周一至周五重点打造的是改版后的《东方时空》，周六则为《新闻调查》。在同时段，央视经济频道推出的是《经济半小时》。从中可以看出，尽管央视各专业频道间有不同的受众诉求，但也面临着"囚徒困境"——在总体收视份额中寻求零和博弈的平衡，即双方都不可能得到最优的回报，但也不愿意失去相当可观的收视份额。而新闻频道在零和博弈中并没有采用"对抗式策略"，而是采用"反向策略"，即把自身的节目类型、风格及目标受众定位，与对手稍稍形成一些错位，这样使得频道场域内的争斗不至于过分白热化，各自的收益也不会因为错位而受损，甚至有可能形成整体增益的传播效果。

　　新闻频道为了在非黄金时段最大限度地吸引高端受众，采取了"连环策略"和"反向策略"的方式，从《朝闻天下》、《新闻30分》、《共同关注》、《东方时空》、《国际时讯》等原有节目到《新闻直播间》、《环球视线》、《24小时》、《午夜新闻》等新栏目共同构建起贯穿早晨、中午、晚间、夜间全时段的新闻资讯平台，央视新闻频道的新闻流清晰可见。作为整体策略的一部分，《24小时》依托新闻频道的强大平台和丰富资源，成功与省级卫视的新闻频道进行了有效区分。

注释：
[1] 张静民. 电视节目策划与编导. 广州：暨南大学出版社，2007.

［2］梁晓涛. 央视新闻频道. 中国传媒科技，2007（7）.

［3］吴宛雏. 专业频道的节目编排策略. 中国广播电视学刊，2003（7）.

［4］王秋艳. 专业化频道的节目编排策略——以中央电视台新闻频道为例. 青年记者，2010（17）.

［5］王磊. 央视新闻频道晚间节目的编排策略. 现代视听，2009（7）.

［6］王兰柱. 中国电视节目创新与收视. 北京：中国传媒大学出版社，2010.

（本文发表于《传媒观察》2011 年第 5 期）

从食品安全问题反思媒体的角色定位

黄舒屏

摘　要： 在今年的"两会"上，食品安全成为大家最为关注的焦点之一。面对近年来出现的食品安全问题，媒体片面且夸大的报道令社会出现了"食品安全恐慌"。针对这个问题，广州市农业标准与监测中心主任彭聪把矛头直指向"媒体"，中国疾控中心的专家也认为"食品危险被严重夸大"，媒体应负一定责任。对此，笔者认为在运用危机报道的原则下，媒体应该以"雷达"、"显微镜"、"指南针"的三重关系来定位自己在报道食品安全问题时的角色。

关键词： 食品安全；媒体；角色

面对近年来出现的食品安全事件，媒体片面且夸大的报道令社会出现了"食品安全恐慌"，笔者认为在运用危机报道的原则下，媒体应该以"雷达"、"显微镜"、"指南针"的三重关系来定位自己在报道食品安全问题时的角色。

一、夸大报道引发的恐慌

自 2005 年的"苏丹红"事件轰动全国之后，食品安全问题就像滚雪球一样不断袭来，拨动着公众最敏感的神经。2006 年，食品安全问题更是成为媒体报道的重头戏。

面对媒体夸大食品危险的报道，广州市食品药品监督管理局局长姚建明和广州市农业标准与监测中心主任彭聪在 2007 年 1 月作客广州电视台《行风大家谈》栏目，与市民畅谈食品安全问题，并指出"广大市民好像现在被我们媒体引导着，因为现在当某个食品被媒体报道出某样东西不行的情况，就会产生一个轰炸性的效果，从而造成一些不必要的恐慌"。在今年全国政协社会保障和福利组的讨论会上，中国疾控中心的专家陈君石也痛陈目前社会上对食品安全的认识存在不少误区，他把一些问题产生的原因归结到媒体一方，认为中国食品安全的危险性被严重夸大。

[作者简介] 黄舒屏：广州体育学院体育新闻与传播专业 2006 级研究生。

二、夸大报道带来的危害

1. 打击大众消费的信心，伤害市民的切身利益

食品安全被媒体夸大报道后，一方面，普通市民对该类食品失去了消费的欲望，甚至产生"恐慌"，影响了正常的消费活动和生活。另一方面，合格食品的销售商也因为媒体的夸大报道而严重影响了正常的收益。每当一种食品被媒体曝出安全问题之后，该类食品极有可能会失去大批的消费者。即使随后的安全事件被证实过于夸大，市民仍然心存不安，不愿意购买该类食品。广州市副市长苏泽群曾为了挽回市民对咸鸭蛋的消费热情，当众吃咸鸭蛋，证明咸鸭蛋并非如市民所想的那样不安全。

2. 伤害新闻的真实性，影响媒体的公信力

例如，在全国各地严打"多宝鱼"之后，山东的专家却披露媒体对"多宝鱼致癌"报道不实；南京农业大学的教授也认为"红心鸭蛋"中的苏丹红含量有限，吃了含有苏丹红的食品可能还没有吸一支烟的危害大。然而对媒体更加不利的是，那些夸大食品危险的报道不仅引起了政府机构或者相关专家对媒体的不满和批评，甚至也损害了媒体在公众心目中的威信。

3. 影响社会安定团结，不利于和谐社会的构建

现在，社会广泛关注食品安全问题，甚至对"自己能吃什么"产生怀疑。对食品安全的担忧，这种现象不仅确实存在，甚至在一些地方还表现得比较严重。这种引起民众不安的食品安全问题，必然给社会的安定带来不利的影响。

三、媒体应有的角色定位

从有关食品安全事件的报道来看，媒体几乎占据了主导的地位。首先，几乎所有有关食品安全的问题都由媒体在第一时间曝光。这种与市民切身利益相关的轰动性报道自然吸引了受众的眼球。其次，媒体在随后的议程设置中对食品安全问题进行更详细的追踪报道，给市民的日常生活带来了重大的影响。因此，确定媒体在食品安全事件报道中的角色定位非常重要。

1. "雷达"先行，搭建沟通桥梁

从近两年媒体报道的内容来看，媒体把事关市民切身利益的民生新闻作为增强自身竞争力的主打"产品"。在报道食品安全问题上，媒体要遵循危机沟通原则中的"速度第一"，及时发现和报道发生的事件。同时，为了更好地与老百姓沟通，不少媒体开设了排忧解难的"新闻热线"或者揭示突发事件的"爆料热线"，用"真诚沟通"的原则，以诚恳、诚实的态度，与公众进行良好的沟通，说明食品安全事件的发展情况。这样一来，食品安全问题的信息源便掌握在媒体的手中。

2. "显微镜"透析，切中要害

媒体在发挥"雷达"收集信息快且多的特点，全面平衡地分析食品安全事件后，接着就要担当起"显微镜"的角色，在危机报道"责任承担"原则的指导下，分析其中的问题及问题产生的根源，并探讨相关责任问题。

媒体在报道食品安全事件时要注意平衡报道，将全面且权威的信息传播给公众，力求切中要害。在报道中，媒体应该及时咨询相关的专家，让专家用科学的数据进行评估，告诉公众这种食品是否真的存在有害物质，食用量大概达到多少会对人体产生危害。因此媒体在遇到食品安全事件的时候要尽快让专家进行评估，用"显微镜"进行全面分析，切忌在第一时间妄下结论，以免制造出不利于社会安定的轰动性效应。

3. 充当"指南针"，正确引导舆论

危机报道的原则还包括系统运行原则和权威证实原则。将这两个原则运用到食品安全事件的报道中，就是媒体要负起责任，通过议程设置来当好政府和人民的喉舌，要通过权威部门和专家的证实来化解危机。

在面对食品安全的重大事件中，媒体应当通过议程设置来全面报道事件和专家的权威观点；从公众的切身利益出发，正确引导舆论，帮助公众以清醒的头脑理智分析这些事件，认识食品安全的真正问题所在，培养良好的饮食习惯。这种正确的舆论导向可以消除公众心理的恐慌，进而给社会的稳定发展带来积极的作用。

参考文献：

[1] 肖沛雄. 新编传播学. 广州：广东人民出版社，2006.

[2] 邵培仁，邱戈. 论当前中国媒体的身份危机. 道客巴巴，www.doc88.com.

[3] 王华平，郗慧晶. 彭聪认为食品安全恐慌是媒体的错. 新快报，2007 - 01 - 15.

[4] 廖望劬. 政府信息公开与传媒社会责任——"非典"事件引发的思考（二）. 声屏世界，2003（6）.

[5] 辛仪. 从食品安全引发的对媒体舆论监督的思考. 陕西教育（理论版），2006（21）.

[6] 苏金远，赵新利. 浅议食品安全事件中和谐舆论的构建. 河南工业大学学报，2006（12）.

[7] 王海军. 食品危险被严重夸大. 南方都市报，2007 - 03 - 07.

（本文发表于《青年记者》2007 年第 14 期）

连战的"和平之旅"：大众媒体的传播特色

林 芳

摘 要：文章以中国国民党主席连战率该党代表团访问大陆的"和平之旅"为个案，条分缕析地阐述了海峡两岸媒体在此重大新闻报道中从内容、专题到形式等方面的显著特色。

关键词：连战；媒体报道；特色

2005 年 4 月 26 日至 5 月 3 日，中国国民党主席连战率中国国民党代表团参访大陆，这是迄今两岸关系史上最轰动的事件之一，翻开了国共两党关系史上新的一页。面对连战的来访，大陆媒体本着及时、客观、准确的新闻报道原则，提供了丰富的新闻信息，满足了受众的需求，并进行了正确的舆论导向，严格执行社会主义传播制度的基本原则，树立了良好形象，宣扬两岸的和平统一。大众传媒争相聚焦连战的大陆之行，展现了各具效果的传播特色。

一、媒体特色：海峡两岸报道媒体形式多样、规模宏大、多语言传播

中国国民党主席连战的历史性大陆之旅，是一场大规模的新闻报道重点活动。中国大陆传媒对连战到访的重视程度甚至超过 1998 年美国总统克林顿访问中国。大陆各主要媒体为报道这趟历史性之旅，动员的人力、物力以及报道的规模，均是前所未有的。各大网站都设立了连战访问大陆专题，并以滚动消息进行即时报道。

4 月 26 日，连战抵达大陆之行的第一站——南京，有近 500 名记者报名参加对连战南京行的采访报道，其中台湾媒体记者近 100 人，大陆媒体记者 200余人。

中央电视台一套及四套（国际频道）对连战之行进行全程直播。4 月 29 日，中共中央总书记胡锦涛在人民大会堂北大厅会见中国国民党主席连战率领的国民

[作者简介] 林芳：广州体育学院体育新闻与传播专业 2004 级研究生。

党大陆访问团，中央电视台一套和新闻频道并机，现场直播"胡锦涛与连战会面特别报道"；同时，中央电视台四套直播"连战大陆行特别报道"。中央电视台四套从4月26日起至5月3日每晚9时30分播出的时事评论节目《今日关注》，播出时长从半小时延长为一小时的特别报道，并邀请专家全面分析连战在大陆每日的活动，并与驻台的中央台记者连线互动。《人民日报》、《光明日报》和《经济日报》都是整版报道，规模相当统一，且所用图片都是两张，分别为胡锦涛与连战握手图和大家会谈图，版面配置相似。人民网、新浪网、新华网、中国台湾网等大型网站都设立了专题报道，内容包括：最新消息、滚动新闻、岛内反应、境外反应、专题图集、视频报道、相关资料、网友评论、花絮报道等。

连战"大陆和平之旅"也成为台湾传媒炙手可热的新闻聚焦点。台湾各大电视台都派出了强大的采访阵容，推出了连战大陆行的特别专题，持续跟踪，不时进行滚动报道。连战一行刚抵达北京，各电视媒体便以卫星连线的方式现场报道北京市民热烈欢迎的盛况并全程直播连战在机场发表的谈话。台湾电视屏幕还不时滚动刊播"连战抵北京，官员高规格迎接"、"连战：盛赞北京人文荟萃"、"连战：盼促进两岸交流"等醒目提示字幕。台湾电视媒体TVBS、东森、中视、中天、年代等均在第一时间全程卫星连线现场，进行实况转播。东森电视台推出"连胡会握住历史Live"连线现场报道，称"暌违半世纪"之后，胡连举行"世纪会"为"历史一刻"。TVBS、中视等也在第一时间推出"连胡会现场实况"和"北京人民大会堂Live"卫星连线报道，盛赞"连胡世纪会和平之旅写历史"。

二、各网站版面特色：专门的连战大陆之行专题，专题内容丰富

广州视窗连战之行专题网站版面，无广告，横向、纵向均分为三大板块，主要版面有胡锦涛会见连战、连战北京大学演讲、最新消息、各方反应、深度分析、连战介绍、视频中心等。

新浪网主要版面为：最新报道、各方热评胡连会、各方反应、深度报道、媒体评论、网友诗词、网评精选、历史回眸、台独分子丑行聚焦、近期台湾高层频访大陆、大陆对台政策、台湾各党派简介等。

人民网的连战大陆之行专题的版面分布有：特别报道、记者连线、重要活动、网友热评、连战其人、连战感言、本网评论、岛内反应、最新报道、图文报道、评论分析、花絮报道、媒体聚焦、网上调查、实时报道、视音频报道、背景分析等。

在连战大陆之行的过程中，无论是商业网站，如新浪，还是传统媒体专门新

闻网站，如人民网等，都设置了专门的连战大陆行专题，专题内容丰富，评论来源广泛，远远大于一些传统新闻媒介所提供的信息量。流动在因特网上的信息展现了丰富多样、迅速及时、全球传播、容易复制、便于检索、超文本链接自由和交互等特点。

三、媒体合作特色：互动配合，扩大传播视野

媒体互动是指在报道活动中不同媒体间相互补充、相互推动的关系。媒体互动的结果会使传播效果更为完美，不同媒体也相得益彰。因为每种媒体有自己的优势，也有自己的劣势，而不同媒体间的互动，可做到取长补短，优势迭加。

20世纪90年代之前，两岸记者新闻采访屡屡受阻，台湾记者来大陆访问还要受到台湾当局政府的法律追究，大陆记者也无法顺利地去台湾采访，两岸媒体的互动机会甚少。90年代后，随着两岸交流的增多，两岸媒体均认识到了在相互沟通和增进了解方面，新闻媒体担负着重要作用。国务院台办于1996年12月1日颁布了《关于台湾记者来祖国大陆采访的规定》，进一步体现了大陆方面推动两岸新闻交流的诚意。

连战大陆行的报道，大陆对台湾媒体的采访持开放和支持的态度。作为大众传播领域影响最大的传播媒介，作为当前最引人注目的文化载体，电视有能力也有责任推动两岸的文化交流，促进两岸人民之间的理解和协调。中央电视台《东方时空》的"时空连线"报道成功地实现了两岸媒体的互动连动。《东方时空》和台湾媒体的互动方式主要有以下几个方面：

一是两岸记者现场互动。4月27日《东方时空》连战大陆"和平之旅"，当连战迈上中山陵的第一级台阶，主持人同时连线正在南京中山陵的中央台记者王跃军和位于台北国父纪念馆前的台湾东森台记者李娜亚。主持人通过王跃军在现场的访问、王跃军的描述，让台湾的受众充满现场感。接着，主持人向李娜亚发问，而后由李娜亚描述台湾岛内的反应、台湾民众对孙中山先生的感情，并在电视画面上放映国父纪念馆的景观，同时向大陆人民表达了台湾人民期待连战带回的礼物就是两个字：和平。

二是两岸主持人专家共评说。4月28日《东方时空》连战大陆"和平之旅"，电视画面出现了两幅画面，一是中央电视台主持人白岩松和中国社科院台湾研究所的研究员朱卫东，一是台湾东森电视台的主播王佳婉和来自台湾的嘉宾赵怡博士。

三是两岸媒体同台主持。4月29日，台湾东森电视台的主播卢秀芳在《东方时空》演播室，与白岩松共同主持节目。在节目中，卢秀芳既是一名嘉宾，

在节目中谈了个人感受和传达了台湾受众的感情；又是一名主持人，向在现场采访的中央台记者发问。白岩松连线的是台湾东森电视台的记者梁立，以了解台湾大学的学生对连战在北京大学演讲的评价。4月30日，通过时空连线，出现在镜头上的是《东方时空》主持人张泉灵和嘉宾李义虎以及台湾东森新闻台主播李大华和台湾嘉宾赵怡。

四、网论特色：网民"赋诗"热，两大网站赠诗册

广大网民关注中国国民党主席连战的大陆之行，并纷纷在网上留言。最能表达网友感情的是来自网友的肺腑之言——诗。网络给了受众宣泄情感的渠道，间接带来"赋诗"热，新浪网友戏称为"诗的复兴"。

截至4月26日晚上9时，搜狐网开设的连战网友诗集栏目中，写给连战此次访问大陆的诗歌已达3万多首。据搜狐最新统计，4月28日上午8时搜狐网友评论已接近六万条。前来赋诗的网友来自中国和世界各地，诗歌题材多样，如来自新浪网的七律《赞胡连会》、现代诗《战哥，你的战歌好动人》、散曲《水调歌头·盼团圆》。有些诗歌感情豪迈，直抒心意，如《期盼中国统一　中国之盛世》、《衷心希望台海和平永久》、《我们只有一个祖国——中国》。

搜狐网友以诗歌的形式盛赞连战"和平之旅"，搜狐网将网友的诗作《台湾，我想你》整理成册于4月28日赠送给中国国民党大陆访问团。《台湾，我想你》诗集副标题为"搜狐网友给予台湾同胞"，60首诗歌寓意共产党和国民党60年来首次握手。诗集共有"回来吧，战哥"等六章，序与跋都采用网友的诗歌。诗集分上下两册，设计采用古书形式，文字竖排，象征同为炎黄子孙；封面以海蓝色为主色调，代表海峡两岸。

新浪网也将网友的诗制作成诗集赠送给连战先生。其中新浪网网友一首诗《娘，大哥他回来了》引起了极大的反响。

这次连战之行的网络言论极具代表性且主题鲜明，是了解民意的重要窗口。

五、受众权利特色：各网站推出网上受众调查参与

胡正荣在《传播学总论》中将受众使用传媒进行交流的权利作为受众的权利之一。受众借助媒体来发表意见、传达信息。在连战之行中，媒体除了对受众进行专门的言论开放外，还进行了网上调查。网上调查更为方便快捷，结果一目了然。

网上调查均为选择题，主题鲜明，形式统一。

中央电视台网站中专为网民设置的"参与网上调查"栏目，内容分为受众

对连战之行的看法和对受众个人资料的调查。调查结果显示，受众的结构层次是：男性关注程度比女性多，年龄界于 19～29 岁的青年多，本科及本科以上的在校学生多，截至 5 月 2 日上午，网上受众参与的总票数达 153 600 票。

人民网连战访大陆专题中的网上调查主题只有两方面：一是对连战之行，受众有何看法；二是连战此行，受众最关注的是什么。结果显示，多数受众对连战之行表示欢迎，受众对连战和胡锦涛的会面最关注。

新华网的网上调查则分三部分：一是受众对连战之行最关注的方面；二是受众对国民党、亲民党领导人相继受邀访问大陆的意义的认识；三是受众对连战访问大陆所起作用的看法。结果显示受众最关注连战与胡锦涛的会面，绝大多数受众认为连战之行的意义是促使大陆对台策略更主动、更有力，近 40% 的受众认为连战大陆之行的作用是象征性意义更多。

这三家网站对受众的调查显示了受众对连战之行的关注程度，并且体现了媒体在跨文化、跨地域的传播中公平地对待受众享有和使用媒介的权利。正如霍尔在《跨越文化障碍——交流的挑战》中说的："也许跨文化传播研究带来的最大利益就是使我们有能力跟各种各样的人建立和维护良好的关系。"[1]

在这次连战大陆之行的媒体大战中，各大媒体目标一致：对内对外宣传引导，反映民众心声，宣扬和平统一。两岸关系不只靠政治人物的合作，更重要的是公众的支持响应，各具效果的媒体传播特色在宣扬报道中发挥了巨大作用，传播媒介对国共关系和台湾问题的影响日益增大。借助传播媒介的力量来推动两岸关系的发展，塑造中国政治形象，可以说是大陆媒体这次策划报道取得的重要成果。

注释：

[1]［美］霍尔. 跨越文化障碍——交流的挑战. 麻争旗等译. 北京：北京广播学院出版社，2003. 18.

（本文发表于《今传媒》2005 年第 6 期）

从连宋访问大陆看我国宣传策略的变化

尧春华

摘　要：文章通过剖析 2005 年 4 月台湾中国国民党主席连战率团访问大陆期间，大陆新闻媒体对此新闻事件的高度重视、精心策划和全方位报道，解读了我国在宣传策略上的四大变化。

关键词：连战；访问；宣传；变化

2005 年 4 月 26 日—5 月 12 日，台湾中国国民党主席连战、亲民党主席宋楚瑜相继率团访问大陆，备受世界瞩目。针对此次连宋访问，全国几乎所有的新闻媒介组织精兵强将，精心策划，利用报纸版面和电子媒介等手段，及时而全方位地将这一重大事件传播出去。透过此次事件的追踪报道，不难发现我国新闻传媒无论是在传播心态还是在传播运作上都日渐成熟。

一、变被动宣传为主动宣传

我国对重大事件的新闻传播近年来日趋成熟，但对某些敏感的重大的政治新闻和突发性事件新闻，还是常常采取回避的态度。往往是国外新闻媒体先报道，我们才报道，或者先是小道消息传播，而后才是官方消息报道。如 2002 年发生的"非典"事件前期，媒体的表现居然是"集体失语"，这种不正常的传播往往导致中国受众在某种程度上受到伤害，损害了媒体的声誉。

宣传的技艺之一就是要"先说"、"多说"，谁说得多，谁的信息传播得快，谁就能抢先赢得舆论支持。反之，保持沉默只会导致谣言泛滥。与其让别人造谣生事，为何我们自己不抢先报道事实真相呢？此次连宋大陆行报道中，我国新闻传媒就及时快捷、全方位地进行了追踪报道。

在连宋尚未来访之前，我国各大媒体就为此事件广泛造势，如《中国国民党主席连战表示欣然接受邀请将择期访问大陆》（《人民日报》2005 年 4 月 2

［作者简介］尧春华：广州体育学院体育新闻与传播专业 2004 级研究生。

日），《中共中央和胡锦涛总书记欢迎并邀请亲民党主席宋楚瑜率团来访　亲民党表示宋楚瑜主席欣然接受中共中央和胡锦涛总书记的邀访》（《人民日报》2005年4月19日），《连战可能提前到下月初参访大陆》（《南方日报》2005年4月10日），《台媒体称连战本月30日访大陆》（《南方日报》2005年4月16日），《台湾民众对国民党推动两岸交流多持正面期许态度》（人民网2005年4月3日），《连战表示：欣然接受邀请将择期访问大陆》（中央电视台《新闻联播》2005年4月2日），《连战接受邀请将择期访问大陆》（中央人民广播电台中国之声《新闻和报纸摘要》2005年4月3日）等。

我国传媒为此次事件提前策划，广为宣传，各类媒介将此事件变成具有强大影响力的新闻事件，为公众设置议题，从而引起公众的广泛关注，充分体现了我国传媒主动出击的良好的传播心态。及时、准确、一致地传递新闻信息，是实现有效传播的最基本条件，也是传播媒体的职责所在。充分满足公众的知情权，体现了传播媒体对公众高度负责的态度，极大地提高了传播媒体的美誉度和公信力。

二、变一面宣传为两面宣传

所谓一面宣传是指新闻媒体只报道能证明自己的观点或主张的事实与意见，而对于不同的意见或不能证明自己观点的事实只字不提；或者只报道对方的缺陷与错误，而对其长处和优点只字不提。如在1997年江泽民主席访美期间，由于国内媒体过于倾向正面报道江主席的成功访问，面对当时美国反华群体及有些媒体的喧嚣和鼓噪没有给予应有的报道，致使国内对美国的负面反应一无所知或知之不多，在国内营造了一种中美关系形势一片大好的气氛。殊不知江主席访美归来没几天，美国就在一天之内连续抛出几个反华议案，使我们的宣传报道处于被动不利的局面。

所谓两面宣传，是指新闻媒体在新闻报道中，既突出自己的意见与主张，也不掩盖矛盾和问题，在报道对立方的缺陷与谬误时，也不忌讳其某些优点与长处。新闻报道既要反映官方舆论，又要反映民间舆论。如《南方日报》在报道连战来访时采取了平衡性宣传，即为体现客观、公正，既说好也说坏，既报喜也报忧，使宣传者与受众之间形成特别"信任感"。如2005年4月30日既实事求是地报道了海外华人、外电、华文媒体和欧盟等对此事件的积极评价，也报道了如《岛内政坛掀起不同反应/泛蓝认同泛绿诋毁》之类的不同声音。5月5日也作了客观的评述，如《美国赞成两岸对话意在维持现状》和《破冰不易融冰更难》等。新华网也尊重事实，让事实说话，如《陈水扁当局不接受新闻公报部分内容》（5 月 9 日），《连战参访团疑遭到台湾当局监听》（5 月 1 日）等。

当然，两面宣传并不是要媒体一味暴露我们社会的阴暗面和不利于稳定的杂音，它是在统一意志和统一价值观念的指导下的一种宣传模式。正面宣传也不是要我们搞单面宣传，而是强调突出我们社会的主流、本质特征和光明面，而这种"突出"，一面性可以做到，两面性同样可以做到，关键是确定宣传的主旋律。

三、变刻板宣传为人本宣传

长期接受西方国家新闻媒介信息的外国受众对中国和中华民族都有陌生感和距离感，来自中国的直接信息的匮乏，导致他们形成了对中国的某些偏见和误解。但从我国新闻传播自身而言，其长期以阶级斗争和政治教育为主的内容已经让许多受众心中产生了逆反心理，因而他们有意无意地对我国对外宣传持怀疑或不信任态度。

当前，我国媒体要尽快克服长期以来形成的文化上的保守性和意识形态的封闭性，尤其是那些政治性、说教性明显的内容，要尽可能采用国内外受众能够接受的方式来表达，将"宣传味"降到最低限度。在内容的选择和搭配上，要注意尽可能顾及不同文化圈层中各种不同类型受众的多种需求和特定文化圈层中特定受众的特殊需要。宣传也需要以人为本，对受众体现人文关怀，才容易被人接受。文学是"人学"，实际上新闻学也是"人学"，只不过是以报道客观事物为宗旨的"人学"。任何客观的报道都不可能是纯粹的客观报道，必然掺杂了记者的价值判断标准和主观情愫。而这种主观认识和情愫，只有在具有人文关怀的情况下才能打动人、感染人。我国大众传媒对"连宋登陆事件"的报道取得巨大成功，是因为不是简单地把它作为重大政治事件来报道，而是更多地真实地记录了台海人民一家亲的许多感人场景，如《祖母坟前三叩首　连战在哀婉的秦腔乐中遂了怀亲之旅最大心愿》（《南方日报》2005 年 5 月 2 日），《宋楚瑜三叔：迟到了 56 年的聚会》（《南方日报》2005 年 5 月 3 日），《宋楚瑜在西安咸阳机场发表讲话　心灵相通一通百通》（《南方日报》2005 年 5 月 6 日），充分地表达了炎黄子孙血脉相连的情感。正如宋先生所说："心灵相通是'第四通'。"《宋楚瑜夫妇机场"秀"上海话》、《"湘里湘亲"准备好了》、《兄弟同心　其利断金》（《南方日报》2005 年 5 月 8 日），《我将叫一声"自立大哥"　楚瑜亲人精心准备相隔 56 年的聚会》、《楚瑜万水牵手　海峡两岸连心》（《南方日报》2005 年 5 月 9 日），字里行间，读者感受到的不仅是两岸两党的政治交流，更多的是失散多年的亲人终于团聚的感人情景。这种人文关怀犹如一股清新的风，唤起了人们对两岸和平与稳定、共同繁荣的强烈渴望。新闻走"人本"主义的道路，是新闻自身生存和发展的需要，也是吸引大众、服务大众、真正做到"大众化"的必然要求。

四、变单一化宣传为立体化宣传

此次连宋访问大陆，国内各媒体一齐出动，不遗余力。从连宋的背景资料、政治主张、行踪言行、人情世故到民众反应、各界反响等，各类传媒都全方位、立体化地进行了宣传。据笔者不完全统计，有关连战的重大新闻事件报道，单《人民日报》就有123篇，新华网有902篇，新浪网更是多得惊人，相关新闻达25 359篇。如果你用酷狗搜索，约有1 450 000项符合连战的查询结果；再去"百度一下"，可找到连战相关新闻约27 500篇，从中我们可以窥见我国对此次访问关注的强度和力度。

为赢得更好的传播效果，大众媒体在宣传连宋访问时都充分利用形式的多样性，不拘一格，做到生动活泼，富有感染力和吸引力，具有贴近性和可读性。以《南方日报》2005年4月30日对连战大陆行的报道为例，该报当天共16版，关于连战来访的新闻就占4个版面，而且图文并茂、丰富多彩。其中头版"胡连会谈"两人亲切握手的彩图用了近1/4个版面，视觉冲击力很强，同时很好地照应了头版头条的通栏特大标题《胡锦涛和连战在京举行国共两党主要领导人自1945年以来首次正式会谈 握手，跨越60年风雨坎坷》。图片右侧配有通讯《握手·点头 胡锦涛与连战会谈侧记》。在新闻报道体裁上，消息、通讯、言论、访谈、特写、评论、侧记、图片等一应俱全，丰富多彩。同时，各媒体非常注意报道的客观性，只传播信息，不加评论，即只告诉受众在什么地方什么时间发生了什么事情，至于对这些事件应该如何看，由受众自己判断、独立思考。这说明我们的媒体日趋成熟。

参考文献：

[1] 蒋晓丽，王东，孙勇. 从公共危机事件传播透视传媒公信——"非典型肺炎"报道个案解读. 西南师范大学学报（哲学社会科学版），2003（5）：153～156.

[2] 方汉奇. 世界新闻传播100年. 北京：中国人民大学出版社，2004. 542～543.

[3] 蔡帼芬. 国际传播与对外宣传. 北京：北京广播学院出版社，2000. 13.

[4] 关世杰. 国际传播学. 北京：北京大学出版社，2004. 506.

（本文发表于《新闻知识》2005年第6期）

广州三报印度洋海啸专题报道之比较分析

张朝霞

摘 要：文章以 2004 年 12 月 26 日印度洋海啸发生后，《广州日报》、《南方都市报》和《信息时报》第一天的专题版面为例，精要分析了广州三报在版面、标题、图片、内容和地域特色上的共同特点与不同特色。

关键词：广州三报；印度洋海啸；专题报道

2004 年 12 月 26 日，印度洋海啸肆虐，震惊了全球。与此同时，围绕海啸报道的新闻大战也拉开了序幕。面对如此大的灾难，第一天的报道成为新闻大战的重头戏。新华社是国内媒体报道海啸事件的重要新闻来源，由于新闻来源的单一，无法在新闻的原创性上展开较量，因此这次新闻大战的重点在新闻后期制作上。本文试图通过对 2004 年 12 月 27 日广州三家日报——《广州日报》、《南方都市报》和《信息时报》关于海啸报道的专题版面进行分析，探索报纸如何在新闻资源共享的前提下，办出自己的特色，赢得受众。

一、版面：各报纷纷找好立足点进行报道

由统计数据可以看出，三家报纸在 2004 年 12 月 27 日这一天，都对印度洋海啸进行了大规模的报道。《广州日报》在新闻资源的整合上下工夫，新闻报道稿件量最多，作为主流媒体，用内容和深度来吸引读者；《南方都市报》的图片用得最多，新闻报道少而短，图片在视觉上的冲击力远远大于文字，因此当天的《南方都市报》很能吸引读者的眼球。相对《广州日报》和《南方都市报》，《信息时报》作为一份成长中的报纸，风格尚未成熟，处于跟进、模仿阶段，未形成鲜明的特色。

二、标题：争夺眼球的战争

标题是新闻的眼睛，新闻标题要用最简洁的文字将新闻中最有价值、最生动

［作者简介］张朝霞：广州体育学院体育新闻与传播专业 2005 级研究生。

的内容展示给读者。

12 月 27 日，三家报纸不约而同地把头版约二分之一的版面留给了印度洋海啸。从标题来看，《广州日报》引题为"印度洋昨发生 40 年来世界最强烈地震引发海啸波及东南亚和南亚数国"，主题为"地震海啸已夺命逾万"，摘要式副题为"胡锦涛向有关国家领导人致电慰问 中国提供紧急援助 应急救援小组整装待发"。《南方都市报》主题为"印度洋 8.9 级地震 9 000 人死于海啸"，摘要式副题为"已知死者：斯里兰卡 4 500 人，印度 2 000 人，印尼 1 902 人，泰国 310 人，马来西亚 42 人，马尔代夫 15 人；受灾各国仍有大批人员失踪，预计死亡人数会继续上升"。《信息时报》引题为"印尼苏门答腊岛昨天发生罕见强震波及南亚东南亚"，主题为"九国地震五国海啸 6 000 人遇难"，摘要式副题为"●云南西部地区发生大小地震及余震 47 次 ●一在泰国的中国旅游团两杭州游客死亡两人失踪●广州旅行社未收到已出境东南亚团游客伤亡报告"。

同一条新闻，三家报纸制作头版的标题风格明显地体现了该报纸的风格取向。《广州日报》是一份主流媒体党委机关报，紧密结合中央宣传精神，以正面宣传为主，以稳重、权威、大气卓立于报界，这与《南方都市报》、《信息时报》的标题有很大差别。该报标题在用词方面，避免直接使用死亡等词语渲染，在副题中体现正确舆论导向，把视线集中在我国政府对受灾地区和受灾群众的关注上，体现以人为本的报道原则。

在中国报界有"黑马"之称的《南方都市报》，创刊八年来，追求彰显个性，敢于创新，善于通过版面强势制作产生轰动效应，吸引读者的眼球，其标题也体现了这一特点。本次海啸报道抓住数字这根线，在数字上大做文章。用大量的数字说明海啸给人类带来的巨大灾难，并且在字体上强势突出，用超黑体与汉字的字体区别开来，造成强烈的反差，给读者视觉与心理造成极大的冲击。

《信息时报》属于广州报业集团的子报，是一份面向中下层劳动者的报纸，在本地新闻报道上十分活跃。因此在标题制作上，它发挥自身优势，把重点集中在地域性，把立足点放在本国、本地，倒更有特色，显得与众不同。

综合分析，三家报纸各具特色，《南方都市报》的标题则具有很强的冲击力，《信息时报》的标题具有贴近性，《广州日报》的标题体现了鲜明的党性和稳重性。

三、《南方都市报》图片运用的艺术

图片对读者最具冲击力。《南方都市报》海啸专题，由封面导读、亚洲海啸夺命九千、灾难状态三大板块构成，总共用了 21 幅图片。其中"亚洲海啸夺命九千"这个板块，用了整整两个版面（A16、A17），含 12 幅图片。其标题"亚洲海啸夺命九千"用长条黑色块衬托，反差非常强烈。为增强现场感，其中一个版面全部做成图片新闻，整个版面用黑色为底，定下一种浓重的悲伤基调。

在图片的运用与选择上，编辑创造性地借用了影视摄制中的蒙太奇叙事表现手法，采用由远及近的组接方式，把读者的视野从总体环境逐步引向局部细节：印度洋地震地图（全景）——印度、泰国、印度尼西亚等受灾（特写）。版面中心是一幅标有印度、孟加拉、缅甸、泰国、马尔代夫、斯里兰卡、马来西亚、印度尼西亚的简明地图，并且用形象的符号标出震中的位置，形成整版的视觉中心，构成地震发生的整体环境。在地图周围，精心选取相应的重灾区图片，并用粗箭头相连，图片下面配上死亡人数的文字说明，受灾不严重的地方直接用大黑色块反衬白色文字说明。另一个板块"灾难状态"则用了两个连版，选用 10 幅图片，用近三分之二的版面做成图片新闻。整个 A18 版的三分之二仅登一幅图片，而且跨 A19 版的四分之一，图片内容是"几名妇女抱着在海啸中遇难孩子的尸体悲恸欲绝的场景"。超大的图片，弥漫着浓浓的悲伤，形成触目惊心的视觉冲击，给读者的心灵带来极大的震撼。

英国美术史学家 E. H. 贡布斯在《图像与眼睛》一书中指出："我们的时代是一个视觉的时代，图像的唤起能力优于语言。"《南方都市报》在图片的运用上可谓登峰造极。

四、《广州日报》"内容为王"的资源整合与深度报道

虽然基本上都以新华社为单一的消息源，但从报道内容的配置看，《广州日报》体现了"主流媒体"的稳重、大气、以正面宣传为主的党报风格。A1 版"胡锦涛深切哀悼遇难者"这条新闻，在《南方都市报》和《信息时报》的版面上都没出现，而《广州日报》刊登这个报道充分体现了党报的党性原则。作为一份主流报纸，《广州日报》十分注重在传播新闻信息之外提供新闻背景，帮助读者理解新闻事实。在 A2 版，配置了《十米高海啸把人吞进大海》、《震级40 年最强》、《什么是海啸》三篇稿件。此版采用同题集中的方法配置稿件，稿件之间联系紧密，在内容上互为印证和补充。

引题为"印尼遭遇 40 年来最强烈的地震，地震引发的海啸殃及南亚和东南亚国家沿海地区"，正题为"十米高海啸把人吞进大海"的一则新闻，从"祸起印尼地震引发海啸"、"斯里兰卡：最受伤"、"印度：死者遍布海滩"、"马来西亚数十人死亡"、"泰国：死了很多游客"、"小国也是受害者"六个方面来报道海啸发生后南亚、东南亚受灾国家的动态消息，接着通过消息《震级 40 年来最强》告诉读者："这是自 1964 年美国阿拉斯加发生里氏 9.2 级地震以来震级最高的地震，也是自 1900 年以来震级排名第 5 的强震。由于这次强震的震中位于

海域，所以地震本身造成的人员和财产损失相对有限。然而地震引发高达 10 米的海啸却给许多亚洲国家的沿海地区带来了可怕的灾难。"通过提供新闻背景，丰富新闻内容，使新闻充实饱满，富有立体感。最后用一篇小消息《什么是海啸》进行科普知识的宣传。三篇稿件结合起来对整个海啸事件作了全面、深入的报道，不仅让读者了解了印度洋海啸灾难的大概情况，而且让读者学到了有关海啸的科学知识。

五、《信息时报》：走地域性路线

与《广州日报》和《南方都市报》对海啸的报道注重以地点为中心的报道不同，为克服同质化现象，《信息时报》在报道内容和角度上都有所创新，采用以时间为主线索的方式纵向报道海啸。A3 版的主题为"大海啸五小时袭五国"，以时间为顺序，从最先发生地震的"震中"印度尼西亚苏门答腊岛西北近海（北纬 3.9 度、东经 95.9 度）开始。苏门答腊岛发生地震几分钟后，"向东、东南方向"的孟加拉国东南面吉大港市和邻近地区，也发生里氏 7.36 级地震；再"向西、西北方向"蔓延，引发海啸依次冲击印度东部和东南部沿海地区、斯里兰卡东部和南部沿海地区、马尔代夫；最后"余震收尾"。这则新闻结合时间、地点对海啸作了简明清楚的报道。

《信息时报》是一份面向本地市民的大众化报纸。强烈的地域性与贴近性，是其在竞争激烈的广州报业市场分得一杯羹的重要原因。本次海啸报道，《信息时报》把报道重点放在了广州游客的安危、广州旅行社的反映上，在这一点上做强做透。灾难发生后，广州市民最关心的应该是本地出境去东南亚的游客的安危。虽然关于这一点《广州日报》和《南方都市报》都有报道，但都没有《信息时报》的报道深入、全面。在 A6 版，题为"亚洲地震无广州游客伤亡"的消息，从标题揭示了答案，解答了读者最大的疑问；又从内容上进一步解决了读者最关心的事情——"昨天突发的地震是否影响到正在国外的旅行团"，从东南亚线路不走地震区域解释突发的地震没有影响到正在国外的旅行团。另外，针对"此次南亚和东南亚地震是否会激发广州旅游业市场的地震"采访了各大旅行社的负责人，并告诉读者地震不会影响到近期逐渐升温的东南亚旅游市场。

综合以上分析，在新闻资源共享的前提下，对于如何避免新闻的同质化，各大媒体都从自身的优势出发，巧辟蹊径，对海啸报道采取不同的定位，取得了良好的效果。

（本文发表于《新闻知识》2005 年第 3 期）

媒体的关键在于舆论引导
——由"华南虎照片"引发的思考

任 波

摘 要：文章通过对 2007 年 10 月在陕西发生的"华南虎照片"事件引发舆情与舆论引导的分析，阐明了在社会突发事件面前，媒体不但要肩负起引导舆论的社会责任，而且要讲究舆论引导的技巧与效果。

关键词：华南虎照片；媒体；舆论引导

2007 年 10 月，陕西村民周正龙自称在陕西镇坪县神州湾一处山崖旁，用胶片和数码照相机同时拍摄到了一组野生华南虎的照片，并称这些照片能够证实已经灭绝 21 年的野生华南虎在中国陕西镇坪县的存在。消息经陕西省林业厅发布后，迅速演化为 2007 年底最受公众关注的事件，并受到了网络和传统媒体的集体轰炸，由此也引发了关于"华南虎照片真伪"的讨论。

陕西"华南虎照片"事件蔓延月余，一场围绕虎照真相而展开的角力博弈，形成了"打虎"派和"保虎"派。在这场激烈的争论中，公众除了关注有关部门和官员、专家的表演外，媒体的表现也是其关注的焦点，因为媒体是公器，它担负着追索真相和引导舆论的社会责任。

媒体是社会系统和国家大系统中具有双向功能的重要机构性因素，它既受到政府的宏观调控，同时也履行着自身的多种职责，如维护公众的知情权、表达权、公共事务的参与权等多种合法权利，更承担着把握主流、反映政治、引导舆论、传递民声的责任。如何处理政府的喉舌，社会的瞭望者和公众的传声筒、守望器这多重角色之间的关系，在面对"华南虎照片"这种全民关注的重要而且结论未明的重大事件时，媒体把握"度"的智慧就显得非常重要。媒体只有充分发挥这种智慧才不至于引发不必要的质疑和批评，要采用有说服力的事实来引导舆论走向。

[**作者简介**] 任波：广州体育学院体育新闻与传播专业 2007 级研究生。

一、两种不同的报道，产生不同的舆论反应

在中央电视台某名牌栏目中，一名公共形象一向不错的主持人说"照片的真假不重要，重要的是要保护好华南虎"，在网络上引起轩然大波，招来骂声一片。该主持人也许没想到一句话会引起这样的风波，但这其实应是意料之中的事。一个新闻工作者以不痛不痒的中庸方式对待公共事件，可能造成角色错乱，他完全忘记了自己的地位和所应承担的责任。"华南虎照片"事件发展到今天，这件事的新闻价值已经远远超过了"有无华南虎"，而体现在对真相的追问上。在有关部门正式表态前，像中央电视台这样的权威官方媒体介入这种公共事件时，如何拿捏分寸确实有难度，但并不意味着可以无所作为。中央电视台另一栏目《社会纪录》的表现就受到了许多网友的赞许。《社会纪录》就"老虎门"作了三期节目，节目中既有当地官方和周正龙言之凿凿的表态，也有公众及一些官员、专家的质疑，特别是节目中有该县野生动物保护站站长李评的发言。如果纯粹以新闻专业的眼光来衡量，该节目的确回避了一些公众非常关心的问题，但是它基本上做到了真实、全面地表现一个公共事件；虽然公众的种种疑问最终没能豁然解开，但是媒体在其中进行了必要的追问，提供了及时的讨论，留下了自己的思索。这些节目内容体现了《社会纪录》的采编人员坚守底线的职业素养和智慧，这是对公众、对自己的职业，也是对维护政府公信力负责任的做法。

赫伯特·阿特休尔曾经指出，现代社会是"参与性社会"（Participatory Society），即"社会中的个体成员，能够积极地参与决定他或她自身的命运。这是一个讨论的社会、学习的社会，试验的社会和发展中的社会"[1]。在"参与性社会"中，报道的"全面"至关重要。从微观上讲，在具体的某一事件中，人们能够知晓相关各方的看法；从宏观上讲，它应是交换不同意见和批评的"公共论坛"，能传达社会各阶层的声音，从而向公众呈现一幅真实的社会图景。

二、把握好新闻报道主观性和客观性的度，正确引导舆论

应该强调的是，我们认为从客观现实的角度看待新闻报道，存在着一定的主观性因素。但这绝不意味着记者、编辑可以从主观上根据个人的主观倾向，去选裁、修剪客观事实。相反，任何一个新闻工作者，都必须绝对尊重客观事实，极力避免在报道中夹杂个人的意见或者直接下结论来引导受众。但客观表现并不是完全的真实，甚至"有闻必录"。

任何新闻都是通过有思想意识的记者、编辑报道出来的，都不可能不掺杂报道者的个人倾向，这是无可争辩的事实。但记者、编辑如何发挥自己的主观能动

性，灵活运用客观的手法和技巧，明确表达什么样的倾向以及怎样去表达自己的倾向，这对作为要承担双重责任的媒体是重要的，也是在新闻实践中要非常注意的，因为面对具有争议事件的时候，媒体的舆论倾向不可或缺。因此，媒体在选用报道手段时，需要把握好客观性和主观性两者的度。

新闻报道的客观性是指新闻必须与其反映的客观现实相符。这里包括两方面：一是个体的客观性，也就是每篇新闻报道中的事实必须真实，即必须确有其事。其报道形式可以是正面报道，也可以是负面报道。二是整体的客观性，也就是新闻报道的总体必须真实，即新闻媒介通过连续不断的新闻传播显示出社会的总体面貌，真实地反映社会，即正面报道和负面报道的比例应相对均衡，事件中各方代表的观点都需要报道。[2]

新闻报道的倾向性是指传播者在报道中表现出的隐性的立场、观点等，是主观在对客观事物的新闻反映中所包含的赞成或反对的社会意识。[3]新闻报道要反映现实生活，但不是有闻必录，也不是像照镜子那样机械的、简单的、直观的反映，而是要通过记者的选择、提炼、概括，对新闻事件进行能动的、深入的反映，经过记者个人的加工所表现出来的一种对某个人、某个问题或者某件事情的评价。

中央电视台在不同栏目对同一事件的表现得到的评价差别如此之大，说明在今天的新闻环境里，坚守职业底线，不仅需要职业良心和胆量，还需要智慧。但是，我们仍有理由对媒体记者提出更高的要求。媒体一方面作为政府喉舌，另一方面为民众代言，无论是哪一种，都必须保证自己的公信力，坚持正确的舆论引导，正确处理好媒体客观性和倾向性两者的关系。一旦这个度把握不好，新闻就可能会发生质变。因为在把握新闻报道客观性与倾向性的度时，两者在很多情况下是相互影响、相互作用的。一方面，如果客观性把握不好，不能客观地反映事物，往往是由于传播者为了表达某种倾向而造成的，甚至使媒体失去公信力；另一方面，如果倾向性把握不好，又会影响报道的客观性，甚至出现虚假的新闻，以致误导或者欺骗大众。[4]

要把握好客观性与倾向性的"度"，无论什么时候，媒体都不能有先入为主的思想。虚拟不代表现实；复杂的现实状况不是通过简单的网络诊断就能解决的。在各种新媒体传播新形式层出不穷和价值多元化的新境地下，不是通过一个人或者一个节目就能解决问题的。特别是在公众的狂热面前，媒体更应该保持冷静的头脑，媒体的作用应该是让模糊变得清晰，而不是让模糊变成混乱。这就需要媒体把握传播的客观性和倾向性的平衡，以显示出新闻传播的公正性。

新闻传播的公正性指新闻媒介为争议双方提供平等利用媒介的机会，也包括传播者对新闻事实持不偏不倚的中立立场。媒介的社会责任，是向观众提供客观存在的事实，以及他人对某事物的种种评价的客观情况。人们透过媒介想了解的主要是外界发生了什么变化，以及相关的人们对这种变化持怎样的立场与看法，而不是媒介自身所持的态度。因此，媒介向公众报道社会事件、提供各种真实的报道时，应该做到公正无私、不偏不倚，尤其不允许以一己之私、一孔之见来代替公众意见，或者假冒民意替代公论。

三、做好媒体舆论，积极引导公众舆论

新闻舆论不等同于公众舆论，新闻舆论监督也并不是单纯的公众意见的反馈。因为，真实的舆论未必是合乎理性的，被新闻舆论监督选中的新闻事实，只是最符合公众和媒体需要的事实，而未必是最具有认识论价值的事实，也未必是公众最想了解和最应该了解的事实。媒体作为一个社会机构，肩负着多重职责和多重需要，因此，这种对象选择的差异就很容易引起公众对于新闻舆论的不满，而产生偏向公众舆论的极力挖掘与开发。在这场博弈中，新闻舆论监督首先要有明确立场：既承认自己与公众舆论的一致性，又保持相对于公众舆论的独立性。只有这样才能获得最优策略，实现监督效用的最大化。新闻舆论虽然不是国家意志的代名词，但其社会公器的作用应该是深入人心的。和公众舆论一样，新闻舆论也代表了社会各阶级、各阶层的利益和声音，是全体社会公众借助媒体这个公器所进行的意见表达。相对于自发性的公众舆论而言，新闻舆论是一种高度自觉的、理性的、趋于平衡的自为意见的表达体系。它一方面要维护公众利益，解决引起人们强烈不满的社会矛盾；另一方面又要加强对公众舆论的引导，将某些缺乏理性的成分"过滤"掉，引导全体社会成员从相对狭隘的群体视野中跳出来，看到社会发展的全貌。

《新闻与正义》一书在谈到如何坚持新闻报道客观性的一些具体操作规范时指出：提供争论双方的观点，以便识别冲突情况下对手之间的真实主张；提供代表这些真实主张的确切陈述；直接用引号指明这是消息来源而非记者之言；首先依照提供最多的事实材料的方式组织报道……[5]这些论点对新闻工作者有很好的借鉴作用。新闻报道只有在坚持客观性的原则下，才有可能更好地体现事件的真实、多样、公正和可信，并让受众尽可能多地了解事件真相。

华南虎照片的真假还没有定论，媒体在今后的报道中应多一些严谨、冷静、理性的态度，少一些自己的主观臆测；多一些客观素材，努力做到让更多更全面的事实说话，发挥好媒体引导舆论的社会功能。

注释：

［1］［美］赫伯特·阿特休尔. 从弥尔顿到麦克卢汉. 纽约：霍普金斯大学出版社，1990. 56.

［2］吴松波，李淑云. 论新闻报道的客观性. 齐齐哈尔大学学报（哲学社会科学版），2001（5）.

［3］李红娟，吴凡林. 新闻报道主观性与客观性的辩证思考. 牡丹江师范学院学报（哲学社会科学版），2003（2）.

［4］徐纯亮，燕艳. 新闻报道客观性与倾向性的度. 中国青年科技（理论版），2007（5）.

［5］［美］沃尔特·李普曼等. 新闻与正义. 展江译. 海口：海南出版社，1998. 108.

（本文发表于《新闻窗》2008 年第 1 期）

《南方都市报·佛山读本》的特征分析

容理衡

摘　要：《南方都市报》近年推出珠三角各城市读本，专门报道当地的民生新闻，深受珠三角各城市读者欢迎。城市读本被认为是反映民生诉求，构建和谐社会的重要渠道之一。本文以《南方都市报·佛山读本》为研究对象，介绍其兴起与发展，并运用新闻传播学知识来分析佛山读本的特征。

关键词：南方都市报；佛山读本；特征

《南方都市报》近年推出的城市读本，是其立足珠三角城市，制作精选过的民生新闻，以大报的实力出版并随主报在各城市发行，成为每个城市"独具一叠"又各具特色的城市读本。城市读本的内容方面版数较多，新闻报道量几乎与主报相当，这是对珠三角城市当地新闻的一次升级。

2003年3月6日，《南方都市报·佛山杂志》创刊，当时是一份逢周四出版16版的新闻杂志，这标志着《南方都市报》正式进军佛山。同年11月28日，《南方都市报·佛山杂志·顺德专刊》创刊，顺德正式成为二级站。佛山杂志从每周一叠，演变成为每周三、周四各出一叠。半年时间内，再次实现新闻增量发展。2004年4月15日，《南方都市报》A2叠"珠三角新闻"正式面世，佛山记者站从此深入到佛山市五区各个角落。佛山杂志也变为从周二至周五出版，每天三到六个版的新闻报道，再加上每周一期的《佛山杂志》、《楼车志》等，地域新闻信息含量大为增加。2005年3月22日，《南方都市报·佛山新闻》正式推出，周一每天8个版，周二至周五每天16个版，平均每天以不少于10个版约70多条稿的本地新闻量刊发佛山本地新闻。2007年8月4日，佛山新闻和杂志迎来整合的历史时刻：新闻与杂志合二为一的《南方都市报·佛山读本》正式与读者见面。自此，《南方都市报·佛山读本》专注于报道佛山的民生新闻。

通过对《南方都市报·佛山读本》相关资料的收集以及对其内在内容的框架和版面情况进行分析汇总，可以得出《南方都市报·佛山读本》主要呈现出

［作者简介］容理衡：广州体育学院体育新闻与传播专业2009级研究生。

以下特征：

一是内容上贴近民众。《南方都市报·佛山读本》最大的特征就是其详细的民生内容。城市读本以关乎当地百姓利益的民生新闻和生活资讯为主要框架，记录佛山这座城市的大小民生百态。相对于《南方都市报》其他板块的新闻报道，如经济、体育和文娱等，城市读本只报道地域民生新闻。体育明星、娱乐明星等离民众太远，又不关乎他们的切身利益，这些都不是城市读本所报道的内容。

狭义的民生新闻，就是传统的关乎百姓柴米油盐、衣食住行的新闻，为百姓提供资讯和服务。而《南方都市报·佛山读本》更加注重做"大民生"新闻，《南方都市报·佛山读本》的版面中政闻、热闻等内容占了总版面将近三成的比例，这里面包含更多的是国计，是从百姓的角度解读那些与百姓生活息息相关的国家政策以及政府行政机关单位等进行的与民众利益密切相关的活动，如新政策的颁布、重大会议中关乎民生利益的信息等。一方面，国计民生确实与百姓的利益联系密切，在我国，就连普通市民都会对政治、政府及相关的政策变动有着莫大的兴趣；另一方面，《南方都市报·佛山读本》通过对关乎百姓利益的国计民生的报道，能引起社会各界的关注，发挥引导社会舆论的监督作用，促使政府作出正确的决策。

二是形式上地域特色显著。《南方都市报·佛山读本》是对这座城市本地新闻的一次升级。《南方都市报·佛山读本》报道贴近本地百姓、发生在民众身边的大城小事，登载大量的本地百姓生活资讯信息。这是《南方都市报·佛山读本》的特色所在，也是珠三角城市读本的特色。《南方都市报·佛山读本》对地域性的强调已成为一种竞争性的策略和价值诉求，通过对佛山区域性新闻资源的充分开掘与利用，激发佛山普通市民受众以及佛山当地广告商的价值认同。

这种地域性不只体现在新闻上，还体现在城市读本的发行上。因为它是省级大报《南方都市报》里的一叠，在珠三角各个城市都有不同的一叠。这种市场定位，是城市读本得以快速发展占领市场的基础。它是报业集团强化品牌的衍生和延伸，加速布局二线城市成了报纸异地扩张战略的一部分。《南方都市报·佛山读本》对地域新闻报道的市场定位，是《南方都市报》大报思想在佛山的延续，报业集团的整体品牌形象与佛山的城市个性形象形成合力，既可以开拓市场、增大发行量，又对品牌进行了无声的宣传。

三是信息上服务性强。《南方都市报·佛山读本》的新闻与人们日常生活息息相关，从内容上来讲，它以"服务性"见长，并以此区别于常规的时政新闻与社会新闻。《南方都市报·佛山读本》的新闻走入城市社区，社区读者大多为普通百姓，他们处于相对封闭和忙碌的状态，对资讯服务的需求更加强烈。实践表明，社区新闻的资讯服务最宜以"家"为中心，提供家居、家政、家教、家

庭旅游、家庭娱乐等方面的服务，从市民需要的角度出发，对水电、煤气、天
气、出行、消费、健康、休闲等方面，进行及时和有针对性的全方位服务。《南
方都市报·佛山读本》的新闻报道，就是及时关注市民吃喝玩乐等各个方面的
情况。对于社区读者生活中遇到的各类烦心事、突发事，《南方都市报·佛山读
本》提供更直接的信息服务，开展调查反馈和新闻援助，促进民生服务，积极
发挥舆论监督功能，反映民生诉求，搭建市民与相关职能部门沟通的平台。

　　这种服务性还体现在《南方都市报·佛山读本》新闻报道所采用的新闻体
裁（报道形式）以消息报道为主上。消息短捷快速，内容平实，信息量充足，
具有很高的可读性，确保城市读本的报道能迅速为百姓所知晓。从新闻价值的角
度来说，消息也更能体现时新性和接近性，无论大事小事，民众都有知情的权
利，消息更能直达民众的心理，这使《南方都市报·佛山读本》能更好地服务
当地群众，备受欢迎。

　　综上所述，《南方都市报·佛山读本》具有内容上贴近民众、形式上地域特
色显著和信息上服务性强的特征。

参考文献：

[1] 何梓华. 新闻理论教程. 北京：高等教育出版社，1999.

[2] 朱寿桐. 民生新闻概论. 北京：中国社会科学出版社，2006.

[3] 陈强. 都市报做强社区新闻的探索. 传媒观察，2008（9）：48～49.

[4] 李翀.《南方都市报》的传播点. 国际公关，2009（1）：67～68.

（本文发表于《科技传播》2012 年第 7 期）

"有偿不闻"的成因与对策分析
——由山西霍宝干河煤矿"封口费"事件说起

任　波　周丽娜

摘　要：通过对 2008 年 9 月 20 日山西霍宝干河煤矿公司闷死一名矿工后，给付"封口费"以隐瞒灾情的事件的剖析，揭示了某些媒体"有偿不闻"的深层原因，并从加强相关立法、媒体自律与他律等方面提出了积极的对策。

关键词：有偿不闻；"封口费"；对策

2008 年 9 月 20 日，山西霍州霍宝干河煤矿闷死一名矿工。矿方在事发后，不仅没有积极将矿难死亡事故向有关部门上报，而是采取内部消化的政策，想封锁事故消息。两天内共有 23 家"媒体"的 28 人以记者名义前往该矿，领取矿方以各种名义发放的"封口费"，这件事引起社会的广泛关注。国家新闻出版总署、山西省新闻出版局高度重视，先后两次派出调查人员进行调查。经初步核查，领取"封口费"人员中，持有国家新闻出版总署"新闻记者证"的有两人，其余多数则是假冒记者的社会人员。

"封口费"现象也被称为"有偿不闻"，是指媒体从业人员在进行舆论监督的时候，主动或被动地收取报道对象的封口费，对本该监督的个人和单位存在的问题"睁一只眼闭一只眼"，甚至不报道，不曝光，帮其掩盖丑事，这是一种权钱交易，是媒介从业人员运用公共权力谋取私利的腐败表现。[1]

"封口费"不只是封住了某些记者的口，同时也蒙蔽了人民群众的眼睛，剥夺了公众知情权。收受了"封口费"的不良记者与问题企业共同欺瞒社会，逃避社会责任，这是媒体权利衍生的腐败。收受"封口费"的不良记者，对问题企业和事故保持沉默，使公民的知情权难以实现，其他合法利益也很难得到保护。同时，媒体的失声损害了媒体的舆论监督功能，对坏人坏事置若罔闻，掩盖

[作者简介] 任波：广州体育学院体育新闻与传播专业 2007 级研究生；周丽娜：广州体育学院新闻与传播专业 2008 级研究生。

事实，粉饰太平，失去了舆论监督和鞭挞丑恶的本来职能，媒体的公信力也会随之下降。而这种媒体权利衍生的腐败，导致新闻行业内的不正之风更加恶劣。

一、"有偿不闻"产生的原因

"有偿不闻"是近几年新闻队伍中出现的一种媒介腐败现象，它的出现和发展有着深层次的原因。通过分析"有偿不闻"新闻现象产生的原因，有助于对症下药，并进行有效的防范和治理。

1. 社会腐败现象的影响

我国正处于社会转型期，在权力与利益再分配和再调整的过程中，一些社会矛盾和社会问题凸显，消极腐败现象、社会丑恶现象也会有不同程度的表现，有时甚至相当严重。社会大环境提供生存土壤，大量社会腐败现象的存在为"有偿不闻"提供了滋生的温床。一些官员和企事业单位管理者把"见报"、"出镜"或"上广播"当作沽名钓誉、升官晋级的资本，为"有偿新闻"创造了条件；当一些企业和地方政府发生不良事件甚至出现违法违规行为时，少数领导者由于职业操守的缺失，为了维护自身利益，保住自己的乌纱帽，百般阻挠媒介的曝光，将糖衣炮弹打向新闻从业者，用"封口费"来堵住媒介记者的嘴，又给"有偿新闻"进一步演变为"有偿不闻"提供了机会。一些新闻从业人员面对社会腐败现象，头脑不清醒，立场不坚定，从看不惯到慢慢看习惯直至陷入其中，思想防线一步步溃退，最终经不起金钱和物质利益的诱惑，丧失了起码的职业道德和社会责任感，在社会不良风气和丑恶现象前败下阵来，最终拱手交出了新闻报道权。

2. "有偿不闻"使新闻媒体的监督功能不断受到腐蚀和诱惑

新闻媒体具有诸多公权机关所没有的特有权力——监督报道权，这给公众带来了广泛知情权并产生了巨大的能量。新闻传媒在开展新闻舆论监督方面有着特殊的功能和作用，它借助新闻传播所形成的舆论力量，将被批评监督者置于社会与公众的监督下，使被批评监督者不得不收敛自己的言行，改正自己的错误。媒体上经常出现诸如黑幕曝光、贪官落马的报道，这充分反映了媒介作为一种社会公器，具有针砭时弊、激浊扬清、打击黑恶、惩治腐败的力量。媒体特殊而强大的舆论监督能力使众多不愿被监督者千方百计对舆论监督机制进行腐蚀和瓦解。正因为媒体可以引导舆论，有些当事人和受到群众投诉的人或组织就会竭力收买媒体，腐蚀记者，阻止监督文章和批评性报道见报或上广播电视。他们认为天大的事，只要记者不插手就可以万事大吉。于是他们把记者作为首要目标，采用"封口费""打倒"记者，因此媒介记者随时都要抵抗金钱等糖衣炮弹的袭击以及来自各方面的利益诱惑。

　　3. 记者的职业道德问题和生存环境恶化

　　新闻从业人员的职业特点使其不可避免地要受到多方面的诱惑。少数新闻从业人员缺乏职业道德，理想信念不坚定，缺乏社会责任感。中国媒体转入市场后，一部分新闻人便气节不保，陷入贪欲的泥沼，经受不住金钱的侵蚀，背弃操守，把新闻工作当作一种谋取不正当利益、实现暴富的手段，甚至由被动受偿发展到主动出击。在市场经济大潮的冲击下，一些新闻从业人员内心浮躁，盲目攀比，拜金主义、实用主义思想严重，缺乏敬业精神和社会责任感，不能恪守职业道德。自律的欠缺和逐利的冲动，使一些记者为了眼前的利益将新闻伦理道德和记者职业操守抛诸脑后。

　　记者生存的环境也在发生着变化。激烈的市场竞争和严峻的职业挑战，催生了新闻传媒和新闻工作者难以回避的生存焦虑。传媒从业人员在长期的生存焦虑之下，难以保持其应有的职业责任感和行为操守。当然，并非市场经济就一定带来职业道德的缺失，问题在于这个市场目前缺乏必要的规范和恰当的监督。因此，竞争虽然确实在总的层面上提高了新闻质量，但也带来了压力造成的畸变。当前传媒界还存在这样的现实：新闻从业者的基本权利缺乏制度保障，乃至产生了"新闻民工"的说法，因此追逐短期利益成为其选择。由于目前缺乏相应的媒体管理制度保障记者的基本权利，拥有所谓"第四权力"的新闻记者们，实际上自己却常常处于无保障的弱势地位。

　　4. 对新闻媒体和记者缺乏有效的监督

　　由于对采访活动缺乏行之有效的监督机制，很多基层单位对不正当采访行为既恨又怕，但又投诉无门，客观上纵容了"有偿不闻"的发展。同时，记者的证件太多太乱，有记者证、工作证、采访证，有全国统一的、单位自制的，还有部门内部印发的，真假难辨。一些单位为了掩盖自身问题而出钱消灾，客观上助长了媒体的不良行为，使部分记者存在侥幸心理，也给假冒的记者可乘之机。

　　新闻媒体是舆论监督的工具，通常是监督他人的。但新闻媒体自身也很难保证不出问题，出了问题又由谁来监督它，这是问题的关键所在。目前我国既没有完整规范的新闻法，也没有专门的监察机构来纠正新闻行业的不正之风，仅靠媒体的内部管理和从业者的自律，很显然是远远不够的。这些制度上的缺陷使一些投机钻营者更加肆无忌惮，从一开始的"有偿新闻"到现在的"有偿不闻"，都与缺乏对媒体的监督和约束有很大关系。

二、解决"有偿不闻"现象的对策

　　"有偿不闻"是新闻战线的腐败行为，它严重腐蚀新闻队伍，败坏社会风气，影响基层的正常工作。必须采取切实有效措施，对"有偿不闻"从根本上进行整治。

1. 立法，保证媒体监督有法可依

在法制社会里，缺乏法律的保障就像不会游泳的人失去了救生圈一样，随时都有可能面临很大的危险。这也是众多专家一致呼吁我国《新闻法》应该尽早出台的原因。新闻传播法制的建立和实施能保障各种权利的行使，强制各种义务的承担，这当然就包括了媒体的监督职能。一旦有了法律的明文规定，那么媒体对政府和社会的监督就不只是一种锦上添花的职能，更大的意义是成为媒体应尽的职责之一。法律还能同时对这项权力进行应有的约束，对媒体自身也形成监督，使其不能为所欲为。

2. 加强媒体自律，注重职业道德提高

媒体机构要加强新形势下新闻队伍建设，有针对性地开展各种教育活动，不断提高新闻工作者的政治素质和职业道德修养，教育每一个新闻工作者要严格遵守职业道德准则，做到全心全意为人民服务，用新闻工作者的职业道德准则约束自己，使坚决禁止"有偿新闻"和抵制"有偿不闻"成为每一个新闻工作者的自觉行动。同时，要加大对违法违纪人员和媒体的查处力度，加强对记者站的管理，对违法的记者站及人员予以公示，坚决取缔违法违纪站点；对借舆论监督之名进行敲诈勒索、敛钱聚财的不法之徒，要绳之以法，把新闻队伍中的害群之马永久地清除出去。

媒体从业人员也要重塑自己的伦理道德观念。传媒界著名专家喻国明曾经说过：记者是守护社会良心底线的崇高职业。媒体记者往往被认为是正义的化身，是"无冕之王"、"钦差大臣"，加之其手中握有舆论监督这把"利器"，媒体和记者不仅拥有话语权，而且拥有话语权的优先权，令人敬畏。但是必须充分认识到，记者的这种权力是人民赋予的，只能为民所用，否则必将被人民所唾弃。要将揭露社会的阴暗面、反映人民群众的心声、维护社会的和谐稳定作为己任。在日常的新闻工作中，用好、用准、用到位自己的监督权力，真正扮演好具有社会公信力和社会责任感的"喉舌"角色。只有这样，才能在日益激烈的竞争中求得生存，争取到更多的受众。

3. 加强媒体他律，自觉接受社会监督

鉴于新闻媒体是舆论监督工具这一特殊性质，舆论监督本身也需要监督。在加强新闻行业自律和自净机制建设的同时，还要通过制度创新，加强媒体他律来构建完整的监督体系。媒体他律主要包括司法监督和社会监督，通过建立起独立的、专门的新闻监督机构体系，对新闻媒体实施有力监控，防止从业者的不良行为，查处新闻从业者的违法违纪行为。禁止"有偿不闻"还要靠社会各行业以及广大群众共同配合监督，组成一个内外监督的网络，真正从源头上防止"有偿新闻"的产生，保证媒体记者能"利为民所谋，权为民所用"，使媒体记者敢于发现问题，勇于揭露、举报，真正发挥媒体舆论监督的作用。同时，全社会要树立起对媒体的监督意识，这不仅有助于净化新闻媒体的行风，也有助于严格规范新闻从业者行为。

　　总之，大量事实证明，"有偿不闻"现象的存在有多方面的原因；治理"有偿不闻"是一个系统工程，也是一项长期的工作，需要多管齐下，综合治理，并且不断研究所出现的新情况，采取新对策，坚持不懈地严抓到底，才能使"有偿不闻"这种不正之风得到根本治理。

注释：

[1] 李晓红. 由"封口费"引发的思考. 青年记者，2007（24）.

（本文发表于《新闻窗》2009 年第 1 期）

功夫在场外

——地市级报纸奥运新闻报道策略探讨

吕俊蓉　梁　波

摘　要：文章以 2008 年北京奥运会期间多家媒体争相报道的激烈竞争为背景，着重联系地级市媒体在报道内容、报道模式和报道范围上的创新与突破，阐明了报道策略的选择是"功夫在场外"的道理。

关键词：地级市报纸；奥运报道；策略

一场空前激烈的奥运新闻大战即将拉开大幕。在这场没有硝烟的战争中，彼此"战斗"最为激烈的，除国内外几大通讯社外，当属国内大大小小的新闻媒体了。

可以说，任何一家媒体，都想在 2008 年北京奥运的新闻盛宴中，在本地区乃至全国分得一杯羹。这杯羹却未必容易喝。在笔者看来，地市级报纸遭遇最大的拦路虎，是一证难求带来的一线资源的匮乏。

有资料显示，上海的《文汇报》、《新民晚报》各有 3 张采访证；成都的《成都商报》1 张，《华西都市报》2 张；青岛的《半岛都市报》1 张；而大众报业集团也就只有 7 张采访证……对很多媒体来说，来自一线的新闻报道成了奢侈品。

童兵在《竞争时代的报纸策略》一书的序中引用了"两位先人的诗文。'志在新奇无定则'是唐代诗人许瑶《题怀素上人草书》之一句，'别开一种新局面'则摘自李大钊先生《新纪元》一文"[1]。为了在奥运新闻报道中增强竞争力，"媒体竞争"变"媒体竞合"成了主流。作为北京奥运会的互联网赞助商，搜狐与全国 15 家媒体结成"全国奥运媒体联盟"；新浪、网易、腾讯三大门户网站组成了奥运报道联盟……但对全国 380 多家地市级报纸而言，既无采访证也

[作者简介] 吕俊蓉：东莞日报社体育部；梁波：广州体育学院体育新闻与传播专业 2005 级研究生。

无盟友，又该如何突出重围，在媒体奥运大战中抢滩登陆，为读者四年的等待交上一份满意的答卷？笔者认为：赛场外的新闻报道将成为决定地市级报纸能否打好这场硬仗的"短板"。具体来说，要重点经营好以下三个方面。

一、报道内容：抓大放小，突出重点

"2008 年将是数字媒体集中爆发的一年"，现在看来这种判断是正确的。网络媒体没有采访权这个局面已经被打破。据悉，搜狐拥有约 200 张采访证。而与网易、腾讯结成同盟对抗搜狐的新浪也有 15 张采访证，并已经组建了 500 余人的报道团队，将在鸟巢附近搭建可容纳 100 人的前方报道中心和可容纳 300 人的后方中心。此外，新浪在全球聘用了大量撰稿人，以报道奥运比赛进行期间世界各地的情况。

从信息量上，纸质媒体已经无法追赶网络媒体，现在独家采访权的优势也没有了。处在内外夹击生存环境下且单兵作战的地市级报纸只能另辟蹊径，实行错位发展。在此形势下，应在报道内容上采取抓大放小、突出重点的战略。

抓大放小、突出重点的一个方面就是在信息的筛选、整理、加工上下足工夫，让有限的版面资源承载更多精致的内容，做到去粗取精，以少胜多。网络媒体虽然能为受众提供海量的信息，但要从繁芜复杂的信息中找到自己需要的信息，花费的时间可不少；尽管有搜索引擎的帮助，但仍存在一个有效阅读的问题。海量的信息容易使受众无所适从，信息量大势必影响受众的阅读效率。网络媒体的这种劣势恰恰是纸质媒体的优势。地市级报纸通过抓大放小，去粗取精，留下的将是精华。而如何让媒体眼中的新闻精华变成受众眼中的新闻精华，这需要站在一线的采编队伍以受众为本。

以少胜多、去粗取精只是一个方面。抓大放小、突出重点还要在新闻事件的追踪、解读、分析上下足工夫，让受众看到隐藏在新闻背后的新闻，做到去伪存真、由此及彼、由表及里。由于强调"快"，网络媒体往往忽视了新闻报道的"深"；同时为了强调"快"，网络媒体传递的信息有很多是夸大其词，甚至是子虚乌有。而相比纸质媒体采编队伍的专业性与公信力，网络媒体在这方面还有一定的欠缺。像腾讯公司虽然成立于 1998 年，但真正涉足门户业务的历史只有 3 年多，在报道的经验和编辑团队上存在明显不足；网易长期以来的核心业务是网络游戏和产品频道，在体育和新闻报道上同样处于劣势地位。网络媒体的这种劣势也就给了地市级报纸做深做透做独家的空间。

错位发展还可以将报纸的版面重心向赛前报道转移，做一些类似赛事预测、赛程信息汇总、项目规则解读的报道。对读者体验奥运有指导性的一系列内容可以使报纸扬长避短，况且这些内容多是可以提前准备的。

二、报道模式：报网联动，强调时效

先看几个数字。据尼尔森调查 AC 报告统计显示：新浪、网易、腾讯三大网站单周用户数已达 1.07 亿人，网民覆盖率将超过 90%，人均每周网络接触时间超过 15 个小时，花在网络媒体上的时间已经占了整体媒体消费的 51%，超过电视媒体和平面媒体的总额。

这些数字说明了网络媒体对传统媒体的冲击力，而 2008 年一场围绕奥运会的"抢班夺权"大战已经开始。除了海量的信息外，网络媒体的"快"是传统媒体无法比拟的。"快"意味着独家，意味着先抢夺眼球。要不怎么"搜狐比新浪快 1 秒发布消息"，便能让搜狐副总裁兼奥运事业部总经理陈陆明喜出望外呢？

相比雅典奥运会，"快"字给纸质媒体出了一道新难题，因为利用时间差的优势没有了。雅典与北京有 5 小时时差，很多赛事举行时正是国内深夜甚至凌晨。因此国内很多报纸为此延迟体育版截稿时间，以保证读者在次日早晨能够阅读到最新的赛事报道。因此虽然网络媒体快，但时间差很好地弥补了纸质媒体的劣势。但这一切在北京奥运会将不复存在。2008 年北京奥运会新闻报道，纸质媒体要做好"网络是一级传播，纸质媒体是二级传播"的准备。

如何克服这个难题？首先得利用好自有网站。现在国内报社基本都建有自己的网站，可以利用自有网站弥补时效性的差距，这同样需要思路的转变。因为相对报纸而言，网站大多处于附属地位，大多"先上报，后上网"。而网站上的内容大都是本报或者其他媒体内容的复制，缺乏原创性，也没有充分发挥网络媒体时效性强的优势，更不用说跟门户网站进行抗衡了。

很显然这种思路已经不适应媒体竞争了，如果自有网站不能发挥其自身竞争时效性的优势，那就成了"花瓶"，只能作为摆设而已。因此，对地市级报纸而言，奥运报道一定要做好报网联动。网站上除主报、子报上的内容外，更要注重内容更新。

当然要更好地实施报网联动绝不止于此。报网要融合为一个整体，做到你中有我，我中有你。比如，报网开设同名栏目，像人民网的"人民时评"、"人民视点"等栏目同样也是《人民日报》的栏目，"强国论坛"的帖子也被不定期地搬到报纸上。这种做法使新闻资源得到充分利用，有效地扩展了信息传播的覆盖面和影响力。

还有像报网采用类似的版式设计、报网共同聚焦报道重大事件、用视频新闻拓展报网互动新空间、利用网络进行问题调查、报上公布调查结果和报网联手实施"广告套餐"等。

2008 年，围绕北京奥运会，传统媒体与网络媒体将有一场最集中的博弈。本就单兵作战的地市级报纸如果不改变经营策略利用好自有资源，将会造成读者群的流失，尤其是年轻读者。

三、报道范围：立足本土，放眼全省

与网络媒体或是媒体报道联盟相比，"无依无靠"的地市级报纸就前线报道毫无优势可言。但这并不意味着连一张采访证都没有的地市级报纸就毫无作为。"新闻到处有，就看有没有一双能观察到新闻的眼睛。"前线无作为，后方大有可为。

"后方"即本土，立足本土是媒体应对竞争进行差异化报道的一种手段。作为地市级报纸，如果想要成为当地的主流媒体，就必须将本土的新闻一网打尽。奥运新闻报道同样也应将本土有关奥运的新闻一网打尽，并且要做大做强，做深做透。

本土新闻有三大优势：一是时效优势，地市报覆盖的是本区域，本土新闻可以在第一时间内与读者亲密接触；二是地缘优势，本土新闻的发生地与读者的空间距离近，容易唤起读者的兴趣；三是人际优势，本土新闻与读者利害相关，易引起其共鸣，而乡土味又可为地市级报纸赢得更多的支持，从而获得更多的新闻资源。

三大优势将为地市级报纸的奥运新闻报道带来独家优势。网络媒体、媒体报道联盟关于来自前方的奥运新闻报道，面临的一个共同问题是新闻同质化，因此独家报道变得异常困难。而对坚守后方阵地的地市级报纸而言，在"抓大放小，突出重点"地进行前方报道时，将更多的注意力转移到后方，将本土的奥运新闻做大做强，无疑会为本土读者创造更多的独家报道。

而这种"独家"将为竞争日益激烈的媒体大战再谋新路。以东莞为例，在这块媒体必争之地，聚集着《东莞日报》、《东莞时报》、《广州日报》、《南方日报》、《羊城晚报》、《南方都市报》、《新快报》、《信息时报》等各大报业。同一块阵地，尤其是面对在家门口举行的奥运会，东莞必将成为众媒体逐鹿之地。

面对省级大报及来自省会城市报纸的冲击，本土媒体只能掷出"本土"这张牌，杀出一条"另类"奥运新闻报道之路。以《东莞日报》为例，其"奥运新闻"版，开辟了"奥运有我"、"奥运家访"、"对话奥运风云人物"等栏目。"奥运有我"主要是挖掘东莞本土的一些迎接或参与奥运的人或事，譬如塘厦音乐人为奥运写歌、信鸽协会为奥运放鸽等；"奥运家访"则是针对本土曾经参加和现在正在参加奥运会的运动员而设置的栏目，主要采访其父母、启蒙教练等。当然，不仅仅放眼本土，像"对话奥运风云人物"、"奥运家访"还将把触角伸到整个广东省甚至全国。如笔者采写的《王军霞：痴迷奔跑的女人》、《曾国强：举重就是要对自己狠一点》、《孙雯：享受现在才洒脱》、《杨扬：做志愿者的志愿者》、《孙淑伟：守望那一池碧水》等文章，均在读者中产生了一定的影响。

注释：

[1] 刘鹏. 竞争时代的报纸策略. 济南：山东人民出版社，2005.1.

（本文发表于《今传媒》2008 年第 7 期）

比较研究《足球报》与《体坛周报》
的欧洲冠军联赛报道

黄天龙　阙哲屹

摘　要:《足球报》和《体坛周报》是我国著名的专业体育报纸,两报关于欧洲冠军联赛的报道各具特色。本文以两报 2011 年 2 月 16 日至 2011 年 6 月 3 日的欧洲冠军联赛报道为研究对象,从报道内容和版面设计的角度对两报进行对比分析。

关键词:《足球报》;《体坛周报》;欧洲冠军联赛

《足球报》(以下简称《足球》)是我国著名的专业足球报纸,主要报道中国足球和国外足球联赛,逢周一和周四出版。《体坛周报》(以下简称《体坛》)是我国著名的综合性体育报纸,报道涵盖了中国足球、国际足球、美国职业篮球联赛、中国职业篮球联赛和各领域的体育新闻,每周一、三、五出版。

欧洲冠军联赛(以下简称"欧冠")是世界上最具有影响力的足球联赛。欧冠的参赛队伍是欧洲各足球联赛排名前列的俱乐部,包括了众多欧洲老牌劲旅。从资格赛到小组赛再到淘汰赛,每年的欧冠赛期长达十个月,比欧洲五大联赛的赛期都要长。参赛队伍水平高,比赛竞争激烈,是欧冠引人注目的原因。

正因为如此,《足球》和《体坛》都把欧冠作为报道的重头戏,报道投入的人力、物力、稿件和版面都相对较多。本文从报道内容和版面设计的角度出发,对比分析两报在欧冠报道中的异同,对我国平面媒体关于欧冠乃至国际足球报道有着重要的启发和借鉴作用。

一、报道内容

(一)报道规模

1. 报道量

报道量是指新闻媒体每天、每期发稿的数量。如果没有一定的报道量,就谈

[作者简介] 黄天龙,阙哲屹:广州体育学院体育新闻与传播专业 2010 级研究生。

不上新闻的广度、深度、力度、传播效果和效益。对体育赛事报道而言，尤其像欧冠这样持续时间长的赛事，报道量越大，就越有利于深化报道主题，有利于发掘新闻价值，有利于推出精品，从而满足受众的需要，提高传播效果，赢得竞争优势。[1]据笔者统计，从 2011 年 2 月 16 日欧冠淘汰赛报道开始至 6 月 3 日欧冠决赛报道结束，《足球》有 13 期的报道涉及了欧冠，共占用了 57 个版面，平均每期 4.38 个版面。《体坛》则出版了 22 期，用了 99 个版面，平均每期 4.5 个版面报道欧冠。从统计数据上分析，两报都用了数量相当的版面进行报道，可见两报对欧冠报道的重视程度不相上下。

2. 报道团队

报道团队的规模往往体现着媒体对赛事报道的重视程度。作为国内体育类报纸霸主的《体坛》，在报道团队方面明显要比其他体育类平面媒体更胜一筹，哪怕是以报道足球见长的《足球》也不例外。据笔者统计，从 2 月 16 日至 6 月 3 日，《足球》报道欧冠的记者人数为 16 人，而《体坛》的人数高达 27 人，从这一点上足以显示《体坛》的强势地位，庞大的报道团队给《体坛》的欧冠报道带来了大量多元化、个性化的报道。另外值得注意的一点是，《体坛》的现场记者数量多于《足球》。拥有丰富海外资源的《体坛》，不仅仅有自己专职的特派记者，还发展了海外兼职的记者团队，使得它的报道形式和内容都得到了极大的丰富，这也成为《体坛》欧冠报道的一大特色。

（二）报道体裁

在欧冠的报道体裁上，两报形式丰富多样，不仅有消息、特写、评论、专访和花絮，还有前瞻性报道、总结性报道、分析性报道、背景性报道等。

在《足球》欧冠报道中，消息量约占报道总量的一半，其次是通讯；《体坛》方面，同样是消息的数量最多，特写位居次席。两报报道体裁的差异是由各自的记者队伍结构所决定的。《足球》由于现场记者的人数少，导致特写的数量不多，而必须通过包含大量背景资料和故事的通讯来弥补。而《体坛》由于现场记者较多，再加上与国外知名媒体建立了合作关系，共享新闻资源，使得其现场特写的稿件较多，通讯稿的数量相对较少。

由于《足球》现场记者不多，采集的现场信息少，因此，该报将报道的重点放在通讯上，试图以新闻背景和信息量取胜。平均下来，《足球》在欧冠淘汰赛期间，每期刊发 4 条欧冠通讯，数量比《体坛》的多。在《足球》每期发表的欧冠通讯中，人物通讯占了很大一部分，该报的记者收集了大量报道对象的背景资料，如人物的成长经历、遇到的趣事、职业生涯的精彩瞬间等，以讲故事的形式叙述出来，让读者了解球员不为人知的一面，增强了报道的可读性。在两报的通讯质量上，《足球》略占上风。

衡量一项赛事报道的成功与否必须提到体育评论，而这正是《体坛》的一大优势。据笔者统计，在2月16日至6月3日期间，《足球》每期欧冠报道平均发表2篇评论，而《体坛》平均发表2.7篇。《体坛》的评论数量高于《足球》的。虽然评论的质量不能简单地以数量来决定，但这至少可以反映一家报社对评论的热衷程度。《足球》的欧冠评论有相对固定的写手，而《体坛》近年来凭借其强大公关外交与多家欧洲乃至世界知名的媒体（如《世界体育报》、《共和报》、《泰晤士报》等）合作，国外媒体资源远远优于《足球》。多家知名报社的特约记者和评论员为《体坛》撰写评论，使其评论的深度和广度有了很大提升，这也成为《体坛》评论胜于《足球》的重要原因之一。

（三）报道角度

在报道角度方面，《足球》的优势在于专题和前瞻性报道，《体坛》则善于抓新闻的第二落点。

《足球》虽然没有《体坛》那样庞大的报道团队，但它在专题策划上更有新意。《足球》利用对欧冠焦点赛事的专业性理解，通过其自身的专业策划，以专题形式报道欧冠赛事。以淘汰赛为例，在每一期欧冠报道中，《足球》都会策划一个适合本周赛况的专题来分析报道比赛，如4月7日的"咆哮杀"、4月14日的"破车"、4月28日的"傲赴温布利"、5月5日的"反恐时代"等。通过对赛况专业的把握并以专题的形式来报道，更体现出编辑部在策划上的独具匠心。用多元和丰富的报道形式来吸引读者，这是《足球》在欧冠报道上最具特色的一点。

此外，《足球》还非常注重前瞻性报道。在对欧冠关键场次的报道中，赛前的适度渲染可以有效地提高受众对比赛的关注度。该报非常注重赛前的舆论渲染，在焦点战役前，都会在前瞻性报道上做足文章，一方面对本轮赛事进行专业化分析；另一方面渲染比赛气氛，吸引球迷的关注。例如，3月21日P14版关于欧冠四分之一决赛的前瞻性报道；5月26日，在决赛前的最后一期报道中，该报推出专题"旧梦重温"，除了用3个整版报道决赛双方的备战情况外，还花了2个版面来介绍决赛球场。可以看出在关键赛事的前瞻性报道上，《足球》使尽浑身解数来渲染气氛，使得读者对比赛有更直观和充分的了解，同时更能吸引读者关注它的后续报道。

在媒体竞争的时代，信息传播渠道过剩使得独家新闻成为稀缺资源，因而新闻媒体之间的竞争便由新闻的第一落点"时效性"转入第二落点"新闻背后的故事"。摄像头无法涉及的"新闻背后的故事"同样是受众关注的焦点。[2]

　　《体坛》的欧冠报道就善于寻找新闻的第二落点。例如，在 5 月 30 日的决赛报道中，报道的重点应该放在冠军巴塞罗那身上，但是《体坛》用了与报道巴塞罗那相同的版面（3 个版）来报道比赛失利的曼联，从失利者的角度去报道、分析比赛。一篇理想的新闻报道应该把读者带到现场，使他能看到、感觉到甚至听到当时所发生的一切。[3]《体坛》利用其现场记者和丰富的海外资源，大量刊发现场报道，如决赛的现场手记、巴塞罗那的庆祝报道等，使读者阅读时仿佛身临其境。

二、版面设计

（一）编排手段

1. 图像

　　本节主要从照片和新闻图示两方面来对比分析两报欧冠报道版面中图像的使用情况。

　　（1）《足球》和《体坛》紧紧抓住图片在新闻报道中的作用，都在各自的版面中充分地运用图片，增加报道的现场感。平均下来，两报在每个欧冠版面上刊发两幅图片，在绝大多数情况下，必有一幅主图放在版面的视觉中心上。

　　《足球》5 月 26 日的 P3 版（图 1）详细介绍了欧冠决赛的场地——温布利大球场的历史背景，并在版面的最下方配上通栏的温布利球场外景抠图，该图将温布利球场磅礴的气势传神地表现了出来，与该版的主稿"让历史为新温布利做注脚"相互配合，达到了理想的传播效果。

　　《体坛》5 月 30 日 A11（图 2）版刊登了巴塞罗那庆祝夺冠的新闻，配上一幅巴塞罗那队长普约尔正在喷洒香槟的主图，该图片抓住了普约尔在喷香槟时兴高采烈的表情和香槟喷洒出来的弧度，很好地表现出新闻人物的真性情，也与文章报道的内容相呼应。

图1

图2

纵观在欧冠报道时使用的图片，两报在图片内容的选择上大同小异，最主要的不同是来自对图片的处理。《足球》经常对图片进行抠图、转向和压字处理，力求在版面上表现出更强的动感。而《体坛》则极少对图片进行处理，绝大多数的图片是矩形的，没有特殊情况不压字，这种做法保持了图片的原貌，使版面看起来更整洁、规范。

（2）两报在欧冠的报道中对新闻图示的运用各有特点。《足球》一般使用比分、淘汰赛对阵、球员数据统计、球队战绩、技术统计等图示。《体坛》使用的图示种类更多，有比分、技术统计、球员评分、球员资料、历史资料、赔率、射手榜等。

在新闻图示的使用方面，《体坛》要比《足球》灵活，使用的种类更多，尤其是比分图示，是该报欧冠报道的常规手段。在图示中，标出比赛的球队、比分、比赛日期、比赛地点和进球队员这些重要的比赛数据，使读者迅速读出新闻5W要素中的4个W要素。

反观《足球》，虽然在常规的图示中没能比《体坛》更胜一筹，但它在某些特殊图示的处理上还是显示出其独到的功力。在5月5日关于巴塞罗那完胜皇马挺进欧冠决赛的报道中，《足球》的编辑为了体现巴塞罗那在近几个赛季的强势表现，在版面的上半部分插入一幅欧洲地图，在地图相应的位置上，标出被巴塞罗那所战胜过的欧洲豪门，并注明时间。该图示不仅很好地传达出报道主题，还以其新颖的形式美化了版面。

2. 色彩

在报纸普遍采用彩色印刷之后，色彩已经成为版面上最强势的一种版面元素。[4] 本节从版面色彩的强势、表情和标志功能入手，分析两报欧冠报道版面的色彩运用情况。

（1）强势功能。

在彩色版面上，色彩最能吸引读者的目光。[5]《足球》在彩版中经常对文章小标题加彩色的底纹，以达到突出小标题的作用。由于《足球》的稿件篇幅较长，小标题能够引导读者的阅读思路，因此，利用底纹突出小标题，是一个明智的做法。《体坛》则不会对小标题进行任何的颜色处理，它通过加大小标题的字号来区分。

（2）表情作用。

不同颜色对人的心理会产生不同的效果。如红色代表喜庆，黑色意味着噩耗和沉重。[6] 两报在欧冠决赛的赛后报道中同时利用色彩的表情作用来表现报道思想。《足球》在报道冠军球队的版面中，对主标题和线条进行套红并加粗，通过红色的表情功能，传达出冠军球队夺冠后的喜庆气氛。《体坛》则将决赛的赛后报道命名为"金色王朝"，该报编辑将彩版报眉位置上"金色王朝"四字做成金色，与"金"字相呼应的同时表现出冠军球队的高贵气质。

（3）标志作用。

两报都善于用色彩奠定版面的主色调，色调显然与报道主题紧密结合。《足球》在2月17日报道AC米兰的彩版中，把色彩的标志作用发挥到极致：编辑为小标题加上红色的底纹，与版面上以红黑色为主的三张图片配合在一起，奠定了版面红黑色的基调，而红黑色正是AC米兰球衣的颜色。《体坛》在这方面也不甘示弱，在5月4日报道巴塞罗那的两个彩版中，编辑把两个版主稿的标题做成一半红色和一半蓝色，与主图中巴塞罗那球员穿着的球衣颜色完全一致。球衣颜色是球队的重要标志，两报利用报道球队球衣的色彩来对版面进行装饰，无疑增加了读者对报道的认同感。

总的来说，《足球》在版面色彩的运用上更加灵活多变，除了新闻图片外，还会对底纹和线条进行彩色处理，从而使得版面更加丰富活跃。而在《体坛》的版面中，除了新闻图片外，很少能看见色彩的元素，版面显得更庄重典雅。

（二）版式

西方报纸的版式变化主要经历了垂直式、水平式、垂直与水平混合式和静态模块式这几个主要阶段。[7] 在我国，根据版面对内容的组合特点可分成综合式、重点式、集中式三大类。[8] 本节根据中西方对报纸版式的不同理解，对比分析两报欧冠版面的版式设计思路。

1. 西方理解

《足球》的版面纵向分割，具有强烈的纵向感，版式类型属于垂直式（图3）。而《体坛》在大多数情况下采用横5竖1或横4竖2的栏型，版面编排以横为主，边栏为辅，横竖结合，版式类型属于垂直与水平混合式。由于采用了这种版式，《体坛》的版面看起来充满模块式的味道。该报编辑往往将一则新闻以及相关元素（如图像、表格等）集中起来编排成规则的矩形呈现在版面上，形成模块式的效果（图4）。

采用垂直式的《足球》版面比较呆板、严肃；而采用垂直与水平混合式、模块式有助于《体坛》版面各部分功能的划分，方便读者的阅读和理解，塑造出完整统一的报纸形象风格。

2. 中方理解

以我国对报纸版式的理解来解读两报的欧冠报道版面，也能发现两者在版式的选择上存在较大的差异。《足球》的版式多采用重点式编排，编辑加大主稿标题的字号，增加主稿的篇幅，使其与该版其他稿件有明显的差别，刻意突出主稿部分（图3）。《体坛》的编辑在对主稿的处理中，通过控制标题字号和篇幅，没有明显突出主稿与二条、三条的差别，使得版面轻重均匀，版式以综合式为主（图4）。

图3

图4

三、结语

经过对比分析可以看出两报的欧冠报道各具特色。《足球》善于使用专题报道，突出报道中心；在写作上常采用通讯体裁，为读者介绍更多的新闻背景信息；在新闻图片和版面色彩的使用上更加大胆，版面色彩更鲜艳，富有动感；在新闻图示的处理上也别具匠心。总体来说，虽然《足球》的欧冠报道采用了较呆板、严肃的垂直式版式，但由于该报在处理图片和色彩上有独特的造诣，很好地弥补了版式设计的缺陷。

《体坛》在报道人数、特派记者方面占有优势；特写和评论较多，文章更具现场感，更能挖掘新闻的第二落点；在对图片和色彩的处理上略显死板；新闻图示的使用更加常规化；版式为晚报、都市报所普遍采用的模块式和综合式。总体来说，《体坛》的欧冠报道严肃庄重，以内容取胜。

注释：

[1] 陈峰. 对我国专业体育报纸国内足球赛事报道特点的研究. 四川体育科学，2004（3）：213.

[2] 欧阳友权，孔祥双. 深度报道：平面媒体的报道优势——《体坛周报》深度报道个案剖析. 乌鲁木齐成人教育学院学报，2008（4）：50.

[3] 白庆祥. 新闻论语. 北京：北京广播学院出版社，2002. 636.

[4] 蔡雯. 新闻编辑学（第二版）. 北京：中国人民大学出版社，2010. 358.

[5] 蔡雯. 新闻编辑学（第二版）. 北京：中国人民大学出版社，2010. 359.

[6] 蔡雯. 新闻编辑学（第二版）. 北京：中国人民大学出版社，2010. 359.

[7] 蔡雯. 新闻编辑学（第二版）. 北京：中国人民大学出版社，2010. 370.

[8] 蔡雯. 新闻编辑学（第二版）. 北京：中国人民大学出版社，2010. 376.

（本文发表于《东南传播》2011 年第 11 期）

掌握主动　构建和谐

——浅论转型期政府加强大众传播控制的必要性与可行性

孙法红

　　摘　要：随着改革的深入，我国已经进入全面转型时期。市场经济体制的确立，不仅仅给我们带来了经济的高速发展和科技的显著进步，也使得原来计划经济体制遗留下的种种弊病显露无遗。昔日作为政府"传声筒"的传统媒介如广播、电视、报纸等，正逐步失去对信息的垄断地位，不得不接受更具互动性的"第四媒介"——网络媒介的挑战。政府这个大众传播控制背后的"隐身人"，如果说在二三十年前，尚能稳坐军中帐的话，现今，面对数量剧增的突发事件和危机事件，在这传播更为自由的信息爆炸时代，不得不催马上阵，亲临前线。如何预防及应对危机事件，变危机为契机，进一步加强大众传播控制的力度，已成为转型时期考验我国政府的一项重大的时代课题，它关系到我国社会经济能否持续稳定健康发展，关系到能否最终实现现代化、构建和谐社会。因此，政府必须加强对社会转型期我国危机的认识，深化对危机管理的研究，积极探索其管理规律和应对策略。

　　关键词：政府；大众传播控制；危机事件；应对策略

　　"社会转型"一词来源于西方发展社会学理论和现代化理论。当前，"社会转型"已成为社会科学界普遍使用的一个热门术语，其基本内涵就是指社会的整体性变动。

　　随着改革的深入，我国已经进入全面转型时期。市场经济体制的确立，不仅仅给我们带来了经济的高速发展和科技的显著进步，也使得原来计划经济体制遗留下的种种弊病显现无遗。昔日传达政府声音的传统媒介如广播、电视、报纸等，正逐步失去对信息的垄断地位，不得不接受更具互动性的"第四媒介"——网络媒介的挑战。政府这个大众传播控制背后的"隐身人"，如果说在二三十年前，尚能稳坐军中帐的话，现今，面对数量剧增的突发事件和危机事件，在这传播更为自由的信息爆炸时代，不得不亲临前线。如何预防及应对危机事件，变危机为契机，进一步加强大众传播控制的力度，已成为转型时期考验我

　　[作者简介]　孙法红：广州体育学院体育新闻与传播专业 2006 级研究生。

国政府的一项重大的时代课题。

一、政府探究新的大众传播控制手段的必要性

追寻政府寻求新的大众传播控制手段，而不能沿袭传统的一贯做法的原因，首先得从分析我国社会转型期前后媒介传播环境与政府的关系入手。

（一）计划经济体制下媒介环境与政府的关系

长期以来，我国新闻事业一概被称为党的新闻事业。由于我国新闻体制源于革命根据地时期品种单一而又分级别的党的机关报体制，新闻事业在组织上隶属于党的某一级组织，实行层层对上负责制，确切地说是对同级党委负责，使得新闻事业的制约机制相对单一；再加上新闻事业内部化、人治化的管理及公费统包制的经营，给整个信息传播网络布满了"把关人"。

从理论上讲，新闻工作在客观上受到政治、经济、社会文化等种种因素的制约，并相应地存在着由这些因素交互组合而成的系统性的评价因素，以判断和决定某一媒介的去留存废及其适应社会需要的优化程度。然而，以国有制为特征的这种一元化新闻体制几乎割断了所有控制因素与新闻工作的联系，使之成为一种单向度的控制。它对于媒介的要求，主要是看它能否成为所属主管领导部门"得心应手"的工具。

因此，在这种条件下的新闻媒介或新闻工作者，获取成功或出类拔萃的唯一途径就是要"双眼向上看"。记者和编辑决定报道什么事、采访什么人、传播什么消息、何为重大新闻、版面和节目如何编排等，无不受到上级领导的"过滤"。新闻报道是围着宣传和印证党的政策的正确性而展开的。代表政府的媒介主动"推"出什么新闻信息，受众就得无条件地被动接受，因为他们听不到与此不同的其他声音。

（二）市场经济体制下媒介环境与政府的关系

1. 转型期媒介环境的新变化

1992 年中共第十四次党代会所确立的走市场经济道路的方针，极大地催发了我国经济的内在能量与活力。它不仅使我国的经济实现空前的高速发展，也使得我国的社会结构从传统社会的金字塔型结构向现代社会的立体网络型结构转变，而这一转变引起了社会对信息需求的质量与流向方面的巨大变化。社会利益关系的本质变化已客观地提出了"多种声音，一个方向"的社会主义舆论表达机制的要求。

随着市场经济制度的确立，我国新闻传媒界也进行了大刀阔斧的改革。新兴媒体迅速增长并崛起，境外的媒体不断涌入，传媒的规模越滚越大，包罗万象的

网络媒体，即时交互的博客、播客，迅捷方便的手机媒体等一一登上舞台，构成一个多元、开放、竞争的信息环境，从而打破了一元、封闭、独占的传播垄断。

2. 转型期人民内部矛盾的新特点

随着改革的不断深入，我国社会矛盾日益凸显。一方面人民内部矛盾的主体更加多元化，目前除了传统的工人、农民、知识分子等社会阶层以外，还出现了新的社会阶层，如个体户、私营企业主、自由职业者、中介组织以及受聘于外资企业的从业人员和经营管理人员等；另一方面，人民内部矛盾更为活跃多变，关系更加错综复杂。我们的社会改革已经引起一系列经济生活、政治生活、社会生活和价值观念的重大变化，它所触及和引发的人民内部矛盾，无论是从发生的范围，还是从矛盾发生的数量来说，都是前所未有的。每一项新的改革方案或措施的出台和推行，都要同传统的体制发生摩擦、撞击。由于政策措施不配套、法律法规不完善、法制不健全、社会民主机制的缺陷、人们的思想观念和道德标准混乱等原因，人民内部矛盾发生了令人眼花缭乱的变化。

一方是千方百计发布大量奇闻趣事、独家新闻以吸引受众眼球的媒介，一方是不断主动爆料的社会矛盾，二者结合的结果是日益凸显的社会矛盾迅速曝光。昔日政府想要"封锁"的、只能内部流通的消息，尤其是危机事件，立即见诸媒体。此时的政府，已不再像过去那样是单纯的新闻媒介的"控制者"，扮演"隐身人"的角色，它在媒体环境中所受的压力越来越大。如何应对"穷追不舍"的媒体，如何消除其引发的不良社会效应，如何面对不断曝光的危机事件，如何更有效地完善社会民主、维护社会稳定、构建和谐社会等，已经被提上了当前政府的议事日程。

2003 年春节后迅速蔓延广东全省并波及全国数十城市的 SARS 病毒虽早已平息，但政府不得不思考这样一个问题：面对突如其来的危机事件，政府该如何从容解决？

（三）转型期我国政府应对突发性危机事件存在的问题

1. 政府官员和民众普遍缺乏危机意识

中国传统的历史文化养成了中国人以不变应万变的性格，因此民众的危机意识比较淡薄。另外，政府管理活动中也没有成熟的危机管理理念。我国的政府管理理念还只是将应对突发性危机事件视为常态性管理附属的一种方式，而不是作为一种独立而特殊的管理方式，这容易导致政府忽视非常态性的管理，所采取的措施往往也是被动应付性的，没有从理念上创造出"非常态性管理"的概念，低估了突发性危机事件对社会所产生的负面影响。

2. 信息透明度不高

在我国，危机信息基本上是通过官方内部的信息渠道进行传播的，危机信息的传播通常严格控制在决策层、相关部门和机关的技术专家范围内，而且获取信息的先后和多少常常与职位、级别的高低挂钩。民间则主要以小道消息的形式对危机信息加以传播。然而，在全球化和信息化的时代，政府对信息的控制能力逐渐弱化。如果政府固守原有的"内外有别、内紧外松"的控制方式和"秘而不宣"的原则处理危机事件，不但无法隐瞒真相，无法垄断和封锁危机信息，反而会欲盖弥彰，使政府陷于被动的局面。由于政府公共行政信息的失语或者弄虚作假，使得危机中的民众因不满意政府在行政信息发布上的"造假"和"保密"行为而宁愿相信传闻和流言。

3. 没有独立和常设的突发性危机事件应急机构

我国的危机管理体制建立在职能分工的基础之上，各种类型的危机管理基本上以相应的政府职能部门为依托，危机管理带有浓厚的部门色彩。这种建立在职能分工基础上的条块分割的危机管理体制常常缺乏统一、稳定的指挥和协调机制。突发性危机事件发生后，一般是临时成立工作组应对危机，但这种工作组不能保证危机管理工作的及时性和连续性，也不能对危机处理的经验教训进行有效总结、分析、保留和借鉴。

二、政府加强大众传播控制的可行性手段

由于各类突发性危机事件对社会的稳定和公共利益构成了极大的威胁，因此，作为公共事务管理者的政府，必须肩负起处理突发性危机事件带来的公共危害和社会失序的责任，采取防备措施，防止突发性危机事件发生，并尽量将突发性危机事件的不利影响最小化。

笔者认为，要建立一个比较完善的危机管理体系，我国政府主要应该做好以下工作：

第一，要树立正确的危机意识，把危机意识融于政府危机管理之中。任何行为都是在某种意识的指导下进行的，没有危机意识，也就谈不上危机管理。可以说，危机意识是危机管理的起点。培养领导干部、政府机关工作人员和公民的危机意识是危机管理的一个重要组成部分。

第二，要建立一个比较完善的政府危机预警应急机制。政府管理的目的是"使用少量的钱预防，而不是花大量的钱治疗"。加强危机预防，建立危机预警机制，正是为了达到这一目的。这就要求政府要建立一个灵敏、准确的信息监测系统，及时捕捉、收集相关信息并加以分析处理，对危机管理做到心中有数。各级政府要定期或不定期地开展自我诊断，对发生在辖区内的各类群体性、突发性事件进行分析、查找原因和查找自身工作的薄弱环节，从源头上遏止危机的发生

和扩大。

第三，政府要成为新闻的第一定义者，即政府要首先发布相关的新闻信息，在新闻信息源的控制上下工夫，以影响传媒，抓住主动权。这就要求政府要公开透明、真实及时地在危机事件发生的第一时间发布有关信息。

知情权是民主社会公民的基本权利。危机的发生不仅会引起整个社会的关注，也会危害社会的多数人，这反映了危机所具有的公共性、社会性。因此，作为民主社会的公民，有权利知道危机的发生原因、控制情况、带来的后果等信息，而政府有义务公开发布这些信息。政府公开信息有助于稳定公民情绪，化解危机，从而增强政府公信力。

政府信息不仅要公开，而且要真实及时。真实，可以避免决策失误；及时，可以避免造成"信息真空"，避免小道消息和谣言的产生与传播而给社会民众造成恐慌。也就是说，真实及时公布信息，及时控制危机和处理危机善后事宜，可以避免损失，提高政府信誉度，树立政府在民众和国际社会中的正面形象。

第四，面对危机事件，政府要在第一时间表态并采取行动。事件的主管负责人要亲临事发现场，做第一个明确事实真相、第一个通报坏消息的人，不欺骗民众，不违犯道德与法律，秉着人道主义精神，做问题的解决者。

第五，要在法律、技术、物质、资金等方面建立一个比较完善的危机保障机制。危机管理虽然是政府在危机时期采取的特殊措施，但政府危机管理不能背离法治原则，要依法进行。同时，要建立比较完善的物质资金保障机制，政府要从多方面着手，以确保政府危机管理有一个良好坚实的物质资金保障。

参考文献：

[1] 文军，童星. 论人类社会发展与三次社会转型. 湖南社会科学，2001（1）.

[2] 喻国明. 喻国明自选集. 上海：复旦大学出版社，2004.

[3] 许金柜. 论转型期我国政府危机管理的路径选择. 甘肃行政学院学报，2004（3）.

[4] 周海. 网络媒介中的传播控制. 当代传播，2006（5）.

[5] 冯华艳. 信息时代政府如何应对突发性危机事件. 档案管理，2006（3）.

（本文发表于《新闻窗》2007年第5期）

专题二　体育新闻采写编评

阿星杀人报道：不要让悲情遮掩血腥

张晓辉

摘　要：文章通过对发生在 2005 年 7 月 11 日深圳打工仔阿星因被工厂开除并克扣工资而怒杀主管的事件后，《南方都市报》跟踪报道的成功经验的剖析，阐述了在突发事件报道中提升新闻立意、彰显人文关怀以及注重平衡的重要性和显著效果。

关键词：阿星；新闻立意；人文关怀

2005 年 7 月 11 日，《南方都市报》独家报道深圳"砍手党"的同乡打工仔阿星因被工厂开除并克扣工资而怒杀主管的事件。随后几天，该报又连续对此事件进行了报道，引起了全社会的广泛关注。全国多家报纸转载《南方都市报》的此则报道，新浪、搜狐等各大网站纷纷设立了"透视阿星杀人事件"的新闻专题。一起并不复杂的杀人事件，经《南方都市报》报道后，其新闻价值得以提升，取得了强大的传播效果，该报对这起个案报道的成功，值得人们深思。探讨其成功的原因，主要在于以下三点：

一、提升新闻立意

今天许多犯罪新闻报道已经流于"张三被李四杀死，李四被判刑"这样一种简单化、孤立化的报道模式。这样的犯罪新闻报道，也许能吸引受众短时间的注意力；但从长远来看，反而会使人们对此感到麻木，从而产生负面的传播效果。

《南方都市报》对"阿星杀人事件"的报道跳出了这种传统的凶杀案件的报道模式。记者没有把目光仅仅停留在犯罪事实上，而是把报道重点放在了探寻犯罪的客观原因、深入挖掘产生犯罪的土壤上，从而提升了新闻的立意。该报在 11 日的报道中写道："阿星不是天生的犯罪人，而是他生存的环境改变了他……他的悲剧也不是某一个人的责任，而是我们的社会的责任"，这点明了文章的主

[作者简介]　张晓辉：广州体育学院体育新闻与传播专业 2003 级研究生。

题。对于犯罪新闻，探寻某一类犯罪根源的报道价值，远远超出了报道犯罪事实本身的价值。

国外的媒体在报道犯罪新闻时，也常常注重调查某一类犯罪行为的深层原因、强调惩治犯罪、进行犯罪警告等。总体来说，在犯罪新闻报道中，挖掘犯罪产生的土壤，乃至推动政府和社会清除犯罪土壤无疑是报道犯罪新闻的最高层次。

二、彰显人文关怀

"阿星杀人事件"的新闻报道，字里行间都透露出记者的平民视角和作为阿星朋友的身份。正是持有这种"朋友"的态度，记者才能够更加深刻地理解阿星的悲剧，更真实地将悲剧产生的社会背景展现给受众。毫无疑问，如果记者是以一种道德审判者的身份，以一种高高在上的姿态来对待"阿星杀人事件"，得出的一定是"杀人偿命、天经地义"的简单推论。

这则报道凶杀事件的新闻，没有多少血腥味，完全是用感情来写成的，整个事件的报道饱含着一种人文关怀。这种人文关怀是对阿星不幸遭遇的同情，是对"阿星"这一群人生存状况的忧虑，是对新生代民工这一弱势群体的关爱。《南方都市报》11日对于"阿星杀人事件"的报道结尾写道："我们每个人都应该关心他们，因为他们得不到关怀的时候，可能就会去伤害别人，你不去关心他的时候，某一天他的痛苦就会延续到你身上。"这段话将文章的人文关怀上升到对生活中每个人的深切关爱，因为"阿星们"的痛苦可能会延续到我们每个人身上，所以我们每个人都需要被关爱，而我们每个人也应当去关爱他人。这种悲天悯人的人文关怀，应当是媒体追求的最高境界，同时也是这则新闻报道能引起人们广泛关注的重要原因，它唤起了人们的爱心和同情心，引起了读者的共鸣。

三、注重报道的平衡

值得注意的一点是，虽然新闻报道里流露出对阿星的同情，但是这种同情显然不是对阿星犯罪行为的同情，而是对阿星不幸遭遇的同情，是对阿星人性中向善那一面的同情。然而有一些受众却理解为，"媒体过分强调他曾经的挣扎和不得已，强调他更像一个善良的孩子。对于受众来说，这不公平，因为每个人看到的都是已经倾斜的天平……这种报道会让那些用非法手段反抗外部命运的人形成某种道德优越感，甚至是正义感……"

对于7月11日的"阿星杀人事件"报道可能产生的负面效果，《南方都市报》在12日及时发表了社论《阿星杀人　不要让悲情遮蔽血腥》。文中直言：

"如果我们对他的绝望给予悲痛的同情，我们也必须对他非理性的残忍行为作出必须的批判……以尊重生命的原则，我们应该看到杀人行为的残忍和冷酷；以相信法治的立场，我们应该谴责个人违法泄愤的行为……"这样既肯定了对阿星不幸遭遇同情的合理性，又谴责了其杀人的犯罪行为，强调杀人有罪的事实，从而避免了媒体因一味地渲染阿星的不幸遭遇，而掩盖了他杀人罪行的血腥和残忍，进而对受众产生错误的导向。《南方都市报》将此事一分为二来看待，较好地把握了报道的平衡。

截至 7 月 16 日晚上 10 点，大约有 2.9 万人参与了搜狐网对"阿星杀人事件"的调查。有 82.44% 的网民认为，"对待阿星这样的人，应当给予关怀，让他们真正融于社会"。由此看来，《南方都市报》对这起负面事件的报道，由于提升了新闻立意，彰显了人文关怀，并且注重了报道的平衡性，因此产生了积极的、正面的传播效果。

《南方都市报》对于"阿星杀人事件"的报道启示我们，社会新闻并不是一些人所想象的都是些鸡零狗碎的东西。一些看似孤立的社会事件的发生，其背后都可能隐藏着某种深层的原因，能够反映出许多社会问题；一些看似偶然的事件，也可能有着其发生的必然性。"所以对事件的正确认识与态度应当是客观地正视它、承认它、重视它，迅速了解它的原因、现状、趋势和危害，有效地宣传我们应对的正确方针，积极地引导社会舆论，缓解公众的压力。"[1]媒体对这些个案形成的深层原因及规律的深入挖掘和报道，是超越了"告知"公众新闻事实的更高层次，是提升社会新闻报道价值的重要手段，也是媒体所应努力的方向。

注释：

[1] 肖沛雄. 新编传播学. 广州：广东人民出版社，2006.455.

（本文发表于《今传媒》2005 年第 9 期）

独具匠心 妙语入题
——广州三报北京奥运报道佳题赏析

李 峰

摘 要：标题是现代新闻不可或缺的一部分，它的创作已成为 2008 年北京奥运会媒体竞争的关键手段之一。本文选取《南方日报》、《广州日报》、《羊城晚报》中某些奥运报道佳题进行分析，以品味奥运新闻标题的语言锤炼之美。

关键词：北京奥运会；新闻报道；佳题

北京奥运高潮迭起，各大媒体关于奥运的文字报道异彩纷呈，尤其是那些别出心裁、雅俗共赏、独树一帜的新闻标题，不仅一下子就吸引了读者的眼球，还激发了读者阅读新闻内容的兴趣。本文选取《南方日报》、《广州日报》、《羊城晚报》中的某些北京奥运报道佳题，试作赏析。

一、围绕开幕式主题，标题创作体现整体美、组合美

在当代，一些新闻标题已不再局限于在一个版面上进行创作设计，还可以扩展到对连续几个版面进行整体组合设计。在北京奥运会开幕式的专题报道中，《广州日报》、《南方日报》不约而同地采用了类似的标题创作手法：每版头条标题创作大多是四字成一组，八字成一题。例如，《广州日报》在开幕式专版每个版的头条标题有："贵宾空前 国宴空前"、"体操王子 飞天点火"、"长卷写意 堪称一绝"、"辉煌时代 幸福和谐"、"少年英雄 巨人同行"、"浪漫中国 世界共享"、"天圆地方 精彩绝伦"等。而《南方日报》在开幕式专版每个版面的头条标题有："一轴长卷 穿梭古今"、"非常中国 非常艺谋"、"删繁就简 尽得风流"、"吃粥一月 只为'飞天'"、"新的奥运 新的五环"、"万五演员 集训半年"、"梦幻舞台 中国之美"等。

[作者简介] 李峰：广州体育学院体育新闻与传播专业 2007 级研究生。

二、活用多种修辞手法，以文字美展现新闻点

（一）对比

采用对比的手法入题可以使对比的双方均得到突显，增强反差的效果。如：

▲中国女子射箭队不敌老对手韩国队再获银牌（引题）
　"韩"雨浇灭了"热"望（主题）

——《广州日报》

▲中国女篮不敌澳大利亚队无缘决赛　明日将与俄罗斯队争夺铜牌（引题）
　"小快灵"扳不倒"高壮强"（主题）

——《广州日报》

（二）衍名

衍名主要是将所报道的新闻人物的姓名灵活地给予艺术处理，赋予其更多的新意，使表达恰到好处。有时直解，有时别解，有时拆字，有时拈连，有时由此及彼，让人读来妙趣横生。如：

▲男双 3 米板王峰/秦凯夺金，首次有国家包揽 4 枚双人跳金牌（引题）
　这个组合叫"秦王"（主题）

——《南方日报》

▲女子自由式摔跤 72 公斤级决赛中以压倒性优势夺冠（引题）
　跤王王娇（主题）

——《南方日报》

（三）借代、借喻

借代和借喻的手法可以使标题变得含蓄，有一定的深意，还可巧妙地避免标题中的同词复用。如：

▲多年前老伤引发跟腱病发，让刘翔鸟巢"飞翔"梦碎（引题）
　飞人的阿喀琉斯之踵（主题）

——《南方日报》

▲"潘帕斯雄鹰"阿根廷 1 比 0 力克"非洲雄鹰"尼日利亚，成首支蝉联奥运男足冠军的球队（引题）

鸟巢认准这只"鹰"（主题）

——《南方日报》

（四）呼告

在新闻写作时，当编辑或记者的感情累积到一定程度的时候，他会在制作标题时，直接向报道对象呼唤或倾诉。如：

▲5 天两度落泪　杜丽在 50 米步枪 3×20 中强势夺金弥补遗憾（引题）
哭吧！这次为了胜利（主题）

——《广州日报》

▲中国男篮憾负"梦八"输史上最小分差，姚明高接低挡砍下两双（引题）
拼了，值了！（主题）

——《南方日报》

（五）夸张

在制作标题时，运用夸张的手法有目的地放大或缩小报道中人或物的特征，突出人或物的不寻常之处，较容易引起读者丰富的想象和强烈共鸣。如：

▲水星来客？（主题）
菲尔普斯 11 金　奥运史上最牛人　网友"请求"国际奥委会查他的球籍（副题）

——《广州日报》

▲"领先地球人 10 公斤"（主题）
刘春红六举五破纪录　女"举人"惊艳世界（副题）

——《南方日报》

▲短短 4 天 12 项游泳世界纪录被打破（引题）
"水立方"惊变"水魔方"（主题）

——《广州日报》

（六）列锦

标题由报道中典型的名词或名词短语组成，省略动词或形容词谓语，却能达到画龙点睛、窥一斑而知全豹的效果。如：

▲昨夜，鸟巢——星光大道（主题）

——《羊城晚报》

▲8金！奇迹！"菲鱼"！（主题）

——《广州日报》

（七）反复

在制作标题时，有意重复同一个字、词语或句子，以达到突出某种感情、加深读者印象的目的。如：

▲又逢生死战　又是顶不住（主题）
　　谭望嵩和郑智被红牌罚下，9人国奥两球告负（副题）

——《南方日报》

▲曾经六获该项目世界冠军的"跳马皇后"意外失手（引题）
　　朝鲜"程菲跳"赢了程菲（主题）

——《羊城晚报》

三、巧用古语、成语、歌词，使标题充满韵律和情趣

（一）借用古语，古韵十足

古语运用得巧妙，能给新闻标题添色加彩，让标题散发一种古典美的气息，沁人心脾。如：

▲中国游泳队一度沦为世界二流，但昨日三破世界纪录，以1金2银强势崛起（引题）
　　师"夷"长技　水军自强（主题）

——《南方日报》

（二）翻新成语，旧瓶装新酒

成语是汉语中的瑰宝，具有凝练简洁的特点。巧妙地将成语引入新闻标题的创作，利用谐音，能达到恰如其分或殊途同归的效果。如：

▲刘春红轻松夺得女子69公斤级举重金牌（引题）

气势如"红"5 破世界纪录（主题）

——《广州日报》

▲ "薇"难之后，化险为"怡"（主题）
张怡宁昨晚惊险"排雷"幕后（副题）

——《羊城晚报》

（三）套用歌词，韵味独到

歌词富有节奏美和韵律美，将它们引入到标题的创作中可以赋予新闻报道意境美，让读者陶醉于其中，回味无穷。如：

▲男足国奥队 0 比 3 不敌巴西被淘汰（引题）
杜伊与中国足球再见不是朋友！（主题）

——《广州日报》

四、选用本土化语言，使标题生动、新颖、独特

在中国，广州话即粤语，是大部分广东人、香港人、澳门人和部分海外华人的母语。其使用区域主要包括以广州为中心的珠江三角洲、港澳等地区。粤语在广州地区出版的报纸中或多或少有所体现，它使新闻亲切、地道，更容易吸引当地人的关注。如：

▲细妹乡下 high 到爆（主题）
全村人聚在陈家看直播　60 多名记者早早驻守 阿爸摘下新鲜龙眼招待宾客（副题）

——《广州日报》

五、提取典型数字，使标题精悍、通俗、形象

将一些典型的数字提取出来放置在标题上可起到具体、精确、形象的作用，还可以量化地表达出报道对象的最好成绩或最佳状态。如：

▲中国男篮在领先西班牙队 15 分的情况下被拖入加时赛惜败（引题）

离击败世界冠军只差 19 秒（主题）

——《广州日报》

▲昨天，中国男篮打光最后一发子弹，拼出最后一份勇敢，用完最后一点体力（引题）

被世界冠军拖进加时赛（主题）

——《羊城晚报》

六、引入数学符号或等式，使标题简洁、直观、凝练

简练、方便的数学符号可以形象地将要表达的新闻主题直观地展现出来。如：

▲冠军早餐：海参＋鸡汤（主题）
比赛之前教练"监督"陈燮霞吃了 3 只海参　体力有保障（副题）

——《广州日报》

▲中国男排打满五局力克日本队（引题）
斗志＋变阵＝胜利（主题）

——《羊城晚报》

参考文献：

[1] 彭朝丞，王秀芬. 标题的制作艺术. 北京：新华出版社，2005.

[2] 张德胜. 体育媒体通论. 广州：广东人民出版社，2006.

[3] 陈建飞. 思路新　语言活　形式美——雅典奥运报道标题赏析. 新闻实践，2004（11）：60~61.

[4] 曹津源. 妙语入题　美不胜收——悉尼奥运新闻报道佳题赏析. 语文教学通讯，2001（2）：42~43.

（本文发表于《青年记者》2008 年第 29 期）

双关式体育新闻标题的探析

唐 利

摘 要：在体育新闻标题的创作过程中适当、合理地应用修辞手法能够提高新闻的吸引力，增加标题的美感。双关是常用的一种修辞手法。

关键词：体育新闻；新闻标题；双关

好的新闻标题让人赏心悦目，产生一"读"为快的强烈愿望；相反，新闻标题如果不突出则会使人兴味索然，甚至望而生厌。好的新闻标题制作除了必须概括准确、表达凝练之外，还要用词生动形象，所以写好新闻标题至关重要。要想使新闻标题具有传奇的魅力，就必须下一番工夫，运用好修辞手法。其中，双关就是一种不错的修辞方法，双关式新闻标题诙谐幽默、寓意深刻、吸引力强。因此双关在体育新闻标题中频繁出现。

一、双关的形式

双关有许多形式，清楚不同形式的特点，才能合理灵活运用它，从而增加语言文字的优美感。不明其意而胡乱地应用，不仅不能给标题润色增彩，还可能成为败笔，得不偿失。以下从谐音双关、语义双关和语法双关三个方面对其在体育新闻标题中的运用进行举例分析。

（一）谐音双关

谐音双关，是利用字词的同音或近音条件构成的双关语。如："风吹桃花桃花谢，雨打李花李花落，棒打烂锣锣更破，花谢锣破怎唱歌！"（歌剧《刘三姐》）其中"桃"、"李"和"锣"表面上是指植物和乐器，实际上是指地主莫海仁请来与刘三姐对歌的三个分别姓"陶"、"李"、"罗"的秀才，刘三姐机智地运用同音的条件，无情地奚落与嘲讽了她的对手。

在体育新闻标题中的谐音双关，如《亚萍不亚，乔红亦红　乒乓3金2银已

[作者简介] 唐利：广州体育学院体育新闻与传播专业 2006 级研究生。

在囊中》(《中国青年报》1995 年 5 月 11 日);《"惜"班牙》(《华商报》2006 年 6 月 29 日);《"托"蒂托起意大利》(《北京青年报》2006 年 6 月 27 日 C3 版)用的也是谐音双关的手法。

（二）语义双关

语义双关，是利用语句的转义条件构成的双关语。如:"秋菊，快走! 洪湖就要天亮了!"(歌剧《洪湖赤卫队》)"天亮了"表面上指的是自然现象，实际上指的是政治形式的转变，即洪湖就要解放了。体育新闻标题"塞国球迷'看不起'世界杯"(《楚天都市报》2002 年 6 月 16 日)，"看不起"不是"瞧不起"，而是作字面理解为无钱买票看不起世界杯。"尤文图斯'小快乐'"(《体坛周报》2001 年 12 月 24 日)，"小快乐"似指些微的快乐，但实指该球队一名姓名意思是"小快乐"的球员。"斩领头羊成就本轮最大冷门　武汉市长逼出一场胜利"(《体坛周报》2007 年 6 月 22 日)，"领头羊"既指长春亚泰又指成绩第一。

（三）语法层面的双关

所谓语法层面的双关，是指双关词语在词性、句法结构等方面的关涉。它包括词性的双关、词与短语的双关、句法结构的双关几种类型。这类双关多与语音、语义层面的双关糅合在一起，能在非语法层面上得到解释。"他信不可信"(《体坛周报》2007 年 6 月 22 日 B9 版)，报道曼城董事会接受了他信财团对俱乐部 8 160 万英镑的报价，文章指出他信的话不可信。这里"信"一语双关，"信"既指名词性的名也指动词的信任，词性的变化为语义的多重理解提供了语法基础，是语法层面的双关。"甜甜爆冷门　妈妈心甜甜"(《大河报》2004 年 8 月 18 日)，前一"甜甜"为网球运动员孙甜甜的名字，为名词;后一"甜甜"为形容词，表示幸福、愉快、甜蜜之意，在实现语音谐音、语义多解的同时，实现了不同词性的关涉。

二、双关式新闻标题的作用

在体育新闻标题中使用双关可以获得意想不到的效果。双关式新闻标题能让标题新颖别致、精练、内涵丰富，收到吸引读者眼球的功效。

（一）新颖独特

以"特牛"(《新京报》2006 年 6 月 10 日)为例。2006 年的 NBA 总决赛第一场，小牛主场 90 比 80 胜热火，特里拿下全场最高的 32 分，标题用"特"代表贾森·特里，用"牛"代表小牛队;同时"特"表示特别、特殊的意思，"牛"还表示牛气冲天、骄傲之意。标题新颖别致，新奇醒目。

（二）含蓄幽默

以"国奥队将士信心十足　杜伊:三分吃葡萄不吐葡萄皮"(《体坛周报》

2007 年 6 月 1 日，http：//sports. tom. com）为例。这里"葡萄"指葡萄牙队，"吃葡萄不吐葡萄皮"幽默含蓄地表达了国足的强大信心。看了这样的标题让人喜上眉梢，对国足充满信心。又如标题"丰光不在"（《球迷报》2006 年 6 月 12 日第 14 版），其中"丰"与"风"双关，委婉地表达出了大连实德总经理林乐丰下课的事实，"丰"与"风"的相关使得这则新闻标题幽默而富有深意。

（三）精练、内涵丰富

以"追求高峰 三栖'跳水大帝'独缺奥运金牌"（《体坛周报》2007 年 6 月 13 日，http：//sports. tom. com）为例。"三栖"精辟地概括了亚历山大·德斯帕蒂退役后的工作意向：做演员演电影、当主持人主持节目和给麦当劳当形象大使。因此，不能不为"三栖"喝彩，简单的两个字就完全表现了亚历山大·德斯帕蒂所涉及的领域；也容易让人理解，明白亚历山大·德斯帕蒂有三个方面的技艺，同时又吸引读者去了解是哪三个方面。又如标题"申花不再是一朵娇花"（《体坛周报》2007 年 6 月 22 日，http：//sports. tom. com）。申花队名字里有一个"花"字，花是脆弱、易破败的，用"娇花"形容申花队的实力不足，而"申花不再是一朵娇花"让读者一目了然：申花不再是实力不足的球队了！

（四）讽刺、调侃

以"中国足球'气勿生'"（《足球》1997 年 12 月 6 日）为例，"气勿生"是主教练戚务生的谐音妙用，说明了中国足球的不景气；同时调侃的语气让读者轻松地接受现实。又如标题"落5"（《球迷报》2006 年 6 月 12 日头版），报道北京国安 2：3 输给浙江绿城，中超排名跌到第五。5 与"五"同音也与"伍"相关，标题"落5"恰如其分地说明国安掉队了（落伍了），也表明其排名第五的事实，幽默有趣，讽味十足！

总之，双关式新闻标题能给新闻报道带来意想不到的效果，使得新闻标题或趣味十足，或幽默生动，或调皮生趣，或言简意赅。

三、使用双关的技巧

根据美国奥斯汀德州大学 Archibald A. H. 教授的见解，产生双关语需要三个条件：双重境（double context）；铰链（hinge）；触机（trigger）。[1]

"所谓双重语境，指能提供使用双关词句的上下文环境的机会。具有双重含义的词句正是借助双重语境及其过渡转换才得以真正形成双关语。语境不是给定的，而是需要选择的，是动态的。"制作新闻标题时可以灵活应用语境，为双关创造条件。语境有两种，表面上明显所指的语境可以称之为表层语境，含蓄所指的语境可以称之为深层语境。因此，双重语境虽然同时存在，相互依存，但地位并非平等，而是有着主辅之分、轻重之别的。表层语境是深层语境赖以存在的基础；深层语境通过表层语境得以扩展和升华，而又不偏离表层语境。

所谓铰链，是指能起双关作用的谐音词或多义词。语言是一个音义结合的符号系统，但音与义的非完全对等这一客观存在，为双关的形成奠定了理论上的基础。由于文字只是语音形式的记录，所以同词（形）也会构成双关。语义相关往往应用双重含义的词。在某些特定的场合，由于种种原因，人们不愿直截了当地表示真实含义，而故意使其语言隐含歧义、模棱两可，这时就需要借助双关的手段，以取得预期的语用效果。正如张炼强教授所云："双关言在此而意在彼。"[2]新闻标题也一样，要表达深层次意境，也要合理利用双关的语义歧义之妙。

触机指促成使用双关语的动机和背景，也就是说触机是先于说话人的实际言语行为，很显然，触机并不仅仅局限于"只是在双关语形成之后作分析时用的"[3]。触机的重要作用在区分双关和歧义时尤为明显。

四、总结

在体育新闻报道中，电视与网络媒体讲究迅速和直观欣赏性，广播和短信在快捷方面发挥得淋漓尽致。作为平面媒体报纸，不能仅仅是比赛过程的再现，或是赛事的一种"翻版"，故而标题似乎成了制胜法宝。如何用标题吸引受众、如何把标题写得新颖别致，修辞手法在新闻标题中的作用尤为突出，其中，双关修辞手法的运用尤为重要。双关语有其独特的语言魅力，或寓意深邃、回味无穷，或含蓄幽默、讽刺辛辣。体育新闻制作双关式标题，就是为了合理应用双关，从而达到吸引受众的目的。

注释：

[1] 刘爽. 浅论双关语三要素. 安徽农业大学学报（社会科学版），2007（1）.

[2] 张炼强. 修辞. 北京：首都师范大学出版社，1995.

[3] 李鑫华. 英语修辞格详论. 上海：上海外语教育出版社，2000.

（本文发表于《东南传播》2007 年第 8 期）

试论《南方日报》"体坛快语"的价值取向

丁世勇   尧春华

摘　要：文章以新闻评论的理论为指导，透过对《南方日报》"体坛快语"专栏的文本分析，阐述了这个专栏坚持舆论导向、娱乐化倾向、专业信息量大以及抒情散文化风格等几方面的特征，揭示了其成功的价值取向。

关键词：《南方日报》；体坛快语；价值取向

体育评论是针对体育现象和问题所阐发的观点性、意见性的语言或文字，具有社会性和思想性，因此体育评论最基本的价值就是社会价值和思想价值；其次是体育评论的娱乐价值，这是还原体育本质，体现体育休闲、娱乐、消遣价值的必然选择和趋势；再次是体育评论的经济价值。随着体育运动的不断职业化，体育新闻报道也日益市场化。市场意识的觉醒促使传媒人的新闻理念不断更新，传媒人心中的受众日益变成市场的消费者，这在客观上导致传媒人和受众的关系从以往的服务与被服务关系转变成买卖关系。

"体坛快语"是《南方日报》体育版的一个评论专栏，它有以下几个特征：一是快。体育比赛时间性强，孰胜孰败，往往立见分晓。每有颇受受众关注的国内外体育事件发生，为配合体育新闻报道，围绕体育新闻报道的需要选题，"体坛快语"都会及时发表感言。二是短。在人们生活节奏日益加快的今天，人们更愿意读短评论。"体坛快语"遵循"有话则长、无话则短"的原则，篇幅一般为一千多字，甚至更少。三是画龙点睛。"体坛快语"往往能抓住问题的要害，明确主题，一针见血，开门见山，而不求面面俱到。四是新。"体坛快语"一般能做到题目新、角度新和立意新，少有陈词滥调或泛泛而谈。五是讲究文采。文章虽短，但生动活泼。六是相对固定。作为一个专栏，最忌三天打鱼，两天晒网。

[作者简介] 丁世勇：广东商学院体育部；尧春华：广州体育学院体育新闻与传播专业2004级研究生。

1. 坚持舆论导向

党报是党和人民的耳目喉舌，肩负着重要的新闻宣传使命；党报的体育新闻评论同样也担负着非常重要的舆论导向功能，如引导人们培养顽强拼搏、勇攀高峰的精神品质，树立民族自尊心、自信心和自豪感，增强爱国主义和集体主义观念，鞭挞邪恶，弘扬正气，关心弱势群体，彰显人文关怀等。

如报道"这个老头有点'疯'"（2005 年 6 月 13 日），针对世青赛中国青年队爆冷击败了夺冠头号热门土耳其队，热情讴歌中青队主教练克劳琛和中国小伙子激情四射的拼搏风貌，弘扬民族体育精神；又如报道"像狼一样战斗"（2005 年 11 月 4 日）激励人们积极进取；还有报道"像乔丹一样微笑"（2005 年 11 月 7 日），通过描述姚明在 NBA 因其兢兢业业的良好表现，获得众口称赞，从而歌颂其体育职业道德等。

2. 娱乐化倾向

体育新闻的娱乐化，是指在报道体育新闻时，报道的重点不是放在体育赛事本身上，而是将更多的版面留给运动员或与赛事有关的人、事、物的小道消息上。在体育报道中糅入娱乐因素，让体育新闻不再是单纯的赛事报道，在给读者提供体育信息之余，也让受众有愉悦轻松之感，从某种程度上满足了受众的猎奇心理。新闻传媒及其产品都力求最大限度地吸引受众，拥有最大的受众群和受众忠诚度，党报体育新闻传播也不例外。这要求党报体育新闻评论应当与读者拉近距离，既要当导师，也要做朋友。体育新闻评论不应板着面孔刻板地说教，而应以犀利、幽默、趣味、生动、活泼甚至煽情见长，注重言论的可读性和趣味性，迎合普通大众的审美情趣，这样才能不断扩大核心受众群，吸引潜在受众。体育新闻评论作为体育新闻报道的一个重要组成部分，近年来其娱乐化程度也日渐呈上升趋势。

如"本山大叔你真行"（2005 年 7 月 5 日），将赵本山入主辽足后第一把火烧在了餐桌上，把原主教练王洪礼"忽悠"下岗而引起的轰动事件，结合娱乐圈事例发表看法，文笔犀利活泼，可读性极强。又如"李毅的进球是遮羞布"（2005 年 9 月 22 日），"李毅大帝"进球了，深圳足球俱乐部率先挺进亚冠四强，但他在中超联赛的进球荒及其网上流传深广的"我的护球像亨利"却极具娱乐性，因此评论在肯定他的功绩同时也趁机"娱乐"了他一把。很多即使是严肃端庄的言论，作者也尽量使其人性化，或通过故事化引入，或使用散文化笔法，或古今中外的体育趣事信手拈来。由于报道形式的多样化，使得原本就多姿多彩的体育信息带有更浓重的娱乐意味，增加了新闻的亲和力。

当然，《南方日报》体育评论在娱乐化的同时，并没有像某些专业体育报纸一样，为迎合一些读者而一味地走向低俗化，而是严格地把握"度"。在一定范围内充分发掘体育新闻的娱乐功能是传媒之福,因为这样不仅可以使媒体真正走向大众,而且可以使媒体在市场竞争中保持优势。

3. 专业信息量大

"体坛快语"强烈的政治意味已逐渐淡化,评论的主体和主题集中在体育本身,主要针对某个项目或某场比赛,讨论的一般是体育自身的技术、战术、比赛进程和运动员等内容,表现出很强的技术化倾向,从体育到政治演进为从体育到体育。

"体坛快语"均选择新近发生和出现的体育热点事件及热点人物作为评论的对象,恰到好处地把握评论的时间,使受众在一定的社会环境里正确地认识和理解所发生的事情,从而有利于评论的深度挖掘。同时在评论中不断增加信息量,从而受到越来越多人的欢迎。突出评论的信息功能,是社会发展、读者素质提高到新的水平的需要。读者认为这样的言论不仅解放了思想,而且可以从中获得许多有价值的信息。

比如评论"说再见真的很难"(2006年10月13日),乒坛王子孔令辉终于正式宣告挂拍。乒乓球一代领军人物的退役,理所当然受到众多热爱乒乓球的球迷关注,但孔令辉退役的一波三折并不是每个球迷都了解的,评论在表达对孔令辉离开乒坛的不舍之情的同时,将其三次告别的背景及前因后果在评述的过程中一一道来,使受众在感受作者依依惜别的深情中,对事件有了一个全景式的认识,从而开拓了新闻事件的深度和广度。

又如"规则不改怪事还会有"(2005年10月15日),针对十运会柔道比赛中奥运会冠军孙福明哭让金牌事件,深刻挖掘双计分规则的弊端,发人深省。再如"戴枷锁的马儿怎么跑"(2005年12月15日),中国足协让马良行出山,却不给他必要的时间作为"粮草",还要戴上短期任务的"枷锁"。评论结合马良行上任女足主帅一事,分析事件的前因后果,得出的结论就更让人信服。

当然,体育新闻评论的信息量并不是越多越好。如果信息量太大,反而会喧宾夺主,评论就不是评论,而变味为纯粹的新闻分析了。新闻评论,顾名思义,评论是主体,总体而言,信息量还是为评论服务的,应该处于从属地位。评论与信息是互补和相辅相成的。评论是主体,是红花;信息是副体,是绿叶,但二者缺一不可。

4. 抒情散文化风格

人们常说,作者只有深深地被生活感动了,才有可能写出感人至深、打动人心的作品来。体育新闻评论既要从道理上说服受众,又要在感情上打动读者。这就要求作者对所评述的内容既要有高屋建瓴的真知灼见,又要有发自内心的真情实感。尤其是受众更热心的竞技体育,由于其"成者为王"的残酷性和运动本身的美感特征，激情四溢的大赛之后需要释放感情的不单是受众，也包括作者。当自己祖国的运动员或运动队获胜后，作者诉诸笔端的文字自然欢欣鼓舞、酣畅淋漓，失败后自然会情绪低落、陷入深思。一句话，激情文字也是热爱体育的当代读者的强烈需求。如"神话"（2005 年 12 月 20 日）对刚满 18 岁的丁俊晖历史性勇夺英国斯诺克锦标赛桂冠的热情讴歌，"乱世出英雄"（2005 年 11 月 13 日）对中国羽毛球公开赛提前锁定三金的欣喜之情，都是作者感情的自然流露，也是读者的心声所在。

又如评论"打破宿命又如何"（2005 年 12 月 30 日），李毅终于进球了，中国足球队终于攻破了欧洲门，这似乎是一件值得铭记于心的大事件；但作者在高兴之余，却深刻地分析出中国队中仍存在的种种问题，指出中国队的实力还远远没有提升到可以与欧洲球队抗衡的地步。"中国队和李毅都不能仅仅停留在打破宿命这个点上，而是应该为彻底摆脱宿命好好思考，好好努力，真正将自己的实力提高一个层次。否则，一个宿命打破了，下一个宿命又来了。"结合中国足球一直以来存在的问题，评论通过合理推测，透过现象直指事情本质，语言似乎很家常化，但观点颇有见地，思想深度不容小觑。

参考文献：

［1］姜淮超. 新闻评论教程. 北京：中国政法大学出版社，2003.

［2］龙钢跃. 论党报新闻评论的改革创新. 求索，2004（12）.

［3］周剑瑭. 试析评论的信息功能. 采·写·编，2005（3）.

［本文发表于《时代文学》（理论学术版）2007 年第 2 期］

用平常心报道高考
——广州主要报纸今年高考报道分析

张朝霞

摘　要：如何引导广大受众用平常心来对待高考？本文有理有据地分析了《羊城晚报》、《广州日报》、《南方日报》等主流报纸在2005年的高考报道，得出成功的经验是：图片新闻各显风格，文字标题各有侧重，把握分寸防止炒作。

关键词：高考；报道；平常心

寒窗十载，花开六月，今年的全国高考终于落下了帷幕。回首广东主要报纸对高考三天的报道，我们可以发现各报都注意把握舆论导向，为高考创造和谐的舆论环境。

一、图片新闻各显风格

6月7日是高考的第一天，广州主要报纸都派出记者"赶考"，将采访的镜头聚焦于各个主要考场。由于各家日报6月7日的报纸都是在6月6日晚11时左右截稿，而《羊城晚报》截稿时间为6月7日的上午10时左右，这一夜一晨给《羊城晚报》留下了独家出彩的时间与空间。因此高考第一天的《羊城晚报》的图片新闻报道占了优势，不仅信息量大，而且范围广，从场内到场外，从学生、家长、考场、警察等多个角度呈现出第一天高考的情景。尤其值得一提的是《羊城晚报》的记者以娴熟的技术抓拍了一群考生含笑走进考场、击掌互相鼓励的画面。考生们富有朝气的状态，让读者为之振奋，一扫高考带来的压抑感。

而其他各大报纸由于截稿时间的缘故，第一天的图片新闻报道大都聚焦在前一天的报道。如《南方日报》和《广州日报》的图片基本集中在考前一天查找考场的报道上。《南方都市报》则另辟蹊径，把图片报道的重心放在了关注广州增城中毒考生的命运上。《信息时报》和《新快报》则挖出了独家新闻图片，如

[作者简介] 张朝霞：广州体育学院体育新闻与传播专业2005级研究生。

"从鬼门关到高考考场，体育生小玲白血病手术成功，离开心爱的田径场，勇敢地乐观地面对另一个战场"。

高考第二天，在各家报纸头版我们都可以看到许多充满微笑的图片，有赴考时轻松上阵的笑，如《南方日报》头版精选的"广州考生母亲笑送女儿赴考"；有考完后轻轻松松过一关的笑，如《羊城晚报》的"看晚报，等乖女，考生面对镜头来个必胜的手势"；有老师舒心满意的笑，如《新快报》的"考生考完与老师庆贺后心情愉快"。这些照片的构图一改以往拍摄高考时常见的"严肃有余，欢快不足"的局面，为高考营造了轻松愉快的氛围。

二、文字报道各有侧重

综观广东各报对今年高考的报道，许多都突出了人性化关怀的主题，在报道中体现服务性，为家长和考生提供了许多有用的信息。例如在 6 月 7 日，《南方日报》就在"温馨提示"栏目里发出消息：引题"卫监部门提醒考生"，主题："勿吃高危食品"。而且在 6 月 8 日又在占了头版近四分之一版面的一则消息里再次提醒，今年新规——提早交卷后在考试期间打手机按作弊处理。

而《南方都市报》在人性化高考报道方面更给了考生无微不至的关怀。如在 6 月 7 日的报纸里，首先在时评版发表社论《建议高考改到双休日　政策设计要有技术含量》；在"赶考须知"中把考生可能遇到的意外事情一一罗列出来，还给出了具体的对策。

与此同时，《广州日报》6 月 7 日在热评版发表评论《给高考考生公平公正的竞争环境》，呼吁确保招生中的公平公正，让"暗箱操作"没有空间，不要让莘莘学子多年的辛苦付诸流水。另外，高考期间最紧张的除了考生外莫过于家长了，消息《是孩子考试而不是你!》告诉家长在高考期间，不要给孩子加压，并提出 10 点建议以防止家长成为孩子的"焦虑源"。

三、过度炒作有害无益

在人性化报道的背后，我们看到还有要求淡化高考的评论。《广州日报》在《对高考学生不应"过度关怀"》一文中指出："业已成年的高考考生应该知道，带齐应试物品是赴考最基本的要求。"警方为考生护航的做法，实质上是一种溺爱式的过度关怀，容易滋生依赖心理和身为"特殊群体"的优越感，进而形成"学业高于一切"的思想，这才是最危险的。高考固然重要，考生也需要关爱，但过度之举很可能适得其反。警方或其他部门首要的任务是各司其职，而不是越俎代庖，营造"高考至上"的氛围。《新快报》在《第三只眼看高考：全社会

"让道"高考值得吗?》中指出:"为了使考生们安静应考,考场封路、周边500米内不得有噪音施工、公交车站调走,让上班族找不到公交站上班迟到,令商家生意减半。"[1]文章引用一位高校教师的观点,指出:"高考只是人生众多考验的其中一个,考生应该在此学会适应环境,而不是让大环境适应自己。"在《羊城晚报》的时评要闻《发烧的高考需要降温》中,文章特意用黑体字标出以下几段话:"高考不应是唯一出路,教育制度目标也不应该只局限于高考,让高考承载过多的意义和责任,社会对高考过分热烈的关注,对学生完善人格的形成,对社会的健康发展并无益处。"同时还指出:"高考毕竟只是一场考试,年年都在进行,如果重视过度,炒作过度,会不会不但无益,而且有害?事实上,现在的做法,有意无意在强化一种心理——考上大学才算成功,没考上就是失败,而失败者没有出路。这种价值观无疑是不客观的,甚至是变态的。"[2]《南方都市报》在《今年高考目睹之怪现状》一文里介绍了作者在上海、安徽、广州目睹的一些高考的怪现状,如上海出租汽车公司规定"不安排车牌号码尾数为4的车辆为考生提供服务";安徽某地有关部门规定女生高考不能穿裙子;广州一考生母亲在农讲所念经;还有诸如大家患上噪音敏感症等。最后文章指出:"高校扩招,都说上大学容易了,可是,聪明的你,能告诉我为什么从考生到家长,从学校到社会面对高考都越来越紧张了呢?范进挨了一巴掌总算从疯癫中清醒了过来,我们呢?"这些评论都对目前高考存在的问题进行了鞭辟入里的剖析,呼吁社会和家长以一颗平常心来对待高考。

注释:

[1] 第三只眼看高考:全社会"让道"高考值得吗? 新快报,2005 - 06 - 09.
[2] 廷非. 发烧的高考需要降温. 羊城晚报,2005 - 06 - 08.

(本文发表于《今传媒》2005年第7期)

当代体育评论发展趋势探析

张浩天

摘 要：文章通过对各类大众传媒体育评论进行调查研究后提出，当代体育评论主要发展趋势是：第一，从时效性、现实性和信息量来增强新闻性；第二，从内容、语言和娱乐明星的参与来让专业性与娱乐性共存；第三，彰显鲜明个性；第四，注重新闻评论的策略。

关键词：体育评论；发展趋势；探析

评论是大众传媒的"旗帜"和"声音"。体育评论作为大众传媒报道体育新闻的"主阵地"，对整个体育报道起着导向性的作用。个性鲜明、各具特色的体育评论是大众传媒报道体育新闻时各显神通的重要法宝。

综观国内报纸、广播、电视、网络等大众传媒的体育评论，笔者认为当代体育评论主要呈现以下几种发展趋势：新闻性增强；专业化与娱乐化共存共生；个性鲜明；注重策划。

一、新闻性增强

1. 凸显时效性

体育评论传播的是大众传媒对刚刚发生或正在发生的体育新闻事件、现象或问题的一种态度或观点，它对受众的思想和行为具有一定的影响力。因此，快速及时的体育评论成为报纸、广播、电视、网络等大众传媒争夺受众眼球的法宝。

网络媒体的迅猛发展使得体育媒体更重视体育新闻评论的时效性。为了加强时效性，报纸开辟了评论员专栏或专版，对刚刚发生或正在发生的体育新闻事件、现象或问题进行评论。体育评论与体育报道新闻往往是同步见报的，而网络上的体育评论的时效性就体现得更为突出，往往是比赛还在进行，网络写手们的评论就已经出炉了，不受刊发时间和版面的限制。

2. 强调现实针对性

体育评论的存在价值和社会作用取决于它与受众现实生活联系的紧密程度。

[作者简介] 张浩天：广州体育学院体育新闻与传播专业 2006 级研究生。

体育时评盛行，是体育评论讲究现实性的一大表现。《体坛周报》能在体育专业报纸中独占鳌头，体育时评功不可没；而网络上五花八门的体育博客更是吸引了无数受众的眼球，体育名记李承鹏个性鲜明的体育博客更是大受网友热捧。

　　3. "新闻性信息"与时评相结合

随着新闻观念的发展变化，体育评论和体育报道正由各自独立走向相互融合，你中有我，我中有你，把传播"意见性信息"与"新闻性信息"有机地结合了起来。

在广播、电视的体育评论和报道几乎实现了同步播发的同时，体育评论在报纸的版面编排上也得到突出处理，即体育评论常常与体育报道同时见报，言论与新闻同步见报。当然，网络体育评论具备先天优势。

二、专业化与娱乐化共存共生

专业化与娱乐化是完全相异的两个方向，两者看似矛盾，难以统一，实则并行不悖，各显所强，体育评论就呈现出专业化与娱乐化共存共生的局面。

　　1. 内容专业化与娱乐化共存

面对越来越成熟的体育受众，大众传媒体育评论的泛政治化已经明显没落，体育受众更关注体育运动本身。一部分专业的体育媒体始终专注于体育运动本身的专业化评论，专业化趋势也迎合了相对专业的体育受众的喜好。如《中国体育报》出现篮球周刊、足球周刊；《体育时报》出版钓鱼周刊、时代周刊等；《体坛》推出"射门"专刊；《足球》推出"世界足球"、"英超"、"意甲"、"德甲"、"西甲"等专刊。

在传媒娱乐时代，随着各种体育赛事的商业化，体育新闻评论带有越来越浓的娱乐气息。为了满足受众的个性需求，一部分媒体利用娱乐明星的人气来吸引那些边缘体育受众，撰写体育场外的花边消息和八卦新闻。

体育评论内容的专业化与娱乐化相辅相成，使大众传媒受众的数量越来越多，两者呈现了共存共生的局面。

　　2. 语言专业化与娱乐化并驾齐驱

"专家型"的评论员使用专业性的体育术语来进行恰如其分的评论更能得到体育受众的欢迎和追捧。然而一些以轻松、调侃、讽刺为特色的"娱乐化"体育评论同样也受到了一部分年轻人的喜爱。这种评论言辞大胆犀利，不拘泥于各种形式，往往有自己独到的见解，有时甚至与主流媒体的声音相冲突，它不侧重技术分析，而是从其他角度来评论。

当然，还有部分体育评论取两者之长，专业化和娱乐化的语言夹杂使用，彻底模糊体育评论的专业化和娱乐化的界限。

3. 专业体育评论员与娱乐明星评论员共存

目前在媒体发表体育评论的主要是各类专业人士，如职业体育记者、主持人、评论员、运动员、教练员等。这些作者有一个共同的特点，就是他们都对体育运动中的某一个领域有着专业的认识和理解。媒体也需要通过这些专业人士的评论，向受众和读者提供权威性和专业性的资讯和观点。

同时，越来越多的娱乐明星开始加入评论队伍。如央视《我爱世界杯》栏目邀请娱乐界明星参与侃球，以及包括李宇春在内的超女们在不同的报纸、网站开辟个人世界杯专栏，用娱乐圈的人气吸引大众的目光。尽管遭受了不少质疑，但此种模式极大地发挥了体育评论的娱乐功能却是不争的事实。

三、个性鲜明

当今，媒介进入"内容为王"的时代，日趋激烈的竞争让各家媒体更加注意自己的内容，尤其是观点性的内容，因此个性化的言论逐渐受到重视。

1. 观点的多元化

体育进入职业化范畴后，体育担负的意念性功能更加弱化，其本体性功能却日益得到强化。人们逐渐过渡到为娱乐、观赏而看体育竞赛，体育迷及其他观众认知的起点是同一性的体育运动，但他们所得到的感受各不相同，这便是常说的边缘化结果。

2. 风格的独特化

作者队伍的扩大，让评论的面貌呈现出不拘一格的特点。《深圳商报》的"五味俱全"之所以成功，最根本的原因在于五位作者的评论各具特色。更直接地说，"五味俱全"包容了五种风格迥异的评论，五位作者都通过自己的表达方式彰显出了自己鲜明的个性。[1]但是，这种形式要求一定要把握好个性化的度，避免走极端。

四、注重策划

（一）传者策划

如今，评论员的身份更加多元化，评论员也由"单兵作战"走向"多兵种部队"。现在体育评论的话题不仅有体育赛事方面的，还涉及经济、政治、文化、法律、医疗、保健、娱乐等内容。评论员队伍除专业人员和学者外，还会邀请名人、明星等发表评论。同时注重吸引体育迷参与评说，各媒体也把受众参与作为竞争的手段。

（二）内容策划

1. 专题策划

这种策划需要放置到更庞大的系统工程中，一方面要考虑到本身的独立性；另一方面要考虑到这个子系统与其他子系统的关系，进行全盘策划，取得整体效应。如《体坛周报》和《南方都市报》的 2008 年北京奥运会大型专题策划，就取得了良好的策划效果。

2. 专栏策划

很多体育评论专栏是在特定的时期内根据实际情况设置的，它们经过精心的策划设计，具有鲜明的针对性。因其注重在某段时间内的稳定性、连续性和一致性等，所以策划时要注意时间的阶段性，要符合体育评论专栏的特性，具有一定的整体意识和全局意识，以发挥体育新闻评论专栏的连续效应。名人专栏就是最好的验证。

3. 专文策划

专文策划是指单篇体育新闻评论的策划或某评论专栏中单篇体育新闻评论的策划，这是体育新闻评论策划的基础，也是最基本的表现形式。这样一些体育新闻评论个体的策划，是表现策划主体的评论观点、评论方式、评论水平等的重要窗口。

4. 受众策划

随着经济、政治、文化的发展，体育受众群体也发生了变化，主要分化为三大类：体育迷、娱乐型体育受众和参与型体育受众。面对体育迷，各大媒体策划专家型体育评论员撰写专业化的体育评论来稳定其受众群体。面对娱乐型体育受众，各大媒体则策划娱乐明星撰写娱乐化体育评论来吸引其眼球，从而在竞争中取得一席之地。为了吸引更多受众的关注，有些媒体增强了与受众的互动性，由于受众可以亲身参与评论，提高了其对体育的关注热度，使他们的积极性更高。

注释：

[1] 舒桂林.《五味俱全》带给体育评论领域的启示. 新闻知识，2002（4）.

（本文发表于《青年记者》2009 年第 8 期）

从"头版"比较三家体育报的版面风格

廖慧平 谈群林

摘 要：文章从标题、图像、色彩和正文等几个角度比较分析了《体坛周报》、《足球》和《南方体育》我国体育报纸类的"前三强"在头版版面风格上的异同。

关键词：头版；体育报；版面风格

"在报纸内容与版面形式这对矛盾中，内容是矛盾的主导方面……但反过来，版面形式对内容又具有能动性。"[1]版面风格所树立的整体形象，有利于读者对报纸整体定位和个性化形象形成认同。版面风格不仅影响着报纸能否吸引读者的注意力，还是报纸能否获得良性市场运作的关键。从发行量和影响力的角度看，《体坛周报》、《足球》和《南方体育》是目前我国体育类报纸的前三强。同为体育类报纸，它们的报道内容和读者定位大致相同，但在版面风格上是同中趋异。毋庸置疑，各具特色的版面风格是三家报纸跻身强者地位的决定因素之一。那么，这三大报纸的版面风格究竟各自有什么特点？它们吸引受众的魅力何在？笔者通过对 2003 年 9 月 11 日三家报纸的头版标题、图像、色彩和正文的分析来解读这三大体育专业报纸的版面风格。

一、标题

从三大报纸的主标题的制作来看，《体坛周报》的头条为"杜威：进球归功于孙祥 2：0"，内容客观直白，字体为加粗的套色字，字号为大号；《足球》"9·10 空袭叙利亚"，标题巧妙地暗示了进球方式，生动形象，字体为超号的加粗黑体字，比分为暗红的超号字；《南方体育》主题标题"2：0 百分百杜威之夜"，渲染味浓，比分使用了超号红字，后面的文字为加粗的大号黑体字。从三大报纸主题标题的制作可以清楚地看出，它们都十分重视对这场赛事的报道，相对综合类的《体坛周报》和《南方体育》，《足球》更是凸显了这一稿件的分

[作者简介] 廖慧平，谈群林：广州体育学院体育新闻与传播专业 2002 级研究生。

量。其次，与这一主题相关的另一标题，《体坛周报》的"阎世铎：你们究竟怎么啦？"和《南方体育》的"沈祥福：活着是最重要的"用的都是加粗的黑体字，但前者的字号稍大。《足球》"棒喝阎掌门怒训国奥"这一标题虽然用的也是加粗的黑体字，但"棒喝"二字用的是套红的超号字，体现了与前面两者的不同，具有强烈的情感色彩。

二、图像

图像的具体形式有照片、绘画、刊头、题花和题饰等，在这里笔者主要分析照片。三大报纸这一天头版照片的共同之处在于它们运用的都是彩色图片，而且都是放在版面的醒目位置，但是图片的大小和数量有明显的不同。《足球》只有一幅杜威的特写照片，占据了 1/2 以上版面，横跨四栏（整个版面为四栏），与整个版面的唯一主题——中叙之战相符，形成视觉冲击中心。自 1998 年以后，凡遇到重大的体育赛事，《足球》都会在头版的图片上运用大手笔以突出视觉效果，这也是《足球》近年来在版面设计上的突破之一。《体坛周报》头版的图片主题虽然也是中叙之战，但是，在三大报纸中图片尺寸相对较小，且只有一幅，定格在进球的瞬间，是一贯的小照片风格。它似乎可以说明《体坛周报》还是未完全采用图片语言强化报纸的相对"严肃"的报纸。《南方体育》则恰恰相反，只留标题，图片成为头版的主角，占据了版面的主体，包括一幅中叙之战的主题图片，动感十足。另外还有两幅小图片，一上一下，与主题图片形成烘云托月之势。照片经过这样处理使得整个版面十分"抢眼"，完全体现了"体育报纸版面的视觉化趋势"这一新的潮流，是体育类报纸走向读图时代或者说视觉新闻时代的先锋。

三、色彩

三大报纸的头版用的都是彩色图片，主题标题用的是套红或全部或部分的彩色印刷。在全版中的这种局部套色，使得它们的主题通过对比显得分外醒目。《体坛周报》是在同一主题的对比中凸显中叙足球赛前后的焦点，如"2：0"。其重点新闻导读用的也是红色的粗体字（《体坛周报》在一般情况下没有导读）；《足球》的"9·10"是白底红字，"棒喝"是同色的红底白字，这样搭配起来，给人的视觉感受相对和谐统一；《南方体育》则为了突出显现中叙足球赛这一焦点新闻，用色彩和字号来体现与其他标题新闻的不同，使整个版面充满灵气，既有铺陈之章，又有点睛之笔。此外，这种套色和彩色印刷可使版面因色彩的变化而更加绚丽，充分利用了色彩对人的心理和生理的影响，直观地传播视觉信息，增强了对受众的吸引力,形成版面视觉中心,营造版面强势,引导人们视线移动方向,从而取得一定的审美效果。三大报纸对色彩的大胆运用,在一定程度上反映了"体育类报纸版面视觉化的趋势"。

四、正文

根据正文内容占版面的比例和表现形式也可以由侧面分析出一份报纸的版面风格。就 9 月 11 日出版的三大体育类报纸而言,《体坛周报》的文字内容最为丰富,包括三篇有关中叙之战的文章,既有比赛过程的描述(《杜威:进球归于孙祥》),又有足协官员的怒斥(《阎世铎:你们究竟怎么啦?》),也有个人的评论(《过叙利亚易 进军雅典难》);另外还有图片说明和标题导读。《足球》只有一篇中叙之战的文章(《棒喝阎掌门怒训国奥》)和主题图片导读、全报导读。《南方体育》头版没有一篇纯文字内容新闻,只有图片说明和标题新闻以及欧洲预选赛战报。通过对三大报纸的正文内容进行对比不难发现,《南方体育》已完全打破传统的"以文字为主,图片为辅"的风格,出现"重图片、扩标题,用框架的板块拼装版面"的版式。《足球》既有传统的一面,又有突破传统的一面。《体坛周报》在标题文字上也有了一定的突破。

通过对三家体育类报纸头版版面因素的分析,"窥一斑而知全豹",我们大致可以看出它们各自具有不同的风格:《体坛周报》继承了传统的以文字为主、图片为辅的"信息密集"风格,即尽可能用有限的版面为读者提供更多的信息。《足球》的版面风格既有传统的一面,又有突破和创新的一面,在保持文字信息量充分满足受众需求的前提下,在图片及标题的运用上也根据主题需要时有突出视觉效果的大手笔,本期就是一个很好的例证。《南方体育》强调"体育娱乐化",重图片、扩标题,体现出简洁明快、清新疏朗的版面风格,体育类报纸版面的视觉化和娱乐化趋势在《南方体育》的版面上得到了最好的体现。

注释:

[1] 肖伟等. 当代新闻编辑学教程. 广州:暨南大学出版社,2008.210.

(本文发表于《新闻世界》2003 年第 12 期)

专题三　体育新闻人文观念

我国媒体在刘翔伤退报道中的人文关怀

李万莹

摘　要：2012 年伦敦奥运会男子 110 米栏预赛中，"飞人"刘翔在第一次跨栏时摔倒，重演四年前北京奥运会的悲剧，全场震惊。随之而来的，虽然有支持与鼓励，但更多的是质疑、猜测与谩骂。然而，我国媒体在四年后已能主动、稳妥、从容地报道此事，展现了逐渐成熟的风貌。各媒体通过新闻策划、议程设置和评论互动，强化了舆论引导，凸显了人文关怀的精神。

关键词：伦敦奥运；刘翔退赛；人文关怀

在伦敦奥运会上，"飞人折翼"遗憾出局事件"重演"，我国各类媒体在立足客观报道的前提下，从对刘翔在"伦敦碗"摔倒现场的特写报道，到新闻媒体的评论引导，再到事后收集受众的广泛反馈，不仅全方位呈现了伤退事件，更体现了大众传媒作为社会环境守望者的责任，加深了广大受众对人文精神的理解，也使得大多数公众在公开透明的报道疏导下对刘翔此次伤退给予了理解和支持。

本文主要从以下三个方面来阐释我国媒体在刘翔伤退事件中有效传播人文关怀的手段。

一、展示刘翔伤退特写，突显人文关怀

美国信息署前任署长爱德华·R. 马卢曾经说过："真实就是最好的宣传，谎言则是最坏的。要有说服力就必须让人相信；相信就必须可信；要可信则必须做到真实。宣传就是如此简单。"[1] 我国媒体对刘翔受伤报道的处理，最大的进步是从热身开始就把镜头对准刘翔，从刘翔踏上跑道到伤退离场，六组真实而典型的特写镜头让电视前的广大受众从始至终见证了刘翔受伤的真实过程，从而近距离地感受到了刘翔在此次参赛全过程中体现的拼搏精神和坚强意志。

［作者简介］李万莹：广州体育学院体育新闻与传播专业 2010 级研究生。

镜头一：打栏摔倒，意外受伤。这是一个惨烈的镜头，新闻媒体并没有采取其他转移或屏蔽的手段来隐瞒真相，相反，从央视到各地方媒体都反复播放或描述了刘翔受伤的特写镜头组——腿部和脸部的特写，真实地表现了伤痛对刘翔造成的巨大痛苦，体现了带伤上阵的刘翔为国争光的坚定决心。

镜头二：抚摸伤腿，单脚挺立。倒下的刘翔坐在跑道上，无奈地抚摸了一下贴着胶布的伤处，然后忍痛单腿站起。慢镜头和回放让观众第一时间真实地看到更多的细节，包括：他的右脚已经不能着地，整个右脚踝部位包裹的金色绷带……这让观众回忆起北京奥运以来刘翔为了战胜伤痛、重返赛场所经历的磨难与所承受的压力。

镜头三：单脚跳跃，蹦向终点。他顽强地以单脚跳下跑道后又返回来，以雷德蒙德的方式跳到了终点，"完成"了自己的比赛，这时全场观众给了他热烈的掌声。现场的特写镜头追踪记录了刘翔的每一步，他孤单地跳着，如此的悲情，每一步都让在场的和电视机前的观众深深感受到了他的追求。

镜头四：深情亲吻，惜别栏架。在单脚跳的途中，刘翔跳回跑道，亲吻了第四道的最后一个栏架。这一幕再现了他对这项运动的挚爱和不舍，反衬出刘翔"壮志未酬捷翅先折"的悲情与痛苦，更能激发我们对刘翔的理解与体谅。

镜头五：对手拥抱，志在参与。刘翔跳到终点时，同组的运动员纷纷上前搀扶他并与他拥抱，"伦敦碗"八万现场观众已经忘记注意谁是冠军，都把最热烈的掌声送给了刘翔。匈牙利选手巴吉用自己的右手举起刘翔的左手，示意刘翔是奥运场上真正伟大的胜利者。正如 ESPN 一位记者所说："刘翔还是坚持了下来，就这样，非常让我感动，他是一位坚强的运动员、坚强的选手。其他的选手给了他拥抱，这是一个历史性的时刻，是一个非常重要的时刻。"

镜头六：轮椅退场，乐观自若。刘翔被扶上轮椅，摄像机再次捕捉了刘翔的表情：黯然神伤，但没有眼泪。正如《每日电讯报》所报道的一样，他的表情比较乐观，这种乐观感染了所有人。虽然他那背影离观众越来越远，但是人们似乎还在回忆着刚才那一幕动人情景。

二、利用评论引导，阐释人文关怀

新闻媒体的解说评论作为更加客观和深度挖掘新闻事件的一种重要手段，在本次刘翔伤退事件的报道中也发挥了重要的引导作用。可以看出在刘翔伤退事件后，主持人解说和媒体评论都在为刘翔营造一个宽松的环境和舆论氛围，有效地进行舆论引导。

赛前，新华社就发表了一篇评论《需要逼刘翔还债吗？因伤退赛可耻吗？》，其中说道:"刘翔也是人,不是神。让我们为刘翔祈祷,祝他好运!"《新民晚报》刊发的一篇《刘翔,请为自己飞翔》更让人为之动容:"伦敦的夏天,有点凉。但刘翔的心,一直是热的。那份热情,让他克服了种种常人难以忍受的伤病,那份热爱,让他一次次挑战自我。说起来容易做起来难,其实,刘翔能够坚持到现在,能够最后勇敢地走上奥运跑道,他已经是一个大写的人。"

凤凰网体育专栏作家翠红发表独家评论说:"2008 年封锁消息是公关最大败笔……对刘翔本人来说,一堆名称不如一天真实的生活。"著名的媒体评论人梁宏达认为:"刘翔为了保护自己,何罪之有啊?"著名央视主持人白岩松说:"他倒在地上的一瞬间,我们都傻了。但是,好在这次留给世界的不是没有出发的背影,而是出发了。第一枪,出发就是一个超越……伦敦奥运会对于刘翔来说,已经结束了。不过人生的比赛刚开始,祝福刘翔吧!"这些评论,生动地诠释了社会的人性关爱和人文关怀。

有人就央视事前知道刘翔赛前腿部有伤的信息抨击说,杨健的悲情解说就是"演戏",指责刘翔和媒体为了"商业利益"而"忽悠"受众。这是一种对体育与新闻都缺乏了解而造成的误解。其一,体育竞技挑战人类身体极限,总要冒风险。高水平运动员长期训练往往导致满身伤病。为什么一旦带伤上阵,失败了就是"演戏"呢?其二,在伤情不完全确定的情况下,媒体既不可能准确预测运动员全力拼搏的结果,也不允许不负责任地披露运动员还不确切的伤情。媒体也只能对有可能出现的各种情况进行预测以及制订各种应急的新闻报道和舆论引导方案。当刘翔的摔伤成为事实,电视媒体著名的体育解说员杨健根据事前的某种预案,面对意外、惊愕的广大受众,几度哽咽说道:"感谢刘翔在这么多年的比赛里带给我们那么多骄傲的回忆,今天的这场比赛太惨烈了。但是我们还是要说刘翔是一个战士,在这个体育项目当中中国辉煌了 10 年,他在这 10 年时间里补足了中国最大的短板,就是田径的短板,我们在这个项目当中总能听到刘翔的名字。"语言饱含真情,实属有感而发。

三、多向反馈受众评价,演绎人文关怀

从现代传播学的视角看,"受众不是大众传播者的'侍从',可以任意驱使,而是传播活动中双重'主体'中的'主人'之一。他也不是大众传播者的敌手,专门揭短拆台,而是大众传播这一巨大工程的合作者"[2]。任何内容和形式的大众传播活动,最终都要通过受众的接受、理解、反馈和行动来实现。因此,广大受众对大众传播活动具有积极的检验、监督和扩大传播、形成舆论、延伸效果的作用。对媒体来说,如何发挥媒体把关人的作用,设置议程,组织报道,把受众

的多元反馈构建成一个正确的公众舆论场，是一个值得深思的问题。我国媒体在这次刘翔伤退报道中通过多向反馈受众评价，成功地演绎了人文关怀。

围绕刘翔事件，我国许多媒体进行了精心的新闻策划和巧妙的议程设置。中央电视台在刘翔摔倒后曾播出了一个短短4分多钟的纪录片，片中刘翔说："我觉得在我身上总会发生一些奇妙的事情……我是一个有故事的人，可以值得以后回忆很长时间。"事实证明，在媒体的引导下，这再度发生的"故事"，确实引发了许多人的深思。英国运动员鲁塞德斯基幽默的一段话一针见血地批评了某些中国人"唯金牌论"的认识误区："赛前我们听到两条截然不同的脉络：最好的刘翔重回7步上栏，准备找到最好的状态；或者，他的脚伤有点问题。结果，当他摔倒在跑道无缘半决赛，环视微博和网络，全世界最不肯原谅他的居然是中国人。"就连利益与刘翔赛绩密切相关的广告商也践行了他们的人文观念。上海通用汽车凯迪拉克市场部对刘翔的退赛表示理解和支持："刘翔带伤上场挑战自我，最后一刻依然不放弃的行动彰显了'信念·创造·拥有'的精神，凯迪拉克品牌为有这样的代言人而自豪。期待着他的下一次飞翔。"可口可乐以一个现代大企业的高瞻远瞩和大度胸怀表示："我们不会因此改变跟刘翔的广告合作，我们知道他已经竭尽全力了，我们觉得很惋惜，也将会继续支持他！"

在我国网络媒体的策划下，广大公众更是活跃在微博平台上，在刘翔伤退后形成近3 000万条留言的微博热议。理解、关心、支持、鼓励的声音不绝于耳。速途网编辑张雨芹说道："刘翔的摔倒更多的是使人的心产生契合，也正因为它涉及人的情感，而微博正是宣泄情感且能快速引发共鸣的平台，对于微博在承受突发事件所带来的冲击应该做到双保险。更多的人还是力挺刘翔，他也不是神人。"北京的一位网友说："刘翔有权利作出自己的选择！那些一味只知道指责他的人，请你们记住：他是一个优秀的运动员，不是你们争夺金牌的筹码！"另外，一些名人也在微博上表达对刘翔的理解和支持。其中徐小平发微博说："这是我听黄健翔亲口讲的故事，2004年刘翔获得第一名的瞬间，他旁边一位日本NHK主播，激动得满眼是泪水，走过来与黄健翔紧紧拥抱说：'感谢刘翔，替我们亚洲争了光！'刘翔在非裔和欧美裔统治的跨栏项目里登上世界之巅，是中国和亚洲的骄傲，是载入史册的体育传奇。我崇敬他！"王菲也第一时间发微博安慰刘翔："刘翔没关系，前面还有很多栏要跨，共勉，加油！"作为从2001年来一直接触、采访刘翔的央视记者冬日娜，通过微博告诉更多的人刘翔为伦敦奥运所作的种种努力。公众对刘翔伤退事件的理智对待和理解，表达了对刘翔的人文关怀。

来自社会不同层面的受众，以他们对刘翔事件的理解，把一个本来十分悲壮的事件，生动地演绎为一支充满人性关爱、理解包容的，催人奋发的人文精神交响乐，它说明了我国媒体在发挥舆论引导和传播人文精神方面正在走向成熟。

注释：

［1］ http：//en. wikipedia. org/wiki/public. diplomacy. A history of the term public diplomacy.

［2］ 肖沛雄. 新编传播学. 广州：广东人民出版社，2006. 97.

（本文发表于《新闻世界》2012 年第 11 期）

浅析刘少奇新闻思想形成的动因

廖慧平 谈群林 戴永冠

摘　要：刘少奇的新闻思想是毛泽东新闻思想的一个重要组成部分，是对毛泽东新闻思想的发挥、完善、补充和发展。本文运用文献资料法、归纳法，主要从特定的历史条件、历史动因和个人因素等几个方面来阐述和分析刘少奇新闻思想形成的动因。

关键词：刘少奇；新闻思想；动因

刘少奇新闻思想具有丰富的内容，学人评价为"特色鲜明，富有创见，自成体系，务实开放，乃国之瑰宝"[1]。无论过去还是现在，刘少奇新闻思想对我党的新闻工作都具有重要的指导意义。

一、中国传统文化的熏陶与坚定的共产主义信念

湖南自古人杰地灵，以楚文化、湖湘文化著称于世。刘少奇的出生地湖南宁乡，经济文化均较发达。宁乡西部的沩山是唐代佛教禅宗五家之一——沩仰教的发祥地。与沩山相毗连的宫山埋葬着宋代抗金名将张浚和著名理学家张南轩。这深厚的文化传统和浓郁的文化氛围，潜移默化地影响着生于斯长于斯的刘少奇。虽然他出身于一个农民家庭，但刘少奇祖辈以"老成持重、耕读传家"著称，其父亲刘秉松是受过一定教育的农民，他并不热心于攒钱买田置房，而是希望子女多读书。刘少奇8岁便被父亲送入私塾发蒙，他先后读过许多诗词歌赋和小说传奇，如《论语》、《孟子》、《诗经》、《唐诗三百首》、《水浒》、《资治通鉴纲目》、《史记》、《汉书》等，其中他对"四书五经"钻研颇深，也偏好史书。12岁时他在同学周祖三（周祖三的父亲周瑞仙是中国同盟会会员，曾留学日本）家的藏书中接触到一些新的科学文化知识。1913年到"五四"运动前夕是刘少奇在国内接受学校教育时期，他开始较多地接触西学，也继续吸取古典文化。

[作者简介] 廖慧平，谈群林：广州体育学院体育新闻与传播专业2002级研究生；戴永冠：广东工业大学教师。

1917 年，他投笔从戎，立志学习班超、岳飞等民族英雄。中华民族的优秀传统在青年刘少奇心中烙下的深印，为他日后为救国救民而接受马克思主义思想做好了铺垫。其后刘少奇一直在为出国留学做准备。1919 年在河北保定育德中学附设的留法高等工艺预备班学习时，他开始阅读《新青年》、《每周评论》等进步刊物，并参与到自办校刊的工作中，这些对刘少奇之后重视新闻工作产生了很大的影响，并奠定了他一生重视新闻工作的思想基础。1920 年，刘少奇进入上海外国语学社留俄预备班学习俄文和马克思主义基本知识，并阅读了许多进步刊物。在去俄国留学之前的校园生活，一方面使他深受中国传统文化的熏陶，中国"文以载道"的传统和"言之无文，行之弗远"的写作理念，在刘少奇的早年生活里打下了烙印；另一方面，刘少奇在接触进步刊物和马克思主义的同时，对新闻传播和自身的前途有了初步的认识和憧憬。1921 年，刘少奇进入莫斯科东方大学学习。在这里，他主要学习"共产党宣言"、"国际工人运动史"、"共产主义 ABC"、"政治经济学"等课程，同年底加入中国共产党。在中国，如果说 20 世纪初是中国人仰慕西学的时期，那么，20 世纪 20 年代就是学西方和学苏俄两种思潮开始较量的时期。但是，刘少奇从一开始就有着正确的认识和信念。在"团员调查表"中"对于现在社会问题作何感想"一栏中，刘少奇写道："资本主义已不能统治全世界了，社会主义的社会组织必将由人类的努力开始实现，我们处在这时代的人，应把无穷的希望，促进这段历史。"[2] 这种对马克思主义、对科学社会主义的坚定信念对刘少奇新闻思想的形成产生了重要的影响。在之后的新闻实践工作中，刘少奇注重把马列主义的新闻理论同党的新闻事业相结合，并根据中国革命和建设的特点，创造性地运用和发展了马克思主义新闻理论，为中国革命和社会主义的建设服务。

二、马恩报刊思想及列宁党报理论的影响

刘少奇新闻思想是马克思主义新闻理论的创造性运用和发展，其哲学基石是辩证唯物主义和历史唯物主义。刘少奇新闻思想的形成与马恩报刊思想分不开。马克思、恩格斯特别强调新闻的真实性，要求从事新闻工作的人"把真实的情况告诉我们的读者"[3]。在马克思、恩格斯看来，"真正存在过的东西"（即事实），是新闻报道的对象，也是新闻真实性的基础。刘少奇在继承马克思、恩格斯关于新闻真实性思想的基础上，又发展了这一思想。刘少奇认为，记者的报道应该客观、公正、真实、全面，同时要有立场，这样才能树立威信，吸引更多的读者。刘少奇指出，要做到这一点，记者就必须加强马列主义理论修养。对刘少奇新闻思想形成影响最大的是马克思、恩格斯的自由报刊与人民报刊思想。马克

思认为，"只有自由的报刊才是真正的报刊"[4]，而人民报刊思想旨在突出和强调报刊所应负载的人民性内容，并阐明了工人报刊的"喉舌"和"耳目"功能。马克思、恩格斯的这些新闻观点对刘少奇有关党报新闻理论的形成提供了理论基础，也正是在马克思、恩格斯这一新闻理论的指导下，刘少奇结合中国国情和党的新闻实践，提出了诸如"桥梁"说、"读者是报纸的主人"等许多著名的新闻论点。

另外，值得注意的是，中国共产党新闻工作理论和实践，一开始主要是学习和借鉴列宁的党报理论。1942 年，"以延安《解放日报》改版为代表的党报第一次改革，就是在毛泽东的亲自领导下，根据列宁的党报思想进行的"[5]。刘少奇新闻思想也是在总结党的新闻工作的经验教训中形成的，从这个意义上说，列宁的党报理论对刘少奇新闻思想也产生了极其重大的影响。列宁党报思想中的"党报应当接受党的领导"、"党的报刊应当成为党的事业的一部分"等在刘少奇关于党的新闻工作的论述中均有体现。

三、新闻传播实践经验的理性升华

刘少奇有着丰富的新闻传播实践经验，从 1922 年回国领导安源路矿工人罢工开始，他便与新闻工作结下了不解之缘。刘少奇深知报刊在社会舆论导向中的重要作用，从他参加革命工作开始，便十分注重创办报刊。他不但亲身参与新闻传播实践，积极利用报刊指导革命斗争，并且利用一切机会指导、帮助和支持新闻工作。更重要的是，他长期与大众新闻传播媒介打交道，在几十种报刊上发表过大量的文章。刘少奇自身在新闻工作上的实践经验给其新闻思想的形成提供了丰富的实践基础。

刘少奇的新闻传播实践主要体现在全方位的指导、帮助和支持新闻工作上。早在 1922 年，他就对中国劳动组合书记部北方分部的机关报《工人周刊》提出了许多建设性意见，并组织工人提供经费赞助。在担任中共满洲省委书记期间，刘少奇主动与由当时哈尔滨东北大学附中的郭维城等几位进步青年学生创办的冰花社取得联系，在办刊原则和编辑方针上对他们加以指导。1939 年后，他又先后领导创办了《抗敌报》、《真理》等报刊。最重要的是，刘少奇根据斗争和形势发展的需要经常为报刊撰稿，并亲自著书立说，用以指导革命斗争。中华人民共和国成立之后，刘少奇作为党和国家的主要领导人，虽然政务繁忙，但一如既往地关心新闻宣传工作，与报刊、电台和电视台保持着密切的联系，对党报的许多重要文章进行了审阅和修改。据不完全统计，新中国成立后，刘少奇为《人民日报》修改的社论就有 20 多篇。由于有着丰富的新闻工作实践经验，刘少奇对新闻工作的见解具有较强的宏观视角。刘少奇不仅注重新闻的思想性和指导性，而且注重新闻的方针政策在党的总政策中的地位和作用，还十分注重从党的路线出发来阐释和建构其新闻思想观点。同时，刘少奇对于新闻传播的传者（记者）、内容、受者（人民群众）和新闻传播媒介及其之间的联系又有着自己独到的见解，这些都得益于他长期的新闻实践及对新闻工作的积极思维。他大量吸收了当时新闻工作者在实践中创造的新经验和新观点，从而激活了自己的新闻思维。

四、对党的新闻工作历史经验教训的总结反思

刘少奇关于党的新闻工作有三次谈话，如果说对华北记者团的讲话是对我党革命报刊传统的概括，那么，1956 年和 1961 年的谈话则是刘少奇对我党新闻工作历史经验的总结和反思。

1949—1956 年，我国的新闻传播事业飞速发展。这 7 年间，我们初步完成了社会主义新闻事业的全国布局，形成了与经济政治基本适应的新闻体制和新闻政策，总结出了一套行之有效的新闻业务指导思想，建立了一支立场、观点、作风和业务素质各方面符合要求的新闻工作队伍。[6]但是，社会主义新时期仍存在不少问题，不切实际、盲目效仿、教条主义和党八股作风严重，使新闻内容片面、贫乏，社会对媒介的认识也存在问题。作为主管新闻宣传工作的领导，刘少奇同志高瞻远瞩地意识到中国正处于转向建设社会主义的时期，必须对党的新闻体制进行改革，在新的环境下必须转变工作思路。在 1956 年的谈话中，刘少奇同志阐述的关于新闻报道内容、新闻媒介管理及新闻观念等方面的观点，就是他根据当时中国的国情对我党新闻工作历史经验教训的总结和反思。1956 年兴起的以《人民日报》为代表的我国新闻工作的第二次改革，在许多方面就是按照刘少奇所提出的观点进行的，如批判地学习西方办报经验，注重满足人民群众需求等。刘少奇 1961 年和《人民日报》工作人员的几次谈话及在中央工作会议上的讲话，便是对"大跃进"时期新闻宣传工作中出现的虚假报道的总结和反思。他认为，以马列主义为指导的新闻记者既要坚持原则性，又要坚持纪律性，报上的一切文章必须是调查研究的真实结果。

注释：

[1] 徐占焜. 论刘少奇新闻思想. 新闻界，1999（2）：4～8.

[2] 中共中央文献研究室. 刘少奇年谱（下卷）. 北京：中央文献出版社，1996. 21.

[3] 马克思恩格斯全集（第 40 卷）. 北京：人民出版社，1982. 360.

[4] 马克思恩格斯全集（第 1 卷）. 北京：人民出版社，1982. 124.

［5］童兵. 马克思主义新闻思想史稿. 北京：中国人民大学出版社，1989. 376.

［6］童兵，林涵. 20 世纪中国新闻学与传播学（理论新闻学卷）. 上海：复旦大学出版社，2001. 293.

［本文发表于《长春工业大学学报》（社会科学版）2004 年第 1 期］

"寻找利彪"事件引发的思考

黎志惠

摘 要: 在危机事件的新闻报道中如何抓住时机, 精心策划; 如何在报道中把握分寸; 如何加强引导, 升华效果? 文章通过剖析在中国足坛"反赌打假"中《羊城晚报》针对"利彪事件"的新闻报道过程进行了深入的揭示。

关键词: "寻找利彪"事件; 新闻策划; "反赌打假"

Web 2.0 时代的到来, 让人们有了共同决定和编织传播内容的渠道, 媒介也从零星的"微内容"中寻找到新的信息源。另外, 信息膨胀也导致新闻报道的"同质化"现象日趋严重, 尤其是在体育新闻报道上, 电视直播一贯的冲击, 使体育新闻报道更难寻"独家"。报纸要走出这一困境, 需要通过高效的新闻报道策划对内容进行整合、意义梳理和价值提升。中国人民大学新闻学院副院长喻国明教授曾说过: "新闻媒介的价值逐渐由事实传播的第一落点(时效性)的竞争和第二落点的竞争(事实的完整与全面)转移到第三落点的竞争: 眼光的竞争、标准的竞争、视角的竞争、观点的竞争和把握事实的方法与逻辑的竞争。"事实上, 这些竞争的背后都是一个个的新闻策划事件和一个个的媒介。

一、新闻选题决策, 眼光与时机契合

2009 年, 公安部在中国足坛掀起了暴风雨式的"反赌打假"活动, 从俱乐部到足协高层, 从教练员到运动员, 甚至裁判都纷纷落马, 中国足球每一个环节的工作人员几乎都不能置身事外。2010 年 3 月, "金哨"陆俊因受贿被批捕, 此事件既掀起了媒体对"黑哨"的新一轮讨伐, 又再次引爆了媒体之间的激烈竞争。中国足球的"反赌打假"风暴不断升级, 人们对事态的发展高度关注。

追溯陆俊的"问题哨", 早在 12 年前, 陆俊就被广州松日俱乐部副总经理利彪揭发, 指其赛前收受客队大连万达俱乐部 20 万元贿赂款, 以致在比赛中偏

[作者简介] 黎志惠: 广州体育学院体育新闻与传播专业 2008 级研究生。

祖客队，致使主队广州松日输球。羊城晚报报业集团旗下的专业体育报《羊城体育》刊登"'首尾'之战场外音"报道此事，陆俊便将《羊城体育》告上法庭。这是中国足球历史上媒体首次报道受贿裁判，在全国引起轰动。最终《羊城体育》输了官司。相隔12年，陆俊再次因为受贿而登上了各大媒体的头条。当年陆俊是否真的受贿？人们再次提出了质疑。合乎新闻规律的新闻策划，必须基于对受众心理需求的了解和认知，对客观存在的社会现实问题进行理解和挖掘。[1]在人们高度关注和强烈的求知需求之下，要翻查"中国足坛第一案"势必绕不开报料人利彪。然而，当年利彪拒绝承认曾向媒体报料，并拒绝上庭作证，随之便在公众视线中消失。真相到底是怎样的呢？

"寻找利彪"的背后充满了悬念，要解开悬念就必须由利彪来解答。显然，"寻找利彪"事件已经具备了构成新闻策划选题的三个依据：可供传播的客体、受众的获知需求、实现传播的条件。同时，该事件潜藏着不少极富新闻价值的事实：陆俊的受贿是从何时开始的？中国足球到底烂到何处？利彪的消失是否隐藏着更多的黑幕？

为了满足公众对事态发展高涨的知情欲望，各大媒体纷纷使出浑身解数，从事件的解读、事态发展的预测，到全方位的评论，几乎把已知的新闻报道方式都用上了，但仍无法获知更详尽而独家的内容。《羊城晚报》适时推出了"寻找利彪"的独家系列报道，引起了全国热议，从而成为新闻策划中一起成功案例。

二、执行过程中的分寸把握与人情味

《羊城晚报》在执行"寻找利彪"新闻策划的过程中，对事件的分寸把握得十分到位。"我们寻找你，不是要跟你玩清算，那没有意义。对陆俊，我们当年同仇敌忾；如今，我们也可以叙叙旧。"[2]"我们请你勇敢现身，选择一种自己认为合适、安全的方式，畅所欲言。"[3]两封"致利彪"的公开信《一笑泯恩仇，前提是重逢！——致利彪的公开信》《有难言之隐也不能避而不见——再致利彪》都明确表明了该报立场。在执行的过程中，《羊城晚报》的记者始终小心翼翼。"不当着你女儿的面提出做采访，你女儿在家时不敲你家门；通过你太太转达采访要求，也可以选择去她的工作场所。"《羊城晚报》表现出了干预事件进程、把握事件走向的眼光与人情味。

由于《羊城晚报》的精心策划，"寻找利彪"事件终于达到了目的。"利彪开口了"不但成为独家新闻，被全国各大媒体转载，更为"中国足坛反赌打假"风暴的报道提供了一个新的视角，同时极大地增加了其新闻价值。

三、创新与影响

喻国明教授曾预言："从社会的目标来说，必须有大批专业人士来保证我们在资讯爆炸的时代为保障人们的知情权提供高效率、低成本的服务。往后的趋势可能会演变成：众多观众设置社会议程、提供信息和发表意见，而专业的媒体和专业工作者则提供高效的内容聚合、意义梳理和价值提升。"[4]

1. 传统媒体引导"人肉搜索"

网络的"人肉搜索"一直存在诸多争议。以往，大多数为人所熟知的"人肉搜索"事件都是由网民自发地在网络上进行的，传统媒体很少参与。然而，在"寻找利彪"事件中，一向敢为人先的《羊城晚报》再次为传统媒体带来了一次创新：它联合搜狐体育社区以"人肉搜索"为由头进行内容推广，并进行持续性的线索、热点追踪，在较短的时间内引起读者和网友的广泛关注。

在《羊城晚报》和搜狐体育社区的互动中，记者通过热心网友所提供的线索进行实地调查追踪，顺利地找到利彪的家。在整个过程中，记者的目标只有一个，即找利彪本人，尽量避免骚扰其家人。专业的媒体和记者根据自身的专业素养，通过对内容的筛选和梳理，提供更加权威、可信的引导"搜索"的方向，让"人肉搜索"被掌控在法律和道德的底线之上。

2. 传播效果："寻找利彪"为大众提供一个新视点

"寻找利彪"事件是在《羊城晚报》精心策划之下，与网络积极互动的产物，更是媒体对"议程设置功能"的精彩演绎。在人们都以为中国足坛"反赌打假"已经进入尾声，全国媒体都对公安部翘首以盼，期待公布新进展的情况下，《羊城晚报》适时地为这场风暴带来了新一轮的"进展"。翻查当年的"中国足坛第一案"，为"反赌打假"掀起新的话题，把看似是《羊城晚报》与利彪之间的"私怨"的事件，通过一系列的报道和铺垫，让逐渐被淡忘的中国足坛的腐败再次成为公众关注的议题。议程设置的显著后果之一便是视角的铺垫，从而引导公众产生关于公众人物的意见，这个后果将大众媒介的议程设置影响带入舆论这个核心领域。[5]

此次公安部大规模开展的中国足坛"反赌打假"风暴可谓大快人心，让多年来因中国足坛的腐败而积淀在人们心中的怨气得到宣泄，影响甚大。"反赌打假"风暴也理所当然成为近年来体育新闻的热点和重点。《羊城晚报》凭借自身的平台和信息资源优势，通过"寻找利彪"事件为"反赌打假"风暴提供了一个新的视点，体现了传统媒介应有的专业素养和良心。从另一个角度来说，《羊城晚报》亦通过此事件提升了自身在全国新闻报道中的影响力。

注释:

[1] 丁柏铨,陈薇. 关于"新闻策划"的几点思考. 新闻传播, 2004 (2).

[2] 一笑泯恩仇, 前提是重逢! ——致利彪的公开信. 羊城晚报, 2010 - 03 - 29.

[3] 有难言之隐也不能避而不见——再致利彪. 羊城晚报, 2010 - 03 - 31.

[4] 喻国明. 传媒的"语法革命": 解读 Web 2.0 时代传媒运营新规则. 广州: 南方日报出版社, 2007.

[5] [美] 马克斯韦尔·麦库姆斯. 议程设置: 大众媒介与舆论. 郭镇之, 徐培喜译. 北京: 北京大学出版社, 2008.

(本文发表于《青年记者》2011 年第 2 期)

对体育新闻报道中人文关怀的分析思考
——以王燕意外受伤事件的报道为例

胡杭婧

摘 要：如何更好地在体育新闻报道中体现人文关怀，是体育新闻媒体面临的一个难点。本文以中国运动员王燕不幸受伤事件的媒体报道为例，探讨体育新闻报道中的人文关怀问题。

关键词：体育新闻报道；人文关怀；王燕

1998 年 7 月 22 日（北京时间），我国体操运动员桑兰在第四届友好运动会的跳马赛前练习时意外受伤，导致其颈椎部分受损。这件事曾一度引起国内媒体的高度关注。时隔 9 年，在 2007 年 6 月 10 日晚进行的全国体操锦标赛暨奥运会选拔赛女子高低杠的比赛中，浙江小将王燕在做"后屈两周下"时也不幸受伤。同样，这也让国内大大小小的媒体处于紧张状态。一部分媒体持客观真实的态度对王燕受伤事件进行报道，而一部分媒体则人云亦云，完全摒弃真实性；一部分媒体为了给王燕安静的治疗环境而不去打扰；但一部分媒体为了得到独家新闻，挖空心思钻进病房，严重影响王燕的治疗。事实上，桑兰和王燕的意外受伤事件都是对处于激烈竞争之中的中国媒体的一次重大考验。人文精神是体育精神的核心，体育新闻报道也必须处处以人为本。正是在这种运动员受伤的事件中，人文关怀在新闻报道中才显得尤为重要。如何在新闻报道中体现人文关怀？经过这一事件，中国媒体向我们交出了自己的答卷。本文运用比较法、文献资料法和内容分析法，以王燕意外受伤事件为例分析体育新闻报道中应如何体现人文关怀，为体育媒体在报道中实施人文关怀提出几点建议。

[作者简介] 胡杭婧：广州体育学院体育新闻与传播专业 2006 级研究生。

一、"王燕事件"的新闻报道缺乏人文关怀

(一)主流媒体对桑兰、王燕意外受伤事件的报道之比较

1. 两事件新闻报道数量相差悬殊

"桑兰事件"和"王燕事件"都属于体育界的突发事件,而且两者后果都比较严重,理应受到国内主流媒体的高度重视。但据调查,对于这两个突发事件,仅从报道数量和篇幅来看,国内主流媒体给予的重视程度明显有差别。下表是《羊城晚报》、《广州日报》、《中国体育报》对这两个事件所作新闻报道数量的对比:

	《羊城晚报》	《广州日报》	《中国体育报》
桑兰事件	14 篇	7 篇	14 篇
王燕事件	7 篇	2 篇	9 篇

通过表格可以看出,这三家主流媒体对于同一个突发事件的报道情况非常相似:对"王燕事件"的报道明显少于对"桑兰事件"的报道。在调查中,笔者还发现,"王燕事件"的报道大部分是短消息,所占报纸版面也远远少于"桑兰事件"的报道。尽管桑兰是在世界级比赛中受伤的,代表的是国家形象,而王燕是在国家级比赛中受伤的,但这并不能成为报道数量明显减少的理由。同样是体操运动员,同样是在比赛中受伤,同样都造成了严重后果……主流媒体应该给予同等程度的重视。

2. 两事件新闻报道连续性有差别

桑兰的受伤时间是北京时间 1998 年 7 月 22 日,《羊城晚报》在 7 月 23 日、24 日、25 日、28 日、29 日、30 日,8 月 1 日、4 日等都跟踪报道了此事件,《广州日报》也在 7 月 24 日至 31 日连续报道,《中国体育报》在 7 月 23 日至 8 月 7 日每期都报道了此事件。王燕受伤的时间是北京时间 2007 年 6 月 10 日,《羊城晚报》只在 6 月 13 日、14 日报道了此事件,《广州日报》在 6 月 13 日、20 日报道,《中国体育报》在 6 月 13 日、14 日、15 日、19 日、20 日、21 日进行报道。由此可见,三家主流媒体在两事件报道的连续性上也有明显差别。三家媒体对桑兰的病情几乎是每天一报,跟踪报道做得非常及时。而对王燕的报道则是断断续续,没有连贯性。尤其是《中国体育报》,作为国家级专业体育报纸应该对这类事件尤为重视。1998 年的《中国体育报》在头版设有"追踪报道"专

栏，桑兰受伤以后每期的"追踪报道"都是有关她的；而2007年的《中国体育报》并没有每天追踪报道王燕受伤事件。从报道连续性的比较我们也可以看出，主流媒体对两事件的重视程度有明显的差别。

3. 两事件新闻报道角度不同

三家报纸对于两事件的报道除了在数量和连续性上有差别外，笔者通过比较标题和内容，发现他们对于两事件报道的角度也有所不同。下面列举三家报纸对桑兰事件深度报道的几个标题："桑兰，我们为你祝福"、"浓浓的爱献给桑兰"、"桑兰不流泪"、"她是勇敢的姑娘"、"桑兰坐起来了"、"桑兰牵动众人之心"。无论是从标题还是从内容上都可以明显感觉到媒体时刻在为桑兰的病情担忧，时刻在鼓励桑兰要重新站起来。再来看看三家报纸对于王燕事件深度报道的几个标题："要难度还是要生命"、"别把体操恐怖化"、"中心主任高健通报王燕伤情"、"美丽的燕子折翅以后"。这些标题的表述都很直白，与前面相比少了很多感情色彩，报道重点也从伤者身上转移到对体操难度的讨论上。尽管报道挖掘了更深层次的体育体制方面的东西，但忽略了体育的主体核心——"人"。

（二）报道失实，炒作严重

从6月10日晚王燕被送到医院开始，有关于她伤情的消息就通过不同的渠道到处散播，版本各不相同。从命悬一线到高位瘫痪乃至将能继续体操生涯，可谓是众说纷纭。医生、护士、体操馆的工作人员，甚至保安都成了记者围堵的对象。从相关人员嘴里说出来的话，哪怕未经证实，只要是有关王燕的，一部分记者就会不假思索地写入报道中，而另外一些媒体则人云亦云，一窝蜂转载，导致大量失实报道出现。如此景象，让人联想到了如今的娱乐报道。类似娱乐报道的炒作，对中国体操甚至体操队员都不是一件好事。真实性是新闻报道最基本的特性，坚持真实客观的报道是新闻媒体最基本的责任，是记者最基本的道德准则。在对王燕事件的报道中，某些媒体连报道最基本的真实性都无法保证，"人文关怀"又将从何谈起？

（三）为求独家报道，不顾运动员及其家人的感受

6月14日，某电视台播出了ICU病房内高健探访王燕的画面，在记者的要求下，王燕面对镜头轻声说道："谢谢大家的关心，我会好起来的。"并活动脚趾和手指。这组画面着实让人感到心酸。王燕的教练高健在之前的新闻发布会上曾表示王燕的情绪非常不稳定，不利于康复，希望媒体不要再去ICU给她制造压力。可是电视台最终还是播出了ICU的画面，还要求她强颜欢笑。众所周知，这时病人的状态正处于崩溃边缘，在这个时候还要求她面对全国人民装出一副大无畏的样子是何等不人道。与王燕相比，桑兰算是幸运的了。她在自己的博客中回忆起自己疗伤的过程深有感触："我在美国疗伤的那段时期感觉非常好，当地

的记者除了为我送上祝福，没人去打扰我或者采访我，给了我一个很好的环境，我恢复起来才比较快。"可见，国外媒体与国内媒体处理同类事件的方式很不相同。国外媒体更注重的是对运动员的人文关怀，而国内媒体注重的则是能否获得独家新闻。

（四）错误的舆论引导，对体操运动发展不利

王燕受伤之后，社会上展开了一场有关于体操运动是否合理的讨论。作为党和人民"喉舌"的媒体，此时理应担当起正确引导舆论的责任。但有些媒体肆意渲染王燕的伤情，大篇幅报道王燕受伤过程，还大肆宣扬体操是一门难度过大的运动，有报道甚至以"我国体操该何去何从"为标题。这种做法，直接影响了当时正在举行的体操锦标赛，也间接影响了中国体操运动的发展。中国体操运动的发展本来就充满艰难，媒体过分报道会让普通人以为体操是一个非常危险的项目，将来从事体操运动的人势必会越来越少，对体操运动的发展非常不利。2008 年奥运会将在北京举行，目前我国运动健儿正处在奥运会的备战阶段，过多的报道也会使正在备战奥运会的队员产生压力。

二、体育新闻报道缺乏人文关怀的原因

（一）体育新闻工作者职业道德素养不够

体育新闻报道与其他报道一样要坚持舆论的正确导向，坚持新闻报道的真实性、时效性、思想性等基本原则。体育新闻工作者如果在工作实践中坚持这些原则，就能很好地减少甚至避免那些捕风捉影、道听途说、移花接木等新闻报道的出现，较好地实现人文关怀[1]。分析媒体对于王燕受伤事件的报道，之所以出现许多不尽如人意的地方，其根本原因在于当前我国体育新闻工作者的职业素养有待提高。同样受过颈椎挫伤的桑兰在其博客中痛斥一些记者的"职业道德"："你们懂得帮助别人是一种快乐吗？难道揭人家的疮疤，每天堵在 ICU 就是你们的职业道德吗？坚决鄙视无良记者，中国体操你们平时不关注，出了事情你们个个冒出来，你们又在做什么？"桑兰的这一席话一针见血地指出了当今体育新闻工作者存在的问题。

（二）体育媒体出现恶性竞争局面

随着 2008 年北京申奥成功，我国体育传媒进入飞速发展时期。各种体育专业传媒相继出现，报纸、广播、电视、网络等都来分一杯羹。为了抢占市场、夺得独家新闻，有的媒体甚至不惜代价。尤其是一些非主流媒体，在硬件设施无法与主流媒体抗衡的情况下，不得不通过"炒作"、"假新闻"来出新出彩。这些做法可能使媒体在短时期内吸引受众的眼球，但最终还是会被识破从而走向衰

落。体育媒体的恶性竞争蒙昧了大批体育新闻工作者的良心，个人利益被放在首位，而体育新闻报道中最重要的人文关怀被渐渐遗忘。

（三）体育新闻法规欠缺

我国目前尚未出台一部系统完整、高层次的新闻法规，体育新闻法规尤其是有关人文关怀方面的规定更是欠缺。然而法律规范是体育媒体良性发展的有力保障，因此必须尽快建立健全相关体制。

三、如何让体育报道渗透更多的人文关怀

（一）新闻工作者要树立以人为本的观念

以人为本从根本上说就是以人为基础，以人为前提，以人为动力，以人为目的，即一切以人为中心，一切为了人。体育新闻报道是以体育为报道对象的，体育是以人为载体的一项社会活动，显然人就是体育报道的主体。无论是对赛事的转播还是对一些运动员进行的采访，其根本都应是对体育人的共同关注。[2]

今年69岁的洪南丽是上海的一名资深体育摄影记者，至今还活跃在体育报道第一线，但是王燕受伤后，洪南丽并没有出现在重症监护室外。当年桑兰回国后，伤情已趋于稳定时，她才去看望桑兰。她对自己的后辈同行说："等王燕的伤情稳定了，我们再去病房看望她吧，现在不要打扰她。"她的做法值得所有体育新闻工作者学习。体育新闻工作者必须树立以人为本的观念，把以人为本当作自己工作的一个原则、一个尺度、一种需要。

（二）做好"把关"，避免炒作，避免低俗化报道

任何一个传播过程都存在着把关人的把关行为，不管这些行为是自觉还是不自觉的。客观世界的信息无穷无尽，或真或假，或轻或重，或虚或实，在属性、作用等方面差别很大。传播者必然要对纷繁复杂的信息进行筛选和过滤。[3]

媒体报道王燕事件的心情可以理解，但媒体利用这件事来炒作，进行一些低俗化报道，实在令人难以容忍。一家报纸甚至在一个名为"看新闻，手机参与竞猜，每日奖品拿不停"的栏目中，设置了这样的题目："浙江队员王燕在2007年全国体操锦标赛女子资格赛的哪个项目中发生意外？A. 跳马　B. 高低杠"。把别人的不幸当作自己赢利的渠道，实属不义。

在体育新闻报道中努力体现人文关怀，关注人，尊重人，是媒介必须具备的社会品质之一，也是媒体文明和成熟的重要标志。体育媒介要加强自身管理，担负起"把关人"的责任，建立起完善的奖惩机制，对于进行炒作、报道假新闻的记者要严加惩处。

（三）自律与他律结合

更好地实施人文关怀还要求体育新闻工作者学习相关的法规、制度，要认真

贯彻中华全国新闻工作者协会制定的《中国新闻工作者职业道德准则》。体育新闻报道同样应注重社会新闻效益,承担社会责任。体育记者要在真实全面、客观公正、遵纪守法、坚持真理、廉洁奉工、团结合作等各个方面加强自律,并落实到行动上[4]。

　　2008 年北京奥运会打出了"人文奥运"的旗帜,举世瞩目。如何更好地在体育新闻报道中体现人文关怀成为我国体育新闻工作者亟待解决的一个课题,也是一个难题。报道失实、新闻炒作、错误的舆论引导等都是当前体育新闻报道缺乏人文关怀的表现。体育新闻工作者必须在树立"以人为本"观念的前提下,在新闻报道中坚持真实性原则,客观公正地报道体育新闻事件和人物,在报道中恰当地体现人文关怀,为迎接 2008 年北京奥运会创造一个充满人文关怀的媒介环境而努力。

注释:

　　[1] 朱华刚. 关于体育新闻报道中体现人文关怀的思考. 南京体育学院学报 (社会科学版), 2006 (4): 62~64.

　　[2] 李强. 关于体育传媒报道中渗透人文关怀的思考. 南京体育学院学报 (社会科学版), 2006 (3): 43~45, 81.

　　[3] [英] 丹尼斯·麦奎尔. 受众分析. 刘燕南等译. 北京: 中国人民大学出版社, 2006.

　　[4] 朱华刚. 关于体育新闻报道中体现人文关怀的思考. 南京体育学院学报 (社会科学版), 2006 (4): 62~64.

(本文发表于《东南传播》2007 年第 8 期)

体育传播中的英雄观

黄 华 黄启龙

摘 要：英雄是时代的产物。每个时代都会有英雄出现，因为每个时代都需要人去宣传和推行符合当时时代要求的社会价值观和伦理道德观。体育明星是体育界的英雄，弘扬体育明星的英雄主义，彰显其英雄气概以博取广大受众尤其是球迷的关注是当代体育新闻报道中一个非常重要的特点。

关键词：英雄；体育英雄；英雄观；体育新闻报道

何谓英雄？不同的人有不同的答案。20世纪80年代，中国女排"人生能有几次搏，壮丽青春为祖国"的豪言壮语激励着整整一代人为实现民族富强而奋斗；90年代王军霞夺冠后身披五星红旗，绕场奔跑；21世纪初，刘翔把国旗裹在身上，向内攥紧拳头举过头顶；姚明在NBA赛场上飞身将球灌进篮里……他们已经成为中国的民族英雄！在大型国际赛事的颁奖礼上，庄严的《义勇军进行曲》中，我们的英雄手捧鲜花，头颅高昂，饱含泪水的双眼深情地注视着冉冉升起的五星红旗……每每看到这一幕，中国人总会激情澎湃，豪情万丈。这就是体育的魅力，确切地说是体育传媒为我们精心谱写的英雄赞歌。

一、英雄，英雄观，英雄崇拜

英雄！我可不大弄得清什么叫做英雄；可是照我想，英雄就是做他能做的事，而平常人就做不到这一点。

——罗曼·罗兰

卡莱尔说："只要有人存在，英雄崇拜就会永远存在。"在英雄身上，人们常常感受到的是旺盛的生命欲望和强大的生命意志，对英雄的崇拜是人类永恒不

[作者简介] 黄华：广州体育学院体育新闻与传播专业2005级研究生；黄启龙：广州体育学院体育新闻与传播专业2006级研究生。

灭的情结。

但是人们崇拜英雄绝不是崇拜"英雄"的名号，而是崇拜英雄的品质，通过崇拜被称之为"英雄"的人来强化自己身上的英雄品质，从而凭借自身固有及内化了的英雄品质，迎战生活中随时可能遇到的艰难险阻。人生是艰难的，假如心里没有英雄，就没有走完艰难人生的勇气和力量。

二、体育新闻报道中的英雄观

在媒介体育中，我们看到了太多的英雄故事。早在古希腊，大卫、掷铁饼者等就已是人们心目中永恒的英雄。如今，在各种传媒中也可以看到体育界的英雄。这一方面是来源于受众心理的需要，处于现实世界的每个人都有在困境前束手无策的表现，而体育健儿"勇于拼搏，决不言输"的英雄气概能给人以激情，催人奋进，因此，体育英雄便成为人们摆脱困境的心灵寄托；另一方面，媒介需要为媒介体育这种抽象的产品生产便于其推广的代码，使大众在消费媒介体育的同时，有一个具体可指的对象和目标，于是，英雄及其传奇故事的制造，便成了媒介理所当然的生产方式。当然，英雄既由占主导地位的体育价值观决定，也由明星特殊的素质决定。刘翔和贝克汉姆就是这两者绝佳结合的例子。[1]

体育新闻传播通过大众媒介传播体育信息。体育新闻依托于体育运动而存在，它服务于社会，满足社会的需要，并随着社会的发展而日益繁荣。体育所具有的鲜明的激励性、凝聚性、竞争性，以及多样化、连续性和欣赏性等多种特性，决定了体育新闻传播对人们有着难以阻挡的魅力，它是除了战争之外最能激励民族情感的社会活动。体育内容丰富多彩，不同性格、不同年龄和不同文化层次的人们都能在体育中找到爱好和趣味。体育是健与美的综合体，是一个国家和地区精英的展示场。

体育作为人们最常见的娱乐消遣活动，必然会引起广泛关注，因此传媒对体育青睐有加也理所当然。普利策就曾把体育作为传媒吸引受众的三大法宝之一。

1996 年第 26 届亚特兰大奥运会期间，美国的 NBC 买断了奥运会的报道权来突出报道自己国家的运动员，遭到众多国家的批评，因为每个国家都有自己的奥运英雄，奥运会激起了各国的爱国热潮。所以当海恩斯成为南非历史上第一个获得 2 枚游泳金牌的人后，他的消息占据了南非报纸的头版头条和电视台的黄金时间。[2]

英雄不一定都是金牌获得者，但金牌获得者一定会被认为是英雄。每个人都追求成功，追求胜利，所以他们喜爱英雄。奥运会中一枚金牌的诞生可能给一个民族带来节日般的快乐，因为其中渗透着一种民族精神的凝聚，所以，奥运冠军常常被看作民族英雄。

1. "成王败寇"/成者为王

毛泽东在《体育之研究》一文中认为，体育的目的是："动以养生也，此浅言也；动以卫国也，此大言也。"一个国家在国际体育赛事中的失败会使该国在全球文化舞台上丧失声望。在以和平和发展为主题的当代世界，体育甚至是战争的替代，是一场没有硝烟的"战争"，是国家间体育成就和综合国力竞争的手段和工具。

在我国的体育报道中，曾一度带有狂热的政治崇拜倾向。"金牌战略"思想左右着传播者对体育的解读与报道，"为国争光"随着传播者的文字渲染成为人们欣赏体育的最终标准，于是，中国女排和中国乒乓球的英雄团队在这样的背景下诞生了。

在有关重大比赛的体育新闻报道中，我们最先知道的一定是某某获得了冠军（如果有的话），其次才是其他奖项，而更多的情况是，"银牌仅仅是一种安慰奖，而铜牌则几乎不被议论"[3]，更不用提其他没拿到奖牌的运动员了。

在雅典奥运会期间，南方某报曾针对占旭刚男子举重 77 公斤级三把试举不成功的情况进行报道，用"短短 5 分钟　占旭刚收工"作为标题，并配发文章《该来雅典的没来　不该来的却来了》分析他失利的原因；王义夫在雅典夺得金牌后接受央视采访时说，1996 年他只拿了一块银牌回国时，几乎无人欢迎、场面冷清。这些事例无不体现着"成王败寇"的报道理念。

不可否认，体育报道在"鼓舞士气，凝聚人心"方面发挥了积极的作用。特别是在改革开放刚刚起步时，经济还很落后，人们在物质和精神方面都急需一种振奋人心的榜样精神来激励，女排和乒乓球队的顽强拼搏与屡次夺冠激起了中国人的民族自信心和民族自豪感！

不过那时的体育新闻报道不是真实客观地再现体育事件，而只是作为一种宣传政治热情的工具而已。因为只注重对夺冠消息的报道与渲染，导致弱势项目得不到很好的重视与总结经验教训，这在一定程度上造成了 1988 年汉城奥运会上我国体育代表团的失常表现。

2. 竞技运动/"竞技为王"

竞技运动显然不是体育新闻报道的唯一内容，然而在报刊、广播、电视的新闻报道中，竞技运动以其天然的新鲜性、趣味性和刺激性成为体育传媒的主要报道对象，尤其以足球、篮球为重。这与传媒十分强调精英体育的比赛是分不开的。这种对职业体育过分的报道，强调的是取胜和英雄般的动作的重要性，而不是那些与体育参与有关的其他因素。特别是世界杯和奥运会这两大赛事，观众人数成倍地增长，金牌和奖杯的力量更是发挥得淋漓尽致，奥运会甚至被称为

"英雄的体育大片"。

球星崇拜即英雄崇拜,体育明星即体育界英雄。如果说其他竞技运动激发了人们对技能与夺冠后莫大功利的崇拜的话,人们欣赏足球赛就有了欣赏命运戏剧般的巨大的审美愉悦。足球集中展示了英雄主义。巴西队不必是每届世界杯的冠军(若真如此将是世界杯的灾难),但它是迄今为止足坛的公认偶像、精神冠军,桑巴舞展示的不仅是个人技术、娴熟配合与潇洒风格,更是英雄主义。[4]

自从姚明加入 NBA 之后,休斯敦火箭队比赛的收视率节节攀升,中国媒体几乎一场不落地直播姚明出场的比赛。在公共场合树起的与姚明真人相同大小的假人成了休斯敦市民和外来游客趋之若鹜的新景点。姚明已然成为全世界的英雄。

1995 年 3 月 18 日,迈克尔·乔丹向眼前的记者说了一句话:"我回来了。"ABC、CBS、NBC、CNN 等多家电视台停止正常播送的节目,宣布乔丹的复出。消息很快传遍全世界,球迷振奋,华尔街股票上涨。

2004 年雅典奥运会期间,NBC 旗下包括无线和有线、英语和西班牙语的 6 个频道及一个高清晰电视频道(HDTV)在历时 17 天的奥运会期间,马拉松式地转播多达 1 400 小时的各项体育赛事。但这主要是为了追捧一位天才少年——年仅 19 岁的菲尔普斯要挑战 7 块游泳金牌的世界纪录。美国主流报纸的一名记者罗伯特·比安讯讽说:"这 1 400 小时的转播中,恐怕有 1 000 小时是贡献给美国游泳好手迈克尔·菲尔普斯的。"

3. "娱乐至上"/娱乐为王

20 世纪 90 年代以后,娱乐业已经成为美国等发达国家的支柱产业,娱乐业成为衡量一个国家经济发展程度的重要指标。这一时期的大众消费意识决定了媒介的文化产品精神价值的实现是以满足大多数受众的需求和以实现商业价值为前提的,新闻报道的消费机制开始转向大众,报道思路、策划内容及报道形式都在不同层面上折射出后现代大众化、多元化的信息(即通称的大众娱乐新闻)。突出表现为严肃的硬性新闻减少或是竭力使硬新闻软化。

"一个没有新闻的领导人不叫领导人,一个没有绯闻的明星不能称为明星。"这话在体育报道娱乐化的今天再恰当不过了。

于是,中央电视台也报道了奥运冠军伏明霞与香港特别行政区财政长官梁锦松的恋情;央视品牌栏目《全明星猜想》以《欢乐总动员》式的体育知识和《艺术人生》式的体育人物访谈的娱乐路线为主,在体育频道的收视率仅次于一些重要赛事。

一句"让体育好看起来"成就了我国最早把体育新闻娱乐化的《南方体育》。其中"狂 2000"、"赤裸甲 A"等博得了不少喝彩,特别是对"足球宝贝"

的策划，现已成为足球场上不可或缺的一道风景线。于是各报纷纷效仿，争相娱乐化。娱乐报道目光从场内投向场外，报道内容也由单一的成绩报道扩大到整个比赛全过程的报道。比赛结果已不再是媒体关注的焦点，那种"唯竞技"、"唯爱国"的体育报道退出了报道的中心，取而代之的是多视角地分析比赛结果产生的原因，从而使体育回归到事物复杂化和多样化的"本体平面"中来。球队、球员和教练的动态成为追踪的热点，分析比赛形式、解答球迷关心的问题、球员"幕后"的生活情节也都成了体育报道的内容。于是，中央电视台体育频道的《五环明星》喊出了"展现明星风采，透视明星心灵，走进明星生活，报道明星业绩"的口号，明星轶事成了不错的卖点。[5]

娱乐是现代人本性的追求，无可厚非。然而过度的纵容甚至迎合，无疑会导致体育新闻的低俗化。

4. "本位回归"/人本为王

在任何情况下，人都是新闻的表现主体，肯定人性尊严的"人本位"理念是媒体应该时刻恪守的职业准则。在历届的奥运报道中，观众看到的几乎全是冠军的画面，但近年来在央视5套的体育新闻报道中，"以人为本"的报道理念得到了极大的彰显。在2004年雅典奥运会媒体大会战中，央视5套不仅给国人奉上了一份丰盛的新闻大餐，而且在新闻报道中彰显了浓厚的人文关怀和人道主义精神，以专题新闻栏目《王者英雄》最为突出。该节目定位于雅典奥运人物，将比赛信息传播与人物情感传递相联系，注重人文关怀，把获得冠军的运动员称为王者，把在奥运赛场上拼搏的所有运动员称为英雄，在展示奥运冠军的同时，也对没有获得冠军的运动员给予了很大的关注，真正弘扬了"重在参与"的体育精神。可以说，央视5套的这种报道姿态是一个媒体大度与宽容的媒介修养的应有体现，同时也是一个媒体在履行自己应尽的职责，即不仅满足观众看什么，而且引导观众怎么看。[6]

三、结语

媒体的发展为体育的发展提供了更大的空间，而媒体同样依赖于现代体育的蓬勃发展，因为现代体育（特别是竞技体育）所隐含的商业价值使媒体获得巨额的商业利润，这在近几届奥运会的电视转播中得到了印证。媒体通过对英雄观的弘扬，有力地使媒体与体育得到完美的结合，获得双赢。但是，在消费社会里，娱乐化成为主流，体育新闻报道也未能幸免。正确认识体育新闻报道的最新演化规律及其运行理念，对于体育及媒体的健康发展有着重要意义。

注释：

［1］郭晴，郝勤. 媒介体育：现代社会体育的拟态图景. 体育科学杂志，2006（5）：21～24，32.

［2］刘红霞. 媒介体育中国家认同的再现与建构. 体育科学杂志，2006（10）：3～14.

［3］［美］杰·科克利. 体育社会学：议题与争议. 管兵等译. 北京：清华大学出版社，2003.483.

［4］沈善增. 足球为什么这样火. 国际市场，2006（8）：60～62.

［5］扬苗. 体育类期刊如何迎来"盛世时代". 出版参考，2004（15）：21.

［6］许志晖. 电视体育新闻的厚度传播——以 CCTV－5 体育新闻报道为参照. 中国电视，2006（3）：1，16～18.

（本文发表于《新闻窗》2007 年第 6 期）

《广州日报》亚运宣传的地域文化特色研究

田　姣　田　斌

摘　要：第 16 届亚运会于 2010 年 11 月 12 日至 27 日在广州成功举办，《广州日报》作为主办城市的党报，在亚运前期的报道策略上合理安排各种相关活动和报道行为，在议程设置和报道选材中十分注重新闻价值的接近性，从亚洲、岭南和广州三个层面上呈现出本次亚运浓郁的地域文化特色。

关键词：《广州日报》；2010 广州亚运会；地域特色

　　2010 年广州亚运会是继北京奥运会之后中国举办的又一场国际性综合体育竞技盛会，同时也是向全亚洲乃至全世界展示亚洲文化、岭南文化和广东文化的一次盛会。《广州日报》作为地方党报，第一时间介入亚运报道，几年来持续关注亚运会的筹办过程，合理安排各种相关活动和报道行为，精心策划报道形式和版面设置，在突显亚洲、广东和广州的地域特色的同时有效传播了亚洲的传统文化，展现了我国的国家形象。

一、创办《广州 2010》演绎亚洲传统文化特色

　　亚运首先是亚洲人的体育文化盛典，是亚洲与世界各国家、地区加强经济文化交流、宣传亚洲国家与地区形象的重要平台和契机，所以亚运的媒介传播要贴近亚洲自身，突显亚洲的传统文化特色。早在 2007 年 12 月 28 日，广州亚运会组委会独家授权广州日报报业集团承办亚运官方会刊和亚运官方杂志——《广州 2010》，它问世之初就以《激情亚运》、《亚洲情怀》和《缤纷花城》三大栏目为主，倾力宣传"激情盛会，和谐亚洲"的亚运会理念。亚奥理事会主席艾哈迈德·法赫德·M. 萨巴赫亲王表示，亚运官方会刊和官方杂志不仅是本届亚运会的一扇窗口，也是广州对外展现赛会组织能力和丰厚的本土文化与传统的

　　［作者简介］田姣：广州体育学院体育新闻与传播专业 2009 级研究生；田斌：许昌学院公共体育教学部讲师。

载体。

《广州 2010》每一期都会重点介绍亚洲的一些国家，包括这些国家的文化历史和标志性的城市，其中第 10 期介绍的"无限创新之城"——新加坡及第 11 期介绍的马来西亚最大的"多元之城"——吉隆坡，都留给了读者深刻的印象。除了每一期都会详细介绍亚洲各国的经典城市外，《广州 2010》还用图片展示亚洲各国的风采，如第 8 期用两页 16 开的大篇幅展示了"韩国国立民俗博物馆"，第 9 期以同样的篇幅用图片展示了"泰姬陵"的神秘色彩。

当然，《广州 2010》也不失时机地利用这一窗口对岭南地区传统的文化艺术进行宣传，从粤语、粤剧、广东音乐、曲艺、岭南书画、岭南诗歌、岭南建筑、岭南盆景、岭南工艺到岭南民俗和岭南饮食文化，都如数家珍，倾情演绎，使岭南文化的丰富内涵和独具一格、绚丽多姿的地方特色与亚洲的传统文化交相辉映，成为让全世界眼前一亮的亚洲人文风景线。

《广州 2010》的成功创办，充分体现了岭南文化"海纳百川，有容乃大"的精髓。

二、展示岭南传统体育　演绎岭南体育文化特色

历史悠久的岭南传统体育，是岭南人民在长期的生活实践中创造出来的社会文化，是中华传统体育文化的重要组成部分。极具岭南特色的多种体育项目诸如赛龙舟、舞醒狮、打南拳、踢毽子、围棋、象棋、体育舞蹈等，不仅已经成为全国乃至世界多个国家人民喜爱的运动，为丰富和发展体育运动、增强人民体质作出了贡献，而且为传播国家形象与民族文化谱写了新的篇章。《广州日报》在2010 年广州亚运会这一背景下，努力开发本土的资源优势，着意选择具有岭南文化特色的传统项目作为重点报道内容，恰逢时机地把岭南文化推向全世界。

龙船是中国，尤其是岭南地区的传统体育项目。《广州日报》每年都对传统的赛龙舟盛会予以充分而生动的报道。从 2009 年 5 月 28 日 A6 版报道的"5 万市民观战长洲岛"，到 2010 年 6 月 18 日报道的"51 支中外'蛟龙'竞逐"，都深深吸引了国内外的广大受众。在 2010 年全国龙舟第四届中国湛江海上国际龙舟邀请赛上，来自英国、澳大利亚、加拿大、俄罗斯、爱尔兰，以及中国香港、中国澳门等国家和地区的共 51 支龙舟队，在赤坎金沙湾海域进行 4 个项目的角逐，比赛备受关注。

舞狮是融武术、舞蹈、音乐等为一体的文化活动，广东醒狮舞不但在岭南地区有广泛的群众基础，在国内也影响很大，且扬名海外，海外的华侨华人均有舞狮的习俗。《广州日报》对舞狮项目非常重视，从"广佛同城，体育同行"的新

概念上，提出了武术也可能成为弘扬广州体育的突破口，广州体育也完全可以尝试去打造这个能够"走出去"的项目。《广州日报》报道了"'龙狮运动之乡'花落中山"，并采访了中山市龙狮运动协会主席周卫忠，详细阐述了这项传统体育运动的历史，并展望了其未来发展趋势。《广州日报》5月24日ZSA18版报道了中山展馆在上海浦西世博园区正式揭幕。高桩舞狮、沙溪鹤舞、醉龙等中山传统文化，在园区广场上打响了中山馆展出的第一炮。

游走在广州，无论是街边公园还是各个景点，都会看见三五成群的广州人在踢毽子。踢毽子是广州一道独特的风景线，无论男女老少，大家都可以凑成一团共同切磋。《广州日报》6月17日A2版报道了"市民广场街坊交流好去处"，通过分享广州"同好会"中踢毽子爱好者的共同经历，体现了广州生活气息浓厚、平民味道浓郁的特点，更表达了广州"平民之城"的内在神韵。

三、主打广东商业品牌　演绎广东经济文化特色

《广州日报》的决策者们深深懂得，文化理念的认同将带来巨大的品牌效应。在文化底蕴的依托下，只有走品牌的商业化之路才有可能取得更好的社会效应和经济效益。广绣是广州府刺绣的简称，是中国四大名绣之一，色彩浓艳，花纹生动写实，注重光影变化。《广州日报》5月4日T1版贴出大幅广绣作品"五羊花鸟系列之吉祥物阿如"图片，已经被列为广州亚运特许商品；在5月7日FSA4版中，报道了在上海世博会的广东周的展示方案，广东馆工作人员身着香云纱服装，展示绣上广绣的香云纱面料，并进行香云纱时装展示；在4月26日关于"九艺节"岭南民间工艺大展的报道中，重点宣传了展览将邀请广彩广绣和象牙雕刻艺人现场作工艺绝活展演，向全国人民展示丰富多彩的具有浓郁岭南特色和艺术风采的工艺精品。

广州象牙雕工艺有着悠久的历史，素以精细工整、玲珑剔透而闻名于世。《广州日报》5月14日A4版关于"'为玉树孩子献爱心'六一慈善义卖征集艺术品活动"的报道中，大篇幅报道了广州大新象牙工艺厂捐献的牙雕摆件《羊城八景》、贴金《龙舫》、骨雕《岭南第一果》、象牙米微刻作品《总理遗嘱》等艺术精品。

广东的饮食文化蜚声海内外。《广州日报》5月17日B4版题为"联创意城市网络，建世界美食之都"的报道中描述了广州源远流长的饮食文化，是领先全国的创意产业，因此广州有望加入联合国创意城市网络和获颁"世界美食之都"称号，成为世界上第三个获得认定的美食之都，这将大大有利于创建享誉全球的城市品牌形象。具有千年历史的广东凉茶早已被收入国家非物质文化遗

产，王老吉跻身第16届亚运会的高级合作伙伴之列，成为占领亚运制高点的饮料巨头。如何依托本土的屏障，让王老吉迈出国门，昂首世界？《广州日报》进行了多次报道，6月15日B2版就报道了王老吉"亿万亚运欢呼"大征集活动的盛大开启，为中国饮料品牌与国际顶级赛事的强强联合摇旗呐喊。

四、结论

总之，广州日报在亚运会的宣传报道过程中综合利用了现代化媒体宣传手段，在追求最出色的新闻的同时，抓住2010年广州亚运的宝贵契机，从亚洲、岭南和广东三个不同的层面，以大量生动的素材，突显了亚洲的传统文化特色、岭南的传统体育文化特色和广东的现代经济文化特色，为促进亚洲的和谐和繁荣，提升中国的国际媒介形象，促进岭南传统文化的传播和推动广东现代经济文化的发展作出了积极的探索与贡献。

参考文献：

[1] 肖沛雄. 新编传播学. 广州：广东人民出版社，2006.

[2] ［美］道格拉斯·凯尔纳. 媒体奇观——当代美国社会文化透视. 史安斌译. 北京：清华大学出版社，2003.

[3] 刘惠. 我国体育文化传播研究. 体育文化导刊，2009（11）.

（本文发表于《群文天地》2012年第1期）

专题四 体育新闻网络传播

体育博客的基本特征及其发展趋势

张德胜 张 伟 嵇 玲

摘 要：体育博客包含内容涉及体育方面的博客以及从事与体育相关工作人士的博客。按照写作者身份的不同，体育博客可以分为体育明星博客、体育记者博客和体育迷博客，三类博客由于写作目的的不同而表现出不同的特征。体育博客因为博客与体育的联姻，在博客的发展过程中扮演着重要的角色，呈现出商业化、新闻化、多媒体和以赛事为中心周期性发展的趋势。

关键词：体育博客；特征；发展趋势

一、体育博客的兴起

世界上最早的知名博客之一，当属因披露克林顿性丑闻而闻名的马特·德拉吉所创办的"德拉吉报道"（*Druge Report*），它被认为是一种典型的 Weblog。在中国，博客的概念从 2002 年开始出现。2003 年底"博客中国"成为第一个中文博客网站。同年，王吉鹏在博客中国转发关于互联网反对传播黄色内容运动的帖子，引起极大轰动，这是中国博客的媒体影响力第一次获得社会认知。

2004 年，我国进入博客的兴起阶段，国内提供博客托管服务的网站和博客社区多达 72 个，涉及 IT、管理、教育、商业、法律等领域。2005 年 9 月，国内新浪、搜狐等门户网站相继推出博客大赛，全力打造自己的博客板块。随后新浪网将大批名人招至帐下，推出"名人博客"，诸如徐静蕾、李冰冰、李承鹏、韩寒、郭敬明等，来自演艺圈、体育界、文学界、媒体业、地产业的各路名人纷纷加盟，使新浪博客的人气剧增，"名人博客"给其博客频道带来的流量增长率为 30% ~40%。眼看新浪博客日益红火，搜狐、网易也不甘示弱，相继拉拢一批名人为自己的博客频道造势，这其中自然少不了体育界的知名人士，包括体育明星、知名体育记者、评论员、著名体育电视解说员以及爱好体育的各界知名

[作者简介] 张德胜：广州体育学院体育新闻与传播专业教授，硕士生导师；张伟，嵇玲：广州体育学院体育新闻与传播专业 2005 级研究生。

人士。

截至 2006 年 5 月,新浪设置了博客体育频道(http://sports. sina. com. cn/blog),开设了"博客世界杯大赛"、"热点体育博客"、"体育博客群"、"美眉博客"等几个栏目。搜狐博客设置了搜狐体育频道博客群,里面开设了"体育明星博客群"、"体育评论员博客群"、"体育写手博客群"、"体育美女博客群"、"足球宝贝博客群"等栏目,并及时更新博客。德国世界杯更是各家博客网站和门户网站博客板块借势发展的一大契机。搜狐组织了由 11 位博客写作高手以及夏雨、羽泉、高峰等 20 多名演艺界、体育界明星组成的"搜狐世界杯博客军团"奔赴德国世界杯第一现场,为网友带来第一线的报道和评论。

目前,从获得奥运金牌的著名运动员,到长期在第一线采访的知名体育记者,再到默默无闻的网友体育迷,纷纷到门户网站或者博客网站注册博客,形成了体育博客的独特景观。

二、体育博客的基本类型与典型特征

为了便于分析体育博客的特征,我们按照博客写作者身份的不同大致可将之分为体育明星博客、体育记者博客和体育迷博客。

1. 体育明星借开博客展示自身形象

知名博客、德国之声国际博客大赛评委安替认为,在中国缺乏两个机制,一是好莱坞机制,二是文化经纪人机制。明星、名人固有的资源没有得到全面的开发和利用,所以,他们只有通过博客来展示自己。[1] 同样,国内媒体对于体育明星的包装一直都不太成功,这使得许多仍活跃在赛场第一线的明星们投身到博客群的怀抱。他们大多以朴实平淡的语言,叙述不为外人所知的有关赛事与生活的感受,以期获得众人的支持与理解。

搜狐网站有"体育博客圈",新浪体育博客设有"运动员博客名人堂",来招揽现役或退役的知名运动员开通博客,这既为网站增加了人气,也迎合了运动员表达和宣传自己的需求。体育界的明星、运动员纷纷开设了自己的博客,诸如足球界的冯潇霆、杜威、祁宏、韩端等人,篮球界的刘炜、王治郅,台球界的新星丁俊晖等知名运动员。前北京国安足球俱乐部运动员周宁的博客在体育明星博客中一度是人气最旺的。周宁将和他同时代的北京国安老队员的合影放在博客上,这正好迎合了不少怀念那批老队员的球迷的口味。再者他以足球圈内人的身份大胆地对当前足球界的一些事件发表自己的观点,言论颇有见地,因此深受某些球迷的喜爱。

体育明星在博客中对于比赛的专业看法,以及对赛后的心理活动的表述,是体育记者无法替代的。他们的博客在某种程度上改变了体育报道的形式。

2. 体育记者通过博客传递更多背景信息

在博客出现之前，国内各商业网站的体育频道就聘请了知名体育记者、电视解说评论员等开设专栏，以丰富和充实自己网站的评论内容，吸引网民。但这类不定期发表的评论内容容易被网络上浩瀚无尽的信息所湮没。博客的出现为他们提供了一个集聚个人言论的场所。每逢大赛之前，体育记者的博客会及时发布有关前瞻性的报道和评论；比赛之后，他们会第一时间在博客上对比赛以及运动员的表现评头论足，其时效性大大超过了第二天才能见诸报端的纸质媒体。体育记者本身具有较高的文化素养，他们的博客内容不局限于体育方面，还涉及社会、人文、旅游等各个领域，因此深受广大体育迷及网民的欢迎。

知名体育记者董路自从 2005 年 10 月底在新浪开通博客以后，天天笔耕不辍，坚持写博客。董路的博客充分利用博客的视频、音频等功能，做成了一个多媒体平台，内容涉及广泛，比如在线点评春节联欢晚会、举办博客新年晚会、写博客观察等。2006 年 6 月德国世界杯期间，董路的博客点击率突破 1 000 万，这甚至引起了海外媒体的关注。

博客也是专业记者稿件的第二出口。传统媒体也会将博客网站作为补充出口，将其文字记者和摄影记者知晓而未能在传统媒体上刊登的内容在博客网站上公布，满足一部分人的需要。[2] 体育记者的博客，往往能传递更多的资讯，表达更自由的思想。博客毕竟不是他们所供职的媒体，而他们在博客上发表的看法也不等同于所供职的媒体的看法，他们不再因所在媒体的种种制约而压抑自己的个性。一些无法在传统媒体上发表的稿件，体育记者也可以通过自己的博客发表。

3. 体育迷利用博客表达个人观点

在为数众多的体育迷当中，不乏有着较高文化素质，同时又热爱体育、时时关注竞技场的人。他们思维活跃，见解独到，文笔犀利，总会在比赛后写出一些阐发个人观点、见解的文章，并时有惊人之语和经典之作。以前，这些人到各网站的论坛上发布自己的文章，博客出现以后，他们便有了展示自己的一片小天地。

在新浪"博客体育"的首页，我们可以看到其重点推荐的一些体育博客文章，其中不仅仅有知名记者、明星的博客，一些体育迷的精彩文章也被放在显著的位置上。值得一提的是，有一批在网络上小有名气的博客写手，无论是在各大论坛，还是在各博客网站上都表现得异常活跃，他们俨然是专职的网络写手。每当有重要的体育赛事，我们都可以在各著名的博客网站、论坛上见到他们发表的有针对性的评论文章。这些文章文笔老练，风格独特，颇受部分网友的欢迎，以至于新浪网总编辑陈彤都不得不承认"真正的高人在网民当中"。

体育明星、体育记者和体育迷三者的博客形成的是独特的"三位一体"。博客不仅为体育明星和记者提供了在赛场外展现自我、发表言论的机会，也给他们与体育迷的"直接"交流提供了一个平台。体育迷不仅可以在自己博客上发表对赛事和运动员的评论，也可以直接访问体育明星的博客，了解他们在赛场内外的活动和心情，同时通过留言表达自己的心声；体育迷还可以访问知名体育记者、评论员的博客，了解他们对于赛事的一些独到的见解，甚至可以针对他们的工作发表自己的看法。为数不少的文化素养比较高的资深体育迷长期在博客上写作，练就了扎实的文字写作功底和独到的分析评论能力，从默默无闻的体育迷成长为颇有名气的博主。

三、体育博客的发展趋势

方兴东（2006）认为，未来两三年，博客媒体的全面崛起是互联网发展最重大的事件，这对互联网格局的影响和对社会变革的影响远远超乎人们的想象。全球互联网媒体将形成三大势力，其中之一就是以个人为基础，以互联网和手机为平台的博客媒体，它将成为新兴的媒体力量。[3]这一观点是业界对博客发展态势最为乐观的看法。但博客在2006年下半年遭遇的寒流也使博客的发展前景遭到了质疑。无论如何，博客的持续发展都需要经营者不断的探索与创新。而体育博客由于博客与体育的联姻，在博客的发展过程中将扮演重要的角色。

1. 博客网站的商业化发展

2005年博客网获得千万美元量级的风险投资，投资者都是曾投资全球著名网站的世界顶级投资公司，这也是国际风险投资机构在中国互联网2.0及博客领域最大的一笔投资，标志着中国互联网2.0时代的商业化拉开帷幕。随后中国博客网等博客网站也成功融资。[4]金融研究机构道琼斯Venture One和Ernst & Young公布的最新数据显示，2006年前三个季度，风险投资公司共向新兴Web2.0公司投资了4.55亿美元。

但是，博客网站获得风险投资并不意味着其能轻易地实现赢利，而资本的逐利性决定了风险投资必须要取得收益回报。当前国内门户网站提供博客服务的目的并不在于通过博客服务本身赢利，而是在于通过提供博客服务来提高网站的整体点击率，从而在广告上取得更高的收益。但是国内专业的博客网站除了广告收益之外还必须探索多元化的赢利模式。博客网站实现赢利的方式大约有三种：一是广告，博客广告已经成为网络广告一个新的增长点；二是无线，通过手机发送图片、照片、声音等进行深度交流和沟通；三是增值业务，争取把每个博客的聪明智慧转化为商业价值，产生更大的经济效益，如通过博客出版等方式获得收益。2005 年 6 月，中国博客网发布 M - RABO 和 RABO，启动收费服务。

2. 博客网站的新闻化发展

在门户网站、社区论坛以及各即时通讯相继开通博客服务以后，以前的博客网站仅仅依靠其博客服务已经不足以吸引大量的注册用户。当前，获取信息仍然是网民上网最主要的需求。而千千万万的草根博客提供的信息无论怎样的迅捷和浩瀚，如果缺少了"把关人"这一环节的过滤，这些信息的真实性就没有了保障。

博客网站不一定要向综合门户网站的方向发展，不一定要做到大而全，但博客不管作为"自媒体"还是"社会化媒体"，为网友提供真实而权威的资讯却是必需的。因此博客网站应该有自己权威的新闻来源，为访问者提供一些基本的必需的新闻资讯，在此基础上再发挥博客自身特有的优势。博客网已经打出"博客＋门户"的战略，主动寻求转型。个别名人博客也尝试现场直播、解说欧洲冠军杯的比赛，这种新颖的赛事转播方式也受到了网友的好评。

3. 体育博客的多媒体发展

电视与体育有着不解之缘，原因在于电视能够全面展现体育赛事的精彩。同样，体育博客单单依靠新闻和评论的文本形式不能完全展现体育赛事的精彩，它同样需要融入音频、视频等多媒体的方式，为博客使用者提供更完善的服务。同时，更便捷的移动博客也越来越受用户的欢迎。博客网站也可以通过增加多媒体服务的方式适当收费，以此赢利。

4. 体育博客以体育赛事为中心周期性发展

体育博客呈现出以重大体育赛事和体育事件为中心周期性发展的趋势。一方面，在重大体育赛事期间，网民有针对体育事件发表自己的看法的欲望；另一方面，每逢重大体育赛事期间，博客网站或者门户网站的博客板块管理者会通过早期策划、宣传，大力推广名人博客等手段，引导舆论，进行"议程设置"，从而引起网民关注某一体育赛事或者体育事件，调动他们写博客的积极性，也可以借机吸引博客的固定用户。世界杯和奥运会无疑是全球最引人瞩目的体育赛事，也是体育博客经营和写作的高潮时期；但在体育赛事稀少的淡季，体育博客也显得相对冷清，博客网站应策划发起"话题"，吸引博客用户的积极参与。

5. 体育博客亟待解决的问题

一是博客传播中的道德与监管问题。虽然博客网等博客网站已经在业内制定了一些自律的规则，但是目前尚未有官方的约束博客的法律法规出台。2006 年 4 月，一个名为卡佳的女孩在自己的博客上写道："如果中国青年队在长沙击败日本青年队，愿意与中青队的当场最佳球员共度浪漫一夜。"其博客一度被网易挂在首页以吸引网民眼球。她的这一大胆想法引来一片争议，也再次引发了人们对于博客的自由言论与管理监督关系的思索。

二是采访权问题。在美国博客发展过程中，从1998年德拉吉报道"克林顿绯闻案"到2001年"9·11"事件幸存者博客日志中的感性报道，再到博客对于伊拉克战争的报道，博客已经成为传统新闻记者的预警系统，提前提醒即将爆发的、不引人注目的却是突发性的新闻。在上述事件中，博客大放异彩，压过了传统媒体的风头。但是，由于绝大多数门户网站没有独立的新闻采访权，博客这一后生代同样没有自己的采访权，这将大大限制作为媒体的博客的发展。[5]

三是版权问题。到目前为止，名人开设博客并没有就版权归属、利益分配等与相关网站签订纸质协议。体育明星和记者的博客内容经常会被其他媒体"偷偷地"转载，甚至他们整个博客的页面被全盘搬到另一家网站上。与现有名人博客签署独家合作以及博客广告收益分成的协议，是维护博客版权的根本之策。

注释：

[1] 知名博客安替现场致辞. http：//tech. sina. com. cn/i/2006 - 04 - 20/1156911514. shtml，2006 - 04 - 20.

[2] 吴晓明. Web2. 0时代博客新闻的传播形态. 徐州师范大学学报，2006（3）：130～136.

[3] 方兴东. 博客媒体：新兴的第三种力量迅速崛起. http：//fxd. bokee. com/4866680. html，2004 - 04 - 12.

[4] 方兴东，张笑容. 2005—2006年中国博客发展与趋势. 国际新闻界，2006（5）：44～48.

[5] 方兴东，刘双桂，姜旭平等. 博客与传统媒体的竞争、共生、问题和对策——以博客（blog）为代表的个人出版的传播学意义初论. 现代传播，2004（2）：80～86.

（本文发表于《新闻界》2007年第3期）

我国体育政务信息网络化现状分析和对策探讨

廖慧平　谈群林

摘　要：通过调查研究及问卷统计数据结果，本文从信息资源的开发与利用、信息技术应用、信息网络建设、信息人才和信息化发展政策等几个方面分析了我国体育政务信息网络化现状。研究发现，目前我国体育政务信息网络化总体发展不平衡，研究与应用开发建设的投入不能满足需要，体育政府部门公务员的整体信息化素质不高。针对以上问题，本文还提出了相应的对策。

关键词：体育政务；信息网络化；区域；现状

政务信息的网络化发展既是我国现代化进程中不可或缺的一环，也是加快我国现代化进程的一个新的机遇。如今我国已加入 WTO，2008 年北京奥运会也申办成功，但要成功迎接加入 WTO 后国际体育对我国体育的冲击，成功举办 2008年北京奥运会，促进全民健身运动的发展，大力推进体育信息化就是势在必行的措施之一。"政府是电子信息技术的主要使用者。政府、企业、家庭是经济行为的三个主体，信息网络化应该首先从政府信息网络化开始"[1]，所以体育政务信息网络化在这一机遇与挑战面前应走在前列。

为了充分了解我国体育政务信息网络化的现状，我们先后到广东省体育局、广州市体育局、广东南海市（现广东佛山市南海区，我国第一个数字化城市）体育局、湖北省体育局、武汉市体育局以及湖北部分市、县体育局进行了实地采访，并与北京、辽宁、四川、贵州、河南、天津、浙江、山东、陕西、重庆等省市区体育局及其下属部门部分领导和工作人员就体育政务信息网络化问题进行了访谈，取得了翔实的实访材料；还对全国 31 个省市区（香港、澳门、台湾除外）体育局及其下属单位部分领导和工作人员进行了调查。

一、体育信息资源的开发与利用

体育信息资源开发与利用是指利用现代信息技术采集、处理、存储、传递和

[作者简介] 廖慧平，谈群林：广州体育学院体育新闻与传播专业 2002 级研究生。

使用体育信息资源，提高体育信息资源的可获得性、适用性和有效性，提高其数字化、数据库化、网络化和商品化水平，实现高度共享，为促进体育事业的快速健康发展和增强人民体质服务。目前我国体育信息资源的开发与利用还不尽如人意，被调查对象中大多数人认为体育信息资源的开发与利用程度一般，西部地区尚有27.8%的人认为有难度或难度较大。下面我们对体育政府部门信息资源开发与利用的具体情况进行分析。

表1　体育系统内部信息资源共享情况及向社会提供咨询服务情况

体育系统内部信息资源共享情况				向社会提供咨询服务情况			
	东部	中部	西部		东部	中部	西部
好	14.3%	—	—	好	7.1%	—	5.6%
较好	28.6%	16.7%	16.7%	较好	14.3%	16.7%	16.7%
一般	57.1%	83.3%	55.6%	一般	64.3%	50.0%	44.4%
有一定难度	—	—	22.1%	有一定难度	7.1%	33.3%	16.7%
难度较大	—	—	5.6%	难度较大	7.1%	—	16.7%

　　表1显示，目前体育系统内部信息资源共享和向社会提供咨询服务情况均一般。总体来看，东部情况较好，系统内部信息资源共享一栏前两项的累积百分比达到了42.9%，中部和西部同为16.7%，尤其是西部地区尚有22.1%的被调查对象选择有一定难度，5.6%的被调查对象选择难度较大，差距明显。向社会提供咨询服务情况基本相同。同时我们发现，地区内部也存在不平衡性和差异性。

表2　图书、报纸和杂志订阅情况及通讯设备的使用情况

图书、报纸和杂志订阅情况				通讯设备（电话、传真机等）的使用情况			
	东部	中部	西部		东部	中部	西部
可满足工作需要	14.3%	8.3%	5.6%	可满足工作需要	50.0%	50.0%	38.9%
基本满足工作需要	57.1%	58.3%	38.9%	基本满足工作需要	42.9%	41.7%	44.4%

（续上表）

图书、报纸和杂志订阅情况			通讯设备（电话、传真机等）的使用情况			
	东部	中部	西部		东部	中部	西部
经费不足，有选择订阅	21.4%	33.3%	55.6%	经费不足，限制使用	7.1%	8.3%	16.7%
不清楚	7.1%	—	—				

　　图书、报纸和杂志是获取信息资源的重要媒介，表2显示，目前我国东部和中部大部分地区三者的订阅可满足或基本满足工作需要。但也有一部分单位或部门因为经费紧张，只能有选择地订阅，西部地区这种情况极为明显，有55.6%的被调查对象持这一意见，只有5.6%的人认为可满足工作需要。东部地区体育部门中重点部门都配备了办公自动化设备，大多数部门配备了计算机和电话，可满足或基本满足工作需要。中部和西部地区许多单位在办公自动化设备上，只有领导干部配齐，其他部门只配电话，甚至有的单位重点部门只配电话，但大都认为可以满足或基本满足工作需要，只有部分单位是限制使用。

二、体育政务信息网络建设

　　各种信息网络是体育政务信息网络化建设的基础条件，是国家和地区信息化程度的重要指标。下面我们从体育政府部门向社会发布信息的渠道、公文传递方式、经常采用的会议形式和信息化建设遇到的主要问题来分析我国体育政务信息网络化的现状。调查显示，召开会议和利用报纸这两种传统的方式仍然是目前我国体育政府部门向社会发布信息的主要渠道，利用互联网来传递政务信息还不普及，即使在经济相对发达的东部地区，这一统计结果也只有50%，中部和西部地区分别只有30%、22.2%的被调查对象认为互联网是本部门向社会发布信息的渠道之一。公文传递方式主要还是以邮寄或人力配送为主，传真和网络传输为辅。集中开会是经常采用的会议形式，节时高效的电视、电话会议及远程网络会议形式基本上未被采纳，这从一个侧面证明目前我国体育政务信息网络化建设还十分滞后。

表3 信息化建设遇到的主要问题

	东部	中部	西部
缺乏技术	57.1%	41.7%	50.0%
缺乏人才	57.1%	58.3%	77.8%
认识不到	28.6%	25.0%	11.1%
资金不足	57.1%	83.3%	88.9%
缺乏设备	14.3%	25.0%	55.6%
缺乏政策	7.1%	25.0%	33.3%

从表3中可以看出，东部地区已具备了良好的政策环境，拥有为政务信息网络化服务的各种设备，大多数人也已经认识到体育政务信息网络化的重要性，也就是说，体育信息网络化的基础条件基本具备，并且得到了认可。但是，体育信息网络化技术和人才缺乏，资金的投入也存在一定的不足。而资金不足是我国中西部地区体育政务信息网络化建设的主要问题。持这一观点的被调查对象，中西部地区分别占83.3%和88.9%，这说明我国中西部地区体育行政部门还没有充足的资金投入信息网络化的建设。信息网络化建设所需人才的缺乏是我国中西部地区体育政务信息网络化建设的另一主要问题，西部地区表现得尤为明显，有77.8%的被调查对象认为人才的缺乏使信息网络化建设目前只能处于纸上谈兵的阶段，资金不足和人才缺乏直接导致了计算机网络技术的落后及设备的匮乏。可喜的是，目前我国中西部地区政府中的体育人士已经认识到了体育政务信息网络化对推动中西部体育发展的重要性。

三、体育政务信息技术应用

政府业务是在政府与政府、政府与企业、政府与公民之间进行的，无论是哪种业务方式，公务员和（或）公民是业务的具体参与者与实施者，公民和公务员具备较强的信息技术应用能力是政务信息网络化成功的基础条件。下面我们从体育政府部门工作人员参加计算机学习与操作培训情况、使用办公自动化设备情况和使用计算机管理信息系统的情况三个方面来分析我国体育政务信息网络化建设中信息技术应用的现状。

表4　参加计算机基础学习与操作培训情况

	东部	中部	西部
已参加过	85.7%	83.3%	61.1%
正在学习	—	8.3%	16.7%
准备参加	—	8.3%	11.1%
尚未参加	14.3%	—	11.1%

　　掌握计算机基础知识已成为当今国家公务员的一项基本技能，它也是实施体育政务信息网络化的基本前提。通过调查发现，在我国体育政府部门中的大部分公务员已参加或正在参加计算机基础学习与操作培训，只有少数公务员还没有参加学习与培训。但这并不能说明在体育政府中大部分公务员具备了计算机应用能力。东部、中部和西部的公务员会使用计算机的总体比例不高，并从东到西呈依次递减的趋势。

表5　使用计算机管理信息系统的情况

	东部	中部	西部
三年以上	50.0%	33.3%	27.8%
三年以下	7.1%	16.7%	22.2%
刚开始使用	14.3%	25.0%	27.8%
作用不大，故未使用	—	25.0%	11.1%
经费紧张，安装不起	28.6%	—	11.2%

　　计算机管理系统的建立是政务信息网络化实施的一个重要平台。调查中我们发现，在我国东部省份的体育行政部门中计算机管理系统在多数单位已经投入使用，其中大多数单位已经使用了三年以上。我国中西部地区的体育行政部门中多数单位也已经使用了计算机管理系统，但使用的时间不长，其中中部地区有25%的被调查对象认为本单位刚开始使用，而西部地区的这一统计数据为27.8%。而且在中西部地区有一部分人认为使用计算机管理信息系统暂时还没有必要。我国部分省份的体育行政部门尤其是基层部门，由于经费紧张，到目前还没有安装计算机管理信息系统。

四、体育政府部门中的信息人才

政府信息化建设"必须有一支得力的队伍承担这项工作，这支队伍不仅要熟悉现代信息技术的各个环节，也要熟悉政府的行政工作，能够将合适的技术引入政府的实际工作。他们是政务工作和现代信息技术之间的桥梁"[2]。较好的教育背景是具备熟练利用信息技术技能的重要前提，体育信息与计算机方面的专门人才是促进体育政务信息网络化的一个关键因素。下面我们通过以上两个方面来分析我国体育政务信息网络化建设信息人才的现状。调查显示，我国体育政府部门公务员中大学学历人员在总人数中所占的比重普遍少于50%，有的基层单位甚至在10%以下。信息与计算机方面的专门人才的情况也不容乐观。

表6　信息与计算机方面专门人才情况

	东部	中部	西部
有，能满足需要	14.3%	33.3%	22.6%
有，但不能满足需要	71.4%	58.3%	55.6%
没有，要不来人	7.1%	8.3%	16.7%
没有，准备要人	7.1%	—	5.6%

从表6可以清晰地看出，我国体育政府部门中信息与计算机方面的专门人才且能满足需要的单位并不多，更多的单位是有专门人才，但不能满足需要。至于没有计算机方面专门人才的单位，有的准备要人，有的因为客观条件等原因根本要不来这方面的专门人才，这一情况在东部和中部表现不太明显，调查统计数据只有7.1%和8.3%，而西部则相对较高一点，调查统计数据达到了16.7%。

五、体育政务信息化发展政策

在推进体育政务网络化发展的过程中，资金投入和技术人才是信息化建设的两个主要因素，其中资金的投入又是更为重要的前提因素，没有充足的资金作为保障，一切只能是空谈。目前在我国的体育行政部门中用于研究开发利用信息资源及信息化基础建设方面的资金投入较少，大部分被调查对象认为投入不能满足基本需要。当然，有了资金投入还必须要有严密的计划、相应的政策等条件才能使体育信息网络化建设有条不紊地进行。

表7　制定推进信息化建设政策方面的情况

	东部（累积百分比）	中部（累积百分比）	西部（累积百分比）
已制定并实施	14.3%（14.3%）	—	11.1%（11.1%）
正在制定	42.9%（57.2%）	33.3%（33.3%）	33.3%（44.4%）
准备制定	14.3%（71.5%）	33.3%（66.6%）	22.2%（66.6%）
尚无计划制定	21.4%（92.9%）	25.1%（91.7%）	33.4%（100%）
不大清楚	7.1%（100%）	8.3%（100%）	—

从表7可以看出，我国的体育政府部门中已制定信息化政策的单位并不多。东部和西部分别只有14.3%、11.1%的被调查对象认为本单位已制定并实施了信息化政策，而中部地区这一统计数据为零。从统计的累积百分比来看，大多数体育政府部门正在制定或准备制定信息建设政策，但还有许多体育部门根本没有制定推进信息化建设政策的计划。

六、结果

总结我国目前体育政务信息网络化的现状，我们可以得出以下结论：

（1）从总体上看，我国体育政务信息网络化建设还十分滞后，区域发展也不平衡。由于我国各地的发展水平差距较大，我国的体育政务信息网络化发展并不平衡，主要表现为东部地区发展相对较快、中部地区尤其是西部地区与其还有一定的差距。同时区域内部也存在不平衡性，但不明显。

（2）各体育政府部门对信息资源重要性的认识虽然一致，但还没有真正认识到体育政务信息网络化在实际工作中的作用，加上历史的原因和传统思想观念的束缚，导致信息化政策的制定相对滞后。随着政治体制改革的深入和政府职能的转变，这种状况正逐步得到改善，许多体育政府部门正在或准备制定相关的信息化政策。

（3）我国体育信息网络化应用开发建设的资金投入不能满足需要。研究开发信息资源与信息化基础建设方面的资金投入较少，召开会议和利用报纸等传统方式仍是我国体育政府部门向社会发布信息的主渠道，利用互联网传递政务信息还不普及。

（4）体育政府部门中公务员的整体信息化素质不高。平均受教育水平不理想，只有部分人会使用办公自动化设备，信息与计算机方面的专门人才还不能满足工作的需要。

七、对策

（1）加强体育政务信息网络化宣传与教育培训工作。体育政务信息网络化建设是一项非常复杂的系统工程，它不仅需要长远的眼光和谋略，还需要领导层的大力推动，应积极利用各种手段加强宣传，并尽可能地让更多的体育政府工作人员参加教育培训。要把在实际工作中的应用需要与培训结合起来，要在涉及面广的事务上选取合适的突破口先行启动信息服务，让大家都能体验到体育政务信息化服务的有效和便利。我们必须充分意识到，应用是提高信息技术水平最重要的途径。

（2）加大体育政务信息网络化基础设施建设及应用开发建设的投入，在现有基础上逐步发展。

（3）建设示范工程，实行分类指导，区域推进。针对我国体育政务信息网络化建设存在的地域内部和外部的差异，首先应建立示范点，并根据当地体育部门信息网络化建设的实际情况加以分类指导，区域推进，逐步发展和完善，最后达到全国体育政务系统内部信息网络化的相通。

（4）注重体育政务信息网络化专门人才的培养。在体育政府部门中信息技术或者相关领域的毕业生及其他人员并不十分缺乏，有的单位甚至有不少相关人才，这在一定程度上为体育政务信息网络化建设提供了基础人才条件。但是，那种既懂体育政务管理又懂信息技术的综合性人才数量极少。只有在实践中成长起来的人才，才是最有价值的人才群体之一，也将是体育政务信息网络化具体工程实施的积极推动者和最主要的建设者。因此，必须利用各种条件加强体育政务信息网络化专门人才的培养。

（5）从实际出发，突出重点，以不同的方式促进我国体育电子政务网络化的多样化和阶段性发展。我国体育政务网络化的水平总体上还处于初级阶段，且区域间和区域内部不平衡，不可能同步发展，齐头共进，应各有自己的目标和侧重点，根据经济实力促进多样化和阶段性发展。

注释：

［1］吴基传. 领导干部信息网络化知识读本. 北京：人民出版社，2001. 181.

［2］李立明，刘建平，刘琨. 电子政府与政府管理创新. 城市管理与科技，2001，3（4）：9～12.

［本文是国家哲学社会科学基金项目（肖沛雄教授主持，02BTY021）国家

哲学社会科学立项课题"体育信息网络化建设的社会学、经济学研究"等项目之一的研究内容。本文发表于《成都体育学院学报》2004年第2期,被中国人民大学复印报刊资料中心全文转载]

探析网络新闻跟帖中的反馈机制

周丽娜 任 波

摘 要：本文从网络新闻跟帖、网络新闻跟帖反馈机制、相关反馈机制的比较优势和运用等几个方面，探析网络新闻跟帖的反馈机制。

关键词：网络新闻跟帖；反馈机制；优势

3月16日，《南方都市报》报道了网友争相在网上公布财产为"人民公仆"做榜样的新闻，网友"天乙"号召老百姓们公布自己的财产，以回应某省高官"为什么不公布老百姓财产"的质问，同时配发了邝飚的漫画《脱吧！到你了！》。[1]这幅时事漫画一发布便迅速走红网络，一度被网民高高顶起，被4 000多个网站转载，其中凯迪网络社区的帖子在9天时间里点击超过78万次，回帖已超过千页，跟帖1.6万人次，引发网络跟帖的狂潮。

这幅时事漫画的走红，得益于网络跟帖在形式上的突破。对于官员财产申报，对于某高官的荒谬质问，传统的诸如新闻报道、时事评论等民意表达方式，都不遗余力地给予带有倾向性的反馈。网络跟帖和传统媒体的介入能产生较及时的反馈，能使民意表达更丰富和多元化，同时提升媒体在传播中的表达能力和表达效果，发挥传播舆论监督功能。

一、网络新闻跟帖与网络新闻跟帖反馈

网络新闻跟帖是指在网络新闻产生之后，受众在网上留下的网络跟帖，是受众阅读新闻后情感的自然流露，是受众接受新闻后心理反应的外在表现或情感宣泄，有别于传统媒体的评论、编者按等媒体观点，是受众的个人表达和民情民意的体现。跟帖可长可短，少则一个词，多则上千字，可自由表达自己的观点。它与网络新闻关系十分密切，不能脱离新闻而独立存在。

[作者简介] 周丽娜：广州体育学院体育新闻与传播专业2008级研究生；任波：广州体育学院体育新闻与传播专业2007级研究生。

　　传播学上的反馈是指在信息传播过程中受传者对收到的信息所作出的反应，使受传者获得反馈信息是传播者的意图和目的，发出反馈是受传者能动性的体现。这里的反馈，主要是指控制系统把信息输出后，信息作用的结果返回控制系统，而信息在往返不断的循环过程中，不断修改自己的内容，实现自己的控制。

　　从传播学反馈理论的角度来看网络新闻的跟帖，就是网站作为传播者，以一定的形式，如文字、图片视频等，将新闻真实地呈现给受众，受众在接受新闻消息后再将自己对新闻的感受外在化地表现出来，以跟帖的形式展现给广大的网络受众，同时也不可避免地反馈给传播者。[2]网络新闻跟帖为受众提供一个交流批评的场所，使受众能直接参与新闻报道，自由方便地发表自己的意见和观点，从而实现传受双方的沟通与交流。

　　某条新闻点击浏览次数的多少可以说明其受关注的程度和事件本身的影响力，但是，它远不如网络新闻跟帖这种形式反馈得直观迅速。因为点击次数的多少只能说明受众曾经关注过这条新闻或者对此有兴趣，并不能代表受众完整详细地看过这条新闻，受众有可能是随意地点击了一下，根本就没看或者只是对标题感兴趣，但在打开新闻页面后扫了两眼发现没意思便迅速关闭了页面。网络跟帖却不一样，它能说明受众读了新闻而且反映出受众深读了新闻。因为受众只有通过独立思考，才会以跟帖的形式发表自己的想法和意见。受众如果没有仔细阅读过新闻，是不可能产生想法和意见的。

　　因此，网站的传播者就可以根据受众跟帖的多少，清楚地了解到受众对某条甚至某类新闻的阅读程度；经认真分析研究后，不断对新闻机构作出相应的调整，使之更符合受传者的需要，从而不断加强传播效果和赢得更多的点击率；同时，反馈给传统媒体与网络，促使媒体对该新闻进行跟踪报道，跟帖还继续发挥进行讨论的作用，集中民意和智慧为政府解决问题提供一定的方向。

二、网络新闻跟帖与传统传播方式反馈的比较优势

　　早在20世纪80年代初，著名的传播学者韦伯就预言过，现行的点对面的大众传播方式将会被一种新的点对点的传播方式所取代。他指出："革命的信息时代的一个趋势是更多关注点对点而不是点对面的传播和个人越来越大的使用媒介的能力而不是被媒介所利用。"随着多媒体网络技术的发展和日益普及，韦伯的预言正逐渐变成现实，人类正在实现由大众传播时代向网络传播时代的飞跃。过去那种"大媒介小个人"的时代似乎正走向终结，传播权也不再被垄断而是日益分散，新的活动媒介可以使一个普通人成为一个出版家并向全世界发布信息，网络新闻跟帖就是这样一种有别于传统传播反馈机制的新模式。

与传统的大众传播方式相比，网络新闻跟帖最大的特点和优势就是其充分自由的反馈机制以及传播者与受众之间关系的改变和"距离感"的消失。而大众传播中的薄弱环节就是反馈。媒介居于整个传播活动的中心，信息是由点到面传播的，只能使用单向联系的技术，这样受众对传播者几乎没有充分的反馈机会，即使有反馈也很慢。而依托于网络传输的网络新闻跟帖，反馈是及时而充分的，传播者与受众之间的关系是一种理想的"平衡—互换"模式。原来横亘在传播者与受众之间的社会距离消失了，不同阶层的人们，只要进入互联网络就可以进行平等的对话和交流。换句话说，网络新闻传播似乎没有绝对的控制中心，受众可以随意发布信息，相互沟通交流。他们既是受众，又是传播者，既取又予。一切由网络上的装置或程序进行调节，这样传播者和受众的角色也并不固定，而是相互交替、相互转化的，网络传播交互性使得公众在发出信息后能够得到即时反馈。

网络媒体这种与生俱来的优势是传统媒体无法比拟的，它在很大程度上给了受众更大的自由表达空间。这种反馈更具个性化，在传播反馈机制双向性上更为突出，使得传播者和受众的界限呈现模糊趋势。在大众传播中，传播者往往充当"把关人"的角色。"把关人"对信息进行过滤和筛选，剔除那些被视为不符合群体规范及"把关人"价值标准的内容，而将那些包含着自身价值观念和主观态度的信息传达给受众。但随着网络传播出现，传播者与传播工具间的关系有所改变，受众与传播者站在了"平等"的位置上，互为信息传播的主体。受众在看完新闻后会产生一定的感想，相对于传统媒体，网络媒体能给受众读完新闻后一个倾吐心声的机会，使受众在一定程度上满足了自己的表达欲望。因此从这个角度来说，网络的受众愿意在看完新闻后表达自己的想法和感受，从而感到满足。

三、网络跟帖反馈机制的运用

网络新闻跟帖通过 BBS 和网络聊天室等网络技术条件，将网络的这一优势很好地发挥出来。论坛和聊天室等互动网络技术的使用者通常设置一些自己或别人感兴趣的新闻话题，引导网络用户对共同话题进行思考和讨论。网络受众除了可以在新闻网站留言进行新闻评论，也可以将自己认为有价值的新闻信息通过 BBS、博客等放到网上，成为信息的生产者和传播者。高度的参与性不仅意味着传者与受众角色的模糊，也昭示着网络新闻内容的多样化及传播过程的复杂性。

网络新闻跟帖在媒体与受众加强联系和互动方面表现出非凡的能力和优势，主动性与主体性意识的加强使得媒体和公众在关注各类新闻事件时，特别是在易于形成"群体情绪"和"共鸣"的社会性事件中，显示出前所未有的积极性。在网络传播中，网络用户个人可以通过网络对其感兴趣的信息或话题积极地、尽可能大规模地加以接收或传输，以满足个人的需要或吸引他人的注意，从而引起多方面的共鸣、争论和探讨解决问题的方案。这是一种个性化的议程，它是自由的，不受媒介干扰和时间、程序等控制的，其出发点是个性化需求，突出了个人传播的自觉和主动。人们思考什么或怎样思考取决于他们自身的需要和所作出的信息选择，公众在发出信息后能够得到即时反馈，舆论力量通过网络交锋，形成更为广泛的社会影响，也有利于引导公众正确认识和对待社会问题。

诚然，网络的兴起和普及有效地推动了社会监督的实施，网络新闻跟帖的匿名性、广泛性和群发性不仅扩大了监督和制约的范围，在及时性和联动性上也显示出比以往上访、举报等方式大得多的能量。在信息技术的促进条件下，网络跟帖这种新兴的传播和反馈机制在反映舆情民意、加强干部监管等方面起到了很好的推进作用。但同样的，自由和开放也极易"过度"而处于"放任自流"的状态。因匿名性等原因，网友个人的传播行为缺乏有效的规范和管理，往往对他人的名誉权、隐私权等基本人权造成侵害。对媒体而言，更需要大力防范"媒体权利"的滥用和误用，避免先入为主和越俎代庖的"媒体审判"。

单纯的网络新闻跟帖所产生的舆论监督往往在正确舆论导向的引导和把握等方面存在一定的困难。因此，网络媒体应该加强与传统媒体的合作，实现资源共享，取长补短，共同发挥作用，积极营造良好的舆论氛围，并让舆论监督在促进社会和谐、稳定、健康发展，维护人民群众的切身利益等方面发挥越来越重要的作用。

注释：
[1] 公民网上公布财产为公仆做榜样. 南方都市报, 2009 – 03 – 16.
[2] 王兆华. 从传播学视角看网络新闻的跟帖功能. 东南传播, 2007 (1)：64 ~ 65.

（本文发表于《新闻世界》2009 年第 6 期）

微博红火背后的传播学思考

刘晓丽

摘 要：面对 2010 年微博的全球性"红火"，文章从传播学的视角深入分析了微博的功能、特点与优势，同时也揭示了它所带来的种种弊端，从而引发人们对媒介价值标准和媒介演进规律的辩证思考。

关键词：微博；利弊；传播学思考

对 2010 年"微博"在全球出人意料的"红火"，人们见仁见智，众说纷纭。有人说："微博才是真正的公共领域和民主空间。""我在微博我怕谁？"还有一位著名的节目主持人说："'媒治时代'到来了，这是社会的进步。"但也有人认为这将导致权力的分散和民主泛滥的复兴，还有人悲观地感叹：网络传播将导致出现日益严重的无政府状态、思想异化以及最终上层领导集体政治控制的加强。

微博的出现和广泛应用无疑是人类科学与文明的进步，但是我们究竟应当如何看待微博的功能？在网络的虚拟世界里，判断是非的标准究竟是什么？它的出现是否已经改变了媒介演进的规律？这是非常值得人们深思的。

一、微博弊端，如影随形

全民参与的微博带来了思想信息的多元化和信息传播的民主化。任何人在微博上发出的任何信息都可以成为波涛汹涌的信息海洋中的一朵浪花，而一条信息出来，往往很快就被淹没在随后蜂拥而来的鱼龙混杂、铺天盖地的其他信息中，其中难免有不明真相者、以讹传讹者，甚至是恶意歪曲者。但是，具有网上"话语权"和社会监督权的广大微博作者由于业务素质和审核流程的局限，其信息的不确定性较高。如微博上曾有一条连标点在内共 128 个字的关于"酸雨致癌"的谬误信息以惊人的速度传遍全国，虽经各地专家现身辟谣，但"火山灰形成酸雨致癌"的消息依然在网上盛传。有人这样写道："大家都这么说，还是

[作者简介] 刘晓丽：广州体育学院体育新闻与传播专业 2009 级研究生。

预防一下好，说不准。"

即时、快捷、简短是微博交流的最大优势。字数的限制不鼓励人们条分缕析、长篇大论，却鼓励人们有感即发、言简意赅。这就带来了铺天盖地、鱼龙混杂的信息潮，在这种"信息雪崩"的巨大冲击下，许多人严重"超载"，应接不暇，真假难辨，是非不分。许多人以信息猎奇代替了理论学习，以搜集信息代替了调查和研究，以拿来主义的全盘吸收代替了鉴别和批评。奥威尔曾经预言，以电脑为主体的传播科技可能会带来人的物化；齐默尔则认为，超量的信息消费往往是深藏的心理沉淀和社会的一种表征；美国哥伦比亚广播公司华裔新闻主播员宗毓华认为，现在是一个信息虽发达，知识却匮乏的时代。

由于传播者身份的隐蔽性及网络管理技术和政策法规的滞后性，微博对虚假信息的扩散途径跟踪变得更加困难。信息雪崩、信息误判所导致的信息侵权、信息污染、信息殖民等违法事件与日俱增。因此，加强微博传播的法律法规建设和道德规范建设刻不容缓。

二、对微博的传播学思考

正如第一台电子计算机 ENICA 的研制者阿瑟·W. 伯克斯所言，现在计算机已经连接成为网络，甚至全世界范围内的网络……这就构成了人类相互联系、相互合作的基本形式。这也是一种支配我们社会方式的新的文化。作为现代科学技术一个伟大的文明成果，我们既不能因为它的"双刃性功能"就否认它对人类社会科学技术与科学文明发展的巨大推动作用，同时也不应该把生产力的发展和科学技术的进步看成是社会发展的唯一标志而陷入唯生产力论的泥坑。

微博有执法功能吗？此前，媒体曝光河南固始县"银行行长酒后猥亵女子"事件后，涉事行长和袖手旁观的副县长受到处理；湖南郴州儿童医院用工业氧气替代医用氧气的事件被曝光后，相关负责人连夜受到处分。央视《新闻1+1》节目评论说，媒体监督推动公共事件迅速得到解决，是一种"媒治"，从"人治"到"媒治"是一种进步。

然而，这是对社会治理概念和媒介功能的错误理解。"治"就是法学意义上的管理与控制。我们平常所说的人治、法治、德治就是合法地利用权威的法律制度和管理机构对国家进行管理和控制。人类追求的理想社会是法治社会。法治是一种正式的、相对稳定的、制度化的社会规范。法治与人治则是相对立的两种法律文化，前者的核心是强调社会治理规则（主要是法律形式的规则）的普适性、稳定性和权威性；后者的核心则是强调社会治理主体的自觉性、能动性和权变性。一些困扰群众的疑难问题和损害公共利益的不正常现象，在公众的舆论面前、在媒体的推动下得到了迅速解决，显示的仅仅是在公众舆论和媒介的推动下，违法的行为得以曝光，并引起了政府管理职能部门的高度重视，直至司法机关的介入，最终由行政或司法部门依法处理。其中，群众的社会监督和媒介的舆论导向都是国家以法治事的重要基础和前提，但真正把舆论监督变成依法治国的行动的关键还是行政和司法机关以事实为依据，以法律为准绳的文明执法。媒介虽然有传播信息、监测社会、传承文化、协调社会、娱乐身心、发展经济等多元功能，但绝无立法、司法和执法的功能。如我国不久前的足球"扫赌打黑风暴"之所以能取得实质性的成果，就是在于政府、媒介、公众和司法相互配合，各司其职，形成了强有力的掎角之势。

什么是微博信息的是非标准？按照传播学"沉默的螺旋"理论，多数传播媒介报道内容的类似性由此产生共鸣；同类信息传播的连续性和重复性由此产生累积效果；信息到达范围的广泛性——由现场感以及快捷性产生的效果。这三个特点为公众营造了一个意见气候，人们在某种社会政治经济环境下经过长期积累，形成社会上普遍性的和谐的舆论，并产生从众心理。由于惧怕被社会孤立，其结果是一方越来越大声疾呼，而另一方越来越沉默的螺旋式过程。有人据此认为，在网络传播的时代里，微博的信息传播具有即时性、原创性、从众性、简便性等多方面的特点，所以"往往掌握在少数人手里"的"真理"就容易得到彰显。但简单的人数多少不足以成为鉴别信息是与非的标准。检验的唯一标准，只能是社会实践。要证明信息、知识的真伪，必须通过实际调查、科学实验和严密论证。以"酸雨致癌"事件为例，由于在微博中身份的隐蔽和提倡个性的张扬，网民身处虚拟世界的保护伞下，发表观点往往具有随意宣泄性，人们心中的阴暗面会无所顾忌地发散出来，在这个虚幻迷离、尽情宣泄的"化装晚会"上，人们很容易失去理智和冷静。究竟谁是谁非，这里的"公投"与"点击率"都只能在某一角度和程度上反映局部的民意，它绝对不能成为权威的裁判和真理的标尺，更不能成为衡量信息真实性和思想"真理性"的标准。

微博的虚拟环境离现实环境有多远？微博不仅是虚拟环境的主要营造者，而且它已经延伸到一般人根本看不到的其他星球上。然而，人们对虚拟环境的验证能力却在逐步下降。李普曼提出了"两个环境"的主要概念：一个是"现实环境"，另一个是"虚拟环境"。"无时不有、无处不在的大众传播不仅是'虚拟环境'的主要营造者，而且它们所创造的'虚拟环境'已经延伸到一般人根本看不到的其他星球上。"[1]网络所创造的"虚拟世界"依托于现代的科学技术和文化包装，容易让人们如痴如醉，是非莫辨，沉溺其中难以自拔。奥威尔曾经预言：以电脑为主体的传播科技，可能带来人的彻底物化。尤其对青少年来说，他们的世界观还未成熟，如果长期处在虚无缥缈的"虚拟世界"中，没有清醒的头脑，就会像李普曼所说的那样，把新奇逼真的"虚拟世界"当成真实的世界；把人际关系中的"你、我、他"偷换成人机关系中的虚拟化了的冷冰冰的"你、我、他"；把大自然和人类社会丰富、真实、生动的现实环境偷换成被人主观设置的程序所控制的"虚拟环境"，这就容易使人怀疑现实环境的真实性，变成"虚拟现实"的奴隶，便可能导致一些人的世界观、方法论和思维方式扭曲变形，颠倒客观（第一性）与主观（第二性）的关系，造成主客观的错位，迷失现实与自我，并把"虚拟环境"当成"现实环境"来加以行动，这是十分危险的。

不要奢望微博的虚拟世界可以给你足够的可信度，更不能把"粉丝"的多寡作为判别真理是非的标准，微博只能是演绎真实人生的辅助性舞台，主舞台永远存在于现实世界的实践斗争与科学研究之中。微博的虚拟世界无法让人"置身事外"，"鸵鸟政策"只能是自欺欺人。微博应以宣传先进文化、塑造美好心灵、发展人类文明为己任。而对于文明办博、净化环境、规范秩序等方面，需要法律政策的进一步完善与落实；对于构建、维护现实社会的和谐、稳定、安宁，更需要对信息技术不断地进行因势利导，扬长避短。

注释：

［1］肖沛雄. 新编传播学. 广州：广东人民出版社，2006. 64.

（本文发表于《网络传播》2010 年第 12 期）

微博时代谣言传播的特点与控制
——以"抢盐"风波为例

叶正和

摘 要：2011 年，日本发生核泄露事件后，国内"碘盐能预防、治疗核辐射"的传言甚器尘上。3 月 14 日，坊间有关食用碘盐能够减少核辐射伤害的传言不胫而走，数天之内，"抢盐"风潮席卷我国大江南北。这一谣言事件从发生到井喷的过程中，微博起到了重要的推动作用。如何才能更好地利用微博这一便利的信息传播工具，趋利避害，遏制谣言的传播？本文将对此作一探讨。

关键词：谣言；控制；微博；"抢盐"风波

一、"抢盐"风波的重要推手——微博

进入大众传播时代以来，谣言传播的速度、规模、社会影响力呈几何式递增。根据谣言心理学的论述，谣言所具有的特性不外乎以下两者：一是在人们心目中谣言所传播的事件是重要的；二是人们关注的重要事件信息不明确。根据这一论述，我们顺着既有的资料探寻"抢盐"谣言产生的原因。

"抢盐"谣言最早出现在绍兴地区，但根据媒体的相关报道，绍兴出现大量购买食盐的举动并不是因为日本出现的核泄漏事故，更不是因为食用碘盐能防辐射。其实，绍兴地区有腌芥菜的习惯，每年三月几乎每家每户都会购买大量食盐用于腌制食品，这也是绍兴一直以来的特色。与此同时，恰巧出现的日本核泄漏事故，与绍兴当地的风俗习惯发生的时间重叠，加之一些有关核辐射危害的传言由各大媒体反复传播，引起了当地居民的恐慌。

随着谣言在人际传播中不断被扭曲，最终进入公众视线的谣言变成了：食用碘盐能够减少核辐射对人体带来的伤害；海水已经被日本核电站泄漏的核物质污染，海盐已经不能够食用。对未知领域的不确定，加之一些媒体的错误引导及民众中与日俱增的恐慌，让买盐与"防辐射"、"保证身体健康"等字眼挂上了钩，

[作者简介] 叶正和：广州体育学院体育新闻与传播专业 2009 级研究生。

不知情的公众信以为真，便加入"抢盐"的行列，这是本次"抢盐"风波发生的最主要原因。

回顾从"抢盐"风波的发生、发酵到消失，只持续了短短 5 日，却对大江南北产生了巨大的影响。其中，微博在谣言扩散中起到的作用着实令人吃惊。

由于地缘相近，上海继绍兴之后抢盐愈演愈烈，人们或口口相传，或电话通知，但是微博上暂时没有"抢盐"相关消息出现。经检索，直至 2011 年 3 月 15日微博上开始出现"抢盐"的相关消息，其中福建 1 人，宁波 2 人，上海 7 人。15 日下午 1：34，上海博友"@Ⅰ林小蓉 - 毛毛"发布的微博"#东京 - 日本 - 地震 - 海啸爆炸#超市里的盐和紫菜都抢疯了"成为最早有关"抢盐"的微博信息。

从 16 日起，微博上有关"抢盐"的信息暴增到 25 033 条，其中浙江 14 247条，占半数以上，其中又以杭州最多，其次是宁波。绍兴"抢盐"的谣言快速扩散。

17 日下午，面对"抢盐"风波在国内愈演愈烈的现象，国家发改委联合各相关部门下发了紧急通知，要求各地立即开展市场检查，坚决打击造谣惑众、恶意囤积、哄抬价格扰乱市场等不法行为。仅一天，全国各地的"抢盐"事态便大大缓和。

根据此前商务部在"抢盐"风波后对相关数据的统计，到 19 日除个别地方的小型零售贩卖点因运送问题，食盐有短暂缺货外，其他地区的食盐供应已经基本恢复正常，至此"抢盐"风波落下帷幕。

二、微博成为谣言传播的温床

微博用户可以任意发布自己的感想，社会话语权进一步下放，如此自由的意见市场甚得民心，但是在"抢盐"事件中我们看到：微博是一把双刃剑，它在成为民意表达阵地的同时，也成为不当言论散播的基地。究其原因，主要有以下几个方面：

1. 篇幅短小，为谣言散播提供了便利

微博之所以能够得到大众的认可，最主要的原因在于其碎片化的文本形式及短小的篇幅，微博用户在阅读与发布两端的心理压力大大减轻，这符合现代社会中人们对于信息快捷性的需求。短小的篇幅在一定程度上导致原创性博文增多，尽管很多用户并不能做到字字珠玑、句句精辟，但是时有"闪光"之作，激发了好事者的"创作热情"，为谣言的散播煽风点火。同时，微博弱化了以往文本严密的规范性，碎片化的文本形式不仅有利于用户发表自己的意见，更加便于谣言的散播。

2. 交互性强，使微博成为谣言的集散地

微博这一新型的传播媒介在传播方式上实现了自我传播、人际传播、组织传播和大众传播等方式的融合，在民意的表达上实现了更大的自由。同时微博对于上述传播形式进行了演进，它特有的转发、加关注和实时搜索功能，在意见表达的同时实现了更高层次的互动。但在微博上的这种关注并没有明确的指向性，且微博操作简单，关注用户之后就能获得源源不断的信息，而且选择关注后，用户的信息接收是被动的，所有关注对象的更新都会呈现在用户面前，特别是微博用户大都处于集体无意识状态，这正与谣言传播的无序特点相契合。谣言作为言论的副产品，微博在成为信息传播助推器的同时，也成了别有用心者散布谣言的途径。

三、微博谣言控制问题亟待解决

微博的进一步发展必须坚持"积极利用、大力发展、科学管理"的指导方针，进一步明确推进网络文化建设的工作思路，细化工作要求。如何趋利避害，合理利用微博传播，找寻正常运营和满足网络用户需求两者之间的平衡，将是未来微博发展的关键。

1. 依法治网，借微博树立政府公信力

微博的管理需要有法可依，这是实现微博依法治理的根本要求。只有加强相关法律法规建设，才能为微博的健康发展奠定稳固的基石。但面对微博发展过程中出现的各种不足，我们必须保持宽容的态度。微博对于民意表达、监督政府行为等有着重要意义。在管理中必须对纷繁复杂的民意表达保持去粗取精、去伪存真的态度，注重从这些表达中探索树立政府公信力的新途径，寻找及时遏制谣言传播的新方式。

"抢盐"相关信息在各大微博平台中甚嚣尘上之时，网友"方宇琦"与浙江省委常委、组织部部长蔡奇之间的对话，成为政府通过微博这一新型媒介树立政府公信力的典型事件。就在"抢盐"信息出现在微博平台上的第二天，网友"方宇琦"在蔡奇部长的微博中留言说："蔡部长，现在全省在哄抢食盐，请省领导关注。"随后，浙江省副省长郑继伟回复说："已部署。""盐会有的，请参阅'浙江在线'。"一小时后，蔡奇部长在微博中说道："据环保部门监测，目前浙江全省没有核辐射影响，食盐保证供应，望浙江同学转告。"两位省领导的消息发布后，引起了广大网友的关注，短短一个多小时，已有近千人转发和评论。

2. 发挥微博的正面作用，及时辟谣

传统媒体应当与时俱进，充分了解新媒介的传播特性，在各个舆论平台中建立具有社会公信力的传播途径，达到自身公信力的延伸。就"抢盐"风波而言，政府应当利用好微博这种传播工具，培养舆论领袖，占领舆论制高点；在微博平台上做好与民众的互动，疏解民众的疑问，真正扎实地做到服务于民。在本次"抢盐"风波中，中国盐业总公司通过微博辟谣的做法，值得借鉴。

2011 年 3 月 17 日下午 2 时许，一个名为"中国盐业总公司"的微博上出现相关通知，引来了广大网友围观。事实上，中国盐业总公司（以下简称"中盐"）已于 17 日上午通过其官网发布了一份紧急通知，强调确保食盐市场稳定供应。当天下午，中盐更是通过微博这种形式与网友互动，进一步解疑释惑。针对某些言论称海水受到污染将会导致海盐不安全的说法，中盐微博称这种说法是没有依据的，目前海盐是安全的。该微博同时举出具体数据，指出盐在中国的年产量为 8 000 多万吨，食盐为 800 万吨，中盐公司的食盐库存在 3 个月以上。中盐同时预计，食盐将在两个星期甚至更短的时间恢复市场供应。这无疑给民众吃了一颗定心丸，所有的担忧立刻化为乌有。

3. 加强微博运营商内部监督

作为拥有中国最大博客用户群的门户网站，新浪在履行微博"把关人"义务上走在了各大门户网站的前列。在新浪微博搜索，用户名含"辟谣"二字的微博用户有 70 位之多，其中包括"微博辟谣"和"谣言粉碎机"两个新浪官方认证的辟谣团队。截至"抢盐"风波前，"微博辟谣"已有 235 936 名粉丝，"谣言粉碎机"也有 55 958 名粉丝。

"谣言粉碎机"就本次日本地震事件特别开辟了"地震特辑"，其中一条针对市民"抢盐"风波进行辟谣，发表名为"碘酒碘盐海带，全部都是浮云"的博文。博文通过对吃碘盐、海带不能防辐射的科学依据，及其用量的不可实践性和喝碘酒补碘的危险性进行介绍与分析，告诫网友"千万不要口服碘酒"。文章最后还列举了卫生部《食用盐碘含量》的相关内容，以及牛津大学物理与理论化学实验室关于氯化钠的安全数据等参考文献，可信性强。这一辟谣博文也引发近百人转发。

4. 提高国民媒介素养，促进网民自身素质的提高

提高国民的媒介素质，加强微博用户的网络素养教育刻不容缓，其中，增强他们的社会责任意识理当先行。我们必须向受众传递这样的信息：微博用户自我价值的实现与中国社会发展的目标是相一致的。只有树立这样的观念，不轻易相信谣言，不参与谣言传播，才能做到"从我做起，从身边做起"。

"人类社会越来越巨大和复杂，人们不可能对与他们有关的整个外部环境和事实都保持经验的接触，只能通过新闻媒介去了解。于是媒介在真实世界与受众

之间扮演一个展示'社会现实'的角色。"[1]这就要求我们媒介在舆论引导中尽量提供良好的舆论环境，呼吁健康理性的自由言论，并引导微博用户自觉抵制消极、情绪化的言论和虚假信息，不给别有用心者可乘之机。政府部门也应当探索新的途径、方式，建立健全舆论引导的新方法和新机制；通过大规模的互动讨论，了解民意，并寻找到解决社会矛盾的最佳出路。只有政府、媒体和网民通力合作、积极努力，网络环境才能优化。

注释：

[1] 戴元光，金冠军. 传播学通论. 上海：上海交通大学出版社，2000.56.

（本文发表于《新闻世界》2011 年第 12 期）

从"新浪微博"看微博客的传播力

白　麟

摘　要：微博客是一种非正式的迷你型博客，是一款Web2.0的新产品。它不是媒体，但由于其开创了人际传播的新模式，并与传统媒体等相融合，已越来越多地带有个人媒体或者自媒体的性质。本文以新浪手机微博为例，探讨在新媒体时代下，微博客作为一种自媒体的传播特征、发展瓶颈及解决方法，从而增强微博客的新闻传播力。

关键词：微博客；自媒体；传播；微力量

据CNNIC发布的《第25次中国互联网络发展状况统计报告》显示，截至2009年12月，我国手机上网用户规模已达2.33亿，占整体网民的60.8%，年增加1.2亿户。[1]拉动上网率增长的一个重要因素就是微博客的普及应用。凭借其门槛较低、随时随地发布信息、传播快速和即时搜索的特点，微博客产生了强大的人际交往功能与快速便捷的信息传递功能，一跃成为人们的网络新宠。2009年8月，新浪网成为门户网站中第一家提供微博服务的网站，推出"新浪微博"内测版，它也是目前中国用户人数最多、最具影响力的微博。因此，本文将新浪微博作为研究对象，通过分析其在新媒体时代的传播特征、存在问题及解决办法，来探索如何更好地发挥微博客媒体属性的新闻传播力。

一、从新浪微博看微博客的传播特征

微博客，是一种非正式的迷你型博客，是最近兴起的一个Web2.0表现形式，是一种可以即时发布消息的系统，是供用户在网站上写短消息的平台。[2]用户可以随时随地通过网络、手机短信、IM软件或外部接口API等来发布和更新最近的动态信息，每条信息控制在140个字之内。在维基百科中，微博客（Micro-blogging，MicroBlog）被描述为"一种允许用户及时更新简短文本（通常少于200字）并公开发布的博客的形式，允许任何人阅读或者只能由用户选择的

[作者简介] 白麟：广州体育学院体育新闻与传播专业2008级研究生。

群组阅读"。在国外，微博客的英文名称叫做"Twitter"。[3]

门槛较低、随时随地、传播快速、即时搜索的特点使微博客的新闻传播出现了属于 Web2.0 时代的新特征。

1. 传播主体的多元化与平民化

传播主体的多元化是微博客新闻传播的新特点之一。综合了博客、即时通信和手机传播优势的微博客凭借其互动性强、使用门槛低、更新便捷的特性使更多人参与到微博传播中。新浪微博上不仅出现了"姚晨"、"李开复"、"三联人物周刊"、"扶贫基金会"等名人、专家、传统媒体和机构，也出现了"段子"和"后宫优雅"等草根力量的代表。传播主体的多元化导致全民传播、全民出版的新格局的形成，新的革命开始了。

由于微博客使用者众多，比传统新闻机构的地域覆盖范围更大，并且可以随时随地发布，这促进了新闻传播主体的平民化，尤其在报道突发新闻方面具有更强的优势。这也是越来越多的传统媒体将其作为新闻来源的重要原因。理论上它甚至可以实现这样的情景：当突发事件发生时，在现场的人可以第一时间将消息通过文字、图片、视频等发到微博进行"实时直播"。正是由于在全民传播时代每个受众都有传播的权利，才使新闻更接近真实，受众更接近真相。

2. 传播内容的多元化、碎片化

传播主体的多元化必然导致内容的多元化、碎片化。微博页面上既有传统的新闻消息、明星的行踪日程、专家的观点思想和机构的活动号召，也有普通人的感慨心情或爆料发现。传播主体之间的交流与融合导致其内容极大的丰富和多元。形式上可以是简单的文字，或形象的图片，或生动的视频直播，更有可能是几者的完美结合。

3. 传播方式从分众到大众的分级化

新浪微博作为一种"自媒体"，呈现出传播阶段和模式的多极化：第一级的传播只是微博用户的一句唠叨，只有关注他的一小部分人能收到，用户也只能收到他定制的消息。它实现了个别碎片化文本指向性传播的最大化，呈现出一种理想的分众传播状态；而在第二级传播中，微博客与网络媒体、传统媒体等根据各自不同的媒介特质进行信息的过滤、整合、链接、融合，产生出符合受众多元化价值需求的产品，传播模式从分众走向大众，实现更深远的传播影响。

在第二阶段的传播中，各种媒体的积极合作体现着媒介融合的特点。新浪微博开创了"人人都是记者"的自发记录和传播信息的即时性革命，自然吸引了对信息的速度和质量要求都比较高的媒体从业人员，传统媒体纷纷加入其中。目前，一些垂直类、专业类网站也正在加入这一行列。新浪副总编辑孟波介绍道：

"目前微博已经成为媒体监控和跟踪突发消息的重要来源之一。"[4] 于是，微博上的新闻越来越呈现立体化的特点：既有第一时间的微博导语式消息，也链接了电视媒体的图像报道，还融合了报纸、杂志媒体的深度解读及网络媒体的视频直播和博客评论。

4. 受众接受信息的主动化

面对 Web2.0 时代的到来，西方传播学者大呼："传播学到了一个紧要关头，人类信息传播方式又走到了一个变革的关口——传媒由政治寡头或商业帝国控制的时代将土崩瓦解，取而代之的是公民控制的时代。"[5] 这种变革体现在从受众对新闻的被动化接受到主动化定制、选择、关注、评论、转发等方方面面。

一方面，受众可以通过新浪微博的 "follow" 功能，选择自己感兴趣的内容进行定制，可以对自己关注的话题进行有针对性的跟踪，出现在页面上的只有自己选择的信息，不会 "被接受" 任何其他信息。另一方面，受众可以将收到的信息加上自己的评论，将编辑后的 "新闻" 再次转发，以此类推，以滚雪球的方式实现快速传播。新闻生产已经不再是媒体从业人员的专利，而是人人可以尝试的事情。"这种传播方式既不是传统媒体的线性传播，不是网络媒体的网状传播，而是一种裂变传播。这种传播形态的传播速度是几何级的，远远高于之前任何一种媒介产品的传播速度和传播广度。"[6]

另外，微博客的标签和实时搜索功能为受众主动查找新闻提供了可能。由于其信息的即时性强并具有标签、实时搜索的功能，因此，当出现一个突发事件时，越来越多的人选择去微博中搜索，而不是去百度和谷歌。就连传统媒体从业人员也利用微博寻找新闻线索，即使它的消息真假参半。

5. 传播效果的实时反馈

由于微博即时性强、互动便捷、传播范围广又具有针对性，新闻传播的效率大大提高，传播效果显著。当受众在第一时间内收到感兴趣的内容时，可以加上自己对信息的认知、情感以及评论等，马上转发给关注他的人或者新闻的发布者。而新闻的发布者也可以第一时间知道信息的反馈情况。

二、从新浪微博看微博客的传播发展之路

新媒体时代的一大特点在于各媒体之间的融合。虽然他们的竞争越来越趋向白热化，但对彼此的依赖也越来越强。孤军奋战的媒体一定走不远，众媒体必须依靠强大的信息资源整合才能生存下去。集各种优势于一身的微博客才刚刚起步，其自身存在着很多问题，必须借助传统媒体的公信力、网络媒体的包容力以及新媒体的生命力，才能不断地提高自己的 "微力量"。

1. 借助传统媒体提高自身新闻的公信力

针对信息泛滥、真假难辨的问题，微博客不妨和传统媒体结成同盟：一方面，传统媒体可以利用微博信息源丰富的特点，寻找新闻线索和热点并提高自己的品牌威望；另一方面，微博客也可利用传统媒体积淀多年的公信力和整合力，来提高其信息的权威性和深刻性，满足不同受众的需求，达到信息传播价值的最大化。如新浪微博引进了一个"媒体汇"的新标签，将报纸、杂志、网站等网罗其中。《21世纪经济报道》、《中国新闻周刊》、《三联生活周刊》、湖南卫视、凤凰卫视、中国日报网、体坛网等都加入了"媒体微博"的行列，且这个队伍仍在扩大之中。

2. 实行普通人"实名认证"以提高信息含金量

随着社会化网络的发展，网络实名制渐渐兴起，人们的网络身份和社会身份趋于一致。新浪微博已开通了名人和媒体加"V"的身份认证推广服务，这对于微博的长远发展有着极大的好处：一方面，这使得信息源的权威性和真实性有了一定的保证，可以避免虚假信息的泛滥。另一方面，加"V"认证的博友会尽量发布真实而有意义的信息来维护自己的名誉和增强自己的影响力，这无形中提高了消息的含金量。基于以上几点，建议微博开通普通人的加"V"身份认证，进一步提高信息的真实度和含金量。打造越来越多的"草根明星"，这也是"Twitter"作为草根媒体向"去中心化"本质的真正回归。

3. 做好分级传播，挖掘微博的深度阅读与有效沟通

比尔·盖茨说，没有不能利用的垃圾，垃圾是放错了的资源。将微博上大量呈碎片化分布的无用信息有效地整合起来，就是最有效的议程设置。中国人民大学喻国明教授认为："传媒市场的竞争绝不仅仅是内容的竞争，同时也是技术的竞争、渠道与表现形式的竞争、游戏规则的竞争、整合机制的竞争以及运营模式的竞争。"[7]建议微博做好分级传播，与各媒体深度融合，走整合传播的道路，挖掘微博的深度阅读与有效沟通。鉴于其传播方式和方法的独特性，在首次的分众传播中，要突出其信息的快捷性、简洁性、针对性；而在二次的大众传播中，要与尽可能多的媒体和平台相互链接、深度融合，既有背景的介绍也有内容的解析，并通过图片、视频等多媒体的包装达到其传播效果的最大化。

4. 完善媒体监管体系，寻求政府与受众之间的需求平衡

微博刚刚出现的时候，由于它不像其他媒体一样，受到过多的约束和监管，很多人把它视为"把人从传媒神话中解救出来的英雄"。可是接下来，"饭否"、"叽歪"等第一批独立微博网站因为对敏感事件处理不力而被强制关闭的情况，打破了人们"绝对自由言论"的幻想，引发了人们对微博言论自由度的冷静思考。如何在政府政策和受众自由表达的天平上取得一种平衡，是微博未来发展的

关键问题。

首先，微博要清楚政府互联网管理的政策边界在哪里，并在边界中找到一个适合的生存方式。同时，在不违背国家政策法规的基础上，做好舆论引导工作。

其次，建立强大的监管团队，内容监管要以技术为主要手段，要不断在技术改革中完善和创新。面对海量的微博信息，仅凭人力审核是不够的，还需要后台技术软件的支持。

再次，通过博友的共同努力营造健康的微博环境。开通"不良信息举报"功能，一旦发现非法内容，要在第一时间将其消灭在萌芽中。

5. 搞好实时搜索区分功能，提高搜索效率

由于目前微博客的实时搜索速度比专业的搜索引擎网站还要快，因此，当突发事件发生的时候，甚至连专业媒体也选择在这个平台上了解最新的情况。此前在伊朗政治动乱期间，通过在"Twitter"上搜索"伊朗"或"大选"等关键词，人们能够了解到事件的最新进展以及世界各地用户的评论，并随意参与其中。但在目前搜索功能中，官方新闻与网友评论混杂在一起，影响了人们了解新闻事实的速度。因此，建议设置区分标准，提高搜索效率。

三、结语

一条条看似微不足道的"微信息"，横向上经由无数人的关注、评论和转发，也可以成为路人皆知的热点新闻；纵向上经过秒分时天的积累，也可以完整清晰地还原个人和社会的发展轨迹。它正在以一种不易被人察觉的方式发动着由"微信息"和"微交流"共同推动的"微革命"。作为全新的互联网交流工具，它不但改变着媒体传播的新格局，更深刻地影响着我们国家的新语境、国民新思维和社会的生态变革。假以时日，这股看似微薄的"微"力量必定会转变成强大的"威"力量。

注释：

[1] CNNIC. 第 25 次中国互联网络发展状况统计报告. 中国互联网络信息中心. http://www.cnnic.net.cn/html/Dir/2010/01/15/5767.htm, 2010 – 01 – 15.

[2] 百度百科，http://baike.baidu.com/view/1567099.htm? fr = ala0_1_1.

[3] 维基百科，http://zh.wikipedia.org/wiki/% E5% BE% AE% E5% 8D% 9A.

[4] 孟波. 新浪微博：一场正在发生的信息传播变革. 南方报业传媒集团新闻研究所. 南方传媒研究·第21辑. 广州：南方日报出版社，2009.

[5] 谭翊飞. 微博的力量. 南方报业传媒集团新闻研究所. 南方传媒研究·第21辑. 广州：南方日报出版社，2009.

［6］孟波. 新浪微博：一场正在发生的信息传播变革. 南方报业传媒集团新闻研究所. 南方传媒研究·第 21 辑. 广州：南方日报出版社，2009.

［7］喻国明. 传媒的"语法革命"：解读 Web 2.0 时代传媒运营新规则. 广州：南方日报出版社，2007.3.

（本文发表于《青年文学家》2010 年第 14 期）

微博体育赛事报道的现状与对策分析

阙哲屹

　　摘　要：本文以新闻传播理论为视域，以微博报道体育赛事的事例，探讨微博在体育赛事报道中的作用，阐释微博的传播特点、微博对体育赛事报道的影响、分析微博报道体育赛事存在的问题，并提出了改进微博报道的若干对策与建议，为微博报道体育赛事作出了理论研究贡献。

　　关键词：微博；赛事报道；体育报道

　　微博，即微博客（MicroBlog）的简称，是一个基于用户关系的信息分享传播以及获取平台，用户可以通过 Web、Wap 以及各种客户端组建个人社区。近几年，微博在中国也出现并逐步发展。2009 年 8 月，中国最大的门户网站新浪网推出"新浪微博"内测版，成为中国门户网站第一家微博服务的网站。微博作为一种新型的传播工具，在南非世界杯和广州亚运会报道中取得了良好的应用效果。实践证明，微博应用到体育赛事报道中具有广阔的前景和无限的潜力。

　　本文立足于新闻传播理论，以近年来微博报道体育赛事的个案为例，更加全面、深入地思考微博对体育赛事报道的影响，阐释微博在体育赛事报道中的地位与作用，并试图从理论上为人们应对未来的微博体育赛事报道提供实践策略。

一、微博体育赛事报道的现状

　　可以说 2010 年南非世界杯是微博正式介入我国体育赛事报道的一个重要标志。长期以来，不管是平面媒体还是网络媒体都存在竞争越来越激烈的局面，媒体之间的同质化报道在体育赛事报道上日益严重。为了摆脱体育报道赛事上的同质化局面，在南非世界杯比赛中，诸多门户网站均启用微博来报道世界杯，以寻找突破口，这也开创了国内微博报道体育赛事的先河。随着微博的兴起，各大门户网站无不想在这个新鲜的蛋糕中找到自己的位置，微博已经成为目前主流门户

　　[作者简介] 阙哲屹：广州体育学院体育新闻与传播专业 2010 级研究生。

网站报道体育赛事的又一报道模式。比如，广州亚运会使得微博这一新兴的报道模式走上历史舞台。微博给体育赛事报道带来了一种新的报道模式，全面提高了赛事报道的时效性。

二、微博参与赛事报道的特点与优势

1. 微博的传播特点

（1）信息传播零时间。

微博的信息源传播和信息再传播均可实现零时间。信息源传播的零时间、信息的推广机制保证了用户所关注的人在更新了消息之后，系统自动将更新的信息聚合到接受者的个人主页当中，按时间顺序排列出一条条信息，使信息同步主动呈现。信息再传播零时间即微博转发功能的一键设置，使信息接受者可同步完成接受信息、阅读信息和转发信息的过程，即实现了信息再传播的零时间。

（2）互动性超过其他传播媒介。

在微博的内容更新中，一个用户发表的内容可以即时让粉丝看到并转发，而每个转发者的粉丝又可以看到被转发的内容。因此，信息的扩散不再是一对一的传递或一对多的广播，而成为一乘以多再乘以多的链式反应，这种即时快速膨胀的信息传播方式，具有难以比拟的扩散优势。

（3）时效性和较强的现场感。

正是因为字数限制以及发布平台、渠道的广泛，微博具有很强的时效性和现场感。从近年发生的许多事件来看，微博这种传播媒介甚至可以走在各类媒体的前面。在大型体育赛事中更是如此。以南非世界杯和广州亚运会为例，各大门户网站在报道其比赛时均主打微博牌，正是看中了微博强大的实效性和现场感。各大媒体在报道世界杯和亚运会时无不选择通过微博让大家在第一时间了解赛事的动态。当一则消息在微博上发布，用户们你一言我一语像聊天模式似的评论及回复，常常使用户仿佛置身于体育赛事发生的现场，正因为这样的时效性使报道体育赛事时充满了现场感，微博也才会受到如此追捧。

2. 微博参与体育赛事报道的优势

（1）报道时效性显著提高。

由于微博可以随时随地发布，且简单易发，记者媒体人可以一边观看球赛一边发布信息，比赛现场的任何细节都能马上编写出来，哪怕是一次射门、一个进球都能立马发表。因此在时效性上，微博无疑有着更强的生命力。

（2）报道的非专业化。

非专业化的报道是指非记者及其他媒体成员的报道。在微博出现之前，即便是论坛、博客这样的有草根阶层参与的网络媒体环境，报道体育赛事或者评论都是较为专业化的，因为没有一定专业知识的人一般是没有兴趣或者没有能力写出关于这方面的报道和帖子的，而微博的出现让体育赛事报道更加全民化。只要你在电视或者现场观看比赛，不论何种职业都能发表自己只言片语的看法，使得体育赛事的关注度得到显著的提高。

（3）报道的碎片化。

微博的一大特点就是碎片化的信息传播。在微博影响下的体育赛事报道也呈现出碎片化，一句对比赛结果的预测就可以是一条微博，而对一场比赛的观感情绪也只包含在几十到一百多个字中。微博的碎片化信息传播把体育赛事报道的门槛降低，这使得体育赛事的受众参与度提高，从而产生更广泛的影响，同时，报道内容更加丰富多彩。

三、微博报道体育赛事存在的问题

虽然微博报道体育赛事已经为广大受众所接受，发展状况越来越好，但是这并不代表微博传播体育新闻本身不存在不足，实际上，我国的微博赛事报道还不成熟，仍存在以下问题：

1. 加剧信息爆炸与信息泛滥失控

微博使用门槛低和字数的限制使得微博在报道体育赛事时大量信息未经加工就进入传播过程，从而影响信息传达的完整性。此外，内容的精悍在某些时候加剧了人们的表达欲，写作更为频繁。如此，信息的重复与过载相当严重，甚至混乱不堪，过度的信息轰炸使得用户产生疲劳感与无聊感。信息爆炸导致信息利用成本过高，大量有效信息被湮没，信息的有效提取难度加大。

2. 缺乏深度报道

微博报道体育赛事往往满足于体育新闻播报的即时性和丰富性，却忘记了体育新闻的整合和挖掘，缺乏深度报道。这就导致了微博赛事报道的肤浅化和快餐化。受众不但要求即时全面了解体育新闻，同时也希望了解事情的来龙去脉以及新闻背后的联系，而这正是目前微博报道体育赛事普遍缺乏的。

3. 过于自由，缺乏管理

由于微博对用户的发布状态没有过多的限制与要求，因此，用户表达会更加随意化和个性化。但是，技术的便利在给微博带来高人气的同时，也潜藏着巨大的风险和安全隐患。微博的低门槛意味着任何用户都可以利用微博传播信息，微博这样裂变的传播方式有着"不可控制性"。广州亚运会期间，"彭帅母亲打亚运工作人员"的事件就是通过微博而传播开来的，还有体育名人在微博上的无心言论往往引起舆论的强烈关注，造成了各种"微博门"事件，这不仅对运动员本身造成不良影响，同时也给整个社会带来负面影响。

四、微博体育赛事报道的前景与改进策略

体育赛事报道出现从传统媒体走向网络媒体的趋势，而微博作为网络媒体的新兴产物，凭借其天然优势，必然会成为传统媒体大力发展的对象。笔者认为，未来体育赛事报道将呈现深度报道和时效报道并行的发展特点。虽然微博在当下异常火热，但是微博碎片化的特点也使它难以拥有高质量、有深度的报道和评论。因此，在体育赛事报道上微博远没有达到可以取代其他传统媒体的程度，它必须和其他媒体融会贯通、相辅相成、相互促进，才能有高质量的体育赛事报道。

1. 加强微博的公民道德建设

微博是公开开放和自由的，每一个用户都可以成为信息的发布者，每一个公民从某种意义上说都可以成为"记者"，加强微博的公民道德建设有助于公民树立良好的道德观念，自觉规范自身行为，理性使用媒介，避免谣言等恶意行为的出现。体育媒体从业人员更应如此。只有体育媒体从业人员先提高自己的职业素养，利用微博这个新型媒介来进行体育新闻传播，才会使整个行业向规范化发展。

2. 拓展新闻视野，加大深度报道

随着审美品位的提高，人们已不满足于简单知道体育比赛的结果，而是希望对自己感兴趣的人和事有深入的了解，深度报道正契合了人们的这种需要。当今微博要想在体育赛事报道上有所作为，就要下力气拓展新闻视野，下工夫搞好深度报道。利用自身的传播特性，多组织编辑一些挖掘比赛幕后故事和理性分析体育赛事的微博。虽然字数不多，但同样能吸引关注者，这样既丰富了微博报道的形式，又提高了微博报道的思想性和可读性。

3. 传统媒体与网络微博共同发展

传统媒体与网络微博应形成共同发展之势。网络微博可借助传统媒体的优势来弥补自己的不足，利用传统媒体为自己提供丰富的新闻来源；传统媒体则可以通过微博这个新型媒介平台来吸引读者，目前很多纸质媒体版面里设置一个微博的板块，这样既可以跟上潮流，同时也可以更大限度地吸引读者。微博与传统媒体共同整合体育资源将成为体育赛事发展的大趋势，这种合作是互惠互利的，利用好微博将为传统媒体提供一种可持续发展的生存环境。

参考文献：

[1] 崔俊铭. 论微博在大型体育赛事中的应用——从广州亚运会报道谈起. 新闻爱好者, 2011（1）.

[2] 宋延涛，李大旭. 浅析当前微博传播的特征、弊端及治理. 科技信息, 2010（30）.

[3] 闫茹冰. 浅析网络体育新闻报道的特点与不足. 经营管理者, 2010（8）.

[4] 何英，李佳韬. 探析网络体育评论的发展变化——以世界杯网评为例. 当代传播, 2010（5）.

[5] 侯金亮. 微博传播的"双刃剑效应". 青年记者, 2010（33）.

[6] 吕辛福. 微博客的新闻传播特征分析——以新浪微博为例. 今传媒, 2010（8）.

[7] 白晓晴. 微博应用于新闻传播的优势与意义分析. 现代商贸工业, 2010（13）.

[8] 殷国华. 新浪微博开创体育赛事报道新模式. 广告人, 2010（8）.

（本文发表于《新闻世界》2012 年第 1 期）

专题五　媒体运行新闻服务

网络传播与 2010 年广州亚运会

曾艳宏　　刘万超

摘　要：网络媒体与体育运动是密不可分的两种社会现象。目前，随着网络媒体对北京奥运会成功的传播，这对"伴侣"的关系愈来愈密切，两者相辅相成，形成一种唇齿相依的共生关系。本文从网络媒体对亚运会的传播历史入手，分析 2010 年广州亚运会网络媒体传播的问题和前景。

关键词：网络媒体；广州亚运会；传播

2008 年北京奥运会，国际奥委会首次将互联网、手机等新媒体作为独立传播机构，与传统媒体一起列入媒体传播体系。2010 年广州亚运会也将设立新媒体传播用以推广亚运形象与品牌。如何借鉴以往亚运会网络传播的经验和教训，趋利避害，找到适合第 16 届广州亚运会网络传播的最佳途径，是当前网络传播的紧要课题。本文通过网络检索，利用央视、搜狐、新浪等网站的基本素材，分析亚运会网络传播的利弊，为广州亚运会网络传播的运作提供合理的借鉴。

一、亚运会网络传播的发展脉络

（一）萌芽阶段（1998—2002 年）

1998 年泰国曼谷第 13 届亚运会时，中国体育信息网依靠国家体育局权威性体育信息资源的优势，推出"第 13 届亚运会中文网站"，运用最先进的科学技术、最便捷的手段，向全世界使用中文的 Internet 用户提供中国备战亚运会、泰国亚运会、组委会、比赛项目、亚运赛程、比赛场馆、亚洲诸侯、亚运回顾、亚运新闻综述等信息，由此拉开网络传播亚运会的帷幕。

（二）缓慢发展阶段（2002—2006 年）

2002 年 9 月 20 日，央视国际网络派出安少津以 CCTV.com 代表的身份到釜山采访报道亚运会。央视国际网络利用央视多种资源圆满完成第 14 届亚运会报

[作者简介] 曾艳宏，刘万超：广州体育学院体育新闻与传播专业 2007 级研究生。

道：整合央视亚运会报道节目、网站前方记者发回的亚运会新闻和图片以及专稿、央视前方记者为网站提供的专稿上网；开设亚运互动交流区供网民交流讨论；图文直播亚运会开幕式和闭幕式，把央视在亚运报道中的活动介绍给网民；制作图片集《央视人在釜山》宣传亚运报道团在釜山的工作情况；邀请体育节目中心领导与网民就央视的亚运报道进行交流等。亚运会期间，央视国际网络共发布亚运会相关新闻 700 多条，图片 1 700 多张。

同时，新浪网整合全球资源，与亚运组委会及韩国权威媒体合作，充分利用驻韩国釜山工作站优势，与中体记者全方位、多角度报道此次大赛。中国体育在线派出 17 名包括文字、摄影在内的报道队伍奔赴釜山各个赛场。2002 年 9 月 29 日，中国广播网在第一时间发出了亚运会开幕式及夺得首金的图片报道，并由此引发多家媒体争相报道的局面。

（三）加速发展的新阶段（2006—　）

作为 2008 年奥运会的前哨战，2006 年多哈亚运会是我国体育健儿非常看重的一项赛事，也是央视、搜狐、腾讯等各大门户网站比拼综合实力之地。

1. 央视网内容丰富，功能手段多样

CCTV 购买了多哈亚运会网络版权、手机版权和 IP 电视版权，通过网络、手机等报道亚运会。并与雅虎合作，提供全面的视频服务，开通亚运博客，实现无线亚运会，专门建立手机新闻网站，尝试视频推送，进行了 IPTV 的尝试，创办电子视频杂志。台网联动，重要的是借助电视平台推广网络和手机的业务。多哈亚运会期间，CCTV-5 专门有午间亚运报道，网络主持人在电视栏目每天有 5 分钟的网络报道时间。《印象多哈》就是由 CCTV 提供素材在网络上再现亚运动态。央视手机电视开通了多哈亚运会的 4 路直播信号，加上 CCTV-1 等 8 个央视自有版权的传统频道，央视国际一口气推出了 12 个直播频道。央视手机电视并不是简单地把传统电视内容转换到手机上，还推出了专门为手机电视打造的评论栏目"韩乔生说亚运"，用户可以通过这个栏目直接与韩乔生互动。

2. 搜狐报道愈加成熟

作为 2008 年北京奥运会的赞助商，搜狐的报道队伍愈加成熟。在多哈亚运会报道过程中，搜狐保持了第一时间发布官方消息的快速、准确的报道风格，使受众得到及时、可靠的资讯。搜狐还和华奥星空联合采访了数名运动员，如朱启南、吴鹏、郭晶晶、刘翔等，而几乎每一名受关注的中国亚运会选手也都在赛后接受了搜狐、华奥和东方宽频联合录制的《从多哈到 08》的访谈节目专访。搜狐体育 S 频道（s. sohu. com）更是对亚运访谈、发布会、花絮、多哈风土人情等方面进行了全方位的报道。

3. 其他网站快速跟进

同时，腾讯体育派出了多名记者亲赴多哈，为亿万用户带来最快、最新、最翔实的亚运会报道。在有关中国代表团旗手的报道中，为了能够获得第一手内幕，腾讯体育的记者们想尽办法，最终证实鲍春来当选的消息。随后，腾讯体育在开幕当天10点54分全国独家刊登了此文章。中国移动、中国联通分别与央视联手，宣布在主流媒体业务平台上推出手机电视业务。在多哈亚运会上，移动运营商已经联手央视，推出了所有赛事的全程直播和精彩点播、下载服务等手机电视服务。"中国体育在线"—新浪网则利用其得天独厚的采访条件、精深的专业知识和专门化的分工协作，在最短的时间内，以最先进的网络技术手段把每日最新战况、每一个感人的幕后故事及每一个最精彩瞬间等传回国内并及时在网上发布。

二、我国亚运会网络报道存在的问题

亚运会网络传播几乎伴随着我国网络媒体的成长而成长，因此它也同其他网络报道一样，存在着许多问题，诸如视频版权侵犯、网络报道的同质化、网络媒体公信力低下等。我国作为亚洲体育强国，在传播亚运会方面还应注意以下问题：

（一）网络媒体过分追求对我国运动员拿金牌的报道

2006年12月15日，韩国联合通讯社在总结多哈亚运会的文章中说："优势项目成垄断之势，亚运变中国全运会。"他们认为丰富的人力资源和对体育投资的增加，使中国正登上世界体育顶峰，因此在很长一段时间内很难找出哪个国家（地区）能与中国相抗衡。亚运会是亚洲人民的体育盛会，因此我们应该淡化"锦标"主义，多宣传亚洲其他国家体育的进步，关注他国运动员，相关报道也要力争客观公正。然而，我们有的网络媒体却刊登这样的报道，如"印度选手性别测试未过关　变性亚运银牌将被剥夺"（2006年12月19日）。这种报道方式并不符合体育精神。也许此类报道能吸引部分网民，却不利于对我国国际形象的塑造，也会让他国人民对我国产生抵触的情绪。

（二）网络媒体公信力低下

南加州大学数码未来研究中心的一项最新调查显示，越来越多的人不再相信搜索结果是可靠的、准确的。调查称，目前有51%的人相信搜索结果，而2006年这一数字为62%。谷歌是美国最为流行的搜索引擎，而49%的受访者不再相信其结果是可靠的。经过7年多对在线行为和倾向的调查，数码未来研究中心的报告指出：与其他媒体诸如电视、广播、新闻和书籍相比，互联网对于用户来说是一种更重要的信息来源。但是，对所有媒体的信任度并没有上升，仅有46%

的网民称他们获得的在线信息是可靠的。

（三）网络媒体的技术特别是视频网速亟待突破

步入 21 世纪，随着网络、无线等技术的发展，地球进一步缩小为"地球村"。人类从此步入了一个基于网络、无线移动传播等新技术平台，以个人化、网络化和全球化传播为特征的新传播时代（人们称之为全球化 3.0 传播时代）。博客、播客、维客等新群体蜂拥而至，手机、无线多媒体、网络视频等新媒介异军突起，给传统媒体带来巨大的冲击。在传播格局上，个人化和网络化传播导致了传播的多样化和个性化；传统意义上被动接受信息的受众也变成信息的发布者和传播者；在传播模式上，"点对面"的单向传播转变成"点对点"的双向互动传播。千差万别的受众不再被动地接受信息，受众对传播者巨大的反作用力正冲击着传统媒体生存的堤坝。但网络等新媒体面临的瓶颈还有很多，如网络带宽问题、服务定价和终端价格问题、节目内容问题、互动问题、漫游问题等。

三、2010 年广州亚运会网络传播前景展望

2010 年广州亚运会的媒体报道形态将由传统的电视报道演变为"多媒体形态"的报道。除了传统的电视报道外，一切接收终端（手机、互联网、PDA、MP4 等）都可以成为媒体报道的工具。在新媒体形态下，广州亚运会报道将成为一个渠道丰富、形式新颖、内容全面和影响深远的复杂报道体系。

（一）广州亚运会网络传播的政策环境更加宽松

搜狐公司正式成为百年奥运史上第一个互联网赞助商，由此可见国际奥委会对互联网的态度已由"消极甚至抵制"转为"积极欢迎"，这意味着 2008 年北京奥运会后网络传播的政策环境将更加宽松。2008 年，我国各地网民从各大商业和门户网站欣赏到了北京奥运的现场视频转播，北京奥运成为奥运史上首次大规模使用网络进行视频转播的奥运会。同样，2010 年广州亚运会网络传播的政策环境也将更加让人期待。2008 年 9 月 3 日，在第 16 届亚运会进入倒计时 800 天的时候，广州亚组委也迎来了亚运会历史上首个互联网赞助商——网易。

（二）广州亚运会网络传播的公信力将增强

2006 年 12 月 29 日公布的《互联网视听节目服务管理规定》正式施行日期为 2008 年 1 月 31 日，自此从事网络传播服务需取得广电管理部门核发的《信息网络传播视听节目许可证》或履行备案手续。此外，从事主持、访谈、报道类视听服务，还需广播电视节目制作经营许可证和互联网新闻信息服务许可证，从事自办网络剧（片）类服务，还需广播电视节目制作经营许可证。其中最严厉的是第八条规定，要求申请从事互联网视听节目服务的网站必须为国有独资或国

有控股单位。毋庸置疑，这些管理的规定将增加网络传播的公信力。

（三）广州亚运会网络传播观众规模庞大、基础好

根据中国互联网络信息中心最新公布的数据，截至 2008 年 12 月 31 日，中国网民规模达到 2.98 亿人，普及率达到 22.6%，较 2007 年增长 8 800 万人。可见网络媒体的发展已经具备了良好的用户基础，网络媒体在北京奥运会的促进下，已经确立自己的主流媒体地位，占据越来越大的市场份额。

据万瑞数据对搜狐、新浪、网易等大型网站的监测，北京奥运会开幕两天后，这些主流奥运网站的奥运频道流量较奥运会开幕前的双休日均值陡增 7 倍之多。其监测的独立用户数在 2008 年 8 月 9 日达到近 8 500 万，13 日更是猛增到 1.9 亿人，4 天时间猛增了 2.23 倍。奥运第一周，独立用户在几大主流奥运相关网站的停留时间平均每天达到近 670 秒。网络媒体在北京奥运会上的成功为广州亚运会打下了良好的基础。

（四）网络为以手机电视、IPTV 等为代表的新媒体传播广州亚运提供平台

以手机电视、IPTV 等为代表的新媒体为体育赛事提供了难得的报道平台，它可以利用传统媒体在该领域的"权力失语"积极运作。重视对体育赛事的报道，是手机电视短时间内有效吸引受众、迅速扩大收视群体的重要原因。网络技术的新发展，为处于中国经济发展前列的广州在亚运会期间传播自己、发展自己提供了有利的平台，同时也利于亚运的传播。

四、结束语

广州亚运会不仅将成为一次体育的盛会，还将成为传媒的盛会和传媒发展的新的历史性机遇。拥有快速连续性、海量可检索性、互动性、多元性、个性化、全球化以及图、文、音频、视频并茂等优势的互联网传媒定能大显神通，在有效推广亚运品牌的同时，实现自身的跨越式发展。广州亚运会通过借助网络等多媒体，不仅能提升自我品牌，更能提高城市的国际影响力。

参考文献：

[1] 网民对搜索结果信任度开始下降. http：//www.zzhtz.com/article/7/18/view－18788－1.html/.

[2] 张蕊. 北京奥运可网络转播　通过专用模式进行计费. 北京娱乐信报，2004－11－06.

[3] 网络媒体确立主流媒体地位. http：//it.hexun.com/2008－09－09/108680138.html/.

（本文发表于《安徽体育科技》2009 年第 30 卷第 4 期）

广州亚运会成绩公报发送工作研究

徐照清　黄天龙

摘　要：广州亚运会已经落下帷幕，亚运新闻服务也比较顺利地完成了任务。作为新闻服务的三大服务内容之一，成绩公报发送工作在亚运会期间也起到了较大的作用。本文通过对广州亚运会成绩公报发送工作的介绍，总结实际工作情况并提出建议，为日后大型综合性运动会新闻服务的组织者总结经验，以使其更好地完善成绩公报发送工作。

关键词：广州亚运会；新闻服务；成绩公报发送

虽然大型综合性运动会新闻服务（News Service）是一项新兴的业务，但它却是运动会组委会必不可少的内设机构。新闻服务利用分布在各个竞赛场馆和主新闻中心的 INFO 信息终端与成绩公报柜，将赛前信息、赛事新闻提供给来自世界各地的文字、摄影、广播电视等注册记者。"它提供的资料只是一种'半成品'，让分身乏术的新闻记者在赛会举办期间得到他们想要的赛事信息，媒体记者可以根据自己的需要进行加工和利用。"[1]因此，新闻服务也称"官方通讯社"。

广州亚运会新闻服务（Asian Games News Service，AGNS），"负责提供赛前信息、赛时新闻报道和成绩公报柜管理与纸质公报发送"[2]。"成绩公报团队的任务是负责管理主新闻中心和场馆媒体中心记者工作间内的成绩公报柜及时发送成绩公报，确保媒体人员能够在第一时间获取其所需要的相关材料，尤其是比赛成绩。"[3]

一、广州亚运会成绩公报发送工作介绍

AGNS 在广州亚运会的 52 个竞赛场馆都设有新闻服务办公室，人员由场馆AGNS 副经理、AGNS 助理、体育信息专家、AGNS 记者、即时引语记者、成绩

[作者简介] 徐照清：广州体育学院体育新闻与传播专业 2009 级研究生；黄天龙：广州体育学院体育新闻与传播专业 2010 级研究生。

公报发送主管和成绩公报发送员组成，其中成绩公报发送主管和发送员组成场馆成绩公报团队。

　　成绩公报分为两种：C 类（竞赛类）公报，主要包括竞赛日程、出场名单和比赛成绩；N 类（新闻类）公报，主要包括由驻各个场馆的体育信息专家、AGNS 记者和即时引语记者提供的比赛前瞻、比赛回顾、即时引语、新闻发布会摘要与综合新闻。

　　C 类公报（竞赛系统产生）由场馆 PRD（成绩公报复印分发室）送交成绩公报主管签收，成绩公报主管签收公报后分配给成绩公报发送员分别发送至看台媒体席和记者工作间的成绩公报柜中（见图 1）。N 类公报由场馆体育信息专家、AGNS 记者和即时引语记者采写后通过 INFO 系统发表，再由成绩公报团队自行从 INFO 信息终端上打印一份样稿，然后前往 PRD 复印所需的份数，最后分别发送至看台媒体席和记者工作间的成绩公报柜中（见图 2）。

图 1　C 类公报发送流程

图 2　N 类公报发送流程

二、广州亚运会成绩公报发送工作情况

（一）赛前准备期

　　广州亚运会成绩公报发送工作的赛前准备期历时 7 个月，其中包括主管和发送员的培训、制订发送计划和公报摆放方案及测试赛三个方面的内容。

　　1. 人员培训

　　本届亚运会上，成绩公报主管的初次选拔是针对外语院校及体育院校的报选研究生所作的一次有关体育与英语水平的笔试。根据考核成绩，入选的同学从4月开始便进入正式的培训。培训方式包括远程培训、通用知识讲授和随堂测验。

　　赛前两个月，成绩公报主管按场馆需求进驻值班。赛前一个月，在各场馆AGNS副经理的协调组织下，主管正式与成绩公报发送员见面并按计划对发送员进行通用知识培训，教发送员看懂各类公报，了解发送程序，勘察发送路线。即便培训内容翔实，也还需要通过各种测试赛的实践训练才能使公报员理解比赛时真正的发送流程与工作标准。

　　2.　制订发送计划和公报摆放方案

　　公报的发送计划是根据赛程制订的纸质公报发送时间表，是成绩公报团队发送公报的时间标准。发送计划在成绩公报发送工作中起着重要的指导作用，它可以指导成绩公报团队什么时候该发什么公报，把公报发到哪里去。如表1是广州体育学院篮球馆2010年11月14日（亚运会第二个比赛日）的发送计划。有了发送计划，各个场馆的成绩公报团队便能明确自己的工作准则，为团队赛时的顺利运行打下坚实的基础。

表1　广州体育学院篮球馆2010年11月14日公报发送计划

公报类型	发送地点	公报名称	发送时间
竞赛类	记者工作间	出场名单	18：15
新闻类	记者工作间	第三个比赛日前瞻	19：15
竞赛类	记者工作间	第三个比赛日赛程	19：15
竞赛类	看台记者席/记者工作间	比赛结果	21：05
竞赛类	记者工作间	赛事成绩一览表	21：05
新闻类	看台记者席/记者工作间	即时引语	21：15 – 21：25
新闻类	记者工作间	比赛回顾	21：30
新闻类	看台记者席/记者工作间	新闻发布会摘要	21：45 – 22：00

　　在制作完发送计划后，团队开始考虑公报摆放方案。赛时，成绩公报团队得到需要发送的公报后，根据摆放方案把公报清晰明了地摆放至公报柜的各个格子内。在放入成绩公报的同时，把此前做好的标签贴在相应的格子上，标签可以告诉记者该格子里面放置的公报内容。可以说，发送计划和摆放方案是成绩公报工作顺利运行的"双保险"。

3. 测试赛

测试赛对于成绩公报团队的磨合起着关键性的作用。此前，团队已经在理论上对自己的工作有所了解，但是还没有经过实践的锻炼。赛前一个月，各竞赛场馆纷纷进行高密度的亚运测试赛。期间，各场馆的团队模拟了赛时的成绩公报发送流程及可能出现的问题（见表2）。测试赛后，主管根据出现的问题积极与发送员沟通并讨论解决方案。通过数场测试赛，各场馆的成绩公报团队已经顺利磨合完毕。

表2　赛时常见问题及补救措施表

内容描述	补救措施
INFO 信息终端故障	及时拨打技术部服务电话说明故障并维修
纸质成绩公报打印不及时，导致发送延误	向有需求的记者解释并查阅 INFO 系统告知信息
AGNS 稿件出现政治性错误	第一时间通知主新闻中心编辑部并删改
AGNS 伤病减员	重新安排工作计划、请求其他部门调派人手
成绩公报因系统故障无法及时分发	借用记者工作间空闲电脑打印公报并复印分发
当日比赛因故取消或更改	在记者工作间白板上张贴通知告知赛程有变

（二）赛事运行期

赛事运行时，需发送的公报种类繁多、时间紧、要求高，工作十分烦琐，各场馆团队时刻以记者的要求优先为原则，及时调整公报发送的种类、数量以及公报柜的摆放，做到按时、完整地将公报发送到记者的手中，满足记者的需要。经历了赛前准备期的磨合，分布在52个竞赛场馆的成绩公报团队在赛时确保了绝大部分成绩公报的准时发送，得到了亚组委和参与亚运会报道的记者的好评。

1. 公报发送和使用情况

本研究选取了亚运赛事比较密集、赛时公报发送量最大的五个场馆，对它们的公报发送数量进行统计（见表3）。研究发现，赛时这些场馆的公报总发送量与比赛场数之间存在显著性相关关系（$r = 0.885$，$p = 0.046 < 0.05$）。亚运城体育馆发送量居52个竞赛场馆之首，高达2 527 种。

表3　部分场馆赛时公报发送数量统计表

	田径	游泳，跳水，现代五项之游泳	赛艇，皮划艇激流回旋，皮划艇静水	蹦床，竞技体操，艺术体操，壁球，台球	排球，乒乓球
场馆	广东奥林匹克中心体育场	广东奥林匹克游泳馆	广东国际划船中心	亚运城体育馆	广州体育馆
比赛场数	114	161	99	509	452
新闻类公报数	348	375	253	882	68
竞赛类公报数	293	477	311	1 645	1 198
总发送量	641	852	564	2 527	1 266
公报柜数量	14	13	11	10	9

在各个场馆发送的成绩公报中，竞赛类公报的使用率要比新闻类公报的使用率高。到场馆报道的记者对竞赛赛程、出场名单和比赛结果这三类竞赛类公报的需求量相对较高。而新闻类公报则受到记者们的"冷落"，许多场馆的即时引语和新闻发布会摘要都没有被索取。

2. 根据实际情况调整工作计划

虽然各场馆的成绩公报团队赛前做了详细周全的发送计划，但是面对赛时出现的实际情况，各团队都相应地调整了工作计划。

第一，大多数记者一般会在比赛开始前几分钟赶到竞赛场馆，直接上媒体看台。而在成绩公报团队的发送计划中，出场名单只发送到记者工作间，因此，直接上媒体看台的记者不能拿到出场名单这份对报道十分有用的公报。为此，不少场馆的成绩公报团队派发送员把出场名单送到媒体看台，有些场馆的团队还把部分成绩公报柜放到媒体看台，摆入记者可能需要的公报，满足了记者的需求。比赛结束后，记者往往立刻前往新闻发布厅等待新闻发布会的开始，他们急需得到比赛的成绩。但新闻发布厅不是公报发送的目的地，针对这一情况，场馆成绩公报团队又派发送员把比赛成绩发送到新闻发布厅。

第二，场馆成绩公报团队根据到场记者的人数和国籍来决定公报发送的数量和种类。如国际象棋和中国象棋的比赛在广州棋院进行。国际象棋比赛期间，到场的大多数是西亚的记者，成绩公报团队额外增加了英文版公报的发送量。在中国象棋比赛期间，到场的大多数是中国记者，团队便增加中文版公报的发送量，减少英文版公报的发送量，这一灵活的做法在满足记者需求的情况下大大地减少了人力物力的浪费。

第三，有些竞赛场馆由于竞赛项目较多，成绩公报团队对公报摆放方案进行了适当的调整。AGNS 总部在摆放方案中规定，把公报柜分为总括、赛事信息、当天公报和未来公报四个部分。在羽毛球赛场，由于公报数量多，每天比赛结束后，团队就会将当天的公报撤销，但是考虑到记者可能会对前几个比赛日的赛事信息存在需求，团队决定加上"已进行的比赛"一栏，放上前几天比赛的相关公报，这一做法得到记者的一致好评。此外，在田径赛场，由于每个比赛日的比赛场数繁多，成绩公报团队在"当天公报"中用标签标明该公报所属项目的比赛时间，用时间先后顺序对公报进行细分，使得记者能快速准确地找到所需要的公报。

第四，由于场馆设计的关系，赛艇和龙舟赛场的成绩公报团队办公室距离PRD 很远，但是 PRD 距离媒体看台很近。如果按照既定程序发送公报，公报就不能及时送到记者的手中。团队根据实际情况，派两名发送员在 PRD 门口等公报，等公报出来后，一名发送员在第一时间把公报送到媒体看台，首先满足记者的需求；另一名发送员把公报带回团队办公室后再向记者工作间发公报。

3. 及时总结

52 个竞赛场馆成绩公报团队在每天的发送任务结束后，都会召开总结会议，总结当天工作中发现的问题，并研究解决问题的办法。通过总结，提高了团队凝聚力，增进了团队间的交流，为日后的工作做好更充分的准备。此外，团队有专人负责对已发送的公报进行登记和存档，如果记者需要之前比赛日的公报，团队可以立即满足其需求。

三、存在的问题

(一) 公报延迟

在亚运会期间，公报延迟是成绩公报团队遇到的最大问题。大部分的场馆都出现过个别公报延迟发送的情况。其中，竞赛类公报的延迟对到场记者的报道工作影响较大。记者在赛前最需要出场名单，而该公报可以让他们掌握场上运动员的基本资料，为报道做好准备。但是，要求在比赛前一小时发送的出场名单，在一些场馆却不能按时发送。如在花都足球赛场的一场比赛中，直到比赛下半场开始后十分钟，团队才把出场名单送到记者手中，引起了在场记者的不满。在射击赛场的第一个比赛日中，比赛成绩没有在成绩确认后五分钟内送到记者手中，给记者的报道工作带来了不便。

另外，新闻类的即时引语公报也出现了延迟发送的情况。按要求，该公报要在比赛结束后 20 分钟内发送。但不少场馆的即时引语在记者离开场馆后才发送出去，这不仅导致到场记者不能利用到这类公报，还造成了资源的浪费。

（二）公报柜标签管理混乱

因为时间要求，临时打印的公报标签经常会出现单词拼写错误、字体不符合统一规定的情况，偶尔存在有标签却没有公报的空格现象。

前者的出现大多与发送员的英语水平和工作细致程度有关。关于空格现象，原因有二：一是公报需求量大，发送后即被记者取空；二是发送员为了方便，在公报尚未发送时已贴好要发送公报的标签。这涉及公报柜的管理问题，发送员应在发送完一份公报后即时检查公报柜，如发现空格，应及时拿存档备份的原稿去加印并发送。在公报还未发送时，最好不要贴上标签，以免记者误会。

四、建议

（一）加强沟通，灵活应变

如果在成绩公报发送工作中遇到公报延迟的情况，团队要迅速找到问题的所在。由于竞赛类公报全都出自 PRD，因此，无论是在赛前还是赛时，团队都应该与 PRD 进行密切的沟通。赛时出现竞赛类公报延迟时，应立刻与 PRD 取得联系，询问延迟原因和发送时间。在得知进一步的情况后，团队要出面向在场记者说明情况，不能对记者的要求不闻不问。在做好沟通工作的同时，团队应该利用 INFO 信息终端查询数据，因为该系统上有亚运会所有比赛的直播数据，包括球员名单和比赛技术统计。如果出场名单和比赛成绩这两份高需求的公报因为 PRD 方面的问题要延迟发送，团队可以直接从 INFO 信息终端上打印上述内容，虽然这些信息不是最终的官方版本，但准确率还是有保证的，足以解决记者的燃眉之急。

对于新闻类的即时引语公报延迟的情况，成绩公报团队就要根据当时在场记者的需求来决定是否发送。虽然发送计划要求发送该公报，但是在亚运会期间，到场的记者对该公报的需求量少，加上该公报要经过即时引语记者的采写和总编室的编辑才能发表，发布的时间远远超过要求的比赛后 20 分钟。与其浪费资源，还不如取消即时引语公报的纸质发送。当然，如果记者有要求，团队就必须予以满足。

（二）小心仔细，多加巡查

"细节决定成败。"虽说标签字体不一、拼写错误不是大问题，但小小的失误很容易影响到新闻服务在记者心中的印象。只要成绩公报团队提前把所需要的标签打印好，并认真核对，上述问题就能轻易得到解决。在公报发送出去后，团队要时刻派人查看各个成绩公报柜的情况，抽查公报柜格子里的公报与标签是否一致，还要观察各种公报的剩余数量，以便随时增发高需求的公报。

五、总结

2010 广州亚运会的成功举办离不开新闻服务的重大贡献，新闻服务的顺利进行也得益于成绩公报发送工作的鼎力支撑。准确、及时、全面是此次成绩公报发送工作获得认可的关键。经调查，参与报道的记者对本届亚运会新闻服务的认可度高达 87%。只要成绩公报团队在赛前做好充分的准备，本着以最大限度满足记者需求的原则，根据实际情况对赛时工作作出适当调整，便能保证成绩公报发送工作的顺利完成。

注释：

[1] 新华社. 广州亚运会赛时新闻服务（AGNS）简介. 新华每日电讯亚运珍藏导刊，2010 - 11 - 12（13）.

[2] 第 29 届奥林匹克运动会组织委员会. 奥运会媒体运行. 北京：中国传媒大学出版社，2007.118.

[3] 易剑东. 大型赛事报道与媒体运行. 杭州：浙江大学出版社，2008.208.

（本文发表于《东南传播》2011 年第 5 期）

北京奥运会新闻服务对广州亚运会的启示

——以广州亚运会测试赛为例

黄　婧　杜　娟

摘　要：新闻服务在北京奥运会中出色地完成了预定的任务，赢得了一致的好评。亚运会新闻服务在第 18 届亚洲田径锦标赛首次亮相，笔者有幸参与了这次运行，在深入了解后发现了一些问题，现通过分析北京奥运会的新闻服务为接下来的广州亚运会新闻服务提出一些建议。

关键词：新闻服务；北京奥运会；广州亚运会；第 18 届亚洲田径锦标赛

　　媒体作为体育赛事的传播者，同时也扮演着引导者及经济支持者等多种角色。正是由于众多媒体的参与报道，体育赛事的魅力才能发挥到极致。前国际奥委会主席萨马兰奇先生说过这样一句话：“一定要善待媒体，因为他们是一届奥运会的最终裁判。”正因为如此，媒体服务作为历届体育赛事组委会工作的重中之重而备受关注。中国的媒体服务起步较晚，真正专业而系统的媒体服务在北京奥运会时期才被全面引入。虽然是首次启用，但在北京奥运会结束之后，国际奥委会对北京奥运会的媒体服务给予了高度评价，同时世界体育记者联合会把当年“体育媒体服务杰出贡献奖”授予了北京奥组委。新闻服务作为媒体服务中的一部分，在赛场为媒体提供服务，确保媒体能够了解比赛，并进行充分、全面的报道，尽可能满足所有受众对比赛的兴趣。

　　第 16 届亚运会将于 2010 年 11 月 12 日至 27 日在广州举行。广州是我国第二个取得亚运会主办权的城市。北京曾于 1990 年举办第 11 届亚运会。广州亚运会将设 42 个比赛项目，是亚运会历史上比赛项目最多的一届。届时，广州将成为全亚洲的焦点，各国的记者都将聚集在广州，对亚运会进行采访报道。在北京奥运会新闻服务取得巨大成功的示范作用之下，广州亚运新闻服务应该怎样为国内外记者提供更为优质的服务呢？

　　［作者简介］黄婧：广州体育学院体育新闻与传播专业 2008 级研究生；杜娟：广州体育学院体育新闻与传播专业 2007 级研究生。

一、新闻服务

1. 媒体运行

媒体服务是一定组织为实现组织传播目标，针对媒体的需求而为媒体提供信息及获取信息的渠道。媒体服务的内涵是服务媒体，在这一过程中，媒体成为客户，成为服务和利用的对象；服务的提供者（组织）通过完成对媒体有针对性的服务达到组织传播目标。从本质上来讲，媒体运行就是媒体服务。与新闻宣传相比，媒体运行更注重"服务"二字，其主要是在赛时场馆中以固定的形式向媒体记者提供服务。运行的原则有：媒体优先、资源共享、提供采访机会、客观平衡、方便快捷以及细致周到。媒体运行在整个赛时运行中地位非常重要，直接关系到外界对于赛事的评价，是影响媒体作出客观评价的决定性因素。

2. 新闻服务

新闻服务作为媒体运行中的一个重要环节，主要致力于为媒体提供全面的赛事信息服务，包括赛前信息，如运动员简历（包括其参赛纪录以及历史成绩、个人简介等内容），以及赛时的新闻服务（包括即时引语的采写、新闻发布会摘要以及成绩公报的采集和发送）。新闻服务的宗旨在于用简练的语言，为媒体记者提供中立客观的新闻报道素材，协助记者完成报道。媒体可以通过相关信息系统终端查询有关信息。根据《奥林匹克宪章》的精神，新闻服务提供的素材应不含任何偏见或喜好，不受外界因素影响。

新闻服务团队由主管体育信息专家、体育评论员、记者以及公报发送员组成。

3. 北京奥运会新闻服务

2008 年北京奥运会期间，北京奥组委媒体运行中心为大约 5 600 名注册记者提供了新闻服务，得到了广泛好评。总结北京奥运会，除了出色完成新闻服务本职工作之外，最突出的是功能强大的 INFO 2008 系统，真正实现了"科技奥运"的主题。北京奥运会 INFO 2008 系统能查询中、英、法文三个版本的奥运相关信息，以及交通和天气，还加入了关键词搜索功能。2008 年北京奥运会在奥运历史上首次运用无线 INFO 系统，通过购买网卡，即可随时在自己的电脑上查看INFO 界面，为媒体记者的工作提供了便利。

二、亚运会新闻服务

1. 亚运会新闻服务介绍

亚运会新闻服务同样分为赛前和赛时两个部分。

届时，GAGOC 广播电视与媒体服务部亚运会新闻服务团队将全面负责广州亚运会工作的筹备组织及赛事运行。赛时，一支规模庞大的 AGNS 新闻工作团队将进驻 53 个竞赛场馆及部分非竞赛场馆，全面报道 42 个竞赛项目，见证 473 块金牌的诞生，并参加所有的新闻发布会，采访所有获得奖牌的运动员。广州亚运会期间预计有超过 700 名工作人员加入 AGNS 团队，包括受薪人员和志愿者，为将近 10 000 名注册媒体服务。如果说赛前信息的基本要求是全面的话，那么，赛时信息的首要要求则是快速，力求在最短时间内将赛事进程和媒体通告等重要信息传达给注册媒体。具体来说，AGNS 赛时信息收集和写作的基本要素包括新闻敏感性、时效性、简明性、客观性等几大部分。

2. 亚田赛新闻服务

第 18 届亚田赛于 2009 年 11 月 10 日至 14 日在广东奥林匹克体育中心体育场举行。按照亚组委领导"一赛两办"的指示要求，本届亚田赛作为 2010 年亚运会的测试赛模板，为亚运会积累大赛经验。因此，亚运会新闻服务首次投入赛事运行，为国内外媒体记者提供服务。笔者有幸作为新闻服务团队中的一员，全程参与了这次赛事，也在参与过程中参照新闻服务的原则发现了一系列问题。

第一，缺乏及时性。引语的采写和录入的时效性要求为：从采访结束到引语被上传到 INFO 2010 信息系统的时间应不超过 12 分钟；纸质稿件分发到位则应在采访结束后 15 分钟内完成。新闻发布会摘要的时效性要求为：从发布会结束到摘要信息被上传到 INFO 2010 信息系统的时间应不超过 30 分钟，纸质稿件分发到位则应在发布会结束后 35 分钟内完成。但是实际赛时的发布时间则远远超过了预定时间。归结原因有二：

其一，工作条件简陋。工作室一共设电脑 8 台。其中，2 台电脑作为 INFO 查询，不可供上网以及成绩录入；1 台为官方网站人员使用；剩下的电脑中，2 台为 AGNS 编辑使用（应急时也用于录入）；3 台电脑可供即时引语以及新闻发布会摘要的录入。由于赛程的安排，会出现同时多人需要进行录入的情况。由于条件限制，很多 AGNS 记者采集完新闻后，需要等待一段时间才可以录入。

其二，人员设置不合理。由于没有设置专业的翻译团队，因此记者还兼任了翻译一职。根据所采取的语言，中英文同时出稿，因此延误了出稿时间。

第二，缺乏准确性。笔者发现，在 INFO 系统上公布的即时引语中，竟然出现了将获奖运动员名字写错的情况（将男子 100 米冠军"张培萌"写成"郭培萌"）。这属于严重失误，但是居然从记者到编辑再到最后的发布人员都没有注意到。这次参与的媒体记者都是资深的专业体育记者，对比赛以及参赛运动员都非常熟悉，按理说是绝对不可能出现这种不专业的失误。类似这样的事情有损赛事主办方的形象以及公信度。

第三，缺乏专业性。团队人员对于比赛以及赛事本身不了解，所提的问题相对比较单一。亚田赛上，AGNS 记者对即时引语的提问基本上只有三个："你认为你今天的表现怎么样？""今天的天气对你有影响么？""今后有什么计划？是否参加亚运会？"这些即时引语千篇一律，缺乏新闻性。

第四，缺乏灵活性。由于对比赛本身不了解和缺乏一定的灵活性，很多冠军运动员无人关注。有些即时引语的记者在赛前被告知，日本选手可能夺冠，便只关注日本选手，最后当冠军不是所关注的日本选手时，就没人对冠军运动员进行即时引语的捕捉，因此导致信息缺失。

另外，新闻服务团队在与媒体记者和组委会的沟通方面也存在一定的问题。由于组委会的语言服务不到位，AGNS 记者被媒体记者当成翻译来使用，无法完成自身任务。

三、对亚运会新闻服务的建议

结合对亚田赛新闻服务运行的亲身体验，笔者对即将到来的广州亚运会新闻服务有可能面临的困难，提出几点参考性建议：

第一，专业性的培训需要加强。对于 AGNS 记者的培训是必不可少的，每一个 AGNS 记者对于自己负责的比赛和运动员都需要有一个系统的了解，这样才能镇定从容地应对突发的状况并避免出错；应对一些体育相关语种的词汇有所了解，避免出现因听不懂而曲解受访者意思的情况发生。

第二，加强与组委会和媒体记者的沟通。媒体运行只是组委会一个具体的工作机构，媒体运行部门的地位决定了它的工作权限非常有限，稍微不注意就会给自己的工作以及组委会带来麻烦。AGNS 工作的特性决定了 AGNS 记者的活动区域多于一般媒体记者，所以通常会出现被媒体记者要求代为采访运动员或者代为翻译进行提问的情况。组委会在语言服务方面也有很多地方需要改善。因此，新闻服务团队应当注意与组委会和媒体记者进行沟通，避免自己成为矛盾的中心。

四、结语

面对即将到来的广州亚运会，只有认识到问题和困难，才能有针对性地进行统筹规划，保证工作的顺利进行。目前的工作虽然出现了一些问题，但是希望在接下来的各种测试赛的磨炼中，AGNS 团队能够提高自身的配合度和专业素质，为媒体记者创造良好的环境，使广州亚运会成为一届成功的体育盛会。

参考文献：

［1］易剑东. 中国体育媒体服务系统的构建. 杭州：浙江大学出版社，2006.

［2］易剑东. 大型赛事报道与媒体运行. 杭州：浙江大学出版社，2008.

［3］高长力. 媒体服务工作的新思维新机遇——谈奥运会媒体运行的基本规律. 中国广播电视学刊，2007（7）：8~10.

［4］李嵘. 从新闻管理到媒体服务——奥运会媒体运行观念的转变. 新闻记者，2007（11）.

［5］广州亚运会官方网站，http：//www. gz2010. cn/special/0078020G/mtfw. html.

（本文发表于《新闻世界》2010 年第 5 期）

从十运会报道看体育赛事官方网站建设

曾圣勇

摘　要： 在 2005 年举办的第十届全运会上，体育赛事官方网站以其强大的特点与优势发挥了显著的、独特的信息传播功能，但也表现出其在时效性、互动性、存续性、访问量和国际竞争观上的不足，文章在对此进行剖析的基础上提出了改进的对策。

关键词： 十运会；体育赛事；官方网站

备受世人关注的第十届全国运动会于 2005 年 10 月 23 日在南京胜利闭幕，它既是一次体育盛会，也是一场新闻大战。本文将以十运会官方网站为例，结合大型体育赛事的官方网站在赛事报道中的优势和劣势来阐述体育赛事官方网站的开发建设和相关问题的应对策略。

一、官方网站的特点和优势

所谓官方网站是指权威的、唯一的或指定的网站。而体育赛事官方网站是体育赛事主办方建立的唯一的网站，它拥有一般官方网站的特点和优势。

1. 权威性与唯一性结合

官方网站受官方的直接监管，它所发布的信息都是由官方授权发布的，所以这些信息更具有权威性，不受他人的质疑。体育赛事官方网站发布的信息除网站新闻采编人员所采写的消息以外，还包括赛事组委会发布的公告。这些公告与赛事直接相关，人们唯有通过该网站才能了解到这些信息。

2. 海量性与专一性结合

十运会官方网站把往届全运会的情况、本届举办地南京市及其他有赛事的城市的情况链接在网上，内容集中，方便人们随时查询。虽然综合性网站也能做到这一点，但它们报道的内容涉及多方面，这会增加受众寻找特定信息的难度。官方网站则不存在这样的问题。由于十运会官方网站专职报道十运会的赛事及相关

[作者简介] 曾圣勇：广州体育学院体育新闻与传播专业 2005 级研究生。

信息，它的内容具有专一性。所以，网友在浏览该网站的时候不会受其他信息的干扰，可以全身心地投入到与十运会有关的内容浏览中去。

3. 信息浏览低障碍性

十运会官方网站仅在网页的最左下角设置了两个滚动式的广告窗，这与其他媒体相比显然少得多，这样网友就可以轻松地浏览网页上的内容。

二、官方网站的问题

官方网站隶属于某个官方组织或机构，大型体育赛事官方网站一般由赛事申办方在获得赛事的主办权之后建立。其人力、物力和资金都来源于官方机构，受这些因素的影响，官方网站也有不足的地方。

1. 新闻报道相对滞后

以报道十运会开幕式为例，新浪网在十运会开幕式结束的第一时间就发布了相关消息，而十运会官方网站在次日凌晨才发布该消息，距开幕式结束已过了两个小时。网络时代的读者需要在第一时间了解世界上发生的事情，从某种意义上来说速度决定一切，官方网站的速度跟不上就会影响受众的参与程度。

2. 传受双方交互性不强

信息传播中受众对信息的反馈是很重要的。一般大型的综合性网站的体育频道在进行赛事报道的同时，还增设诸如网友论坛、赛事竞猜、明星评选等形式，让受众融入体育赛事中去，而不仅仅是让受众成为一个信息查询者。大多数官方网站在建设中受到人力、物力、资金等因素的影响，网页功能不足。如十运会官方网站缺乏网友论坛、赛事竞猜等形式，使得传受双方缺乏互动交流。

3. 有效存续时间较短

官方网站存续的时间与很多因素相关，大型体育赛事的官方网站的存续时间则与赛事时间密切相关。现在大型国际体育赛事较长的周期是 4 年，如奥运会、足球世界杯等。如果从申办成功开始就建立官方网站算起，到赛事结束为止，一个大型体育赛事的官方网站的有效存在时间（赛事结束后很少有人再访问该网站）大约是 8 年。而对那些举办周期较短的赛事来说，它们的官方网站的存续时间更短。十运会的官方网站于 2004 年 5 月 27 日正式开通，从它开通的那天算起到比赛结束为止，它的有效存续时间也就 17 个月，这样一个较短的时间要想吸引更多的网友关注是比较困难的。

4. 访问量较低，影响传播效果

据了解，十运会官方网站的日均访问量只有 12 万～15 万人次。这与综合性网站的访问量比起来是相当低的。较低的访问量影响了官方网站的传播效果。

5. 国际竞争意识不强

目前许多网站除去本国语言版本之外，还有其他语言版本，最多的是英语版，如中华网、搜狐网、体坛网等都有英语版。而很多官方网站，包括十运会的官方网站却没有英语版，也许很多人会认为十运会只是一次国内的大型体育赛事，不需要英语版，可是我们从国际奥委会主席罗格先生亲自参加十运会的开幕式以及众多的外国记者参与这次赛事的报道这些事实中，可以看出十运会官方网站建立英语版的必要性和重要性。

三、对官方网站的建议

针对上述情况，笔者对大型体育赛事官方网站的建设提出以下建议：

1. 转变观念，充分重视

"互联网新闻传播的发展，造就着一个全新的网络新闻受众群。这个群体不仅在数量上与日俱增，而且在索取新闻的习性上也呈现出一些全新的变化。"[1]作为有着众多受众市场的大赛官方网站，应当看到时代的巨大变迁与自己肩上的历史责任，尽快更新观念，跟上时代步伐。目前大多数官方机构不太重视官网的建设，要么网页功能少，要么内容更新慢，总是给人一种力不从心的感觉。其实随着网络时代的到来，官方网站的建设很有必要。因此，我们要转变观念，不能把官方网站的建设看作权宜之计，更不能认为是用来装点门面的。大型体育赛事的官方网站的建设本应是赛事的整体运作中的一个组成部分，应该受到重视。

2. 完善功能，加强宣传，增强竞争力

十运会官方网站基本上只是一个新闻和公告发布机构，网站功能不够齐全。建议大型赛事的主办方完善官方网站功能，吸引更多的网民关注网站、关注赛事。另外，大型赛事官方网站应该积极与更多的新闻媒体合作，加强宣传力度，其中包括对外宣传、扩大国际影响力。而建立网站多语种版本，至少建立英语版，则是一个很好的途径。另外，通过这样的措施还可以增强网站的竞争力。

3. 增加投入，把信息传播和赢利结合起来

据了解，十运会官方网站在建设中的最大障碍就是人力、物力和资金不足，这严重影响了该网站的建设。增加投入是第一要务。我们在建设官方网站的时候，除充分发挥其信息传播功能外，还应充分利用其权威性和唯一性，通过适当的形式，为网站建设赢得资金，甚至可以在官方的监督之下，通过招标的形式把网站建设交给具有资质和实力的商业网站。这样既解决了网站建设的资金问题，又可以为赛事争取到发展资金。

注释：

［1］周庆山. 传播学概论. 北京：北京大学出版社，2004.291.

（本文发表于《青年记者》2006 年第 4 期）

谈深圳大运会的竞赛信息服务工作

徐照清 罗 嵘

摘 要：本文通过对深圳大运会竞赛信息服务工作进行介绍、总结实际运行情况所存在的问题并提出相关的解决建议，为日后举办大型综合性运动会竞赛信息服务的组织者提供经验，使其更好地完善信息服务工作。

关键词：深圳大运会；竞赛；信息服务

继 2008 年北京奥运会之后，各类大型综合性运动会在我国陆续开展。随着我国各参赛项目成绩的提高，我国学者对于大型运动会比赛项目以及运动会带给我们各类影响的研究越来越广泛和深入，然而对于运动会组织工作中的竞赛信息服务与管理问题的研究却非常薄弱。

大型综合性运动会是体育的盛会，它的筹备和组织工作也是严密而有规律的。信息在大型综合性运动会筹备工作中具有很重要的价值，信息既是信息管理的对象，也是信息管理的手段和工具。

一、深圳大运会竞赛信息服务工作介绍

大型综合性运动会竞赛信息服务（Information Service）是为运动员、随队官员、技术官员和各单项联合会官员提供必要信息的服务性工作。它的服务对象是国际化的客户。英语作为第一语言。设在大运村体育信息中心各项目的体育信息台和各项目比赛场地的体育信息台提供各项目的体育信息服务。

相关工作人员由各项目竞赛管理团队统一计划、安排和调配。他们的具体工作职责分赛前、赛中、赛后三部分。赛前协助信息服务人员的培训和管理，并协调信息台的布置以及器材设备的到位和管理。赛后组织本部门工作人员和志愿者进行总结。赛时工作量大，主要职责有以下六个方面：

[作者简介] 徐照清：广州体育学院体育新闻与传播专业 2009 级研究生；罗嵘：广州体育学院休闲体育与管理专业 2009 级研究生。

（1）负责所有的大运村和场地的运动会信息台服务，检查、核对和维护报名数据，发布所有的训练日程、竞赛日程、比赛成绩、通知和通告，协助解决运动员和官员的一般需求。

（2）协调和告知运动员和随队官员相关信息，包括从大运村到场地的交通、用餐及其他官方信息。

（3）在传达竞赛、场地、日程及其他相关重要信息方面，需同行政主管、运动员服务主管联系，使运动员和官员知悉该重要信息。

（4）建立和维护收发传真和使用电话手续。

（5）创办运动会信息台，提供当地城市旅游和娱乐信息资料。

（6）领导竞赛信息团队的工作，按照规章制度进行组织和管理。

二、深圳大运会竞赛信息服务工作情况

（一）赛前准备期

1. 招募及培训

2011年世界大学生运动会相关项目比赛的信息台服务主管的要求是在大运会赛前三个月正式全职上岗，人员大都来自体育系统、协会、国际裁判、社会招聘及赛区团队，他们负责相关项目在比赛场馆和大运村的信息台管理，注册通行区域为比赛场地、场馆工作区、场馆公众区及大运村。其向上受综合事务经理的管辖，向下领导竞赛信息志愿者。

主管上岗后的首要任务是选拔志愿者，要求志愿者具备良好的沟通技能和语言能力，工作认真负责，熟练掌握竞赛相关信息，具备良好的服务技能和良好的性格特征。根据竞赛信息工作需要和便于赛事的有效管理，负责竞赛信息服务的志愿者分为两个岗位。以跳水项目为例，共16名志愿者，其岗位分布为：大运村信息服务台4人，比赛场馆竞赛信息服务12人。

面对一个全新的工作环境和工作要求，志愿者有很多知识需要学习。在这样的情况下，进行充分而有效的培训就极其必要。培训可以分为主管讲解、PPT演示、集体或分工作小组讨论、情景模拟、工作流程研讨、岗位英语培训等多种形式。内容包括政治思想教育、人员行为规范和纪律规定、整体培训计划说明，介绍大运村体育信息中心及场馆信息台相关情况介绍、赛时注册卡和通行权限学习、竞赛信息表单讲解和学习、工作流程桌面演练和信息台布置、应急预案研讨等。

2. 制订信息发送计划

信息的发送计划是根据赛程制订的纸质公报发送时间表，是信息团队发送公

报的时间标准。发送计划在信息公报发送工作中起着重要的指导作用,它可以告诉信息台什么时候该发什么公报。有了发送计划,各个场馆的成绩公报团队才能明确自己的工作准则,为团队赛时的顺利运行打下坚实的基础。

赛前,主管应按技术手册的要求填写好报表需求表,包括所需报表种类和数量,及时与成绩打印分发室沟通好赛时标准及发送要求,这样赛时才能有序地提供信息咨询,进行发放工作。

3. 联调

演练培训与联调测试是赛前竞赛组织工作的重要彩排和实战。通过联调测试,我们可以进一步增加团队各业务口之间、人与人之间、人与设备之间、团队与团队之间的磨合,并通过实战演练检验团队人员办赛的能力——测试人员的工作是否到位,对比赛项目、运行流程、岗位职责是否了解,人员是否相互熟悉并能否配合良好。

在测试赛后总结所有可能出现的问题,编制应急预案,能增强团队的风险防范意识,促进业务口的相互配合,减少突发事件的影响力,保证赛事活动的正常进行。应急预案是一种应对突发事件的特殊程序,这为加快实现大运会筹备冲刺阶段的高效运作和大运会的成功举办提供了强有力的技术保障。

(二) 赛时运行期

经过赛前长时间的充分准备,大运会 44 个比赛场馆的信息服务团队在赛时保证了绝大部分信息需求的供应,得到了运动员、教练和官员们的一致好评。现将赛时出现的问题归列如下并提出几点建议。

1. 存在的问题

(1) 打印分发室资料送达速度缓慢,部分公报被迫延迟发送。

(2) 运动队索要额外资料。

(3) 训练日程临时更改。

(4) 信息台器材坏损。

2. 解决建议

(1) 信息服务台当日得到与竞赛有关的通知、训练安排表、班车时表、比赛抽签、每日成绩公报、每日竞赛日程等有关信息后应立即进行复印,并尽快发放给各队,满足参赛队的需求。相关比赛如必须在每场结束后才能得到下一场出场名单等,则势必会影响公报发送时效,这时就有必要以平静、友好的方式向有需求的受众解释,安抚其焦急的心情,并作出得到公报立刻送至其手的承诺。

(2) 除发放有关竞赛信息材料外,信息台工作人员还要负责解答或上传下达各队提出的关于本项目的问题或要求,有时还需要提供纸质信息。在对客户所需信息不能确切答复时,志愿者应及时向竞赛信息主管请示,或进一步请示综合事务经理，并以得体的方式答复询问者。各信息服务台工作人员还要随时保持密切联系，以确保信息的及时性和一致性。

（3）各队如对训练日程提出调整或变更，需由各队领队在调整时间的前一天填写训练日程预定或变更申请表（包括训练是否对媒体开放等信息），并交到信息服务台。根据申请变更的时间，由竞赛管理团队训练场地服务协调安排训练场地和时间，并由信息台尽快将反馈信息传达到相关参赛队。同时，信息服务台将变更或协调后的训练安排时间和地点及时通知交通服务台，以便及时进行交通安排。如根据日程安排的竞赛、训练的班车出现问题时，交通服务台可予以帮助协调解决。

（4）当信息台相关复印、打印仪器或网络出现故障时，应马上与通讯维护部门联系，请专员第一时间赶至检测并维修。对前来询问信息的受众致歉并明确告知恢复正常运行时间，使其清楚事情进展而不至于产生焦躁情绪。

另外，按紧急程度、事件名称、上报流程、场景描述、预案依据、应对预案、应对步骤、主责单位、配合单位、资源需求等要素来制订应急预案，这些预案对工作的顺利完成具有重要的预警作用。

场馆团队各业务口的协力合作，加上竞赛团队全体工作人员的帮助和支持及全体志愿者全身心的投入，创造了一个良好的竞赛环境，保证了2011年深圳世界大学生运动会的顺利举行。

2011深圳大运会的圆满、精彩和成功，给我们留下了一段令人难忘的回忆。信息服务工作的顺利进行也得到了运动员、教练及官员们的一致认可。总结其经验主要是：第一，领导重视，全员参战，组织保障坚强有力；第二，健全制度，完善机制，工作机构高效运转；第三，精心设计，强化培训，竞赛组织忙而有序；第四，以人为本，注重细节，服务保障严谨细致。这些经验，希望能为今后的大型综合性运动会成绩公报发送工作提供些许帮助。

参考文献：

[1] 深圳大运会官方网站，http：//www. sz2011. org/jsxx/index. shtml.

[2] 马铁. 为实现奥运战略提供有效的信息服务. 体育科研，2001，22（2）：29～31.

（本文发表于《新闻世界》2011年第12期）

专题六　国家媒体形象传播

危机事件中的国家传播策略探析

——以"3·14"西藏事件为例

李 峰 杜 娟

摘 要："3·14"西藏事件既是对我国治安稳定的一次重大考验，更是对我国塑造和捍卫自身真实媒体形象的一次重大考验。本文剖析了西方一些媒体有关"3·14"西藏事件的歪曲报道，从我国的应对策略等角度对国家传播策略作出分析。

关键词：国家媒体形象；传播；策略

一、前言

2008 年 3 月 14 日，我国西藏自治区首府拉萨发生了打砸抢烧暴力事件，18 名无辜群众被烧死或砍死，造成直接财产损失近 2.5 亿元。西藏自治区党委、政府组织公安、武警严厉打击不法分子，迅速平息了事件，维护了社会稳定。与此同时，海外藏独势力与西藏的不法分子遥相呼应，在多个国家制造暴力事件，如冲击我国驻外机构、侮辱中华人民共和国国旗等，严重违反《维也纳公约》。

事件虽已平息，但它曾一度演变成"危机事件"，致使国家媒体形象受到一定的影响。所谓危机事件，是指对组织、企业或产业可能造成潜在的负面影响的重大事件。此事件也可能波及该组织的公众、产品、服务或名声，冲击组织的正常运作，甚至威胁组织的生存。国家媒体形象则指一个国家在新闻流动中所形成的形象，或者说是一国在他国新闻媒介的新闻和言论报道中所呈现的形象。西藏事件既是对我国治安稳定的一次重大考验，更是对我国塑造和捍卫自身真实媒体形象的一次重大考验。

二、对于西方一些媒体对西藏打砸抢烧事件进行歪曲报道的特点分析

改革开放以来，西方国家看到了一个正在和平崛起的中国，但政治上的偏见

［作者简介］李峰，杜娟：广州体育学院体育新闻与传播专业 2007 级研究生。

使他们不甘心看到中国的强大，一些西方媒体便本能地抓住中国在发展过程中的一些突发事件（如2000年的"法轮功"事件等）和各种不可避免的困难、矛盾以及他们认为可以利用的问题（如西藏问题、人权问题、台湾问题、奥运问题等）对中国进行以负面为主的"妖魔化"宣传。此次西藏事件就是其中典型的一例。

（一）报道迅速，精心包装，先入为主

"3·14"西藏事件发生以后，西方一些通讯社凭借自己的技术优势和商业优势，率先在中国官方媒体报道之前向全世界发布拉萨乃至其他省份藏区发生骚乱的信息和图片，这是西方媒体霸权的一个重要表现。我国发布相关信息稍晚，在时机上便丧失了主动性。在信息时代，信息的先入为主往往较具优势。西方一些媒体对西藏事件的迅速的敏感的报道，大有"唯恐中国不乱"的味道。他们对该事件报道的"精心包装"更说明了这一点。本来是一起暴力犯罪事件，但达赖集团一直蓄意改变事件的性质，其用意正是为自己谋"藏独"、搞分裂的实质进行开脱、粉饰和遮掩。而西方一些通讯社第一时间的报道均倾向于将事件夸大，存心选择报道角度，包装犯罪事件，大肆渲染动乱气氛。

（二）制造虚假的事实遮掩事件的真相

CNN、BBC、NTV等一贯标榜新闻自由、人权、民主等的西方媒体，均以修改或张冠李戴的照片等作为"中国政府镇压西藏人"的"证据"。主要表现为：第一，有意剪切图片。例如，3月17日，CNN网站上刊登了一张拉萨事件的图片。图中两辆军车正向两名平民驶来——事实上，如果完整展示图片的话，可以看到当时军车旁约有10名暴徒正在向军车投掷石块。显然，CNN网站的图片故意剪切了暴徒向军车投掷石块的图像。第二，看图编故事。例如，3月18日，德国《柏林晨报》网站刊登了一张照片，并附上说明"警察在抓捕藏人"。事实上，那是西藏公安武警正在解救被袭击的伤员。第三，移花接木，张冠李戴。例如，3月18日，德国RTL电视台登出一幅表现4名挥舞棍棒的警察追打游行者的照片，图片说明为"中国警察在西藏镇压抗议者"。但实际上这是尼泊尔警察17日在加德满都驱散游行示威者的照片。而同样的谬误也出现在德国NTV电视台的节目中。第四，在数字上做文章。例如，对"3·14"事件的伤亡数字表述模糊（称"据说"），或夸大事实（称有"数百人伤亡"，"数百藏人被杀"）。

（三）运用直接刺激受众感官的画面与煽情描写，渲染动乱气氛

西方一些媒体所选的"暴力"图片和所谓"镇压"的描写都貌似事实，这些新闻往往围绕具体的人和事，有意歪曲，或改头换面，或张冠李戴，容易让人信以为真。在读图时代，最能打动受众的是画面呈现出来的"事实"和"场景"。因此，画面比文字更能操纵人的情感和思想。在西方一些媒体所发布的图片中，即便一些所谓"中国军人"的残暴动作和人民的恐慌表情是虚假的，受众也很难无动于衷，以至于当照片查证为假后，不少人还会因"首因效应"和信息传递不充分，仍或多或少地相信一些西方媒体的宣传。

（四）制造标签化用语，丑化中国政府的正义行为

西方媒体总是在一种强烈意识形态的语境和严格禁止不同话语的语境中报道新闻。这种报道的特征是大量使用简单明快的、黑白分明的标签用语。例如，西方一些媒体在报道西藏问题时，一提到西藏，必将西藏与"民族独立"、"宗教信仰自由"等话语联系起来；报道达赖个人，必称其为"宗教领袖"、"和平分子"等。从"3·14"事件发生的那一刻起，西方部分媒体在未作任何调查的情况下，异口同声地向公众和全世界强行灌输"压制藏民"这一短语。

（五）故意转移视线，以自由、独立的面孔进行报道

一些西方媒体在"3·14"事件报道中，将歹徒的暴行说成"和平示威抗议"，并将之归咎于中国政府对藏人的长期压制，而将中国政府为维护秩序而采取的必要行动描写成"暴力镇压言论自由"。

当世人皆知西藏事件是打砸抢烧严重暴力犯罪事件时，达赖先前的"和平抗议"谎言失去了听众，他与西藏事件更是难逃干系。在此形势下，达赖转而为这一暴力犯罪事件的"正当性"寻找"事实依据"，以骗取人们的同情。例如，公布所谓的"40人死亡名单"，称"中国把军人伪装成喇嘛以造成藏人煽动骚乱的印象"，被烧毁的商铺"大都是一些卖淫场所"等。

三、我国捍卫和塑造国家真实媒体形象的策略分析

（一）充分发挥大众媒介和网络民意的力量，揭穿假信息，报道事件的真实面目

我国大众媒介在西藏事件报道中处于传送西藏事件真实信息的关键和敏感的枢纽，及时、客观、全方位地报道了西藏事件的真实面目。例如，对达赖给出西藏事件的一些所谓"正当理由"，我国大众媒介当即进行追踪核实，真伪对比，昭然若揭。3月29日，达赖在新德里甘地墓举行"法会"后说："中国把军人伪装成喇嘛以造成藏人煽动骚乱的印象。"还有一张中国武警官兵拿着僧侣服装的照片"为证"。经过媒体多方调查表明，这张照片是武警官兵2001年参与电影《天脉传奇》拍摄时分发演出服的情景。中华全国新闻工作者协会还于3月底发表联合声明，强烈谴责了一些西方媒体对拉萨事件报道严重违背事实真相，歪曲事实、虚假报道的行为。

网络民意在西藏事件报道中表现活跃，可以用"理性的愤怒"来形容。他

们通过博客、视频等，搜集各种证据，用事实驳斥了一些西方媒体的失实报道。《惊！西方媒体竟然这样做西藏事件的新闻!》是较早的一篇对西方媒体报道指错的文章。该文章还配上图片，并详细地指出了一些西方媒体的错误所在，很快就被各媒体广泛转载。

（二）我国政府运筹帷幄，用事实说话，有理有节地及时发布权威的正确的信息

首先，主动组织国外、境外记者去西藏采访，有选择性地在中国大陆开放西方媒体的中英文网站。合理运用新闻自由和言论自由，让我国人民接触西方媒体的报道，凝聚绝大多数中国人对我国政府的向心力。其次，通过外交部发言人有理有节地发布事件处理的真实信息。我国外交部新闻发言人秦刚、刘建超等在几次新闻发布会上就西藏暴力事件与一些西方媒体记者展开策略性的语言交锋。再次，通过发布西藏秩序恢复的种种新闻和信息有力地回击了"西藏正处在动乱中"的谣言。

（三）肯定国际舆论客观报道拉萨事件，平息事件赢得国际社会的理解与支持

"3·14"西藏事件发生以来，许多国际舆论都对该事件作出了较为客观的报道和评论。如俄罗斯"俄新社"3月19日发表了伊万·扎哈尔瑟科的评论，指出西方的许多政治家呼吁中国政府"保持克制"，但没有人呼吁参与事件的僧人和不法分子"停止暴力行为"；日本《东京新闻》报道，据拉萨旅馆工作人员说，"3·14"事件中被袭击的车辆很多，商店被集中烧毁；美国《纽约时报》3月15日刊登记者 Jim Yardley 的报道，目击者说不法分子烧毁了商店、汽车、消防车和至少一辆旅游大巴等。

中新网于3月29日发布消息：中国西藏自治区依法处置拉萨严重暴力犯罪事件获得国际社会广泛理解和支持。据中国外交部网站消息，迄今已有120个国家和国际组织通过不同方式表示理解和支持中方的正义立场。

（四）确保北京奥运成功举办，划清奥运与"藏独"的界线，反对奥运会政治化

在西藏事件发生后的第五天，即在全国人大十一届一次会议闭幕之际，温家宝总理在接受中外媒体的采访时明确表示："西藏最近出现这一事件的本质就是个别人想通过煽动并制造一些事件，企图达到他们破坏奥运会的目的，但我们要秉承奥运会的宗旨，不把奥运会政治化。"

北京奥运会火炬境外传递已于5月初顺利结束。其间，虽在英国伦敦、法国巴黎等地传递时遭遇少数"藏独"分子的干扰，但奥运圣火依然照常燃烧。这种企图借奥运打"藏独"牌的行为不仅激起了中国人民以及海外华侨的义愤，也遭到了全世界爱好和平的人民的谴责。因为奥运火炬不只是中国的，更是世界的。外交部发言人秦刚在 3 月 25 日例行记者会上公开表示："西藏各族人民翘首企盼奥运圣火在西藏境内传递，我们相信，在西藏的火炬传递一定会受到西藏各族人民的欢迎，也会顺利进行。"他的发言有力地回击了"西藏事件阻碍奥运"的谣言。

参考文献：

[1] 肖沛雄等. 新编传播学. 广州：广东人民出版社，2006.

[2] 李希光，刘康等. 妖魔化与媒体轰炸. 南京：江苏人民出版社，1999.

[3] 刘洪潮等. 怎样做对外宣传报道. 北京：中国传媒大学出版社，2005.

[4] 赵士林. 突发事件与媒体报道. 上海：复旦大学出版社，2006.

[5] CNN 等西方媒体失实报道引发网民抗议. http://news.sina.com.cn/c/2008 - 04 - 01/114415269315.shtml，2008 - 04 - 01.

（本文发表于《东南传播》2008 年第 6 期）

"GMP"三主体在广州亚运重塑广州
城市新形象中的功能

王忠亮

　　摘　要：2010 年亚运会将在广州举行，亚运会是亚洲规模最大、影响最广和水平最高的综合性体育比赛。亚运会对于广州而言，不仅仅是一次体育盛会，更重要的是它将使广州成为亚洲的中心，向全世界展示广州魅力。同时，亚运会是重塑广州城市形象的一次契机。本文将运用政府、媒体和公众三主体的动态平衡学说，从政府、媒体和公众三个不同意义的城市形象传播主体入手，详细分析他们各自在传播亚运和塑造广州城市新形象过程中的功能和作用。

　　关键词："GMP"；广州亚运；形象

　　城市形象是指公众对该城市的内在综合实力、外显表象活力和未来发展前景的具体感知以及总体看法和综合评价，反映了城市的总体特征和风格。良好的城市形象是城市物质水平、城市品质和城市人文素质的综合体现，不仅能折射出城市的魅力和吸引力，同样能形成一种强大的凝聚力和辐射力。广州自古以来就是华南的政治经济中心和重要的外贸商港，是具有岭南特色的历史文化名城。改革开放以后，特别是进入新世纪以来，随着经济社会的发展，广州的建设发展目标和城市形象定位不断提升，先后有人提出了"商贸城市—国际大都市—现代化中心城市—两个适宜的城市"、"山水城市—现代化大都市—国际都会"等不同的形象定位。2009 年 4 月中旬，由广州市委宣传部、亚组委宣传部和广州市文明办共同主办的关于广州城市形象表述词的评选活动正式开启。8 月 21 日，经过专家评审的最后结果揭晓："千年羊城，南国明珠"被选定为广州城市形象的表述词。

　　亚运会是亚洲规模最大、影响最广和水平最高的综合性体育比赛。据亚组委宣传部副部长曾伟玉介绍说，第十六届广州亚运会将有来自 45 个亚洲国家和地

　　[作者简介] 王忠亮：广州体育学院体育新闻与传播专业 2009 级研究生。

区的 12 000 多名运动员参赛，并且将有来自国内外的 10 000 多名记者进行现场报道。广州亚运会是亚洲竞技体育的空前盛会。迈克尔·霍尔在《重大活动与城市形象重塑战略》一书中指出："重大活动本身是一种机制，它能够使城市'商品化'，起到吸引投资、增加就业和游客数量的作用，它也能塑造出健康发展的城市形象，从而引导居民表达对城市的一致认可。"其中，大型体育赛事对城市形象的提升作用非常明显。大型体育赛事，特别是国际性的体育运动会，其影响力已远远超出了竞技体育本身，而成为一场文化盛宴和推进城市社会经济发展的"加速器"，是城市对外加强交流、对内增强凝聚力的重要平台，也是城市展示自身形象、扩大影响力的难得契机。

城市形象是动态发展的，我们需要随着经济社会的发展而不断更新形象的主题，提升形象要素的水平，丰富形象的景观体现。文化形象是城市形象的灵魂，既为城市的发展提供了文化基础，同时又为城市品牌形象的塑造提供了丰富的内涵。"羊城"作为广州的一种文化符号，对岭南博大精深的文化宣扬还不够大胆、开放。因此，提出建设"文化名城"以促进广州的城市转型，体现"祥和亚运，绿色亚运，文明亚运"的主题。

在亚运中重塑广州作为"千年羊城，南国明珠"的国际都市新形象，是一个巨大的系统工程，需要各阶层、各领域广大群众全方位的鼎力支持。从传播学的意义上说，国家形象传播的三个调控主体是政府、媒介和公众，按照三者的英语缩写，称为"GMP"三主体。政府、媒体和公众的动态平衡学说指出，在社会常态下，作为传播活动中的三个不同意义的主体，"政府、媒体和公众的三角关系只有保持三足鼎立和相互制约的局面，才不至于破坏全社会的总体平衡"。但是，亚运会的报道，作为亚运会举办期间广州最主要的社会活动，影响非凡。政府的主导作用、媒体的枢纽作用和公众的主力军作用都非常重要。三者之间不仅要相互制约，各司其职，保持动态平衡，更要尽力使三者形成一种合力，共同努力，默契配合，以取得在传播亚运、塑造城市形象过程中的效果最大化。

一、政府在塑造广州城市形象中的主导作用

首先，广州作为"千年羊城，南国明珠"的国际大都市的新形象依赖于其综合实力和两个文明的成果展示。广东省和广州市政府要从宏观管理层面来加强对省、市各项建设事业和亚运筹备工作的领导，尤其要注重工农业、经济贸易、文化教育、交通运输、城市建设、社会治安、竞技体育和群众体育等多方面巨大成就的展示。

其次，2010 年的广州亚运，是亚洲体育竞技的狂欢，是展示"中国气派、

广东风格、广州风采、祥和精彩"的文化盛会，对我国和广东 30 年改革开放伟大成就和投资环境更是一个最好的展示机会。正如国际奥委会副主席凯万·戈斯帕所说："世界在'历史上独一无二的时机'，帮助中国向世界开放，这对中国和世界都是好事。"广东省政府和广州市政府应该组织专门的领导班子和队伍，有目的、有计划和有重点地全面展示历史悠久、特色鲜明、种类繁多的岭南文化，还应经常举办各种"迎亚运、讲文明、树新风、促和谐"的专题活动和论坛，引导和吸引市民积极参与"共建文明家园，构建和谐广东"的活动。

再次，正如《中共中央关于加强党的执政能力建设的决定》明确指出的一样，执政者要"牢牢把握舆论导向，正确引导舆论。坚持党管媒体的原则，增强引导舆论的本领，掌握舆论工作的主动权。坚持团结稳定鼓劲，正面宣传为主，引导新闻媒体增强政府意识、大局意识和社会责任感"。亚运期间，政府要从依法执政、民主执政和科学执政的高度来领导和管理新闻媒体。政府应主动引导新闻媒介，高瞻远瞩地统筹策划媒介议题，通过一系列宣传广州城市形象的专题活动和各种新闻发布会，及时提供信息补充，提高政府设置议程的水平，引导公众关注广州的焦点。

二、传媒在塑造广州城市形象中的枢纽作用

第一，整合媒介，和而不同。人类已经进入信息社会，各类传播媒体以其不同的特色与功能，在全球范围内各显神通。我们在亚运中需要实施跨媒体传播，即不同媒体之间的交叉传播与整合互动。笔者认为它应该包含两个方面：其一是不同的媒介单位之间的合作、共生、互动和协调；其二是指同一信息资源，利用不同的传播手段进行报道，在不同的媒介中形成优势互补，以达到最佳的传播效果。媒介整合的核心在于"跨界"，跨越不同的媒介载体或部门，整合集体的优质媒介资源，组建"全媒体"的立体传播格局。暨南大学副校长、教授林如鹏在第三届广州亚运论坛中指出："亚运传播中主要利用的媒介包括亚运官方媒体、传统媒体、新媒体、特选商品、户外展示和各种与亚运相关的文化活动等。"如传统媒体和新媒体的互补整合，在亚运传播中，以电视和报纸为主流的传统媒介形式，在空间移动和时效性方面与互联网和 LCD 等屏幕化媒体形成互补性结构，以便形成亚运立体化的组合传播模式和无缝化的传播。所谓"和而不同"，"和"是指多元媒体在整合传播中，要按照国家和省市的亚运传播战略目标，形成对国家与省市形象目标的共识，统一指挥，协调行动；"不同"则是指不同的媒介和不同的栏目、节目或活动，在针对不同的传播对象和具体目标时，各显神通，各具特色，各得其宜。

第二，议程设置，因势利导。公众对城市的印象和评价来源于个人对城市相关要素信息的接收状况及认知反应，其中仅有一小部分来自自己的切身体验，更多的来自第三方信息渠道，包括各种大众传媒、新兴媒体及各种活动、人际口碑传播等。换言之，媒体是在"再构建"地打造环境，而且是以一种"看不见"的方式构建拟态环境。广州拥有全中国最为发达的媒介环境、成熟的媒介市场，宣传广州的城市形象是广州本地媒体义不容辞的责任。媒体要善于使用不同的传播手段在不同的媒介中形成相对一致的报道主题和风格，在不同的阶段以不同的手段和形态引导公众及时关注和加深认识，把强势媒介的议程转移为公众议程，使广大公众对广州亚运传播显要性的认识不断提高，使广州的媒介形象深入到公众中去，传播到全亚洲甚至全世界。

第三，策划协同，构建奇观。21世纪初，美国人道格拉斯·凯尔纳在《媒介奇观——当代美国社会文化透视》一书中提出了"媒介奇观"的观点："媒介奇观是指那些能体现当代社会基本价值观、引导个人适应现代生活方式，并将当代社会冲突和解决方式戏剧化的媒介文化现象，它包括媒体制造出来的各种豪华场面、体育比赛、政治事件。"它包括消费文化奇观、政治文化奇观、体育文化奇观等。广州是中国市场经济发达地区之一，是中国改革开放的前沿阵地，具有成熟的体育产业化市场。亚运会在广州举行亦是一次增强亚运会影响力的机会。这个过程中，我们应当把亚运作为一种资源推销出去，促使亚运与市场更好地结合。正如肖沛雄教授在他的文章《公众参与和亚运媒介奇观》中所说：要通过政府的介入与协调、媒体的组织与策划、明星的包装和支持、大众的参与和互动、企业的资助和运作，选取最具备岭南特色的文化、竞技、经济建设成果，以独特的手段、多元的角度，打造成广州亚运的岭南人文奇观、南粤经济建设奇观和南国体育竞技奇观。

三、公众在塑造广州城市形象中的主力军作用

从历史的宏观意义上说，正如毛泽东同志说的"人民，只有人民，才是创造世界历史的真正动力"，广州的城市形象，无论是历史的，还是现代的，都是广大人民群众用智慧与力量创造的物质文明与精神文明成果的结晶。即使是办好一届亚运会，塑造广州的城市新形象，其主力军同样是广大人民群众。在广州亚运过程中，进入全球视野的绝不仅仅是运动员的精彩表演，还有广东省和广州市从思想观念到文化教育，从经济建设到社会治安，从体育竞技到群众体育，从物质条件到精神成果的全景式的展示。这一切都离不开广州历史文明的创造者——人民群众。广州亚运会要构建上述三大媒介奇观，它的主力军是谁？亚运不仅是

政府、媒体的亚运，更是全民狂欢的盛会。各级领导、体育运动明星、企业家等在亚运中的作用固然重要，但是从历史发展的角度来看，主力军应该是广大人民群众！各行各业里身体力行、给予积极支持的广大公众都应该也必将成为创造广州亚运媒介奇观的传播主体。没有他们对历史文明的创造与积累，没有他们创造的经济建设成就，没有他们对体育运动的热爱与支持，没有他们对广州亚运体育盛会的倾情参与，没有他们在亚运期间的热情服务和遵纪守法，所有国家形象和广州新城市形象的塑造都是一句空话。广州城市形象的塑造需要广大人民积极的身体力行，只有这样，才能把"祥和亚运，绿色亚运，文明亚运"的主题落实到全民参与的具体行动中。

政府运筹帷幄，媒体摇旗呐喊，公众倾情参与，"GMP"三大主体既各司其职，又协力合作。我们完全有理由相信通过举办亚运会的契机，能为世界呈献一次完美的体育盛会。亚运将为新广州插上腾飞的翅膀，广州"千年羊城，南国明珠"的城市形象将更加深入民心，传遍全世界。

参考文献：

[1]［美］马克斯韦尔·麦库姆斯. 议程设置——大众媒介和舆论. 郭镇之，徐培喜译. 北京：北京大学出版社，2008.

[2]［美］道格拉斯·凯尔纳. 媒介奇观——当代美国社会文化透视. 史安斌译. 北京：清华大学出版社，2005.2.

[3] 彭靖里，马敏象，安华轩. 中国城市形象建设的发展现状及其展望. 中国软科学，1999（2）.

[4]［美］迈克尔·霍尔. 重大活动与城市形象重塑战略. 转引自陈柳钦. 论城市品牌建设. 中国市场，2011（7）.

[5] 张诗蒂. 政府、媒体和公众关系的动态平衡. 四川大学学报（哲学社会科学版），2005（1）.

[6] 肖沛雄. 精心打造北京奥运的三大媒介奇观 努力构建中国良好的国际媒介形象. 新闻知识，2007（9）.

[7] 十六届四中全会. 中共中央关于加强党的执政能力建设的决定，2004.

[8] 林如鹏. 广州亚运会传播目标与跨媒体传播策略. 消费导刊，2010（5）.

（本文发表于《消费导刊》2010年第6期）

在城市危房改造中如何塑造拆迁单位形象

——以南华西危改项目（一期）为例

王蔡银　赵鸽燕

摘　要：本文从城市旧房改造拆迁出发，分析影响拆迁单位形象的三个关键因素：单位行为、媒体传播和公众参与，并为构建健全的单位形象提供参考方法。

关键词：单位形象；城市改造；媒体；公众

"形象是社会公众对某人、某事物或组织的印象、看法、态度、评价甚至情感的综合反映，是该人、事物或组织的客观状态投影在公众心目中或舆论中所确立的整体印象。"[1]对一个单位来说，其形象无疑是某品牌和影响力的重要组成部分。

在城市拆迁改造过程中，拆迁单位越来越重视本单位形象的传播和塑造。单位形象是指公众对这个单位的主观看法，是单位的无形资产和宝贵财富，是其影响力的重要组成因素，对单位的目标和意图能否为公众所接受或在多大程度上接受起着至关重要的作用。

维护自己的良好形象，不仅要靠拆迁单位自身的努力，还要善于运用媒体进行有效传播，如在重要活动实施之前为媒体提供新闻稿、接受媒体专访等。

城市旧房改造动迁工作得以顺利进行需要单位在按政策方案实施和谐拆迁的同时，还需要广大公众的支持及参与。但是在拆迁过程中难免会出现众多问题，如公众的权利没有得到应有的尊重和保护等。

本文以南华西危改项目（一期）为例，试图理清在城市拆迁改造中影响单位形象的关键因素，为拆迁单位形象塑造提供参考。

一、城市改造中塑造单位形象的三个关键因素

单位行为、媒体传播和公众参与是塑造单位形象不可或缺的三要素。在不同

[作者简介] 王蔡银，赵鸽燕：广州体育学院体育新闻与传播专业 2008 级研究生。

事件中，三者的权重又有所不同。在城市改造中，单位行为处于领导地位，同时又是最不容易改变的因素；媒体传播和公众参与处于从属地位，是塑造单位形象的主要变量。

1. 单位行为

旧城改造工作是动迁单位及相关领导直接与公众紧密接触的一种社会活动。南华西成片危房改造项目（一期）得到广州市国土房管局、市拆迁办和市土地开发中心的大力支持，制定了以人为本的拆迁补偿及安置政策，得到了被拆迁户的认同，为拆迁工作的顺利推进打下了良好的基础。

海珠区危房改造建设管理所（以下简称"危改所"）对内加强管理，提高工作人员整体素质，认真做好建章立制工作；在动迁过程中使用亲民政策，晓之以理，动之以情，实现和谐拆迁。南华西地块在短短一年时间内基本完成动迁工作，为海珠区房改工作树立良好的形象，引起各大媒体的关注，赢得了市民的口碑。良好的社会反响成为海珠区危改所一笔巨大的无形资产。

2. 媒体传播

媒体传播即媒体对政府行为和公众反应的报道，是连接政府与公众的信息桥梁。南华西危改地块（一期）轰轰烈烈地展开，引起新闻界的关注。如何使媒体准确、适度地进行报道，是一个值得探讨的话题。

海珠区危改所注意自己的媒体形象，重视自己的曝光度，通过精心安排并积极和有关部门协调，统一新闻口径；根据不同情况，主动与媒体接触，掌握好舆论引导的主动权，及时发布相关信息，善于利用媒体的力量来推进拆迁的进度。

在条件允许的情况下，通过一切可能的方式说明相关的决定、政策，最大限度地争取公众的理解和支持。这种善用媒体的沟通策略不仅能满足公众知情权，还是政府推销自己的政治主张、争取舆论支持的有效手段。决策成功与否，很大程度上取决于政府与媒体的关系。

南华西地块（一期）的报道以正面报道为主，如2009年1月13日的广州日报《南华西地块（一期）规划出炉　私房住户有望亚运前回迁》，2009年2月28日广州电视台《南华西钉子户已签约，地块将出让》；有取得一定影响力的报道，如2009年1月13日的信息时报《广州改造遇最牛钉子户，要12 700元/平方米补偿》；媒体主动追踪报道，如2009年3月4日的南方都市报《南华西地块"净身"出让》；海珠区危改所主动告诉媒体相关动态信息以扩大事件的影响力，如2008年6月4日的广州日报《南华西拆迁最高补偿7 500元/平方米，先签约先选房》等。

城市改造是媒体关注的热点问题，媒体报道是公众形成单位形象认知的最主要途径，报道的框架和倾向对公众认知的形成起关键性作用。单位为赢得民意，必须利用和开发媒体的力量，制造舆论，设置议程和框架，从而形成自己的"软力量"优势。

3. 公众参与

拆迁单位所制定的每一项政策以及工作动迁方案都与公众利益密切相关，发动多方面、各阶层、代表不同利益群体的公众参与决策制定，可以及时调整政策中不符合公众利益的部分，规避潜在风险，同时给公众留下善于沟通的良好形象。然而，在实际操作中，公众参与这个环节却常常被忽略，或仅仅作为一种形式保留。

按照安斯汀的理论，操作性参与和教育性参与都归属于假参与，那么在城市改造问题上采取的听证会、座谈、宣传、教育等这些方式都只是假参与和象征性参与，即一种被动式的过程性参与，难以真正做到直接有效的沟通。要做到实质性参与，则需要公众的合作性、代表性与决策性参与。实质性参与不但包括被告知信息、获得资讯和发表意见等法律赋予公众的最基本权利，而且包括公众对整个城市改造过程的参与和控制。例如，邀请公众参与拆迁立法讨论、监督拆迁执法等。

在政府行为、媒体传播、公众参与这三个形象塑造的关键因素中，政府行为要注意引导媒体传播，以便媒体正确报道和解释政府行为；媒体传播推动公众参与政府决策，通过公众参与调整政府行为中的不和谐因素；政府行为作出符合公众利益的调整后，再次引导媒体对政府的新政策作出正面报道，如此则可以形成良性循环，保持政府的良好公共形象。

二、城市改造拆迁中如何传播形象

在社会常态下，拆迁单位、媒体、公众三者之间可以达到一种沟通平衡，即作为信息传播渠道的媒体，在一定程度上满足了政府和公众对信息的要求。因此，政府塑造形象主要可以依靠主动联系媒体、发放宣传材料、制造媒体事件等方式。以下通过分析南华西危改项目（一期），探讨海珠区危房改造建设管理所如何塑造自己的传媒形象。

1. 坚持正确的舆论导向

海珠区危改所的宣传工作采用适当的报道方式，结合自身情况来组织相关信息，积极联系媒体。通过正面的报道，利用舆论的力量推进拆迁工作的顺利进行。

2. 要坚持"三贴近"原则

"三贴近"原则指新闻宣传要贴近群众、贴近生活、贴近实际。首先，海珠区危改所的宣传工作者不仅要加强与职工的沟通交流，了解职工的心理特点，而且要及时掌握社情民意。其次，改变传统的被动宣传工作模式和着眼点，改为主动出击。坚持宣传工作的"三贴近"原则，走"平民化"路线，用事实说话，否则易损害单位的诚信度和社会满意度。

3. 宣传要及时、准确、真实、生动

及时就是要求宣传讲究时效，信息及时更新，积极联系媒体，把握好媒体关注的焦点，及时沟通，并围绕相关焦点迅速选取素材，进行宣传。准确、真实就是要求宣传的内容和素材要准确真实。同时，在内容和形式上也要生动活泼。

4. 积累资料主动出击

积累素材，向媒体提供资讯。根据工作内容和特点，积累相关材料，成立某一方面的资料库，如城市清洁能源方面的资料库、环境与绿化方面的资料库等。政府部门及时给媒体提供其所需要的资料，这样会给媒体留下好印象。当这个部门需要媒体支持时，媒体也会很慷慨地提供支持。

5. 对不同媒体采用不同技巧

不同媒体需要不同的报道材料。政府部门有信息需要传播，要注意传播的内容是否与媒体的需求相符，不同媒体有不同的报道取向、不同的品牌形象和不同的读者群落，选错了媒体，可能比不选媒体还要糟糕。比如开新闻发布会，政府部门应该给不同媒体准备不同侧重点的背景材料，这样媒体才能各取所需，报道各具特色。

注释：

[1] 肖沛雄. 新编传播学. 广州：广东人民出版社，2006.427.

（本文发表于《新闻世界》2009 年第 10 期）

专题七　电影电视文化传播

中美体育电影中的宗教文化观念对比

肖沛雄　万文双

　　摘　要：中美宗教文化观念存在着巨大差异，而这种差异也会直接表现在体育电影中。本文通过对中美体育电影中宗教文化观念异同的分析，从电影表象差异探寻产生异同的根源，以期给中国体育电影的发展提供一些有益的启示。

　　关键词：中美体育电影；宗教文化观念；对比

　　宗教是人类社会发展到一定历史阶段出现的一种社会意识形态范畴的重要文化现象，作为一种信仰和价值观体系，它是人类智慧的结晶。宗教相信现实世界之外存在着可以统摄万物，拥有绝对权威的超自然的神秘力量或神秘实体，它主宰自然进化，决定人世命运，从而使人产生敬畏及崇拜，并引申出宗教信仰认知及宗教仪式活动。在人类早期社会中，宗教承担了对世界的解释、司法审判、道德培养和心理安慰等功能，对人类社会发展产生了巨大影响。宗教在其数千年发展史上，几经兴衰，却仍以顽强的生命力力证着"存在即是合理"的道理。

　　马林洛夫斯基说过："凡有文化必有宗教。"世界宗教文化斑驳陆离，而中国的宗教文化不仅源远流长、独具特色，更因为巨大的争议而声名远扬。有着几千年传统文化的中华民族，形成了以儒家思想为主流，博采儒、释、道等家之长的博大精深的多元宗教文化，其影响的巨大、普遍和深远是其他从西方引进的伊斯兰教、天主教、基督教（新教）所无法比拟的。尽管现在学术界还有"儒家是否为宗教"之争，但无法否认的是儒家思想的宗教性和宗教性作用。即使在历史上皇权专政的各朝代，宗教也没有发展成为国家的信仰，但是儒释道的影响深入骨髓，融进了中国人的精神生活之中。而美国基督新教文化是西方文化的代表，虽然美国实行政教分离并被认为是宗教世俗化最明显的国家，但是宗教对美国国民的作用无处不在，成为其人生取向、伦理规范、价值判断和精神坐标，就

　　[作者简介] 肖沛雄：广州体育学院体育新闻与传播专业教授，硕士生导师；万文双：广州体育学院体育新闻与传播专业 2008 级研究生。

连美国总统在就职宣誓时都必须手持《圣经》，其影响力可见一斑。

自从宗教产生以来，它就与哲学、文学、艺术相交织。电影以一种新的艺术形式出现时，就深深地烙上了宗教的印记。这在体育电影中的表现更为明显，因为体育的产生可以追溯到古希腊的宗教性祭祀活动，体育精神与宗教精神有着一定的渊源。

中美两国的宗教文化观念的异同在当今世界具有巨大的代表性，它们一个是典型的东方文明古国，一个是西方现代文明的后起之秀。两国在宗教观念上的异同也必然移植到体育电影中，进而演绎出不同的生活内容和人生体验。

一、中美体育电影中宗教内涵的不同

因为中国特殊的国情、宗教制度和儒家精神的特点，大部分体育电影中宗教观念的渗透远远不如美国电影中基督教的影响明显，更多的是通过体育精神和价值观念的折射来体现中国传统的宗教文化观念。尤其是武术电影和民族类体育电影最能表现中国儒释道思想。在《京都球侠》中，清末浪迹江湖的原翰林编修周天为了维护民族的尊严，冒着死罪与西洋足球队签下足球赛约，并组织一批绿林好汉成立了"青龙队"，勇敢迎战并战胜了由卖国求荣的腐败天朝临时组成的御林军球队。他们的侠义之举充分体现了崇尚气节、讲究情操、"杀身成仁，舍生取义"等儒家思想和道家思想精华的交汇；《棋王》写的是"文革"中西南某镇知青中的奇人"钉子李"，他全身心地融入棋道的境界中，虽"贫贱如乞却又心融万汇，行于浊世而又超然物外"，作者在这里塑造的"文革"特殊政治历史背景下的典型人物和典型性格，是道家思想的一个艺术体现。

美国体育电影中的主人公常常具有宗教化的背景和生活内容。最为出名的宗教电影《火之战车》写的就是犹太教徒田径运动员亚伯拉罕。他在深受种族偏见之苦的情况下在百米赛跑中战胜美国短跑名将，成为第一个夺得奥运会百米赛冠军的犹太人。影片同时相映成趣地讲述了在苏格兰一个决心夺取奥运会百米金牌的青年利德尔，在 1924 年举办的第 8 届巴黎奥运会上，却因为宗教信仰放弃百米赛跑，转而参加 400 米赛跑，最终夺得冠军，还一举打破世界纪录。这部经典之作荣获了 1981 年包括最佳影片在内的四项奥斯卡大奖。《卡特教练》、《酷越街球》等这类影片中都有年少主人公遇到女朋友未婚先孕的困惑（因为其宗教信仰反对堕胎），影片中"上帝保佑我"，"噢，我的上帝"等词语已经成为口头禅。更有直接描写教会学校体育生活的影片，如以圣母十字学院和圣母大学为故事背景的《追梦赤子心》，就是美国教育宗教化和宗教的制度化的具体反映。具体来说，中美体育电影的宗教内涵有如下的不同：

1. 乐感文化和罪感文化

中国的宗教文化被有的学者称为"乐感文化"，这也许源于孔子的"乐而不淫，哀而不伤"，主要是相对于基督教的"罪感文化"而言。庄子的"逍遥无为"、孔子的"人性本善"、荀子的"人定胜天"等都是乐感情怀的证明，其中道家的最高境界就是怡然自乐的逍遥心境。虽然电影力图表现中华民族历史上的多灾多难，体育电影中主人公的人生道路也常常是荆棘丛生，但在与命运的痛苦搏斗中也处处体现出道家乐观逍遥、自我释怀、苦中求乐的怡然乐观情怀。电影《黑眼睛》是一部残疾人题材的影片，讲述了一个坚强而又有天赋的盲人运动员面对爱情的复杂心理，表现了主人公不屈不挠、乐观向上的人生态度；《深山球梦》描述了在一个信息闭塞、物质匮乏的深山小村里，热爱篮球运动的少年山子，天真地梦想着要去北京参加奥运会。在广电总局"村村通"队员陈刚大哥的引导下，他克服了重重困难与阻力，顽强拼搏、不懈努力，艰难而坚毅地向着梦想前行。山子的执著与热情感染并改变着周围的每一个人，他让这个与世隔绝的小山村沸腾了，他仿佛已经成了众人心目中的奥运英雄。这正像《六月男孩》中所说的："欢乐的初三时光即将过去，明天就要来临，当晨光洒满道路的时候，相信我们还会伴着初升的太阳一起启程、追逐；只要有爱，只要有真诚，未来与我们同在，青春永远相伴！"中国体育故事情节总是悲喜交集，曲折起伏，但主人公在邪恶势力和艰难时世面前，始终低吟着顽强、乐观的心底之歌去与命运抗争，去迎接黎明的曙光。

美国的基督新教则用"原罪观"来诠释和强调人的本质堕落和人性邪恶。其理论源自《圣经》中关于人类始祖亚当和夏娃偷吃禁果犯了罪的故事。因此，后来的人类不仅一生下来就是有罪的，而且会在生活中不断犯罪，所以每个人都需要向神忏悔、赎罪和进行自我救赎，而这个过程只能在行动中通过受苦来达到。"通过耶稣所体现的爱而得到拯救，人与亲临困难深渊的上帝重新和好时最高的境界。"[1]著名写实主义电影理论家克拉考尔就认为电影可以重建人与现实的关系，带有一种宗教意味上的救赎性质。因此，通过在艰难的行动中受苦来进行救赎，是美国体育电影的灵魂所在。

在为数众多的拳击类电影中，自我灵魂的救赎几乎成了共同的主题，最为出名的是获得奥斯卡最佳影片的《愤怒的公牛》。影片分为三个段落：一是取得拳王宝座的"摧毁"；二是取得拳王宝座后的自我摧毁；三是出狱后的自我救赎。其深刻而冷静地呈现了拳击冠军拉莫塔最终如何在救赎自己的道路上获得新生。电影的点题之笔就是腓利基人再一次召来那位眼瞎的人说"在神的面前说出真相，我们知道这个人是罪人"。"他到底是不是罪人我不知道，"那个人回答道："我只知道我曾经眼瞎，现在我重见光明。"另外，改编于真实故事的《慕尼黑

惨案》亦是一部经典之作。它讲述以阿维纳为首的一批职业特工被上级指派到
欧洲执行"猎杀"任务，其对象包括一名教授和一名小孩。他经过激烈的人性
思考，最终完成了自我的人性救赎。最为动人的还有有关橄榄球的《最长的一
码》和有关篮球的《重振球风》等这一类型讲述监狱中的犯人怎样通过训练和
比赛来完成心灵救赎的影片。

　　2.忏悔与顿悟

　　"人类在追求需要的满足过程中，有时难以支配自我、主宰命运，甚至有时
还会发生人的本质分裂、异化，这就需要用宗教或其他文化样式来缓解矛盾、平
衡心理"[2]，可见宗教作为人的一种精神现象和心理需求，不仅是人了解世界的
一种方式，也是人在困境中的一种解脱方式。不同宗教的解脱方式和思维体验不
同。与美国宗教要求的对上帝的忏悔与自我救赎相比较，中国更强调的是内修与
醒悟。儒家认为"知错能改，善莫大焉"，道家相信"斯所以诲有情者，将令推
至理以遣累也"，佛家讲究"渐悟"和"顿悟"（《六祖坛经》："一刹那间，妄
念俱灭，若识自性，一悟即佛地。"），由此可以看出中国人的改过自新、迷途知
返都是一刹那的决定，需要自己的醒悟。中国体育电影中主人公叙事基本属于
"胜利—歧路—失败—醒悟—成功"的模型，其形成有着深刻的宗教文化背景。
无论是《体育皇后》中黎莉莉迷失在灯红酒绿中的醒悟，《碧空银花》中白英犯
错后的幡然醒悟，还是《棒球少年》中"少爷"的茅塞顿开，都表达了醒悟后
"浪子回头"的主题。

二、体育电影中终极价值关怀的差异

　　1.体育电影中对人生意义的追求

　　美国天普大学宗教系教授 L.斯维德勒认为，宗教是一种对生活终极意义的
解释，这种解释是基于超验的概念以及相应的生活方式之上的。[3]宗教的这种终
极价值关怀又具体体现在对人生意义的追求上。"人类生命的意义是什么？或者
联系到这个问题来说，任何生物的生命意义是什么？要知道这个问题，就意味着
宗教信仰。"[4]美国人类学家爱德华·萨皮尔指出，宗教的本质在于"使人们为
发现一条能够克服日常生活的困惑和危险而达到精神安宁的道路而不断地去努
力"，或者说"构成宗教的核心东西，正是人们那种伴随全面和必然的失败而带
来的对于最终实在的有意无意的追求"。

　　黑格尔在《德国思想家论中国》一书中认为中国宗教是非理性的精神，"内
在的东西被外化"，"内在的东西、思想、良心、正式的自由都不存在"[5]，他这
里说的是中国的宗教精神缺乏终极价值关怀或信仰追求的生命意识。这是一种历

史的偏见。无疑,与美国以基督教为核心的价值取向相比,中国传统文化对个人的生命价值和人生意义的追求与强调相去甚远。自从苏格拉底唤醒了人的"类"的自我意识,唤醒了"类"中人的个体自我意识,西方文化史上完成了第一次也是最重要的一次"人"的启蒙。西方人的社会化观念带有很强的个人功利性,包括遵守上帝的意旨去帮助他人,也是为了灵魂的自我救赎,死后进入天国。而中国宗教文化强调的社会化更多地带有利他性,多是从国家、集体或他人的角度来考虑。更准确地说,在漫长的历史长河中,中国人心中没有"小我"的观念,只有"大我"的观念。所以即使在新中国成立后的体育电影中,也大多是宏大的时代命题。但是改革开放后我们的观念在不断更新,体育电影也开始对人生的价值意义进行了一些积极的探索。

在电影《沙鸥》中,国家女排队员沙鸥在重要国际赛事中失利和未婚夫在登山中遇难的双重沉重打击下,直面命途多舛的现实,痛定思痛,始终为实现为国争光和实现人生价值目标而奋斗,电影揭示了人生的真正价值和人生的多元意义;电影《隐形的翅膀》、《黑眼睛》等是对残疾人在热爱体育运动与追求体育梦想中承载的生命体验的解读,盲女丁力华夺金的过程就是重新认识自我、回归正常"人性"的过程;《大山里的拳击手》、《深山球梦》等将视角转向农村,在思考农村体育发展的同时,也表达了对人类平等、人性尊严、自由境界的认同和渴望;《六月男孩》、《棒球少年》等开始关注孩子的体育梦想;在《跆拳道》对杨卉和刘立充满女性意识的情感描述中,人们看到了拼搏精神与人性价值的水乳交融。在这些影片中,体育精神不仅仅是在运动场上,更多的是移植到日常生活中帮助人们去战胜挫折,增强克服困难的勇气。人不再仅仅是为夺冠而参与体育运动,更多的是思考体育运动给人生带来了什么。

而美国基督新教是以理性的终极精神为依据,摆脱世俗的控制,深入到人的内心。《百万宝贝》描绘了一位31岁的餐厅女侍者Maggie历尽艰难困厄,最终成长为获得百万美元奖金的女拳手。她在一次最重要的比赛中,因对手的恶意报复而严重受伤,不得不坐救护车离开赛场,即使如此她还坚持着自己的信条:"不要平庸的一生,只要刹那的辉煌。"她追求生存价值与生命意义的心路历程和惨烈的遭遇,向人们展示了一种"对生命本身追求过程的意义远远大于追求结果"的价值追求和生命哲理。《奔腾年代》中瘦弱的"海洋饼干"已经成为人们苦难生活中的精神寄托,它一次又一次地超越自己,让无数对生活失去信心的人们欢欣鼓舞。萧条的年代,三个不同命运的人和一匹斗志昂扬的老马,成就了一段不朽的美国传奇。

2. 个人、集体、国家一体的集体主义和追求"美国梦"的个人主义

正因为中美两国的宗教在对人的终极价值关怀上的巨大差异,所以在体育影

片中就直接化为两种不同的价值观，即个人、集体、国家一体的集体主义和追求"美国梦"的个人主义。

中国体育电影中，无论是《冰上姐妹》、《碧空银花》、《女足九号》、《女跳水队员》、《小足球队》，还是《一个人的奥林匹克》等，不同时代的影片中的主人公大都以国为家，以获得金牌为国争光为人生目标和理想，集体主义精神在主人公身上幻化为一种人格品质和美德，而个人的梦想要服从这一切。在这样的思想指导下，中国体育电影虽然在当时特定的历史条件下为传播国家主流的价值观和弘扬时代的主旋律起到了积极的宣传作用，但由于缺少能够打动人心的个性化的艺术形象，也就缺少了人们最渴求的终极价值和人性关爱，所以经久不衰的经典影片自然就凤毛麟角。

而美国体育电影的巨大成功很多来源于对"美国梦"的煽情渲染。王军认为"美国梦"是一种贯穿于美国历史、最能体现美国精神生活方式和美国国民精神的理想。它是对自由、平等、宽容、进取和成功进行不懈追求的理想主义信念，是对机会均等、人人都有成功的希望和创造奇迹的可能性的乐观自信。[6]大家熟悉的影片《洛奇》六部曲都在表达着美国梦，"这里的美国梦有两个方面，一个是故事主人公洛奇的，一个是扮演者史泰龙的"。如拳击电影《光荣之都》、《出卖皮肉的人》、《富城》等，棒球电影《棒球少年》、《汉克·艾伦：追梦》、《少棒闯天下》等，橄榄球电影《追梦赤子心》、篮球电影《光荣之路》、足球电影《一球成名》等各种体育项目的追梦人的励志故事，都在宣扬"只要肯努力，人人都可以成为总统"的美国式梦想。

三、中美体育电影中精神引领的"和而不同"

世界是如此宽广而复杂多变，人对世界的认识和行动、醒悟和救赎都是不断认知自我、完善自我的过程，这个过程并非无缘无故发生，也不是仅靠一己之力就可以完成的。在人的灵魂深处，往往都有某些理念、信仰或偶像在引领着我们的世界观和价值观，并体现一个人"慎终追远"的"心灵生活"，体现人们对世界一切人和事物的"终极关怀"。"和而不同"一直被认为是在全球化语境下对文化多元性的合理解释，所有差异都是基于"和"而言的。体育电影作为人类共有的精神财富，是真善美的最佳代言，所以中美两国的体育电影中的价值观的精神引领必定有其相通之处。这主要表现在对信仰和"爱"的追求上：

（一）信仰支撑成就人生

信仰是宗教的基本特征，也是宗教神秘体验的重要内容。宗教信仰是人类社会发展过程中积淀下来的最突出、最典型的信仰形态。体育电影一向被视为励志的最好题材，而励志的成功来自强大的信仰支撑。一个人没有坚定的信仰是达不到技术的顶峰，并在体育竞赛中取得胜利的，所以无论是中国还是美国体育电影，主人公都有一个强大而坚定的人生信仰，或是为了国家，或是为了亲人，或是为了自己。如《一个女教练的自述》、《乳燕飞》、《现代角斗士》、《美人鱼》、《战斗年华》等体育电影就是表现中国人热爱社会主义祖国，为繁荣体育事业鞠躬尽瘁的最佳代表。影片中的主人公曲棍球教练阿尔塔琳、体操教练李桂芳、摔跤运动员锡林、游泳教练赵美英经历了人生和赛场上的种种磨难与挫折，义无反顾地回归体育成为他们的成长模式，而通过努力拼搏夺冠为国争光成为他们的人生理想。

美国是一个宗教信仰深厚的清教徒移民国家，不存在传统民族主义土壤中天然的种族和血统认同，它的爱国主义信仰是依靠对美国的自由主义至上的制度和"上帝赋予他们的""民族优越感"与"历史使命感"来维系的。绝大多数美国人表明自己是坚定的"爱国者"，并为此感到"非常"豪迈和自信。这在美国好莱坞著名的体育电影《胜利大逃亡》中表现得淋漓尽致。影片取材于"二战"期间的真实历史事件，当时的纳粹为了打击盟军的士气，组建了最优秀的德国国家队，并要求从不同纳粹集中营的俘虏中挑选最优秀球手组成盟军队与德国队进行比赛。在秘密抵抗组织的帮助下，盟军队一方面做好了借机逃狱的准备，另一方面决心冒着生命危险战胜对方来维护国家民族的尊严。可是上半场结束时盟军明星队以1∶4落后于粗野的德国国家队。球员决心要为国家和民族的尊严战斗到底并取得胜利，他们放弃了在中场休息时通过事先挖好的休息室的通道逃出监狱的计划，重新回到球场上，终于把比分差距缩小为3∶4，并在终场前成功地挽救了对方一个误判的点球。他们的爱国主义信仰和坚不可摧的意志，赢得了球场观众的热烈掌声，疯狂的球迷像洪水般冲过了看守涌进球场。盟军的队员们在机智勇敢的球迷的掩护下，成功地走向了通往自由之路。有的电影观众甚至认为这场球场和战场的双重胜利，对反法西斯起到了"超越百万苏联红军"的巨大作用。此外，《冰上奇迹》、《铁拳男人》中的主人公为了履行对妻子的诺言而接连不断地向厄运挑战，最终登上拳击冠军的宝座；《扬基的骄傲》中英年早逝的棒球巨星"铁人"执着地追求比赛的胜利；《爱情与篮球》中一对因为对篮球共同的爱进而互生情愫的青年男女，由于昆西成功地实现了加入职业球队的梦想而使爱情经受住了考验等，都是主人公以体育运动和爱情作为坚定信仰与强大的精神动力而不断坚持超越自我的故事。

（二）"爱"是共同的永恒主题

作为人类共同的精神财富，"爱"这个永恒的主题被赋予到中美体育电影中。无论是儒家胸中的"仁"，还是耶稣口中的"爱"，其实都在寻求一种普世的救世原理，都在教导人们行善、爱人如己、助人为乐、尊老爱幼、规矩守法等。中美体育电影中很多有关真、善、美的主题，都是来源于宗教的教条和经典文集。中国体育电影中的"爱"常常超越男女的情爱而融合了爱国、爱家和爱集体。《美人鱼》既有友爱又有无私的国家之爱；《同在蓝天下》既是爱情婚姻的异性之爱，又是健康人与残疾人之间的平等之爱；《大山里的拳击手》是助人奉献的博爱。美国体育电影中的"爱"更清晰地打上了个性的烙印。影片《情定温布尔登》中的英国网球运动员彼得科尔特在日落西山的球场上，邂逅并爱上了性感迷人、桀骜不驯的美国女球员丽兹。在爱情的鼓舞下，他在球场上神奇般地恢复了斗志与信心，并一举拿下温布尔登桂冠，圆了英国人大半个世纪的温布尔登之梦。纵观中美体育影片，"爱"是故事发展的出发点，"爱"是剧情发展的导火索，"爱"是催泪的万能药。每一部影片都是"爱"的鸣奏曲。

中美两国因为巨大的宗教文化差异，从而在体育电影的表达上也显现出了不同的特色。由于美国宗教的政治化、自由化、世俗化和多元化倾向，使其在体育电影的创作上有更大的空间和更多的题材。宗教影响着美国人创作体育电影的思想，宗教也在一定程度上成就了美国人的精神，这些都体现在体育电影中，并由于宗教理念的广泛认知度而加深了影片的深度，使影片受到热烈追捧而成为精品。中国对于电影中的宗教文化正如道家追求的"无为而治"，是潜移默化的渗透，没有刻意进行创作。不过在以后的创作过程中，中国电影人可以考虑如何将中国宗教文化至真至纯的理念融入体育电影之中。例如，在对传统体育项目的继承和传承上，中国体育电影完全可以运用宗教文化大有作为，从宗教文化来挖掘以武术为代表的民族传统体育项目影片的文化内涵。这可以作为中国体育电影走向成功的一个尝试。

注释：

[1] 刘小枫. 拯救与逍遥. 上海：上海人民出版社，1988.31.

[2] 黄海德，张禹东. 宗教与文化. 北京：社会科学文献出版社，2005.

[3] 赵建国. 终极关怀——信仰及其传播. 北京：中国传媒大学出版社，2008.

[4] [美]爱因斯坦. 人生的意义. 爱因斯坦文集·第3卷. 许良英等译. 北京：商务印书馆，1979.34.

[5] 王晓朝，杨熙楠. 沟通中西文化. 桂林：广西师范大学出版社，2006.317.

[6] 转引自李其荣. 美国文化解读——美国文化的多样性. 济南：济南出版社，2005.

（本文发表于《南方电视学刊》2010年第1期）

中美体育电影中体育精神的和而不同

肖沛雄　　万文双

摘　要：当今世界经济和信息传播全球化，以好莱坞为代表的美国电影称霸全球。在体育电影方面，美国的体育电影与中国的体育电影在文化观念的传播中也存在着种种差异。文章运用跨文化比较的方法，从体育精神传播的角度切入，联系中国和美国体育电影的实例，对比研究在中美体育电影中所传播的体育精神的外延与内涵的"和而不同"，以期更深入地探索体育电影文化观念传播的规律和经验，为电影在全球化竞争中更好地融合创新和开拓发展提供借鉴。

关键词：体育电影；体育精神；和而不同

　　如果说在大众传播中，电影是最有效率、最富美感、最具表现力地实现了空间和时间在表述上的叠合的话，体育电影则是"声画结合"的"第七艺术"和彰显人类力、美、健的体育运动的"天作之合"。这使体育电影成为电影作品中一朵为广大观众喜闻乐见的艺术奇葩，也成为文化观念传播的一个重要载体。

　　匈牙利电影理论家巴拉兹·贝拉认为电影的出现使"文化正从抽象的精神走向可见的人体"[1]，纯粹的电影艺术作为人类意识强盛时代的表征，"是人类从各种事物现象的状态和变化中，以不同的方式，对真、善、美进行不懈追求所产生的智慧的结晶"[2]。在不同国家和民族的文化背景下创作的电影必然会传播不尽相同的文化观念和民族话语。在当今信息传播全球化的语境下，经济处于边缘地域的民族文化内容难以觅得恰当的世界位置。发达国家掌控世界话语权，尤其是以好莱坞为代表的美国电影称霸全球，中国电影也正在激烈的竞争中寻找出路。"中美文化关系是影响中国国家文化安全环境和战略走向最重要的国家文化安全因素。对华和平演变战略，通过文化问题干涉中国内政，并通过文化影响来改变中国政治制度，长期以来一直是美国政府的对华文化战略。"[3]中国作为东方文化的杰出代表，与美国作为西方文化的典型代表，两者之间文化观念传播的

　　[作者简介]　肖沛雄：广州体育学院新闻与传播专业教授，硕士生导师；万文双：广州体育学院体育新闻与传播专业 2008 级研究生。

"和而不同"，表现在体育电影中不但包括价值观念、宗教观念、道德观念、民俗观念等多方面，还表现在体育精神上。从体育精神的角度切入对比研究中美两国体育电影体育精神的异同，有助于从跨文化的比较中，加强对中国体育电影的艺术创作和文化传播的深入理解，以及更好地进行跨文化传播策略的抉择，不断增强我们的文化安全意识，提高抵制文化霸权、捍卫我们文化主权的自觉性，在电影的全球竞争中相互借鉴、融合创新和开拓发展。

一、体育精神是中美体育电影传播的重要文化观念之一

"文化观念"中的"体育精神"，是指对体育实践活动起着导向作用，并规定体育文化模式的理性选择，包括体育的理想信念、道德规范、体育道德、理性心理和审美标准等。它是体育行为的动力、支柱和灵魂。

体育精神的内涵很丰富，如竞争精神、自我超越精神和团结协作精神等。其中有一个响彻全球并经久不息的最强音，这就是举世景仰的奥林匹克精神。国际奥委会批准的奥林匹克格言"更高、更快、更强"，虽然只有6个字，却包含了体育精神深刻隽永的内涵——不甘平庸，不畏艰险，敢于斗争，团结进取，超越自我，赢取胜利。罗格上任伊始提出的奥林匹克新格言"更干净、更人性、更团结"，更进一步体现了人类弘扬体育道德规范和维护公平竞争的信念与决心，体现了对至高无上的人性理想、人的价值、人的尊严和人的力量的执著追求，体现了对人类和平和社会发展的深切呼唤。奥林匹克精神将永远鼓舞和激励着世界各国的运动员高举远大理想、人格尊严、拼搏精神、追求和平的伟大旗帜勇往直前。为什么1984年曾为中国夺取过奥运金牌的栾菊杰，在50岁的年龄还代表加拿大参加北京奥运的花剑比赛？为什么在1992年巴塞罗那奥运会上，已经动过5次腿部手术的英国黑人运动员德里克·雷德蒙德在400米半决赛中，刚刚跑过250米就因右腿肌肉撕裂而晕倒，可当他苏醒过来时，却叫喊着推开救护人员，单脚跳跃冲向终点。这就是用鲜血和生命谱写的奥林匹克体育精神的英雄赞歌！

许许多多发生在体育赛场内外的体现体育精神的人物和事件，为全球已经发行的四千多部体育电影提供了无尽的生动深刻的素材。其中有的影片就直接以奥林匹克运动会为背景，如好莱坞那部"将永远会有争议"的体育电影《奥林匹克》，它的编剧兼导演莱妮·里芬斯塔尔在影片中采取了"联合国"式的切入点，不但对欧美的运动员，而且对黑人、女性、亚洲的运动员都给予了关注，其目的就是要展示全人类运动之美和运动员的进取精神。有的体育电影的题材本身就来自历史上著名运动员自身发扬体育精神的动人故事，如美国体育电影《愤怒的公牛》就是一部记述著名拳击运动员杰克在获取世界拳击冠军前后从拼搏、

成功、沉沦到醒悟的经历的影片；美国体育电影《一代拳王》主要围绕1974年一代拳王穆罕默德·阿里和他的有力竞争对手乔治·福尔曼在前扎伊尔首都金沙萨进行的著名的"丛林之战"所展开的人生故事；中国体育电影《女足九号》，导演谢晋在影片的首映发布会上就表示："女足是中国妇女的骄傲。我拍的是孙雯上一代女足的事，她们为女足作出了巨大的贡献，却什么也没得到，全部付出了，我们千万不要忘记她们。"作为为国庆十周年而拍的献礼影片，谢添独立执导的第一部电影《水上春秋》，也是以中国游泳泰斗、三破世界游泳纪录、夺得过16国参赛的世界冠军穆成宽和"蛙王"穆祥雄父子为原型的。当然，更多的中美体育电影是取材于与体育相关的人物和事件，却又超越了体育领域，在传播各种文化观念的同时，传播着更加深远的奥林匹克精神。

奥林匹克精神将成为中国和美国乃至全世界体育电影传播的重要文化观念和共同的永恒主题，并将继续吸引世界各国的电影工作者去精心浇灌这个姹紫嫣红的体育电影艺术精品。

二、以奥林匹克精神励志——中美体育电影的共同重要主题

教育是奥林匹克主义的出发点和归宿。《奥林匹克宪章》基本原则第二条规定：奥林匹克主义是增强体质、意志和精神并使之全面均衡发展的一种人生哲学。奥林匹克主义谋求体育运动与文化教育相融合，创造一种以奋斗为乐、发挥良好榜样的教育作用并尊重基本公德原则为基础的生活方式。随着奥林匹克运动的发展，不仅中国体育电影始终把励志作为它的主旋律，即使在美国体育电影中，"励志片"、"娱乐片"、"喜剧片"等类型的排序也在发生明显的变化。80年代以"生活、喜剧、励志"的价值趋向排序为主；90年代以"喜剧、生活、励志"的价值趋向排序为主；近几年以"励志、喜剧、生活"的价值趋向排序为主。[4] 体育电影通过富于竞争性、刺激性、情感性和审美性的生动故事与特色鲜明的表现方式承载着伟大的奥林匹克精神，其对青年人健康成长的陶冶作用，是其他许多传播活动无法替代的。中美体育电影的励志主题的共同内涵主要表现在以下几方面：

1. 热爱祖国，民族自强

虽然中国和美国对爱国主义的认识基础不一样，中国人对爱国主义的理解主要建立在对这个有着悠久历史和灿烂文明的农业大国的自豪与自信的基础上；而作为历史短暂而民族多元、文化杂交、资源丰富的发达国家，美国人的爱国主义主要是建立在对美国的社会制度保护个体独立和自由存在价值的信任和自豪感上。但是无论是在中国还是在美国，热爱祖国和民族自强都是人们共同推崇的精

神力量。早在 1934 年孙瑜为联华公司导演中国第一部体育无声电影《体育皇后》时，他就怀抱着"体育救国的主张"："体育的真精神，是需要平均发展每个人的体魄，需要普及社会，绝不是造就少数的英雄。"在这部影片中，他已经将体育、身体与启蒙、救亡联系起来，表达出体育救国的坚定信念。影片伊始就通过林璎之口说出："爸爸，我知道中国为什么不强了！第一个原因就是身体太弱！"这一主题也通过林璎的精神导师兼恋人——正义爱国青年云鹏之口说出："有健全的身体，然后有健全的精神！有青春的朝气，然后有奋斗的恒心！任何民族自强的原动力，就是健全的身体。"体育电影《一个人的奥林匹克》借温家宝总理在哈佛大学的一段演讲"把目光投向中国"拉开序幕，把观众带回到 1932 年，东北短跑名将刘长春拒绝代表日本扶植的满洲国参加洛杉矶奥运会，一路躲避关东军的追杀，最后逃到北京。在东北大学校长张学良将军的资助下，他在海上漂泊了 23 天，历尽艰险，单刀赴会，代表四亿中国人站到了奥运跑道上，向全世界宣布："中国人来了！"他为中国人敲开了奥运大门，向世人表达了一个民族不甘落后、不甘屈辱、追赶世界意志的决心。

美国是一个宗教信仰深厚的清教徒移民国家，不存在传统民族主义土壤中天然的种族和血统认同，它的爱国主义情绪和民族凝聚力是依靠对美国自由主义至上的制度以及"上帝赋予他们的""民族优越感"和"历史使命感"来维系的。绝大多数的美国人表明自己是坚定的"爱国者"，并为此感到"非常"豪迈和自信。这种爱国主义精神，在美国好莱坞著名的体育电影《胜利大逃亡》中表现得淋漓尽致。影片取材于"二战"期间的真实历史事件，当时的纳粹为了打击盟军的士气，组建了最优秀的德国国家队，并要求从不同纳粹集中营的俘虏中挑选最优秀的球员组成盟军队与德国队进行比赛。在秘密抵抗组织的帮助下，盟军队一方面做好了借机逃狱的准备，另一方面决心冒着生命的危险战胜对方来维护国家民族的尊严。可是上半场结束时盟军明星队以 1∶4 落后于非法、粗野的德国国家队。中场休息时盟军队虽然完全可以通过事先挖好的休息室的通道逃出监狱，可是许多球员决心要为国家和民族的尊严战斗到底并取得胜利，他们重新回到球场上，终于把比分差距缩小为 3∶4，并在终场前成功地挽救了对方一个误判的点球。他们的爱国主义信仰和坚不可摧的意志，赢得了球场观众的热烈掌声，疯狂的球迷像洪水般地涌进了球场。盟军的队员们在勇敢和喜悦的球迷的掩护下，成功地走向了通往自由之路。有的电影观众甚至认为这场球场和战场的双重胜利，对反法西斯起到了"超越百万苏联红军"的巨大作用。

2. 信仰坚定，顽强拼搏

坚守信念、不畏强暴、百折不挠、挑战自我、超越极限是中美体育电影中体育精神的又一共同体现。正如苏轼所说："古之立大志者，不惟有超世之才，亦必有坚韧不拔之志。"这种精神在中美电影中更是被发挥得淋漓尽致,它体现了奥林匹克运动"更快、更高、更强"的精神。在中美的体育电影中,主人公往往都有一个强大而坚定的人生信仰,或是为了国家和集体,或是为了自己和亲人。

新中国成立后的中国体育电影如《一个女教练的自述》、《乳燕飞》、《现代角斗士》、《美人鱼》、《战斗年华》等,充分表现了中国人热爱社会主义祖国,为繁荣体育事业鞠躬尽瘁的坚定信仰。影片中的主人公,如曲棍球教练阿尔塔琳、体操教练李桂芳、摔跤运动员锡林、游泳教练赵美英,无一不是经历了人生和赛场上的种种磨难与挫折后,初衷不改,义无反顾地回归体育,最终通过拼搏夺冠收获了他们信仰和理想的成果。

美国体育电影《洛奇》讲述了美国费城拳击俱乐部的一名三流拳手、30 岁的洛奇·巴波亚如何在经纪人米奇和新女友艾德里安的劝导和激励下,重拾自信,恢复必胜信念的故事。正是由于信仰的力量,他在美国建国 200 周年之机获得了向拳坛上红得发紫的重量级冠军阿波罗·克里德挑战的机会,他奇迹般地顶住了对方暴风雨般的重拳,坚持了 15 个回合始终没有被击倒。虽然最后对方以技术获胜,但洛奇赢得了对手和人们的尊重。《洛奇》的制片人欧文·温克勒在谈到影片的主题时说:"电影《洛奇》的中心并不在于他打赢了比赛,而在于一个好心人凭着勇气和进取心超越了人生的障碍。"《洛奇》的成功不仅体现在它的票房业绩超过了成本的 50 倍,还获得了十项奥斯卡奖提名,最终获得最佳影片、最佳导演、最佳剪辑三项大奖。

3. 追求平等,人格尊严

自由平等和人格尊严是人生存的基本需求与权利,具有高尚人格的人宁可遭遇厄运和不幸,也绝不会放弃高尚的人格。在饱受屈辱和磨难的旧中国,以不畏强权压迫、维护人格尊严为主题的体育电影俯拾皆是,尤其是功夫片和武打片。由中国香港著名武打演员梁小龙、徐小明主演的电影《陈真》,就塑造了两个誓死捍卫国家和民族尊严的民族英雄——陈真和霍元甲。故事讲述霍元甲开办精武门,与日本魔爪发生冲突,招致杀身之祸,精武会被封,陈真誓死为师报仇,险遭枪杀。事隔七年,陈真带着霍元甲之子霍东阁逃至北京城伺机重开师门,可惜身份败露而被日本人追杀。为了洗刷"东亚病夫"之耻辱,陈真挺身而出,浴血抗争,为国捐躯。电影《陈真》不但以精湛的武功震撼影坛,而且被誉为"维护民族尊严的又一首'正气歌'"。

在"金钱至上"、充满诱惑的美国社会,如何在堕落和沉沦中奋起,维护自己的人格尊严,同样成为美国体育电影反映社会现实的重要主题。美国体育电影《灵与欲》虽然也描述了精彩的拳击训练和惊心动魄的拳击比赛,但它的主题很鲜明，即在充满了金钱诱惑的商品社会里，人必然面临人格尊严与邪恶欲望之间的殊死拼搏，并需要付出沉重代价。影片主人公查理·戴维斯在经理人奎恩的指引下，凭借自己的天赋与勤奋，成为拳坛一颗耀眼的新星。可后来金钱的诱惑使他沉迷于纸醉金迷的生活。但在他与杰克进行交易的卫冕冠军的比赛的最后一回合，他心底的人性自尊被唤醒，他对这种肮脏的交易非常反感和愤怒，决心不顾一切维护自己人格的尊严。在浴血的搏斗中，查理用最后一记狠拳将对手彻底击倒在拳台上。虽然他面临着被交易者杀害的危险，但当他从拳击台回到更衣室时，他对经理人罗伯特说："你想怎么样……杀了我？人终究会有一死。""我一辈子也没有感觉到像今天这样好！"

4. 互助友爱，团队精神

伟大的文学家列夫·托尔斯泰说过："个人离开社会不可能得到幸福，正如植物离开土地而被抛弃到荒漠里不可能生存一样。"同心山成玉，协力土变金。开创未来，需要一种同仇敌忾的团队协作精神。这种精神与合力在体育比赛中曾经演绎出多少精彩绝伦的胜利之歌！所以互助友爱和团队精神同样是中美体育电影中体育精神的重要体现。

在我国的体育电影《碧空银花》中，白英、林萍、方敏、黄小云等几个年轻姑娘怀着不同的目的，参加了业余跳伞运动。白英由于过分的自恃和虚荣脱离了集体，与大家的误会和成见日益严重。后来一次草原失火，跳伞运动员们奉命起飞到火场上空跳伞救火，白英和林萍的伞在半空中缠在了一起，林萍为了保全白英的性命，毅然拔出了伞刀，割断了自己的伞绳，坠入了火场。白英在沉痛中悔悟了。在医院里，她向林萍检讨了自己的错误，两人建立起了真挚的友情。在组织和队友们的帮助下，两人终于打破了世界女子跳伞纪录。电影以曲折感人的情节，尽情讴歌了社会主义社会的互助友爱精神。

美国电影《冰上奇迹》取材于一次近乎奇迹却又真实的伟大赛事：初出茅庐的美国小伙们在1980年的冬奥运会上战胜了曾经连续四次捧走奥运会冠军奖杯的苏联国家冰球队。影片中布鲁克斯在训练中的两段话对全片的主题起到了推窗见月的功效："你们每一个人，当你们穿上这身队服时，你们就代表你们自己和你们的队友，胸前的名字比背后的名字重要很多！""全明星队失败是因为他们过分依赖个人的能力。苏联胜利是因为他们将个人能力很好地融入了球队。我们的目标是利用他们的方法击败他们。"正是在这样的指导思想下，经过训练，队伍从最初的四分五裂、矛盾重重变成众志成城、亲密无间，并终于把神话变成了现实。影片的制作人戈登·格雷认为，这支队伍的影响已经超越了体育层面。他说："我们需要了解25年前的政治和社会环境。伊朗人质危机、石油危机、卡特总统的信心危机讲话以及苏联人入侵阿富汗。我们情绪低落，期待能有振奋人心的事。很大程度上，这都是我们民族信心的重生。"[5]

三、中美体育电影中体育精神的差异比较

由于中美两国历史、文化、思想尤其在价值观念上存在着许多的差异，所以中美体育电影中的体育精神，也有着多方面的不同内涵。

1. 为国争光的伟大理想与出人头地的"美国梦"

中美两国的发展历史和长期积淀的思想文化的差异，决定了两国在对人的终极价值关怀上存在截然不同的理解，这在体育影片中就直接化为两种不同的体育价值观。

1949年新中国建立，"歌颂新时代、鞭笞旧中国"和"人民翻身、当家做主"成为这时期电影诉说的时代话语。新中国拍摄的由著名导演谢晋执导的第一部体育彩色故事片《女篮五号》就成为典型代表。《女篮五号》的缘起是"领导上决定"要出一部体育题材的电影剧本，要求第一位的主题就是"体育事业在新旧社会的对比"。导演用诗化与写实相结合的手法，使主人公从思想、行动到命运都深深烙上了特殊时代的标签，身上闪耀着爱国主义和集体英雄主义色彩。这也成了之后《冰上姐妹》、《碧空银花》、《女足九号》、《女跳水队员》、《小足球队》等影片的主旋律。中国体育电影在当时特定的历史条件下为传播国家主流的价值观和弘扬时代的主旋律起到了积极的宣传作用，但客观地说，由于缺少了能够打动人心的个性化的艺术形象，也就缺少了人们最渴求的终极价值和人性关爱，所以脍炙人口、经久不衰的体育影片并不多见。

美国体育电影表现的人生理想有它自己的特点。投奔美洲新大陆重建"上帝之国"的欧洲移民，主要是为了摆脱欧洲国家的皇权统治和僧侣压迫。这一建国原则对美利坚民族性格和相对宽松的自由环境的形成产生了深刻的影响。当今美国人的价值观集中表现在个性自由、个人奋斗、个人至上、公平竞争、实用主义、金钱至上和敬业进取上。所以，美国年轻人18岁以后就开始追逐实现出人头地的"美国梦"，这是一种最能体现美国精神生活方式和美国国民精神的理想。它是对自由、平等、宽容、进取和成功不懈追求的理想主义信念，是对机会均等、人人都有成功的希望和创造奇迹的可能性的乐观自信。所以美国体育电影的巨大成功很多都来源于对"美国梦"的煽情渲染。拳击电影《洛奇》六部曲、《出卖皮肉的人》、《富城》；棒球电影《棒球少年》、《汉克·艾伦：追梦》、《少棒闯天下》等；橄榄球电影《追梦赤子心》；篮球电影《光荣之路》；足球电影《一球成名》等励志影片，都在宣扬"只要肯努力人人都可以成为总统"的美国式梦想。这些引人入胜的故事让观众真切地感受到要实现多少人梦寐以求的

"美国梦"，需要多大的决心、勇气和毅力。在追求"美国梦"的社会潮流中，不乏成功者。如《棒球新秀》，一名30多岁的老球员吉姆对"美国梦"矢志不渝的追求和成功地东山再起就是证明。但是"美国梦"的寻觅者更多的是面临"出师未捷身先死"的悲惨结局。像以灰暗为主色调的寓言式体育故事片《富城》中的两个主人公，一个是为了实现"美国梦"多次血溅拳台而过早衰老的拳击手塔利，另一个是年轻、淳朴、善良却毫无生活经验的厄尼。两人同样怀着对"美国梦"的强烈憧憬先后走上了拳坛，却又殊途同归地一败涂地。对后者，影片渲染了他试穿一件崭新的拳击长袍时的兴奋，但是他天真的长袍梦只做了几秒钟——第一回合刚开始他就被对方击倒了。这就是风光无限的"美国梦"背后的辛酸和血泪。对于生活在美国下层苦难与绝望中的黑人来说，能最终实现"美国梦"的又有多少人呢？影片的深刻主题引发了广大观众对美国复杂的社会体制和种族问题深刻的社会思考。

2. 突显集体英雄群像与张扬个人英雄主义偶像

中国历史所形成的以儒家为主流的传统思想，以维护社会安定和群体和谐为宗旨，群体利益、群体荣誉成了个体利益、个人名声的参照系。因此有人认为，在中国，集体英雄主义是中国人民恒久不灭的精神明灯。尤其是新中国的成立和社会主义制度的确立，让中华民族以空前的自信和豪迈踏上了集体富裕的征程，集体主义价值观深入人心，弘扬集体主义的主流价值观自然就成为体育电影的重要内容。《两个小足球队》、《冰上姐妹》、《碧空银花》、《女跳水队员》、《小足球队》是关于赛场上的友谊和胜利的赞歌，是弘扬集体主义和伦理风尚等社会主义主流价值观的主题。这些影片中的不少形象虽然有完成某些意识形态的"规训"之嫌，但在当时特定的历史背景下，这些梦幻般的体育舞台上的艺术形象，对陶冶广大青少年的思想情操产生了不可磨灭的影响。

而在崇尚个人自由、个人至上、个人奋斗和个人利益的美国，人们都希望在公平竞争中出类拔萃，以实现自己的"美国梦"，自然而然他们就会追求个人英雄主义的满足感。《下半生赛跑者》的主人公凯普赖特是个滑雪的天才，他梦寐以求成为美国的滑雪冠军。他是如此执著，即使风情万种的姑娘罗尔·斯塔尔的爱情也不能让他放弃。经过一段艰苦的训练后，他如愿以偿地成了奥运的滑雪世界冠军。但影片中如愿以偿的凯普赖特在他本来应该最兴奋的时刻，却忽然感到迷失了人生的方向。记者采访他时问道："你现在要做什么？"凯普赖特却茫然不知所云地说了一句："让自己慢下来，大概吧！我不知道。"于是影片的主题得到进一步深化：运动员在残酷的竞技中付出了如此沉重的代价，为什么凯普赖特在获得冠军后会迷失了自己？人生的终极价值和目标又是什么？这是在美国等许多国家推崇个人英雄主义的同时出现的一种"冠军综合征"。

3. 集体教育下的思想觉醒与自我救赎中的人性回归

中美两国都重视对人性的教育与改造，这一点也体现在体育励志电影中，并成为体育精神的一个重要元素。但是在这点上同样显示出中美两国在传播体育精神上的不同理解和导向。

理学家朱熹曾经指出培养人的重要方法"须是格物、致知、诚意、正心、修身而推之以齐家、治国，可以平天下，方是正当学问"。这种思想文化教育的传统观念经过解放后的政治洗刷和道德陶冶，演绎成了我们今天的爱国主义、集体主义教育和世界观、人生观的改造。1986 年出品的中国体育电影《现代角斗士》，讲述的是锡伯族年轻摔跤运动员锡林成长为国际自由式摔跤邀请赛冠军的曲折成长历程。他曾经在受挫于强敌后灰心丧气，也曾在陶醉于爱情之时不思进取。直到教练闪山为他做陪练造成右腿韧带撕裂，锡林才在组织的教育和队友们的批评下翻然醒悟，从此全力以赴投入到严格训练中。在国际自由式摔跤邀请赛中，锡林终于战胜欧洲选手夺得冠军。中国体育电影中主人公的塑造过程的这种"胜利—歧路—失败—醒悟—成功"的叙事模式，无论是《体育皇后》中的黎莉莉迷失在灯红酒绿中的浪子回头，《碧空银花》中白英犯错后的翻然醒悟，还是《棒球少年》"少爷"的茅塞顿开，无不中规中矩，一脉相传。

美国的基督新教讲求原罪，所以每个人都需要向神忏悔、赎罪和进行自我救赎，"通过耶稣所体现的爱而得到拯救，人与亲临困难深渊的上帝重新和好时最高的境界"[6]。在美国电影中这同样是改邪归正、回归人性的灵丹妙药。著名写实主义电影理论家克拉考尔就认为电影可以重建人与现实的关系，而带有一种宗教意味的救赎性质，所以通过在艰难的行动中受苦来进行救赎是美国体育电影励志的思想灵魂所在。最著名的体育救赎电影是获得奥斯卡最佳影片奖的《愤怒的公牛》。影片讲述了洛奇人生中的三个阶段：一是"摧毁"对手，登上拳王宝座；二是误入歧途后，自我沉沦；三是出狱后人性救赎，获得新生。点题之笔就是那位眼瞎的人说："我只知道我曾经眼瞎，现在我重见光明。"电影《金钱本色》是一部以台球场上两代赌徒在人生道路上的曲折经历、感情纠葛、道德沉沦与自我救赎为内容主线的影片。另外，编导罗恩·谢尔顿为我们奉献的一部"离经叛道"的《酷伯传奇》，也从"性本恶"的道德观出发，展示体育运动明星人格道德的双重性和人性的弱点，揭示了"美国梦"背后鲜为人知的阴暗面。

注释：

[1] 转引自李道新. 中国电影文化史：1905—2004. 北京：北京大学出版社，2005.2.

[2] 周光召. 科学与艺术——在中国艺术研究院的讲话. 艺术评论，2004（7）.

[3] 胡惠林. 中国国家文化安全论. 上海：上海人民出版社，2005.

［4］黄璐等. 论美国励志体育电影风行的意识形态性. 体育科学研究，2007（3）.

［5］［美］兰迪·威廉斯. 好莱坞院线——100 部好莱坞经典体育电影. 付平译. 北京：中国民主法制出版社，2009.241.

［6］刘小枫. 拯救与逍遥. 上海：上海人民出版社，1988.31.

（本文发表于《广州体育学院学报》2010 年第 2 期）

美国意识形态传播的"经典范本"
——品评美国体育电影《弱点》

肖沛雄　万文双

　　摘　要：体育题材电影《弱点》在第82届奥斯卡颁奖典礼上的大放异彩，是体育电影的又一次扬眉吐气，更是美国体育电影传播文化观念的一次成功探索和重大收获。这部应景的主旋律电影在商业和艺术上获得"双赢"，它不仅成为体育电影业竞争研究的典型案例，也应当成为我们研究美国意识形态传播的范本。

　　关键词：《弱点》；体育电影；文化传播

　　作为全球电影盛会的奥斯卡颁奖典礼，其实是美国人自己创造的全球性游戏，依循的是美国人自己的规则。这个观点在第82届奥斯卡获奖名单上再次得到证实：华丽光鲜的小金人背后必然是一次美国文化的得力传输。如果说《拆弹部队》完胜票房神话《阿凡达》获得六项大奖，是得益于它在伊战背景下的反恐主题，为当前心理脆弱的美国人注入了"美国精神"的强心剂的话，那么中等成本制作的《弱点》创下2亿多美元的票房纪录，且影后桂冠花落《弱点》的桑德拉·布洛克家，就是美国人再一次把"爱"贡献给了蕴藏在橄榄球背后的现代"美国精神"，把"奖"颁给了美国自诩的超越种族、阶层的普世的"爱"。

　　《弱点》的成功关键在于天时、地利、人和上的完美结合。处于战争惶恐中的美国人神经脆弱、不堪一击，而美国次贷危机引发的金融海啸余波未散更让他们担心美国经济崩盘。比起战争、悬疑和科幻等题材，美国民众更需要一部融合爱国主义、民族主义、美国精神和浪漫亲情的叙事煽情电影来抚慰心灵、振奋精神、凝聚力量。在此背景下，《弱点》不负众望，突出重围。它所包含的价值观念、宗教精神、道德情感，使其成为体育题材电影的一个成功范本，是美国文化

────────────────
　　[作者简介] 肖沛雄：广州体育学院体育新闻与传播专业教授，硕士生导师；万文双：广州体育学院体育新闻与传播专业2008级研究生。

观念传播的集大成者，是美国意识形态的又一次全面演绎。

一、明星传奇煽情叙事中彰显的"美国精神"

《弱点》的故事取自迈克尔·刘易斯的名著《弱点：比赛进程》，它讲述了一个自幼父母离异、无家可归、流落街头的黑人男孩迈克尔不甘堕落的故事。陶茜太太偶遇并目睹了他的困境，好心将他收留。有了家庭的关爱，迈克尔开始走出性格软弱的自闭困境并融入社会，在橄榄球运动中披荆斩棘，大展拳脚，终于"麻雀变凤凰"，成长为橄榄球赛场上的雄狮。

虽然许多美国人都宣称美国"没有意识形态"，但它却是一个被世界公认的"集体无意识"的国家。好莱坞电影更是美国向全球行销"美国意识形态精品"的跨国"大超市"。法国西方马克思主义理论家路易斯·阿尔都塞认为"意识形态体现在文本（广义的文本）之中，但无论是写还是说，这些文本看起来都是那样实实在在；它不是一种独立的元素，并存在于那些天马行空的思想之中，然后又通过文字体现出来；它是一种思考、说话和表达方式"。电影作为叙事表达情感的方式，本身就体现着意识形态。意识形态渗透于文化之中，文化既是意识形态的工具，又是意识形态的栖身之所。从意识形态的外围进行观察，就可以发现娱乐业是维持现存社会体系的意识形态产生并发挥作用的最理想的场所。[1] 而《弱点》的成功就充分证明：煽情叙事的电影故事是寄寓美国意识形态的最佳载体。

1. 从生活原型中塑造出来的偶像——"美国英雄"

罗斯福总统在1914年电影艺术科学学院颁奖宴会上宣称："我们看到美国的电影已经走到了世界的前列，我们看到它向世界其他地区展示了我们的文明，展示了一个自由民族及自由本身的目标、抱负与理想。"[2] 实际上，美国电影的煽情叙事，已经成为美国向世界传播美国意识形态的最佳途径。

美国现代体育电影的巨大成功来源于对民族主义、社会道德与个人主义相统一的"美国英雄"的煽情渲染。影片中主人公的原型是美国橄榄球联盟当红明星球员迈克尔·奥赫。《弱点》匠心独运地选择了橄榄球作为人物活动和情节发展的主要载体，不仅因为橄榄球是有美国国球之称的第一大运动，更因为橄榄球运动中体现的勇气、拼搏、友情、智慧与团结等品质最能体现美国国民精神。前些日子《福布斯》杂志刚刚把"超级碗"[美国国家橄榄球大联盟（NFL）冠军总决赛]列为世界体育中最有价值的品牌，超过了世界杯足球赛。刚刚结束的"超级碗"，在世界230个国家和地区转播。正因为橄榄球在美国人心中的重要地位，所以它更能集中代表美国的文化和精神。

体育本身就有着很强的意识形态功能，而人类"声画结合"的"第七艺术"——电影与人类普遍热爱的体育这双重特殊魅力的结合，因其高超的技艺性、刺激性、审美性和自强不息的体育精神而成为传播意识形态的最佳工具。具体表现为好莱坞热衷于通过体育运动来思考和演绎社会问题。它不仅不回避体育行业内部的不公平问题，更是通过体育展示了一系列社会问题，如种族矛盾、吸毒贩毒、青少年问题、枪杀、贫富差距等。电影里小人物在奋斗历程中遇到的问题、矛盾、冲突甚至是人物的心灵洗礼和自我救赎，都在最后的比赛胜利中得以解决。由此可见，在美国体育电影中，赛场上的胜利似乎可以解决一切问题。无论在同是橄榄球题材的《周五狂热》，还是在经典拳击电影《洛奇》中，主人公都是在体育精神的鼓舞下顽强拼搏，通过夺得比赛胜利来解决问题和实现梦想，奏响了一曲又一曲响彻云霄的"美国英雄"赞歌。

2. 提倡个人与社会必须互相提携——"新个人主义"

美国人在成功地创造了一个新大陆的同时，建构了独特的充满生机的美国文化，其中渗透着创业者的锐意进取、乐观向上和注重实效的精神，这就是美国精神。在基督新教和实用主义哲学影响下形成的个人至上主义可以说是美国精神中最基本的、恒久不变的核心价值观。个人主义强调尊重个人选择，认为每个美国人都有选择自己生活的权利，其中自主、自决、自负其责是个人主义的精髓。

但是，随着个人主义和自由主义的无限膨胀，美国人不得不对个人主义不断作出改良，所以美国的个人主义也始终是一个动态的概念。进入新时期的美国在新的历史条件下锐意革新，为了解决随着社会发展和时代变迁出现的新情况与新问题，在经历了 20 世纪六七十年代失控的个人主义后，美国一直在修正其个人主义价值观，以期重新拥抱 20 世纪胡佛等人倡导的"集体个人主义"或建立在黑格尔思想基础上的"社群主义"。即不再是只关心个人的极端自由和聚敛财富，对周围的社会人群不闻不问，而是提倡个人融合于社会之中，个人与社会必须互相提携成长，通过公共对话，建立共同福祉，来营造一个和谐的社会网络。借由社会的力量，个人也可获得更多的发展自我的机会。特别是以改变赢得胜利的第一个黑人总统奥巴马上台后，美国社会更要求个人参与到社会和集体活动中，通过协调合作的方式来实现自身的价值。而好莱坞电影作为美国文化的最新风向标，最能生动地展示这一新个人主义的精神风貌。

《弱点》分别从黑人孩子和白人妈妈两个角度生动诠释了美国新型个人主义。黑人孩子迈克尔从小身体不好且性格自闭，他有着运动天赋，在多个收养家庭中度过了不幸的童年，最终在白人家庭的鼓励和帮助下走向成功。经历了众多挫折后的迈克尔在面对未来时，感触颇深。这从其论文《远大前程》中的话便能看出："理解勇气是一件难事……但不应该质疑长辈，这是对新一代美国人的告诫……但荣耀，才是你有所作为、有所不为的原因所在。那才是真正的你，才是你想成为的你。若为重要的事情努力而失去生命，那么你就拥有荣耀和勇气，应该希望拥有勇气，然后获得荣誉，也许恳求别人来教你怎么获得这些。"与其说这段话是迈克尔想告诉观众的，不如说是影片本身想告诉观众的，这也应该是对新个人主义最完美的诠释。同样，在选择大学时，迈克尔放弃了自己喜欢的田纳西大学，而选择了家人喜欢的密西西比大学，这是在爱的影响下对个人喜好的放弃，而作出家人都高兴的选择。

美国白人中产阶级，一直尊奉利己主义和享乐主义，即使是做慈善也要与经济利益挂钩。几个白人妈妈吃着 18 美元一盘的沙拉，还在抱怨不够好。她们对镇子另一头的世界毫不关心，"我从那里来，但是不辞辛苦，我可不想回去"，这是她们内心的真实写照。当听说安妮收留迈克尔后，几个白人太太惊愕，"是白人对黑人的愧疚吗"。她们完全无法理解这一行为，并以居高临下的口吻说："你对他敞开大门，改变了他的人生。"安妮却回答道："不，是他改变了我。"这点从安妮和丈夫的对话中也可以知道。在迈克尔进入家庭后，安妮十分开心，这是一种付出和奉献后的满足感和自我价值的实现。在几个太太的对比中，我们可以轻易地判断出她们价值天平的倾向。同样，在最后，安妮虽然最不喜欢田纳西大学，但还是鼓励迈克尔作自己喜欢的选择。"这是你的决定，是你自己的人生"，这铿锵有力的话语，可以说是对美国国民爱自己与亲民主义融合的精神的最佳解读，追求名利与人生终极意义在此得到统一，这是电影对美国富人"新个人主义"价值观的一次宣示与引导。

二、渲染在超越种族、阶层的人性关爱中消解社会矛盾

1. 消解美国社会矛盾的新途径——爱心的奉献

种族矛盾一直是美国社会矛盾的重要组成部分，虽然在几次大的民权运动之后有所改观，但由于经济地位的差距使得黑人和少数族裔人群依然生活在美国社会的最底层。这也是所谓的美国人权平等中一个现实悖论。对于这样的社会问题，美国还无法完全解决，《弱点》让我们看到了美国人民对国家社会问题的剖析与自省，也看到了影片的制作者祈望通过电影这种虚构的图景来寻求安慰和消解社会矛盾的方法。《弱点》的制片安德鲁曾经说："这就好像是一个时事故事，但我认为它并不是在制造复杂，而是在创造机会。它非常及时，特别是在 21 世纪，我们生活在由无数家庭构建的社会中，然而人们心中互爱与互相扶持的想法却慢慢淡化。我觉得这是一个很好的故事，它向人们发出信息，希望能让人们正视这个问题。"

《弱点》中同一城市的白人世界和黑人社区，是两种截然不同的生活状态。影片毫不避讳这种差别，并宣示应通过白人妈妈与黑人孩子的相亲相爱来缩小这种差距。影片告诉我们，正因为有了这种差距，所以才有了美国梦。美国黑人孩子的出路和未来是有办法解决的，因为白人作为生活在星条旗下的上帝之子，时刻可以无私地帮助黑人。影片中，迈克尔进入教会学校，在课堂上画了个坐在船上的孤独的小孩，隐喻他内心的孤独。而写在那个"白墙"上的话更是意味深长，"我张望四周却都是看到白色、白地和很多白人"。在这里我们可以理解为："白墙"实质是因为肤色差别，而在黑人与白人之间树立着的一堵墙，这是一个无法沟通和难以逾越的障碍。黑白矛盾如何得到调和？电影用白人的爱来消除了"白墙"。在白人家庭之爱的感召下，黑人小孩融入白人家庭，进入上层社会。白人妈妈与黑人小孩的相逢使白人富足的上层社会、黑人社区的贫困生活以及白人们从未涉足的黑人市场，在此时开始有了交集。在影片最后，女主人公的画外音将迈克尔与另一个命运截然不同的黑人孩子所做的对比，更让人唏嘘不已！同样优秀的运动技能，同样的生活环境，但是因为他自己放弃了学业，自甘堕落，所以最后导致了生命的消逝。像迈克尔这样的坚持者就可以得到命运的眷顾，成为幸运者。影片回避了问题产生的根本原因，转而用乐观向上的精神来告诫人们应该怎样做，这就巧妙地抹去了明显的意识形态的操控痕迹。

《弱点》生动深刻地告诉观众：原来，迈克尔一路坎坷艰辛最终功成名就，靠的不仅仅是个人的天赋和努力，还有一个白人家庭作为后盾。看完《弱点》，可以看到美国电影人的良苦用心。在伊战和经济危机面前选择体育传记电影，就是要传达这样一个道德观念：在美国，虽然我们素不相识，但我们属于一个国家，像家人一样互相帮助，互相关爱。这不但使具有天生优越感和使命感的美国白人获得了满足，而且如此主流、如此应景的人性主题犹如冬天里的一把火，温暖了处在困境中的美国人的心灵，这也是美国进步人士常常传播的一个观点。社会矛盾的原因就在于：一些人索取过多，一些人获取太少。于是就有了悬殊的贫富差距，从而引发了社会各种问题和矛盾。结论就是：社会需要爱心。倘若有钱人都能敞开大门，给无产阶级提供帮助，那么社会自然会变得和谐。

2. 宣示"美国梦"的新动力——亲情的跨越

美国以短暂的建国历史完成了其飞速的发展，一个不能忽视的原因在于美国文化方面的优势。美国文化中的开放、包容、进取和创新特征一直引领着其思想，而这些特征又集中体现在对"美国梦"的追求上，"美国梦"是美国历史上最能体现美国精神生活方式和美国国民精神的理想。它是对自由、平等、宽容、进取和成功不懈追求的理想主义信念，是对机会均等、人人都有成功的希望和创造奇迹的可能性的坚信。[3] 好莱坞电影将"美国梦"无限放大，传播到世界各地。

以爱为出发点的好莱坞电影的力量永远来自其所宣扬的那种积极向上的生活方式和状态。《弱点》是一部典型的男版灰姑娘的故事，主题与《洛奇》等体育电影一脉相承，都是宣扬在机会均等的国度里，在爱的鼓励下，小人物通过自强不息的奋斗，实现光明温馨的"美国梦想"的故事，其更注重表现实现梦想过程中勇于竞争、积极进取的美国精神和由此实现的出人头地的"美国梦"。但同样渲染"美国梦"的体育电影《弱点》却没有过多地从"爱情"上来挖掘实现"美国梦"的动力，而是从更深层次探索竞争进取的精神来源。它所要宣示的主要力量源泉是"亲情"，而不是"爱情"。《弱点》在众多影片中入围奥斯卡十佳影片，是对理想的美国和谐家庭中浪漫亲情的一种期许和褒扬。

"为家人而战"是《弱点》的核心主题。但电影如果处于普通家庭背景，那么就不会达到如此的感染力，其成功之处在于将亲情放在了跨越家庭、种族、阶级、地位的大爱之家。无论是白人辣妈喊出的"我们就是你的家人"，还是白人教练大叫出来的"球队就是你的家人"，都旨在渲染美国是一个充满亲情的爱的国度。

《弱点》中对照鲜明地反映了在美国贫困阶层中的现实。一些孩子因无法得到正常的教育从而走向犯罪，而另一些贫穷孩子由于获得了超越种族和阶层的家庭温暖和正常教育，最终绽放出人生最美丽的光辉。影片中迈克尔在进入教会学校后，过着衣不蔽体、食不果腹的生活，但是他并没有放弃自己。他不断地反省自己，他说"看到镜中的自己，这个根本不是我"，这些行为举止说明迈克尔本身就是一个自尊、自爱、自重的孩子。最终他在白人教师的帮助下取得成绩，得到进步。白人妈妈从认识迈克尔，收留迈克尔，到在生活中改变迈克尔的过程，是将真实生活浪漫化和渲染温情的过程。当迈克尔和安妮家人坐在一起吃感恩节火鸡，并且手拉手祈祷时，迈克尔体会到了家的温暖，白人妈妈终于把黑人养子培养成了偶像；像教练面对判罚不公的裁判，愤然说道："那是我的队员，我会像儿子一样保护他！"迈克尔此时也找到了一个如家般亲切的团队；还有当在赛场上迈克尔拉起对手时，同样体现了既是对手又是朋友的一种理解、平等、宽容、互助的亲情。这些充满了和谐、幸福、友好亲情的场景，比任何标语口号更生动形象，更让人羡慕。与此同时，善于煽情的美国电影把美国新的家庭观、亲情观、价值观等意识形态展示得淋漓尽致。

三、宗教精神和道德观念共同感召下的人性光环

美国是一个笃信宗教的国度，在美国两亿多居民中，基督徒占88%以上，

95%的人信仰上帝,58%的人每天至少象征性地祈祷一次。[4]几乎每个美国人都有宗教情结,宗教信仰给予了美国人道德情感和自我约束的能力。在现实生活中,宗教是美国人的精神支柱;在电影场景中,宗教是引领剧情发展的推动力。通过电影,宗教的重要性和感召力得以传达。

《弱点》更是以十分虔诚的膜拜心理再现了美国这一自诩为上帝之国的国度里人们对宗教的忠贞和归顺。影片中白人妈妈安妮的一切无私行为,如果要追根溯源地找到理由的话,那么无疑是宗教精神的引领。影片也可帮助我们理解美国现在的宗教状况。20世纪80年代以来,美国宗教走向制度化。主要特点之一是教会的社会化,这又主要表现在大量存在的教会和教派为社会输送各种需求,而且这些教会组织承担着大量助人或推动社会发展的工作。[5]从这点来看,美国人自愿接受上帝的感召和恩典,把上帝的意愿和个人的事业紧密联系在一起,以自己的行动证实其上帝之子的身份的宗教信仰有着现实的依据。上帝是作为道德和价值双重领袖而存在的无形上帝。这种宗教感情在《弱点》中随处可见。

无论是影片开头大个子托尼从公立学校转到教会学校,是因为在妈妈临终前发过誓,还是教练在看到迈克尔的运动潜力时惊呼了一句"圣母玛利亚",无一不体现着宗教信仰。而在宗教指引下,教练说服学校招收迈克尔时的对话更能表达上帝之爱。办公室会议中,当学校董事拒绝迈克尔时,教练指着身后说:"看看这墙上写着什么?基督教!如果只是摆设,干脆擦掉算了,录取迈克尔不是为了成绩,因为这是一件正确的事情。"当迈克尔妈妈知晓安妮的来意后,感动地说道"你真是个合格的基督教女",这更说明了是宗教精神引领了人们的思想和行为。

当迈克尔进校第一天,凝视着校门上"人类能力有限,上帝无所不能"的校训时,这句话在他心中扎根,成为他的座右铭和成功的主要动力。而迈克尔和陶茜一家过感恩节的情景在表现宗教信仰上尤其关键。饭前一起手拉手的祈祷,"天父,我们感谢你,保佑了我们一家人,我们感谢你给我们带来了一个新朋友",这实际上是上帝感召下的一次身份认同。电影的这个设计可谓意味深长。

《宗教社会学》一书中认为,宗教与道德同为文化范畴,一直相互影响,相互渗透。宗教为道德增加了神圣性和超越性,使道德更具有威慑力和普适性。宗教教义和宗教戒律是道德规范的主要来源。《弱点》在宣扬基督之爱时也顾及了道德情感。白人太太因为对黑人的偏见而担心安妮女儿柯林斯的安全,安妮却义正严词地说道:"我为你们感到羞愧!"因为她坚信在宗教约束下,正确的道德观念存在于每个人心中。迈克尔妈妈在面临亲生儿子被收养的情况下,流下了辛酸无奈的泪水,此时安妮主动走到她身旁说道:"你永远都是迈克尔的妈妈!"收养但并不剥夺母子亲情,所有行为只为了给迈克尔最好的发展机会和条件,这是一种无私而伟大的爱。两个母亲坐到一起，实际上是通过电影告诉观众，无论肤色和地位有何不同，母亲在孩子面前都同样伟大。

橄榄球题材，两亿多票房，最佳影片提名，最佳女主角，《弱点》的横空出世，让体育电影的研究者喜悦。在好莱坞深厚的工业基础和娴熟的商业运作之下，体育电影也可以既卖座又叫好。但此文研究的目的并不是要去抬高一个或是贬低另一个，而是觉得我们应当从中得到启发，体育电影也可以有大的市场潜力，成为成熟的电影类型。《弱点》故事开始于主人公的画外音，风趣形象地对橄榄球比赛和规则进行了介绍，并搬出成功黑人运动员劳伦斯·泰勒，做了一次很好的橄榄球运动扫盲和美国文化传播，这些都值得我们的电影人深思。

注释：

[1]［美］理查德·麦特白. 好莱坞电影——1891 年以来的美国电影工业发展史. 吴菁，何建平，刘辉译. 北京：华夏出版社，2005.

[2] 李其荣. 美国文化解读. 济南：济南出版社，2005.

[3] 王军. 美国文化的精神情结："美国梦". 美国大观，2000（11）.

[4] 李其荣. 美国文化解读——美国文化的多样性. 济南：济南出版社，2005.

[5] 董小川. 儒家文化与美国基督新教文化. 北京：商务印书馆，1999.

（本文发表于《南方电视学刊》2012 年第 3 期）

《中国好声音》成功因素的分析与启示

王子嘉

摘　要：通过对《中国好声音》节目迅速走红的五个因素的分析，总结出其中关键性的三个"结合"对娱乐节目的有益启示。

关键词：《中国好声音》；成功；启示

2012年的夏天，在人们高度关注伦敦奥运会的同时，一档大型的专业音乐真人秀节目——《中国好声音》横空出世，并迅速走红。它没有华丽炫目的舞台，没有疯狂投票的粉丝团，却在开播后第二周便以高达2.8的收视率力压近年各项选秀音乐节目，并在其后各期的收视冠军位置上傲视群雄，风头竟一时盖过两岸的综艺节目之王《非诚勿扰》和《康熙来了》。来自民间的"好声音"牢牢占据了各大视频网站的"热歌榜"。国内六家视频网站的点播超3 000万次，导师的经典语录和学员的精彩表演，成为人们津津乐道的话题。数以千万计的网民在微博上惊叹"这是久违了的真音乐"，"让人激动得睡不着觉"，甚至连主持人华少那"开挂"式口播广告也被人们竞相模仿。冯小刚、姚晨等在新浪微博上更是不吝推荐，就连国家广电总局都点名表扬《中国好声音》"关照现实，注重品质"。《成都商报》记者在一家国外博彩公司的网站上居然发现博彩公司给《中国好声音》夺冠开出了赔率，而井喷式的广告更是表明，今年暑期是属于《中国好声音》的！

一、《中国好声音》脱颖而出的五个成功因素

究竟是什么原因让《中国好声音》在被称作"选秀末世"的今天脱颖而出，取得口碑与收视率的双赢呢？笔者认为以下五个因素不可或缺。

1. 国际模式，中国表达

星空华文传媒是华人文化产业投资基金和默多克新闻集团共同成立的媒体与

[作者简介] 王子嘉：广州体育学院体育新闻与传播专业2010级研究生。

娱乐合资公司。虽然它曾经制作过《舞林大会》、《中国达人秀》等众人熟知的节目，但真正让它变得家喻户晓、名声显赫还是由于它的新作《中国好声音》。曾任星空华文传媒首席执行官田明认为，节目成功的重要秘诀就是"国际模式，中国表达"。

国内很多选秀节目都源于对国外同类节目的简单模仿。正如一位学者在谈到全球的文化同步化所说的那样，"以前从来没有过一个特定文化类型的同步化，充斥全球到了这样的程度和广度"。但是，照搬照抄的同质化泛滥无疑会导致节目的艺术质量下降，生命周期缩短。湖南台模仿《老大哥》拍摄制作的《完美假期》和广东台的《生存大挑战》均因"依葫芦画瓢"，却忽略了"本土重构"而好景不长，终成"明日黄花"。所以，选秀节目要发展，尤其需要把"外为中用"和"融合创新"结合起来。西方国家的娱乐和选秀节目的历史比我们长，制作技术比我们精良，借鉴吸收他们某些具有生命力的艺术形态、制作模式和技术，有利于推动我国文化娱乐节目与国际对接、拓宽视野、题材挖掘、审美创造和创新模式的进程，为世界文化艺术的共生、融合与创新提供时代背景和延伸空间。但是，"城中桃李愁风雨，春在溪头荠菜花"，我们也应当意识到，"与狼共舞"绝不意味着与"文化殖民"画上等号。对国际模式的借鉴不可能替代我们对本土现实、本土文化和本土体验的重视。"越是本土的，就越是世界的"，我们在节目的精神内涵上应该强调中国历史、本土文化和"龙人"情感。

《中国好声音》就是此理念下的一个成功案例。The Voice 这档节目最初始于荷兰节目 The Voice of Holland，被多个国家引进并引发收视狂潮，最终在中国落地为浙江卫视的《中国好声音》。但它根据中国本土的需要作了相应的改变。如中国老百姓喜欢听真实、感人的故事，而《中国好声音》在帮助拥有歌唱天赋的普通人实现梦想的同时，也向观众展示了一段段自强不息、不离不弃、温暖动人的故事。它让我们看到了这些爱好音乐的普通人积极的人生态度，展现了他们在社会生活的困惑、打击与挫折中真实、深刻的人生体验，以及为梦想而奋斗的乐观向上的精神。这是《中国好声音》根据中国特色对这一国际流行模式所进行的精彩发挥。中国传媒大学学者徐帆认为，从西方引进电视选秀品牌和模式，再注入中国价值观，是《中国达人秀》、《中国好声音》对中国电视产业作出的巨大的贡献。虽是漂洋过海来到中国，却迅速克服了地域"时差"和"水土不服"，《中国好声音》在 2012 年 7 月 13 日正式亮相就以 1.477 的高收视率取得全国第二名的好成绩。

2. 不以"貌"相，唯"声"是举

近年来我国文化艺术表演活动萧条的原因很多，从内容上看，都是因为内涵与主题肤浅平庸；从形式上看，是注意力过分集中在"视觉冲击"，以"选美"

造就视觉奇观，争夺眼球，却过分轻视艺术的文学价值和人文关怀。虽然让观众看得眼花缭乱，但由于创作者构思缺乏朴实纯真的真、善、美的内涵，活动形态缺乏创新，所以这些节目往往都如过眼云烟，昙花一现。

《中国好声音》最突出的新意在于：另辟蹊径，"先声夺人"，不以"貌"相，唯"声"是举。以往选秀、音乐类节目中常见的华丽服装、炫目造型、激情伴舞通通被舍去。在初选阶段，明星导师背对学员，学员在身体上或心理上的缺陷都不再重要，镜头对准的只有他们演唱的表情，耳畔回响的则是让人动容沉醉的好声音。导师在学员演唱时按下选择按钮，则标志着学员被该导师纳入旗下。负责该项目运营推广的总监陆伟强调："《中国好声音》最重要的核心元素是声音，不论是普通人，还是参加过多档节目的红人，甚至是小有名气的歌手，在导师背对学员的情况下，都只能凭声音的实力说话，声音才是关键！"所以，曾被人讥笑太矮太丑的哈尼族小王子李维真在这里收获了自信，从小双目失明的台湾街头艺人张玉霞在这里得到了赞美，患有自闭症将自己封闭在个人世界里的王乃恩在这里敞开了心扉……正如央视主持人王梁夸赞的那样："没有居高临下，只有惺惺相惜，没有虚荣造作，只有全情投入，没有新奇特，只有好声音！"

3. 严选导师，鲜活模式

在传统选秀节目中，"娱乐化"和"低俗化"是其备遭诟病之处。掌控"生杀大权"的评委往往在主持人的协助下对选手吹毛求疵：或毒舌伤人，或刻意煽情，矫揉造作，令人反感。实际上，导师既是节目的"议程设置者"和节目质量的"把关人"，又是选手和观众的老师与知音。导师的综合素质和言传身教直接影响着节目的质量和效果。《中国好声音》的导师无论是大牌明星还是草根精英，都经过严格挑选，其风格各异，言行得体，相得益彰。他们杜绝"炒作"，拒绝"毒舌"，不存偏好，不要"大牌"，有时甚至要被草根选手"挑挑拣拣"、"评头论足"。而新颖的"争抢选手"的赛制也成功突破了之前选秀节目的套路，令明星之间的"争夺"戏码成为节目重要看点之一。四位不同风格的导师配合默契，互相调侃，卖力吆喝，使比赛氛围始终和谐、友爱和幽默："家长会会长"代表刘欢以专业点评见长，为了说服为外貌自卑的网游女歌手董贞摘下面纱而当场脱帽，说出掷地有声的励志名言："我刘欢长成这样，在中国流行歌坛已经屹立 30 年！对于真正的好歌手，外貌如何并不重要！"直率、开朗的那英是个真性情的人，与"赤足女孩"黄鹤脱鞋同台唱歌"露怯"的场面，在网络上好评如潮；比较偏重感性的杨坤，为吸引选手加盟而不停喊出的"32场演唱会"，后来成了口头禅，让观众们捧腹；庾澄庆更是情趣交融，对调节现场气氛游刃有余。这四位大牌导师给予选手以百分之百的平等尊重和没有保留的赞美欣赏，这种正能量的传递，备受人们的好评。

4. 不拘一格，"选""教"结合

过去一些音乐类选秀节目争相克隆、立意不远、格调不高、把关不严。而《中国好声音》则郑重承诺：拒绝"毒舌"，杜绝"绯闻"，与国际接轨，扬中华文化，以振兴中国乐坛、培养未来巨星为己任，为华语乐坛的发展提供一批怀揣梦想、具有天赋才华的音乐人！《中国好声音》不拘一格，废止了集中"海选"程序，派出多组"伯乐"在全国进行筛选，甚至前往各地音乐学院、文工团或酒吧"淘音"。最后从全国筛选出了上千个"好声音"，再录制视频传到上海，交由音乐总监、总导演及三位副导演来共同评选。在200多位被请到上海的佼佼者中，最终在屏幕亮相的只有70余人，真可谓"百里挑一"。在《中国好声音》的舞台上，既有心存音乐梦想的草根，也有发过唱片的歌手，有多年职业音乐编曲经验的幕后人，甚至还有为奥运会主题曲唱小样的专业人士。以前他们参加这类选秀总会让人诟病为"胜之不武"，但在这里，他们都是为追随自己挚爱的音乐，实现"唱歌梦"、"舞台梦"而来的平凡人！四位明星导师"盲选"出自己的门下弟子后，以自己多年的专业知识、经验和素养对他们进行有针对性的指导。所以完全可以预料到，在最后阶段的"年度盛典"中，这一季明星导师培养出来的学生，将会让中国乐坛绽放出绚丽的花朵。

5. 制播分离，实现双赢

在中国目前主流的制播分离模式下，一般是由电视台的领导、部门主任等成立审片委员会，他们评估节目的广告吸附力，并支付制作费，而制作公司负责创意、理念、制作。广告收益归电视台，而制作公司的利润是封顶的。这种模式只会让制作公司力求控制成本，而这将直接导致节目的质量和收视率下降，此外电视台的广告收入也会受影响，恶性循环由此开始。

而《中国好声音》堪称中国电视历史上首次真正意义上的制播分离，因为它变更了上述模式，制作者直接参与广告分成，他们为了更充分地调动各方面的积极性，共同赢取更多的利润而竭尽全力制作出最好的节目，从而形成了良性循环。整个前期制作，电视台投入的仅仅是设备成本和广告成本，风险不大。但从广告总收入里分成这个思路挑动了电视台领导层最敏感的神经。浙江卫视掌门人夏陈安毫不避讳地表示："浙江卫视是'第一梦想频道'，《中国好声音》与《中国梦想秀》在精神上是血脉相连的，它秉持着'以精英实力打造大众文化'的宗旨，不断发挥正能量，激励和鼓舞人们不断向前奋斗，相信梦想，也相信奇迹。"事实证明，他的决定没有错，《中国好声音》首播一炮而红，其不可估量的品牌价值更是让众商家红了眼，让浙江卫视和星空华文传媒实现双赢。

二、《中国好声音》成功的三个启示

2012 年《中国好声音》的异军突起，无疑为选秀节目市场注入一剂强心针，它的成功带给我国选秀节目以下三个启示：

一是世界视野与民族情怀的结合。20 世纪 90 年代后期，真人秀节目旋风般地在西方电视屏幕兴起后，迅速刮遍世界，我国电视媒体也争相模仿和引进。真人秀节目极大地丰富了我国的电视娱乐节目形式，打造出一批"平民明星"，拉近了受众与媒体的距离，产生了良好的互动，成为一场全民参与的盛宴。但中国具有与西方国家不同的国情特点、文化观念与民族情结，它既是不轻易改变的，但又不可能一成不变。我们的文化艺术事业应当在"外为中用"的过程中推陈出新，把价值观念与艺术审美融合到文化艺术的历史背景和生动形态之中，使观众"直接感触到的是一种感性的、直观的力量，在这种艺术形象的基本精神图景中感悟、理解出的是关于人性的、道德的、伦理的文化内容。使观众从对艺术作品审美价值认同，延伸为对文化核心价值的确认，乃至对国家主流意识形态的接受，进而赢得国际市场上的普遍认同，为我国电影发展提供一种确实可行的文化路径"[1]。西方真人秀节目备受世人诟病的侵犯隐私、污言秽语、恶性造假、种族歧视、刻意夸大竞争残酷性等缺陷是与我国传统价值观有冲突的。电视媒体人应该始终牢记，在全球化的时代，广大民众才是节目赖以生存的土壤。节目想要在中国乃至全球生根发芽，枝繁叶茂，就必须凸显中华民族的特色，调和西方文化基因与我国几千年积淀的东方传统文化土壤之间的矛盾，取其精华，去其糟粕，在娱乐元素的运作模式上不断吐故纳新，这样才能保证节目有更强大的感染力和旺盛的生命力。

二是坚持主流价值观与更新艺术形态的结合。近年来许多电视选秀节目极度推崇节目的纯娱乐性，用炒作、煽情、揭丑、黑幕等方式以求得高收视率，使得电视选秀节目朝低俗、庸俗、媚俗的不良倾向发展。这种主流价值观的缺失，势必导致选秀节目的没落。要提高节目的创意水平，必须要有与时代相呼应的鲜明的核心理念作支撑。通过不断创新节目艺术形态，在满足广大受众日益增长的文化艺术审美需求的同时，弘扬中华民族的优秀文化传统和社会主义的主流文化意识。"在生命体验所具有的更新力量中，自由自在地依照最佳的人类思想标尺，来探索并实现我们内心的愿望，使艺术在对人的根本存在作出终极叩问，驶向一个共同的人性至高境界的途程中，成为我们自己，我们的身体、我们的灵魂、我们的文化诗性与神性的表现。"[2]

《中国好声音》呈现的"真实娱乐"和"民生娱乐"使中国传统文化的价

值观回归主流。它宣扬真情，把最清澈、最质朴、最真诚的东西还给老百姓，注重以情动人。它将触角触探到公众心底深藏着的对真、善、美的需求，从而满足了公众的需求并引起了公众的共鸣。徐海星一首献给父亲的《自己》，传达出女儿对逝去父亲深深的思念之情；航天科工云杰的一首《鸿雁》，让人感受到人性纯粹的一面；金志文的《为爱痴狂》和当场对陪伴他八年的女朋友表白的场景，让我们看到了爱情的伟大。这一幕幕真实而又感人的片段深深地触动了观众和网友的心弦，令人为之动容。在《中国好声音》中，我们看到了五种当今社会最稀缺的价值观元素——真、善、美、爱、希望，这就是它的成功之处。

三是提高教育功能与优化经营策略的结合。文艺类节目的功能是多元的，它同样承载复杂的政治理念和社会教化意义，同样是传承、坚守和传播优秀民族文化的阵地。面对传播市场化和媒介商业化的改革浪潮和激烈的竞争态势，媒体既要成为广大观众的精神家园，把轻松愉快的、纯净高尚的精神产品奉献给观众，又要在文化艺术市场的激烈竞争中生存发展，还必须在制作文化艺术节目的体制和模式上，把精神文化的发展规律和市场经济的发展规律有机地结合起来。其实，市场化、商业化是文化艺术事业历史发展的必由之路。可是，如果把追求收视率及背后的利润作为唯一的驱动力，以致冲垮了节目对社会责任的必要承担，节目就会"变味"，媒体工作者就会从人民精神家园的"守望者"演变成"掘墓人"。《中国好声音》把健康的文化品位与独特经营策略结合起来，没有短信投票的"泡沫"，没有遮遮掩掩的黑幕，却通过提升节目质量的方式获取大量广告投入，打造了包括音乐学院、演唱会、音乐剧、线下演出等在内的全产业链，提升了其品牌价值。其在传递主流文化价值，实现精神道德上的引导意图，对观众特别是青少年的教育、实践、审美、娱乐等多方面发挥了积极的社会功能的同时，也获得了自身发展需要的经济效益。

当然，文化艺术事业的发展不可能一劳永逸，只有不断创新，才能继往开来。《非诚勿扰》由盛而衰的前车之鉴，值得《中国好声音》的制导们深思。

注释：

［1］贾磊磊. 中国主流电影与文化核心价值观的建构. 论文网，2008 - 02 - 27.
［2］丁亚平. 艺术文化学. 北京：文化艺术出版社，1996. 464 ~ 465.

（本文发表于《新闻世界》2012 年第 11 期）

用普罗普功能人物理论分析体育电影
《一球成名》的美

李　峰

摘　要： 俄罗斯故事学者普罗普的功能人物理论适用于电影故事的创作与分析。用普罗普的功能人物理论来分析体育电影《一球成名》（*Goal!*），可以进一步了解普罗普解读叙事文本的一些形态，具体探讨普罗普功能人物理论在体育电影领域的重要作用。

关键词： 普罗普；功能人物；体育电影

一、前言

俄罗斯故事学者普罗普撰写了开创性著作《民间故事形态学》（*Morphology of the Folktale*）（1928 年），该书以俄罗斯民间故事为原版，归纳出了 31 个"功能"，并认为这些功能是这一体裁叙述文的基本组成部分。虽然普罗普探讨的是叙事体的一种特殊形式——童话，但他采用的分析故事构成单位及相互关系的方法，对其他叙事文体的分析有着重要的参考价值。他的重大突破在于确立了故事中十分重要的基本因素——功能（普罗普将研究中的基本叙事单元称为"功能"），提供了按照人物功能和它们联结关系研究叙事体的可能性。普罗普总结了民间故事功能的四条原则：

第一，在童话中，人物的功能是稳定的、常态的要素，与谁、以何种方式发挥这种功能无关。人物功能构成童话的基本要素。

第二，童话的已知功能为数有限。

第三，功能的顺序永远不变。

第四，就结构而言，所有的童话都只是一种形态。

普罗普的论点正确与否并不重要。重要的是，他提出的这些功能的原则正在被广泛地应用于各种文本之中，成效显著。

为迎接四年一度的体坛盛事——2006 年德国世界杯，史上首部足球电影的

[作者简介] 李峰：广州体育学院体育新闻与传播专业 2007 级研究生。

三部曲之一，由国际足联赞助拍摄，耗资一亿美元的电影《一球成名》诞生了。该电影破天荒在英超联赛及世界杯等重要比赛场地进行实景拍摄，加上紧张的气氛及情节，让人们看后倍感振奋。普罗普对人物功能的确认有一定的适用范围——仅仅适用于"迫害/考验"模式的故事，而《一球成名》讲述的就是"考验"模式的故事，所以适合用普罗普的功能人物理论来进行鉴赏。

二、体育电影《一球成名》剧情简介

十岁就跟着父亲和祖母偷渡越过美墨边境的小男孩桑帝亚哥，随身只带了一个足球和一张世界杯足球赛的照片，足球是桑帝亚哥的全部。但是身为非法移民的桑帝亚哥虽然很会踢球，却不能如愿。他只能跟着固执的父亲到处帮洛杉矶地区的有钱人家清扫家园以赚取微薄的薪水。由于没有绿卡，他只得在一家餐馆打工，遭受老板的"欺负"。

一天，来自英国的球探格林在一次偶然的机会发现了桑帝亚哥的天分，格林鼓励他前往足球运动发展蓬勃的英国闯荡。当时，只有桑帝亚哥的奶奶支持桑帝亚哥。桑帝亚哥在父亲的极力反对下离家出走，只身前往英国挑战自己的极限。桑帝亚哥到了英超劲旅——纽卡斯尔队的主场圣詹姆斯球场准备参加赛前选秀会。不幸的是，英超毕竟是世界级的足球殿堂，桑帝亚哥的球技在这群卧虎藏龙的未来顶尖选手队伍中差点无法突显出来。他也领悟到，除了天分之外，勤奋的练习才是在职业足坛有立足之地的关键。期间，桑帝亚哥遭受了一系列诸如初试落选、队友刁难、隐瞒病情、误入色情场所被小报曝光、父亲死亡等挫折，但他同时也得到了纽卡斯尔队教练麦尔、纽卡斯尔队球星凯文、队友杰米、英国护士哈米森、出租车司机等人的鼓励和帮助，从而顺利渡过了难关。

桑帝亚哥在第一场比赛中没有首发出场，中途因队友卡尔受伤下场才替补出场，并迅速扮演了关键人物的角色。他靠出色的个人盘带技术为球队赢得了一个点球的机会，凯文将点球罚进，球队最终以 1∶0 胜出。

第二场比赛是纽卡斯尔队与利物浦队之间的较量。桑帝亚哥首发出场，双方势均力敌。最终，桑帝亚哥以一个漂亮的弧线将球射进了对方的球门，此时比分为 2∶3。在最紧要的关头，桑帝亚哥帮助纽卡斯尔队顺利晋级季后赛，也成了纽卡斯尔的英雄。

该片主要讲述的是出生在洛杉矶的墨西哥男孩桑帝亚哥梦想成为一名伟大的足球运动员的故事。他在自己的努力和球探的发掘下，终于为自己赢得了一份签约英超著名俱乐部纽卡斯尔联队的合同，从此要面对完全不同的欧洲联赛舞台。

三、普罗普功能人物理论分析

（一）角色分析

在普罗普的剧情里，有"普罗普七功能人物"之说。《一球成名》里并没有完全体现七种人物，主要只体现了以下四种功能人物（见表1）。

表1　《一球成名》中的四种人物

普罗普的功能人物	电影中的角色
英雄（找寻某物，或与恶棍作战）	桑帝亚哥
捐赠者（给英雄以神奇的代理人）	英国球探格林
帮手（协助英雄解决难题等）	桑帝亚哥的奶奶、纽卡斯尔教练麦尔、纽卡斯尔球星凯文、队友杰米、英国护士哈米森、出租车司机
国王（分派艰难的任务）	纽卡斯尔老板登赫尔

在《一球成名》人物中有三个功能人物处于中心位置，构成整个故事的基本骨架，形成一个功能人物三角形（图1）。

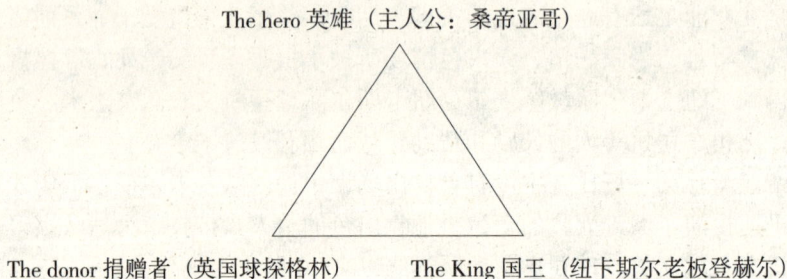

The hero 英雄（主人公：桑帝亚哥）

The donor 捐赠者（英国球探格林）　　　The King 国王（纽卡斯尔老板登赫尔）

图1　《一球成名》功能人物三角形

格林是个真诚的"伯乐"，他推荐了桑帝亚哥，并给了桑帝亚哥坚定足球之路的信念。没有这个"捐赠者"，也许桑帝亚哥的足球潜力就永远被埋没了。纽卡斯尔老板登赫尔则是一个冷峻的"国王"，作为俱乐部的最高指挥者，他屡次有意或无意地引导和启发桑帝亚哥，他给了桑帝亚哥进入足球明星殿堂的机会。没有登赫尔"国王"，也许桑帝亚哥就会放弃了足球理想，终日生活在失败的阴影中。

除了以上三个人物，其余人物都处于服务的位置。英雄一般不会屈服于骄傲的错误，英雄总是能够独立地培养他们的自我意识，让他们在长大之后能够独立处理难题。但红花也总要有绿叶扶持，讲故事需要曲折，英雄也要有柳暗花明式的挫折和奋起，所以他也需要"帮手"。

其中，直接的"帮手"是纽卡斯尔队教练麦尔、纽卡斯尔队球星凯文、英国护士哈米森，间接的"帮手"是桑帝亚哥的奶奶。值得一提的是桑帝亚哥的奶奶，她为帮桑帝亚哥实现梦想而拿出了自己的所有积蓄。奶奶虽然不懂足球，但是她支持桑帝亚哥去实现心目中的理想，就算仅仅是一个愿望也好。奶奶在临别的时候还将一个护身符挂在桑帝亚哥的身上，祈求上苍保佑他，保佑他的理想。当球探格林专程去找桑帝亚哥，希望他去英格兰参加纽卡斯尔队的选拔时，与桑帝亚哥在公路边上交谈，他奶奶也在场，她和格林之间的一段对话让人回味：

Grandma：It's a big thing you ask, senor. He's supposed to fly halfway across the world on something you ask?

Gallon：The manager's made me a promise. He'll give him a trial. The rest is up to him.

Grandma：Look in my eyes and answer me this.

Santi：Grandma.

Grandma：Can Santi make it as a professional?

Gallon：Aye, I believe he can.

（二）剧情分析

运动题材的影片永远是常规的，不需要复杂诡奇的剧情，也不需要讲述高深的道理，它们无一不是实现梦想的电影。青春、激情、梦想是这些电影的关键词。《一球成名》的故事很简单，但的确是一部激动人心的体育励志电影，桑帝亚哥在成功道路上的努力和付出令人动容。

尽管《一球成名》不是民间故事，但它包含了民间故事的诸多要素。其实，它属于经过修改和更新的传说故事，在很大程度上类似于普罗普所描述的传说故事。普罗普的一些功能可以用于分析《一球成名》（见表2）。

表2　普罗普的功能在体育电影《一球成名》中的应用

普罗普的功能	事件
禁令（对英雄设禁）	桑帝亚哥父亲的极力反对与阻挠
违禁（英雄违反禁令）	桑帝亚哥离家出走
捐赠者的第一个功能 （英雄被考验，接受神奇的代理人或帮助）	英国球探格林帮助桑帝亚哥，推荐其到纽卡斯尔队
英雄的反应 （英雄对将来的捐赠者的行为作出反应）	桑帝亚哥参加纽卡斯尔队赛前选秀会
蒙受污名（英雄蒙受污名）	参赛前第一次试训，大雨滂沱，表现糟糕
艰难的任务（向英雄分派艰难的任务）	在最紧要的关头帮助纽卡斯尔队顺利晋级季后赛 紧接着在与利物浦的比赛中发挥出色
变相（英雄面貌一新）	桑帝亚哥一球成名，成为纽卡斯尔的英雄
婚礼（英雄完婚，登上王位）	赢球后，也赢得了美丽的英国女护士哈米森的芳心

　　英雄注定是故事的主角，如果英雄做的一切都一帆风顺、无往不利，这样的叙述文本也未免太"平淡"了，无法吸引观众。因此英雄有可能遇到陷入绝境，让观众顿感绝望的时刻，此时就会有天降的"神兵"突如其来地出手相助，这就是民间故事设置"捐赠者"这一功能角色的理由。这个道理同样适用于《一球成名》。在第一次试训中，大雨倾盆，桑帝亚哥表现得一塌糊涂，导致纽卡斯尔老板登赫尔对其丝毫不感兴趣，桑帝亚哥绝望了。格林再次扮演了"捐赠者"的角色，他费尽口舌才说服登赫尔再给桑帝亚哥一次机会。

　　在《一球成名》的球赛中，你看不到技战术的安排，也没有从宏观上完整地展示过一次流畅的进攻，这表明《一球成名》只是用足球包装的一个励志故事。它所要表现的主题是"人因梦想而伟大"。桑帝亚哥的人生变化是："非法移民→球队的试用者→替补队（二队）球员→替补队员→球队主力。"人们在追逐梦想的过程中，一波三折在所难免，关键看他如何克服。《一球成名》情节的一波三折主要有以下三点：

　　主要曲折一：遭到父亲的极力反对。

　　桑帝亚哥从小就失去了母爱，由奶奶和父亲抚养长大。父亲并不赞成儿子去英超踢球。他先是威胁格林不要再来打扰他儿子，接着他又把儿子的积蓄全部没收。他认为儿子去追求那个不切实际的理想是愚蠢的。只有努力打工赚钱，养家糊口，让家人过上衣食无忧的生活才是正途。

主要曲折二：在球队中受到各方面的阻力。

第一次的试训竟然遇到滂沱大雨，桑帝亚哥的球技发挥不出来，几乎失去了留下来的机会。后来好不容易进入纽卡斯尔后备队，却遭到来自队友的排挤。桑帝亚哥还患有先天哮喘，但他隐瞒了病情，加上他误入色情场所被小报曝光等，这些都使他的成功之路变得更加艰辛坎坷。

主要曲折三：父亲突然去世。

当桑帝亚哥的足球天分终于获得俱乐部的认可时，却从美国传来了他父亲心脏病发作去世的噩耗。

他在球队的经历一波三折，"努力—受挫—再努力"和"接受诱惑—抵制诱惑"的成长过程十分曲折。父亲的阻挠，老板起初的鄙视，队友的暗算，误入色情场所被小报曝光等，几乎每一次都让桑帝亚哥的梦想走到绝境，但又遇到了柳暗花明的生机。奶奶给予的积蓄和祝福，球探格林的锲而不舍，队友们对他的赏识，女友的支持和鼓励等，正是这些无私的支持才使桑帝亚哥一次次获得重生。

不可否认，不少人明明知道这类电影的结局一定是主人公在最后时刻实现了自己的梦想，但是他们还是心甘情愿地花近两个小时去慢慢品味这部电影，也许他们为了欣赏主人公在追求理想、克服困难时的那种坚韧不拔的精神。

参考文献：

［1］［美］阿瑟·阿萨·伯杰. 媒介分析技巧. 李德刚，何玉译. 北京：中国人民大学出版社，2005.

［2］李稚田. 普罗普功能人物理论的电影应用. 民间文化论坛，2006（6）：30～34.

［3］佚名. 电影《一球成名》剧情简介. http：//ent. sina. com. cn/m/2006－03－10/15571012131. html，2006－03－10.

（本文发表于《电影评介》2008 年第 22 期）

拓展体育文化节目，丰富荧幕文化内涵

——对广电总局"限娱令"的理性思考

章 殷

摘 要：广电总局颁布的《关于进一步加强电视上星综合频道节目管理的意见》，引发了公众和媒体的热议。其实"限娱令"并非消极"限娱"，它是对部分电视节目进行调控，旨在提高新闻类节目播出量，防止过度娱乐化、低俗化。目前各大上星卫视都进行了积极调整，同时社会上也出现了一些见仁见智的声音。在改革发展中出现争议很正常，当务之急是通过改革调整，使电视节目办得更健康，"娱"得更适度，"乐"得更多彩。

关键词：电视节目；体育节目；娱乐化；广电总局；低俗化倾向

国家广电总局 2011 年 10 月颁布《关于进一步加强电视上星综合频道节目管理的意见》（以下俗称"限娱令"），引发了各类媒体和广大公众的热议，褒贬不一，见仁见智。

其实，所谓"限娱令"，并非简单、消极的"限娱"，联系 2011 年 10 月中旬在北京举行的中国共产党十七届六中全会所通过的关于文化体制改革的决定便一目了然。这次全会深入研究了进行文化体制改革、推动社会主义文化大发展大繁荣的若干问题并高瞻远瞩地指出："当代中国进入了全面建设小康社会的关键时期和深化改革开放、加快转变经济发展方式的攻坚时期，文化越来越成为民族凝聚力和创造力的重要源泉、越来越成为综合国力竞争的重要因素、越来越成为经济社会发展的重要支撑，丰富精神文化生活越来越成为我国人民的热切愿望。"所以，所谓"限娱"，实际上是对部分类型电视节目进行必要的调控，旨在提高新闻类节目的播出量，防止过度娱乐化和低俗化。目前各大上星卫视都对节目进行积极调整，同时社会上也出现了一些对"限娱令"不满的声音。在宏观调控和改革发展中出现各种争议都是正常的，当务之急就是要通过改革调整，使我们的电视节目办得更健康，"娱"得更适度，"乐"得更多彩。回想 2008 年

[作者简介] 章殷：广州体育学院体育新闻与传播专业 2011 级研究生。

的北京奥运会和 2010 年的广州亚运会，那些万民同乐的不眠之夜给我们的重要启示之一就是多彩的体育电视节目不仅具有文化承传、审美享受、发展经济、思想教育等多元功能，同时也具有娱乐身心的积极功能。进一步拓展体育节目，将是充实和丰富我国电视荧幕文化娱乐内涵的新途径。

一、"限娱令"旨在引导电视节目走向更健康、更适度、更多彩

我国文化领域正在发生广泛而深刻的变革，出现一些同社会经济发展和人民日益增长的精神文化需求还能不完全适应的新情况和新问题在所难免。许多广播电视节目为了争夺受众眼球，提高收视率，获取经济效益，不惜降低格调。"重娱乐互动，轻文化承传；重经济效益，轻社会效益；重收视率，轻影响力"等"三重三轻"现象的愈演愈烈，从而导致如下三种不良倾向：

1. 娱乐节目过度化

据统计，在过去的一年中，34 个卫视台每周黄金时间段播出的娱乐节目有126 档。这是一个令人咋舌的数字！黄金时间段娱乐节目如此密集，大大影响了观众在此时间段的收视空间，而且很多娱乐节目还存在时间过长的现象。例如湖南卫视的《超级女声》，虽然这是一档相当受大众欢迎的电视娱乐节目，但是从晚上十点到十二点半两个半小时的播出时间确实过长，一般此类娱乐节目的时长以一个小时左右为宜。

广大观众需要在电视节目中寻找自己工作、学习、生活所需的时政新闻、文化知识等多元信息，若他们忙里偷闲时打开电视看到的都是娱乐节目，这不是说明传播者正在引导观众树立一种娱乐至上的价值追求吗？

2. 娱乐节目同质化

电视节目应该获得社会效益和经济效益的双赢，但是，很多电视频道急功近利，不认真开发新的节目形态，而是生搬硬套他台走红节目的模式，粗制滥造、依葫芦画瓢，结果无论是社会效益还是经济效益都适得其反。湖南卫视 2004 年举办的《超级女声》一炮而红。这个颠覆传统规则的选秀舞台，在之后的每年不仅为湖南卫视赚得了满钵金银，还博得了大众的满堂喝彩。于是，选秀节目就如雨后春笋般出现在各大卫视的黄金时段。如江苏卫视的《绝对唱响》、东方卫视的《加油！好男儿》、湖北卫视的《极限高歌》、东南卫视的《风云新人》、东方卫视的《我型我秀》、重庆卫视的《第一次心动》、内蒙古卫视的《新人快快红》、北京卫视的《红楼梦中人》等。但已经进入审美疲劳的广大受众对此并不认同。例如，北京卫视的《红楼梦中人》想通过选秀的方式选拔新版红楼的相关演员，但是拖沓的选秀过程让观众觉得味同嚼蜡，加上后期制作时某明星爆

料其中存在潜规则，使得该节目颇有一种"小媳妇的裹脚布——又臭又长"的
感觉。

3. 娱乐节目低俗化

一些节目为了提高收视率哗众取宠，甚至传播错误的道德价值观。例如，
《非诚勿扰》中的马诺，一位爱好骑自行车且无业的男嘉宾问她："你喜欢和我
一起骑自行车逛吗？"马诺说："我还是坐在宝马里面哭吧！"这句话引起了广大
观众的关注，有人说这是因为马诺本人性格直爽，毫不掩饰自己的内心想法。有
人则直接送给马诺"拜金女"的称号。除此之外，马诺还在《非诚勿扰》舞台
上说出了很多令人咋舌的话。例如，她直白地问男生："你家有钱吗？"男生则
宣称："我家是开厂的，在上海有三套房子。"这些大胆的话很容易导致青少年
树立错误的人生观和价值观。

正如斯坦利·巴兰、丹尼斯·戴维斯在《大众传播理论——基础、争鸣与
未来》中所言，"当我们身处的社会变得越来越复杂，我们在很大程度上需要媒
体帮助我们感受意义，帮助我们放松和应对，而且最终我们主要通过这些媒介来
认识这个世界，注意在这个论断中，重点在意义的理解上"[1]。这一段话充分说
明了媒介的导向性和受众对媒介的依赖性。因此，出现在电视媒体上的不应该是
低俗的娱乐节目，及时推出的"限娱令"正极力把我国的电视节目拉上正轨，
使我们的电视节目办得更健康、更丰富、更多彩。因此，"限娱令"的推出势在
必行，它将引导我国电视媒体谱写新的篇章。

二、电视体育节目是多功能的健康娱乐

不可否认，健康适度的娱乐是人类身心健康的需要。席勒曾提出"艺术游
戏说"的理论，认为"游戏解放人类的天性，给人类带来情绪的宣泄和精神的
自由，而艺术同样是一种宣泄情绪、表现创造的渠道，因此不难把游戏和艺术相
提并论"[2]。"所谓游戏的精神，是一种自由的精神。在游戏中，人不受世俗的、
物质的、具体的、功利的限制，你的精神是充分自由的，你可以拥有审美的自由
想象。"这种"艺术游戏说"的理论，已经被许多体育、艺术和游戏相结合的狂
欢活动验证。

继SARS、北京奥运会、广州亚运会和深圳大运会之后，随着我国人民生活
水平的提高，人们已经认识到体育和生命之间的关系。以体育赛事、体育锻炼、
体育人物、体育文化和体育保健为主要内容的电视体育节目，已成为广大群众喜
闻乐见并日益迫切需求的另外一种形态的健康娱乐，它的功能甚至远远超越了体
育本身而成为现代社会生活的重要元素。

1. 体育节目的娱乐狂欢功能

无论是从人的生理、心理，还是社会化的需要等方面看，娱乐都是人们精神生活的重要内容。人民群众在观看优秀运动员的精彩表演中，时而屏气凝神地注目，时而喜不自禁、如醉如痴地欢呼，无疑对消除疲劳、净化和调节情绪都有积极的效果。这种效果不是任何一种搞笑的娱乐电视节目所能替代的。例如，2008年北京奥运会这一场国际性跨文化的体育大狂欢，国际电视卫星通过全球24个时区的电波信号，把一个巨大的时代特写镜头推到千家万户。比赛近乎白热化的厮杀场面吸引全球数亿双眼球。成千上万的人与身处比赛现场的观众一样，欣赏每一场比赛所带来的乐趣。这时，人们忘记了彼此来自不同的国度，拥有不同的信仰，他们不约而同地废寝忘食、手舞足蹈、摇旗呐喊。这是何等宏伟的大狂欢！试想一下，从古至今，还有哪种电视节目可以达到这种惊人的效果！

2. 体育节目的文化承传功能

《奥林匹克宪章》指出："奥林匹克主义是将身、心和精神方面的各种品质均衡地结合起来，并使之得到提高的一种人生哲学。"奥林匹克将体育运动与文化和教育融为一体，使人们身体与心灵、精神与品质得到完满的和谐，使人类的潜能与美德得到充分的开发，它是迄今为止人类最优良、最完善的生活哲学。"体育"是人的意识发展到了一定水平后，人把自己身体的健康、强壮和优美作为文化目的的结果。观看体育节目不仅可以学会相应的动作技术，还可以学习到许多相关的体育知识，在潜移默化中影响和鼓励人们积极参加体育活动，而且对民族主义和爱国主义教育具有很大的作用。2008年北京奥运会的口号是"同一个世界　同一个梦想"（One World One Dream），集中体现了奥林匹克精神的实质和普遍价值观——团结、友谊、进步、和谐、参与和梦想，表达了全世界在奥林匹克精神的感召下，追求人类美好未来的共同愿望。尽管人类肤色不同、语言不同、种族不同，但我们共同分享奥林匹克的魅力与欢乐，共同追求人类和平的理想。我们同属一个世界，我们拥有同样的希望和梦想。除此之外，观看奥运的观众不仅时刻被赛场上激荡着的拼搏精神影响着，同时，理想、信念、道德、情操、意志都得到了大大的提升。这使人们在观看比赛的同时获得了更全面的知识、更美好的理想和更高尚的情操。这难道不是思想教育、知识教育和道德教育的完美结合吗？

3. 体育节目的发展经济功能

体育节目的播出，不仅可以促进体育产业的进步，还可以促进广告业、文化娱乐业、大众传播业、印刷出版业等相关产业的发展。因为体育节目是通过文字、语言、图像等载体进行传播的，该过程促进了体育的普及性、多元性、娱乐性和规范性，不断激发人们对体育运动的价值认同，形成强大的社会意识和社会舆论，造就人们参与体育运动以及体育消费的共同意志，从而进一步影响体育产业经济，形成一个完美的良性循环，获得可观的经济效益。例如，2008 年的北京奥运会，央视国际是最大的赢家。在央视国际与网络电视软件服务运营商 PPS 签约转让奥运赛事直播时，PPS 的总裁徐伟峰就透露，赛事直播的转让价格是 3 000 万元。除了央视国际之外，搜狐、新浪、腾讯、网易 4 家传统门户网站拿下的是点播加直播，代价则为 5 000 万 ~ 6 000 万元。其他视频类网站以保守的 3 000 万元价格计算，央视国际仅互联网业务一项，不到两个月就有真金白银 4 亿元入账。CSM 数据显示，奥运会期间有 96.8% 的观众通过电视收看奥运会赛事。例如，北京奥运会的开幕式，播出时间是 20：00—24：00，收视率为 40.54%，收看人数达到 8.42 亿人次，如此之高的影响力正是体育节目社会效益和经济效益的完美结合。

电视体育节目不仅可以娱乐身心，陶冶情操，还可以培养拼搏精神，增进团结，加深民族情怀。其中的精彩技艺、战术运用、胜败悬念、明星风采、团队精神、美感效果和生动故事，不仅可以吸引观众的眼球，还可以满足观众的情感宣泄和审美享受等多元需求。如果电视频道可以积极地引入体育节目，娱乐节目同质化现象也可以得到很好的解决。

三、体育文化节目大有发展空间

当前，文化越来越成为民族凝聚力和创造力的重要源泉，成为综合国力竞争的重要因素和经济社会发展的重要支撑；丰富精神文化生活越来越成为我国人民的热切愿望。体育节目虽然可以将文化、娱乐、教育、经济完美地结合，但是现在的体育节目还是存在一些弊端，如体育节目播出形式单一、体育节目数量不多、体育节目题材有限等。如果我们乘着中央关于文化体制改革的决定和广电总局"限娱令"的东风，上下同心，群策群力，大胆创新，体育文化节目大有发展空间。

1. 体育娱乐节目精益求精

我国的体育娱乐节目发展至今，逐步增加了谈话、游戏、真人秀等类型，娱乐化倾向日益明显。尤其以户外竞技类节目和真人秀节目最为火爆，有的优秀节目创造了品牌，积累了丰富的经验。但盲目"克隆"成其致命伤。从 CCTV - 5 的《城市之间》到湖南卫视的《智勇大冲关》、安徽卫视的《男生女生向前冲》等，节目同质化现象严重。其他问题也很多，如创新意识的匮乏、节目内容单调、娱乐观众变成"愚乐"观众，靠明星吸引观众注意力、设置"嘉宾"、预设结果等。这些体育娱乐节目受到冲击难以避免，在这种情况下，体育娱乐节目要生存下去，必须理清观念，明确标准，精益求精，推陈出新。

2．体育影视创作题材取之不尽

电影电视是广大公众喜闻乐见的文化娱乐活动。在好莱坞的体育电影中，出现最多的体育题材是拳击和橄榄球，因为这两种体育项目比赛最激烈和最残酷，也最富于竞争性和刺激性，最能体现通过浴血拼搏出人头地的"美国精神"，美国人把橄榄球视为"国球"，百看不厌。但是，对于中国这样一个历史文化悠久、民间体育活动内容丰富、体育竞技水平世界一流的体育大国来说，相关题材没有得到广泛的运用，也没有得到深入全面的挖掘。事实上在中国历史发展的每个时期，从军事战场到民间武林，有多少身怀绝技、武功盖世的传奇人物，还没有从体育武功的角度来塑造他们的英雄风貌！我国从古到今，又有多少体育奇才以他们修身、齐家、治国、平天下的事迹和故事，生动地诠释了我国儒家、道家、佛家的思想真谛！在我国别具一格的民族传统体育运动发展历史上，有多少民间流传的历史传奇人物，留下了何止万千的书写民族精神与民族风情的神奇故事！中国作为一个世界体育大国，在世界体坛的搏击风云中，又涌现出多少举世瞩目的像短跑名将刘长春、足球名宿李惠堂、"体操王子"李宁、"铁榔头"郎平、篮球名将姚明、110 米高栏世界"飞人"刘翔等体育健将，这些都可以成为体育电影创作不可多得的第一手生动的原材料。

3．体育精彩赛事播出脍炙人口

用百度搜索体育精彩赛事，我们便可以在电脑上看到很多体育精彩赛事的节选，这些视频来自土豆网、凤凰网、优酷视频等等。网络媒体把体育精彩赛事节选做得非常好，且这些视频的点击率也非常高。值得一提的还有 CCTV - 5 经常播出的"十佳进球"。每每看到这些精彩赛事节选，都会觉得这是一场视觉盛宴，它冲击着我们的大脑，让我们在最短的时间内回忆起那些体育比赛中的精彩时刻。体育电视节目是一个面向社会大众的节目，它不同于网络，是不能暂停或倒退的。那么针对社会大众的不同需求，更应该把体育节目细化，尤其是体育精彩赛事。经典往往值得重温，假如可以合理地将所有的体育赛事进行分门别类，弃其糟粕、取其精华地进行节选，这些经典节目一定会让人回味无穷。

4．民族特色体育活动别开生面

中国有着悠久的文化历史和深厚的人文气息，必然有众多的民族体育运动，如武术、毽球、龙舟、摔跤等。特别是武术，可以称得上是国粹。据悉，2009年的中国武术职业联赛由中央电视台体育节目中心、国家体育总局武术运动管理中心、中国武术协会、中国大学生体育协会、安徽省体育局和黄山市人民政府主办，中共黄山市委宣传部和黄山市体育局承办，有山东兴武堂俱乐部、广东博牛俱乐部、河北云飞俱乐部、陕西红狼俱乐部、青岛响虎俱乐部、广州永侠俱乐部六间俱乐部参加。这项比赛还没有开始，就得到了广大观众的关注，播出时也产生了一定的影响力。这些有民族特色的节目的播出不仅可以增加电视节目的多样性，还可以提高电视观众的人文素养，对于增强我国各民族的团结，具有深远的意义。

5. 体育历史人物传奇魅力无限

历史上，关于体育的故事很多，历史人物也很多。马克思说得好："社会是人的社会，历史是人的历史，离开了人，社会历史只能是虚无的。"历史人物往往对社会有着极大的推动作用，这其中也包括了体育历史人物。体育历史人物相关节目的播出，不仅可以使观众更加了解我国的体育历史，增强民族自豪感，还可以提高广大观众的人文素养，与十七届六中全会所提出的"提高文化软实力"相互呼应。当然，要想把体育历史人物故事讲好，应当将故事生动化和具体化，结合图片、影像等。讲解者要具备深厚的文学素养和高超的语言表达能力，可以效仿"百家讲坛"的评书艺术，用杨浦莫那样通俗、生动的语言让观众都能听懂，让观众在欢声笑语中学到知识。

6. 保健知识讲坛大有市场

随着国家改革开放的深入发展和人民生活水平的不断提高，"花钱买健康"已经成为国民新的健康消费观念。"运动保健"、"美容健体"、"延年益寿"等已经成为家喻户晓的与日常生活有关的关键词。国外有关资料表明，将医疗卫生消费的十分之一用于体育消费可以得到同样的社会健康效果。保健品、保健药和保健茶的畅销是因为人们对产品的需求，但是当前老百姓更渴望把自己对健康的追求转化为一种既科学而又节省的自觉行动，这就需要一个普及保健知识的窗口和课堂。现在开展关于健身健美、康复长寿的知识讲坛一定会得到广大受众的热烈响应，因为它不仅可以帮人们节省物力、财力，还可以让人们从中获取知识，赢得健康，享受快乐。

注释：

[1]［美］斯坦利·巴兰，丹尼斯·戴维斯. 大众传播理论——基础、争鸣与未来（第三版）. 曹书乐译. 北京：清华大学出版社，2004.315.

[2] 王晓东. 体育赛事营销传播. 北京：北京体育大学出版社，2011.121.

（本文发表于《青年记者》2012 年第 2 期）

传播学视野下的国产动画新特点

——透视《喜羊羊与灰太狼之牛气冲天》成功的重要因素

吴文瑶

摘　要：本文从传播学的角度，分析这段时间国产动画市场迎来春天的原因，并从热播国产电影动画《喜羊羊与灰太狼之牛气冲天》中所表现出来的传播内容、传播功能、传播符号以及传播管理等方面与以往不同的新特点，探索国产动画未来的发展方向。

关键词：传播学；国产动画；新特点

2004 年，广电总局制定了《关于发展我国影视动画产业的若干意见》。2007年，成立了由文化部、教育部、广电总局等 10 部委组成的"扶持动漫产业发展部际联席会议专家委员会"，国产动画在政府大力扶持下才开始有所发展。近年来，从票房收入 200 万元的《魔比斯环》到 2008 年的国产动画《状元》、拥有3 000 万元票房收入的《风云决》，再到刚创出惊人的 8 000 万元票房纪录，打败《赤壁·下》等同期众多大片的《喜羊羊与灰太狼之牛气冲天》（以下简称《喜羊羊》），国产动画用实际行动引起了人们的注意，给国产动画市场增强了信心，带来了希望。

从传播学的视角探索《喜羊羊》等成功作品的新特点，对今后国产动画的发展有重要的意义。

一、传播内容突破传统

1. 突破传统，关注现代题材

长期以来，孙悟空、花木兰等人物是国产动画的常驻主角；西游记、宝莲灯等民间神话故事题材被国产动画反复挖掘。这种囿于传统文化题材的束缚，成为我国动画题材创作的瓶颈。据广电总局统计，2008 年进行制作备案公示的国产电视动画片累计数量依次为：教育题材 100 部，童话题材 94 部，神话题材 52

［作者简介］吴文瑶：广州体育学院体育新闻与传播专业 2008 级研究生。

部，现实题材 41 部，科幻题材 41 部，其他题材 29 部，历史题材 27 部。教育类和童话类遥遥领先于其他类型的动画，体现了我国动画题材结构的不合理。[1]

在当今全球经济一体化、社会生活信息化、文化传播国际化的时代发展趋势下，人们更加追求传播内容的时新性、形态的多元性、观念的人文性、娱乐的趣味性。如何在继续对传统题材进行开发创新的同时，突破传统束缚，进军现代题材，增添现代新元素，同样是我国动画市场开拓发展的关键所在。《喜羊羊》的成功因素之一在于拓宽了现代生活题材，包括一些只存在于科幻世界的机械工具，不可思议的冒险旅程，甚至连热门话题，如"三聚氰胺"事件、奥巴马当选美国总统、当卧底上演无间道等，只要是观众喜欢的、关心的、能够理解的，都在屏幕上出现，适应和激发了人们对具有时代新信息的动画题材的需求。

2. 发挥创意灵感，开拓想象空间

欧美、日韩等动画大国在技术上并没有比我国优胜很多，但其出品的动画比国产动画要受欢迎，究其原因很大程度上在于它们的创意水平远远高于我国。《功夫熊猫》等令国人大掏腰包的国外动画片大都出自中国人的技术，但创意与故事是别人的，我们所做的只是"来料加工"。动画片的目的在于发挥创意，启迪想象力。通过发挥创意，超越前人，大胆构思，这才会被观众认可。旧的国产动画恰恰缺乏这种想象力，因而作品缺乏吸引力。动画与一般电视电影在内容创作上最大的区别在于动画有无限的可能性。故事中需要出现的事物，只要创意人员能想到的就能做到，不受演员、道具、时间、空间等客观因素的影响。《喜羊羊》等片的出现让我们看到了我国动画新创意的"春芽"。《喜羊羊》是《喜羊羊与灰太狼》系列动画的第一个电影版故事，安排在农历牛年的春节上映。然而"牛气冲天"的"牛"并不是我们习以为常的牛，而是蜗牛的"牛"，并且这个蜗牛是作为主角老羊和小羊们的"座驾"出现，故事也是围绕这些"座驾"染病，"开"不快而发生的。当病毒被消除以后，这些"座驾"蜗牛便"牛气冲天"，一反我们认识的蜗牛的常态，走得像火箭般快。这样的内容设计，颠覆了人们原来的固有常识，正是这些比羊大、比车快的蜗牛，触及了人们的好奇心理，激起了现实常识与故事情节的矛盾碰撞，才产生了创意。另外，在传统的电视动画中，羊和狼似乎永远是对立的，《喜羊羊》却告诉观众这种所谓的对立只是在寻找一种平衡。在电影中，喜羊羊与灰太狼进入了布满细菌的蜗牛世界。在这里，它们有温馨、幽默的对抗，不过最后为了拯救蜗牛，它们放弃对立，联合起来抗击细菌。这种超越前人的大胆创新、引人入胜的故事情节和丰富的想象，也唤起了人们许多美丽的幻想，也唤起了观众记忆中的丰富情感。

二、传播功能多元革新

1. 从"说大道理教育人"到"感受情理学做人"

动画的传播过程既是一个晓之以理的过程，也是一个感之以美、动之以情的心理转化过程。列宁曾经说过："没有人的情感，就从来没有也不可能有人对真理的追求。"国产动画的传播功能很长时间以来都在迎合教育功能的需要，一味地向孩子讲大道理。这样狭隘的传播功能观使国产动漫陷入了制作上的误区，"生硬、死板、缺乏艺术感"的主题形象和表达方式带来的结果是儿童看不懂、青少年不爱看、成人不屑看。事实上，动画受众与其他媒体的受众一样，具有受众接受信息的一般特征："他们为了满足自我的需求，有强烈的自主意识、创造意识、自尊心理和自己对信息作品的选择、理解与判断，并不轻易为传播者所任意左右或支配。他们的接受活动一般不是强制的、消极被动和盲从的，而是独立自主的、自觉自愿的、积极主动的。"[2]

综观国外，动画表达教育思想的方法可以有很多种，日本动画大师宫崎骏的作品堪称艺术性和思想性完美结合的典范，而更多的国外动画就和电视连续剧一样，在引人入胜的剧情中阐发生活中的情感与哲理。片中那些令人忍俊不禁的生活化情节让观众在轻松愉快中放飞自己的想象力，这样才能让不同的观众体会个中自己专属的"小道理"。例如，《喜羊羊》中灰太狼的角色就很生活化，它是一只天天想吃羊又自以为是的草原霸主狼，却同时是个"妻管严"，经常被老婆打、被孩子欺负，但又十分疼妻儿，还用很生活化的语言求饶。观众便可以从这样的剧情中产生同感或者联系自己身边发生的相似的事情进行联想，在看完影片后，不少年轻女士都感慨"嫁人要嫁灰太狼"。

2. 从"儿童专利"到"各得其宜"

以往国产动画是六岁以下儿童的专利，甚至连一些业内人士也持"动画是小孩子看的东西"的陈腐观点。其实，真正成功的动画应该是"老少咸宜"的，或者是"各得其所"的，成年人也有从动画中得到快乐的权利。席勒提出"艺术游戏说"的理论，他认为，游戏解放人类的天性，给人类带来情绪的宣泄和精神的自由，而艺术同样是一种宣泄情绪、表现创造的渠道，因此不难把游戏和艺术相提并论，甚至有人直接认为"艺术就是游戏"。在国外，动画片是面向不同年龄层的，拥有广泛的观众群体。《怪物史瑞克》就是一个很好的例子，影片中既有孩子喜欢的喋喋不休的驴子和穿靴子的猫，也有让成年人感动的爱情故事和正义与邪恶的较量。早期的《猫和老鼠》同样深受成年人的喜爱。相较于电视版的《喜羊羊》，电影版的《喜羊羊》为了迎合更多年龄层的观众，在内容上增加了不少专为儿童以外观众而设的情景和台词，"无间道、微软黑屏、奥巴马当选"等也被搬上了大屏幕。当然，随着广大受众对文化传播需求的不断高端化和多元化，动画的市场也应该进一步开辟一条细化的道路。

3. 从"忠奸分明"到人物性格"人性化"

为了迎合教育功能的需要，国产动画中出现的一般是"高、大、全"的主人公与"作恶多端"的反面人物，非"忠"则"奸"，泾渭分明。像较早的动画片《葫芦兄弟》，葫芦娃和蛇精一正一邪，是绝对对立的人物。在这一点上，《喜羊羊》却表现得比较人性化：坏人也有可爱的一面，好人也有小缺点。例如，《喜羊羊》里面的正面角色小羊们各自身上都有小毛病、小缺点，如贪吃、胆小、爱打扮、脾气暴躁等；负面人物灰太狼也有可爱的一面，它怕老婆，疼孩子，常常在危急关头良心发现与小羊们一起渡过难关。人性化的人物形象使动画片里的人物塑造越来越立体而有层次，给了观众一种真实感和亲切感。

三、传播符号追求美感

1. 经典形象，吸引眼球

我们处于一个多元化的"眼球经济时代"，在这样一个时代里，社会审美变得好奇、宽容、大度和多元。"卡通形象是象征符号的一种拟人化表现形式，通常用虚拟的或实在的人物、动物等作为创作的模型，经过设计处理的文字或图形，容易形成记忆与差异识别并且有影响消费者对品牌原有印象的力量。它们的形象还可以随时代的变化，随时尚潮流的起起伏伏，被赋予全新的当代流行元素，永远不会过时。这些主张正是作为品牌基于卡通想象与消费者沟通的心灵符号，从而形成消费者对整个品牌的好感、认知和忠诚度。"[3] 米奇老鼠、唐老鸭、机器猫等一批经典动画形象成功地驻扎在动画观众的心里，成为几代人的动画偶像。《喜羊羊》最初的形象定位便以塑造属于中国人自己的"米奇老鼠、唐老鸭、机器猫"为目标，希望能成为中国动画界的偶像人物，活在新一代少年儿童的心里。

2. 特色语言，平添乐趣

"传播在一定程度上取决于语义、符号所发挥的效果……传播者运用语言的能力影响到他把音讯制成符码的能力。传播者在发出信息时，必须选择有意义的语言、文字以吸引受传者注意，并使他继续保持注意。"[4]《喜羊羊》的台词大部分用的是口头语言、通俗化的语言、民俗性的语言，再加上具有儿童特色的语言，这些结合起来就产生了亲切感和幽默感，八十多分钟的片子让人笑声不断。一些网络词、自造词、热门词等，如"三聚氰胺、很傻很天真、奥巴马、无间道、微软黑屏"等更是符合了成年观众的口味，让人忍俊不禁，发挥了动画的轻松娱乐功能。《喜羊羊》还是国内第一部根据地区需要，制作了普通话、粤语双语版本的动画电影，台词按照地区差异有所修改，使台词中的笑点发挥得淋漓尽致。

3. 明星配音，引发从众

所谓的明星效应其实与心理学上的崇名心理和晕轮效应相似：是指人们在认知判断中对最具有知名度的人和事物的崇拜与追寻。当观众认定自己所喜爱的明星时，明星身上所表现出来的东西或明星所从事的活动都会成为观众意识里的有益事物或活动。《喜羊羊》的国语版请来了范冰冰和台湾歌手阿牛，粤语版则请来了广东地区青少年所熟悉的香港无线电视台的林峰、黄宗泽等演员配音，通过明星的声音，利用明星效应吸引更多的观众，让明星去告知社会有这样一部动画电影。这些明星的粉丝有的为了一听偶像的声音，坐进了电影院。

四、传播管理走向规范

1. 政府扶持，优势发展

为了扶持国产动画的发展，国家广电总局发出通知，禁止全国电视台以栏目形式播出未获发行许可的境外动画片，并派监管部门在全国范围内对动画片播出内容、播出类别、播出时段进行动态监管。按广电总局规定，国产动画片与引进动画片的播出比例不得低于 6∶4，且 17 时至 21 时黄金时段必须播放国产动画片。《喜羊羊》从 2005 年下半年开始，陆续在央视少儿频道、北京卡酷、上海炫动卡通、湖南金鹰卡通、深圳宝宝动画剧场等全国近 50 家电视台热播，最高时曾创下 17.3% 的高收视率。2008 年初，《喜羊羊》已经播出了 520 集，主题图书也已经卖出 200 万册。另外，广电总局还放宽了开办动画卫视条件，在下发的《关于发展我国影视动画产业的若干意见》中提出，除了目前已经批准的北京、湖南、上海 3 家电视台开办动画卫视外，凡是有条件的省级电视台都可以申请开办动画卫视，已经开办的省级和副省级城市电视台少儿频道也要增加国产动画片播出的数量，没有开办少儿频道的电视台则要开设固定的动画片专栏，形成国产动画片的播出规模。据国家广播电影电视总局网报道：广电总局还设置了奖励机制，凡影视类频道在 17 时至 19 时播出 30 分钟国产动画片的，可在 19 时至 22 时增加播出 30 秒广告；在 17 时至 19 时播出 60 分钟以上的，可在 19 时至 22 时增加播出 60 秒广告。

2. 传媒联动，拓宽市场

"2009 年祝你：家庭美羊羊、生活沸羊羊、工作喜羊羊、周末懒羊羊，身体灰太狼、身材红太狼。丑年漂亮,牛气冲天。"春节期间,这条祝福短信通过手机传递到了千家万户。《喜羊羊》不仅出现在电视和电影屏幕上,还利用手机等新媒体为自己制造了成功的传播效应。当下正处在新媒体革命的时代,日新月异的互联网、移动通信和媒体技术的发展给动画产业带来了巨大的发展机遇。数字电视、网络、手机、PDA电子图书等层出不穷,动画作为媒体内容面临巨大的需求。国产动画要想进一步扩大市场,必须迎合新技术媒体市场的需要,并且充分利用这些新媒体的优势,扩大传播范围,提升国产动画的影响力和知名度。

3. 整合营销,打造品牌

动漫产业包括一个完整的经营链条,从生产到销售,涉及多个行业,包含品牌授权、形象授权、衍生品开发等,因此动漫作品的创作需要全面考虑与市场接轨,明确利润目标。在整合营销成为营销策略新宠的今天,动漫产业在营销策略变化上自然受益于整合营销的理念。《喜羊羊》的成功,很大程度上要归功于影片的营销。影片上映前,制作公司就在电视、地铁车厢等滚动宣传,并与肯德基合作开展"买套餐送喜羊羊玩具"活动,发行方还组成一支300多人的"喜羊羊机动队",向各地影院运送"喜羊羊"贺岁礼品。到电影院看《喜羊羊》的小朋友,很多是为了得到"羊狼对战笔"的礼品。在全国放映期间,发行方举办了很多小朋友喜欢的活动,包括在全国建立了40个"喜羊羊开心乐园",以及在售票处旁搭建了一些合影立体人偶,或者雕塑板、雕塑墙等儿童设施。该片投资中有30%的资金投入到影片营销中。密集有效的宣传,打造了影片强大的营销攻势。鲜明的品牌形象的创立,多元化的营销渠道,为国产动画的营销操作开辟了新的局面。

注释:

[1] 牛兴侦. 国产电视动画片制作备案数据解读. 中国文化报, 2009 – 02 – 20.

[2] 肖沛雄. 新编传播学. 广州: 广东人民出版社, 2006. 97.

[3] 任培文. 强势打造民族动漫创意品牌核心竞争力. 南方动漫网, http: // cartoon. southcn. com/critique/content/2007 – 09/14/content_4245611_4. htm, 2008 – 01 – 01.

[4] 陈龙. 大众传播学导论. 苏州: 苏州大学出版社, 2006. 37.

(本文发表于《东南传播》2009 年第 5 期)

影视在国际传播中的作用
——以韩国为例

黄启龙

摘　要： 全球化是我们这个时代最重要的特征。以文化为核心内涵的软实力的竞争成为国际竞争的重要内容。为了抵御西方文化霸权的渗透和侵袭，许多国家无不从战略层面大力发展本国的文化产业，对外塑造和传播本国的文化形象。在发展文化产业方面，每个国家都有自己独到的做法，成为其提升国家形象的手段。作为文化产品的集中体现，影视作品对国家形象的宣传起着尤为重要的作用。比较成功的一个例子就是跟我们一衣带水的近邻——韩国。

关键词： 影视；"韩流"；国家形象；国际传播

一、"韩流"的汹涌及其影响

韩国国土面积 9.93 万平方公里，人口 4 700 万。就是这样一个国家，其文化内涵不如中国深厚，其经济实力逊于日本，在影视方面对世界的影响曾经落后于中国台湾、香港很多年，但韩国的影视产业在近 20 年异军突起，其电影数次赢得世界关注，电视剧渗透到了亚洲每一个国家，并掀起阵阵收视狂潮。这一文化市场现象被业界和理论界称之为"韩流"。"韩流"文化产品出口不仅为韩国赚取了大笔外汇，更为国家形象的提升立下了汗马功劳。它的成功确实引人深思。

应该说，20 世纪 90 年代之前，大多数中国人知道朝鲜，可是对韩国却鲜有耳闻。从 1993 年中国首次引进韩剧《嫉妒》，到 1997 年央视播出家庭伦理剧《爱情是什么》，接着是 1999 年的《星梦奇缘》和《天桥风云》激起收视热潮。近几年反复重播的《澡堂老板家的男人们》、《看了又看》、《人鱼小姐》，再到 2005 年的《黄手帕》、《大长今》和《加油，金顺》等，韩剧，就如同这个国家的泡菜一样，以平实的特质和独有的魅力开始吸引越来越多的中国电视观众，同

[作者简介] 黄启龙：广州体育学院体育新闻与传播专业 2006 级研究生。

时也让中国人对韩国这个名字越来越熟悉。《蓝色生死恋》、《冬季恋歌》、《大长今》都曾引起收视狂潮，尤其《大长今》曾以绝对的优势稳居同时段全国收视率排名第一的位置。与此同时，韩剧的数量也在与年俱增。据央视索福瑞市场调查：我国电视台 2004 年播出的 649 部引进电视剧中，107 部来自韩国，占总数的 16.5%。央视八套有 57% 的引进剧来自韩国。[1]

《生死谍变》、《共同警备区》、《我的野蛮女友》等电影在韩国国内外均获得巨大成功。尤其是《生死谍变》（1999）在其国内打破了《泰坦尼克号》保持的票房纪录，到 2001 年为止，韩国是世界上唯一一个本国电影能够压过好莱坞的国家。

"韩流"的影响是巨大的，波及范围也从亚洲辐射到全世界。韩国在短短三四十年内迅速崛起成为世界瞩目的对象。

二、韩国影视在提升其国家形象中的作用

"韩流"中培养的金喜善、裴勇俊等影视明星，HOT、Rain 等歌星，流氓兔等名牌产品为提升韩国国家形象和传播韩国文化发挥了重要的作用。该国还借"韩流"集中力量开发具有国际竞争力的名牌产品，在全球各地强力宣传来提升形象；以大量人力和资金投入研发、推出创新产品，甚至争取到领先各国的技术。例如，韩国"三星"、"LG"、"现代"等已跨入全球最有价值的品牌行列。这些成果促使韩国在国际上得到肯定，连带提升其他韩国产品的知名度。

什么是国家形象？国际关系学家刘继南认为："一个国家的国家形象是指其他国家（包括个人、组织和政府）对该国的综合评价和总体印象。"[2] 在信息反复加工的过程中，媒介对树立国家形象、提高世界舞台上的"能见度"，具有无可比拟的重大作用。媒介在采集、编辑和传播信息的过程中，完成了对国家形象的塑造。它是一国形象进入国际社会的重要通道，它对一国的描述和刻画，影响公众舆论对一国形象的认识、评价和定位。有鉴于此，有学者指出："国家形象是一个国家在国际新闻流动中所形成的形象，或者说是一国在他国新闻媒介的新闻报道中所呈现的形象。"[3]

"韩流"风行全球，使人们认识了一个"意料之外"的韩国，那就是时尚的、细腻的、健康的、唯美的韩国。

1. 民族传统文化的塑造与凸显

文化是民族性格的反映。社会的急剧变化在一定程度上造成了文化传统的断绝，并引发了人们自我认同的危机感。这种危机感导致了韩国人性情中的审美意识再度复苏，将黑暗抑郁时代里承受着的悲欢纠结而成的民族情感，提炼为韩国

影视文化的主题。

韩剧在文化依托上受儒家文化的浸染很深，而传统儒家文化从来都是伦理领域与审美领域视界交融，在真、善、美向度上三者合一。这样，平民生活的书写有了一种文化上的依托与道德上的坚实，这对在传统与现代的冲突之间、各种类型的价值观中徘徊挣扎的观众来说不啻于一剂精神上的强心针。[4]

用细腻的手法展现真实的生活，是韩剧捕获人心的杀手锏。看似琐碎，却让人感觉亲切。剧中点点滴滴的生活细节中，都有着对家庭、婚姻、人际关系的深入洞察；温情而幽默的台词娓娓道出生活哲理。而几乎每部戏都涉及尊敬老人、长幼有序、兄弟友爱等传统伦理美德，这些正是处于转型期的国人所缺失而又向往的。

另外，韩国影视中的多数情节都显示出另一种完全东方的斯文、矜持和谨言慎行，表现为对爱情的忠贞不渝和执著不懈。即使是热恋中的青年男女，也没有很过火的激情镜头，这是非常难能可贵的。而本应该更为"东方"的中国影视，哪怕在古装戏中都不忘来点刺激的亲热镜头，几乎每部现代感情戏中都要出现离婚、三角恋等"现代人"对"自由的向往"。对比之下，这着实让人深思。

2. 精心包装（包括明星包装和影视产品包装）

韩剧最大的魅力还是源于令人如醉如痴的男女青春偶像。在韩剧中，男女主角几乎无一例外都是俊男美女。曲折的剧情，唯美的画面，靓丽的青春男女，时尚的民族风情，吸引着各个年龄段的人群，在中国形成了忠实的"哈韩"一族。裴勇俊、安在旭、金喜善、宋承宪、宋慧乔、张东健、蔡林等一批韩剧明星在几乎没有宣传的情况下，迅速成为大批中国年轻观众追逐的新一代偶像。《冬季恋歌》在日本造成轰动，短时间内在 NHK 连续播放三次，在日本出现了为数众多的"裴勇俊迷"和"崔智友迷"，以致韩国驻日外交官感慨："一个裴勇俊抵得上十个大使。"

3. 品牌、连锁效应

韩剧在营销过程中，除了利用电视剧本身的销售外，还同时采用其他传播方式来整合营销韩剧品牌内涵中蕴涵的韩国文化理念、生活方式，如服饰、旅游、饮食等。以曾经引起香港万人空巷的热播剧《大长今》为例，该剧在推广期间就连续推出了附带的文化商品，如纪录片、动画片、专题片等音像制品和手机游戏等电子产品，而且其拍摄外景地也建成了主题公园，吸引了大批游客。该剧的策划人员在韩国举办国际影视文化展，在展会重点推介《大长今》，并赠送《大长今》相关音像制品。这样多途径立体化的传播方式就使其影响力在全球迅速扩散，提升了该品牌的知名度，当然也提高了韩国的影响力。

"韩流"还带动了韩国旅游热，带动了整容业，带动了韩国服装和饮食业的出口，并且还带动了韩国手机、汽车、家电、电脑等产品的热销。

三、韩国影视崛起的原因

韩国及其影视的迅速崛起有其深刻的社会背景。1997年亚洲金融风暴后，韩国政府将文化当成重要产业由政府主导并全力支持其发展。韩国政府1998年正式提出"文化立国"方针。在韩国人看来，文化产业的振兴，关系到国家命脉。该国的文化观光部长官南宫镇曾表示："19世纪是军事征服世界，20世纪是以经济，到21世纪是以文化建构新时代。"该国文化观光部产业局长李普京则在诠释文化立国理论依据时说："一个国家不能创造出自己的文化内容而使本国的文化内容资源不足的话，将遭遇严重的文化独立性危机。这是比经济上或政治上的依附更为严重的问题。"[5]

另外，韩国电影产业出现的奇迹，与韩国人的民族性格和根深蒂固的危机意识密不可分。这是韩国民族强烈的危机意识和韩国政府灵活的电影政策以及电影产业体制创新等新因素综合作用的结果。[6]而且韩国人对本土电影的热爱几乎达到了非理性的程度。许多国产影片如《生死谍变》、《共同警备区》的上映，媒体一律不能有批评的声音，普通百姓如果不去看会被认为是"不够爱国"。

四、"韩流"的启示

中国电视剧制作中心副主任张子扬认为，文化传播的本质"就是生活方式的传播，生活方式最有效的传播就是通过优质电视剧直接展示人们日常生活亦即精神生活中的喜怒哀乐，即价值取向……优质电视剧是'文化版图'最有效的具体形态，亦是文化传播的具体形象。不同题材的电视剧生产，体现了本土文化的多元生存"[7]。

反观"韩流"文化，我们不难发现，它是传统文化与现代文化、东亚文化与西方文化整合翻新的结果，是在吸收欧美文化的同时，以东方人的视角重新包装可能被我们遗忘以致丢弃的东方文化，新鲜而不浅薄，因此深受大家的喜爱。

韩剧中所宣扬的价值观，本质上就是中国文化圈的核心价值观。所以，韩剧在中国的流行，既帮助中国人发现和发掘了传统文化的合理成分，增强文化自信；又从"外人"的视角，促使自以为"前卫"的学界人士省悟；还改变了在西方价值观冲击下的文化守势。从这个意义上说，"韩剧"不仅充当了抵御"西风美雨"文化攻势的生力军，它远销欧美，更成为反击西风东渐的突击队。

五、小结

　　影视是传播与塑造国家形象的有力工具。电视和电影在潜移默化地影响着人们的世界观、道德观、精神状态、生活方式以及各种价值理念。影视对人的文化感染作用是巨大的，作为文化载体，其传播的文化影响甚至支配着芸芸众生。20世纪的《豪门恩怨》等影视作品把人造的美国塞给了全世界，实现了一种最巧妙和最经济的推销，而世界政治、经济、文化等往往通过影视的潜移默化受到美国的影响。近年来的"韩流"在亚洲甚至全世界掀起狂风巨澜，为如何在全球化背景下保持民族文化的独特性提供了有益的借鉴。他们文化传播战略的成功，给我国国产影视的制作与传播及国家形象的塑造提供了经验。

注释：

　　[1] 张卓. "韩流"热中国　韩剧的温情抓住了中国人的心. 中国青年报，2005 - 10 - 24.

　　[2] 刘继南. 大众传播与国际关系. 北京：北京广播学院出版社，1999. 25.

　　[3] 张桂珍等. 中国对外传播. 北京：中国传媒大学出版社，2006. 1.

　　[4] 路璐. 韩剧：作为一种文化品牌的传播与启示. 艺术百家，2007 (2).

　　[5] 王毅. "韩剧"怎样风行中国？——韩国发展文化产业的启示. 中国网络文学联盟，http：//ilf. cn/Article_Show. asp？ArticleID = 3230&ArticlePage = 1，2006 - 01 - 24.

　　[6] 陆地，郭淼. 韩国电影振兴对中国的启示. 孟建，李亦中. 冲突·和谐：全球化与亚洲影视. 上海：复旦大学出版社，2003. 75.

　　[7] 张子扬. 试论优质电视剧的有效传播. 中国电视，2005 (11).

（本文发表于《东南传播》2007 年第 11 期）

专题八　体育新闻媒体经营

从 F1 报道看纸媒三强的核心竞争力

张德胜 张朝霞 尧春华 陈 治 梁 波

摘 要：本文以 2004 年 F1 中国大奖赛上海站报道为切入点，从核心团队、核心内容和核心受众三方面，比较分析《体坛周报》、《足球·劲体育》和《南方体育》这三家当今中国知名体育报纸的核心竞争力，并从新闻专业主义的角度，提出了作者自己的看法。

关键词：纸媒三强；核心竞争力；比较

纸媒三强是业内人士对《体坛周报》、《足球·劲体育》和《南方体育》这三家版数均达 32 版，在当代具有一定影响力的综合性体育报纸的通称。

"核心竞争力"（Core Competence）的定义由英美经济学家普拉哈德和哈默在《哈佛商业评论》上发表的《公司核心竞争能力》（1990）一文中首次提出："核心竞争力是在一组织内部经营整合了的知识与技能，尤其是关于怎样协调多种生产技能和整合不同技术的知识与技能。"[1]

目前，国内新闻理论界学者多对这一概念作本土化的解释，如支庭荣认为，"核心竞争力主要体现在经营单位核心业务的竞争力和管理团队的领导力两方面，即核心竞争力 = 核心业务 + 核心团队"[2]。郑保卫认为，"新闻传媒的核心竞争力是指该传媒在经营和发展中胜过竞争对手的核心的资源与能力的总称"[3]。曹鹏认为，"报业的核心竞争力由核心团队、核心内容与核心受众三者构成"[4]。还有研究者认为，新闻媒体的核心竞争力是"新闻媒体在竞争中体现出来的核心的、独有的、持续的以获取最佳的经济和社会效益的资源与能力"[5]。

本文以 2004 年 F1 中国大奖赛上海站报道为例，从三个方面来具体比较分析纸媒三强的核心竞争力。

[作者简介] 张德胜：广州体育学院体育新闻与传播专业教授，硕士生导师；张朝霞，梁波：广州体育学院体育新闻与传播专业 2005 级研究生；尧春华，陈治：广州体育学院体育新闻与传播专业 2004 级研究生。

一、核心团队比较：中西合璧、倾巢出动与防守反击

F1 大奖赛、奥运会和世界杯被誉为世界体坛三大盛事。F1 大奖赛第一次落户中国，无论对于体育迷还是体育媒体，都具有划时代的意义。对于纸媒三强来说，如何做好 F1 中国大奖赛上海站的报道工作，争夺 F1 读者群，拉动自身发展，无异于一场刺刀见红的肉搏战。

从核心团队角度看，我国目前报社内部基本分成两大系统：以采、写、编、评为主的生产系统以及以发行与广告为主的销售系统。在"内容为王"的同质媒体竞争年代，前者的质量决定了后者的发展。因此，在生产系统中，必须建立一支以高素质、高水平的灵魂人物为核心的队伍。上自总编辑，下至普通编辑、记者，每到大赛能战能胜，体现出高水平的新闻编辑策划能力。

在这次 F1 中国大奖赛上海站报道中，纸媒三强不同程度地动用了各自的有生力量，但反映到报端的，主要是署名记者、编辑和评论员。相比之下，《体坛周报》秉承了"集中优势兵力歼灭敌人"的一贯作风，派出了张力等 5 名记者"围剿"F1；而《南方体育》堪称倾巢出动，虽然见报的一线记者只有张平谊等 4 人，但其总编辑龚晓跃带领一班人马亲赴上海 F1 论坛，向中外媒体发表演讲，其重视程度与运筹帷幄的瞿优远（《体坛周报》总编辑）相比有过之而无不及；相形之下，从去年 7 月 2 日开始改办综合体育的《足球·劲体育》则没有尽遣强大阵容，该报只有李冰和文涛力扛 F1 报道大旗，在这场纸媒三强新的角逐中，充其量只能算是防守反击。

从报道效果上看，《体坛周报》的团队优势十分明显，该报动用了国际合作媒体来协助 F1 报道，其中《法兰克福汇报》记者为该报独家专访车王舒马赫提供了便利。同时，"在这种没有能力做好却必须做好的项目上，《体坛周报》利用了外部资源，直接使用法国《队报》的 F1 报道"[6]。

体育报纸主要以零售赢利，属于中国特色。每逢大赛，报纸的销售额比较容易创下新高。与此同时，只有高质量的报道内容才能吸引可观的广告投放量。以这次 F1 报道的重头戏——2004 年 9 月 27 日星期一的纸媒三强为例，《体坛周报》共刊载了 57 条广告，总面积合起来多达 6 个版的篇幅，其中在 F1 版上有10 条，面积加起来足有两个版面之多，其中还包括加起来达一整版的彩色广告。其广告总收益如何，可想而知。相反，《足球·劲体育》总共只刊载了 7 条客户广告，总面积合起来只有 1 个版多一点。其中，F1 版只有半个彩版广告外加两个小豆腐块广告，可见该报的广告数量可能已滑落到近几年的新低。《南方体育》则刊载了 12 条广告，累计总面积达 4 个版的篇幅，其中在 F1 版有 3 条广

告，面积达 1 个版的篇幅。

尽管各报的广告收费标准不一，但足够多的广告数量和刊载面积是硬道理。从以上统计数据不难看出，以前发行占优、广告较弱的《体坛周报》现在是一家独大，除了该报的品牌产生了吸引广告商的眼球效应之外，该报的业务重心北移京城，营销团队素质相应提高也是不争的事实。F1 报道对于广告业务的拉动，最明显的例子就是汽车广告的投放。在同期报纸中，《南方体育》的汽车广告多达 3 条，《体坛周报》也有 2 条，《足球·劲体育》则没有汽车广告。

二、核心内容比较：抓大放小、剑走偏锋与例行公事

从新闻报道策划角度来看，2004 年 F1 中国大奖赛报道的时间跨度为两周左右。其中，报道高潮在 9 月 26 日星期日 F1 上海站正赛的次日，即 9 月 27 日星期一纸媒三强的出报日。下面，我们以列表方式，对当天三家报纸有关 F1 报道的版面进行解构分析：

纸媒三强 9 月 27 日星期一 F1 报道版面解构表

			各版主题、新闻条数及头条新闻标题				
报名	序号	版次	各版主题	新闻条数	头条新闻标题	图表数	广告数
体坛周报	1	头版	主打新闻	2（含评论1）	舒马赫是否尽力了？	1	3
	2	A8/9	车王聚焦	5（含评论1）	车王反"围剿"	5	2
	3	A10	赛况综合	4（含评论1）	上海节奏：B&B	4	1
	4	A11	人物专访	3	莫利斯：以安全的命运改革	2	1
	5	A12	经营开发	3（含评论1）	繁华后，上赛场赚到了吗？	2	2
	6	A13	场外扫描	3	上赛道是法拉利主场	1	1
南方体育	1	头版	图片导读	0	无	2	0
	2	17	明星绯闻	1	杨紫琼和让·托德甜蜜蜜	2	1
	3	18	经营开发	5（含评论1）	国际化，上海还差了一点	1	0
	4	19	门票销售	5（含评论1）	"钱被博尼拿走了耶"	2	0
	5	20	赛况综合	4（含评论2）	现在是巴里切罗时间	5	0
	6	21	兄弟聚焦	3	性格决定命运态度决定成就	4	0

（续上表）

报名	序号	版次	各版主题	新闻条数	头条新闻标题	图表数	广告数
				各版主题、新闻条数及头条新闻标题			
	7	22	人物专访	2	中国 F1 车手？十年后吧！	1	1
	8	23	人物专访	4	贫富差距正在侵蚀 F1	3	0
	9	24/25	场外扫描	5	这里全是商业	10	1
足球劲体育	1	头版	主打新闻	1	法拉利制造上海纪录	3	0
	2	B13	场外扫描	4	法拉利的情人来了	4	0
	3	B14	赛况综合	5	这个周末不舒服	6	1
	4	B15	赛后反思	4（含评论 1）	赛道一流，交通一般	1	1
	5	B16	赛车宝贝	1	宝贝享受"内部福利"	1	1

从表中不难看出，《南方体育》F1 报道版面最多（共 10 个版，其中含 4 个彩版），《体坛周报》居次（共 7 个版，其中含 3 个彩版），《足球·劲体育》最少（共 5 个版，其中含 2 个彩版）。但是，版面多少是否与高质量、有特色的内容和最优化的版面形式成正比，从而达到报道效果的最大化呢？笔者认为不一定。在电视和网络极为发达的今天，要想确保报道内容的高质量和有特色，除了独家新闻与深度报道，别无他法。

美国哥伦比亚新闻研究生院提出了三层新闻报道的概念，比较符合当今体育报纸新闻报道的实际：第一层报道是对事实本身直接的报道，落实到体育新闻报道，就是对赛况动态的综合报道；第二层报道是发掘表象背后实质的调查性报道，即独家新闻与深度报道；第三层则是在事实性和调查性报道的基础上所作的解释性和分析性报道，即新闻述评和评论。纸媒三强在周一的 F1 报道中，无一例外地都对赛况动态作了综合报道，这从各报的"赛况综合"版可以看出。该版基本包括了比赛过程、比赛成绩、积分与排名等赛事报道的"规定动作"，这也是成熟媒体必做的功课。

深度报道的选题是决定报道阅读率的前提。美国专栏作家朱蒙得认为，深度报道就是使昨天的新闻背景与今天的事件发生关系，以获得明天的意义。在国内足球报道方面，一向以独家新闻与深度报道见长的《足球·劲体育》在这次 F1 报道中则没有延续其过往的优势，其 5 个版面的 F1 报道几乎全是"例牌"，缺少"靓汤"。面对初次莅临中国的舒马赫等诸多大牌，该报竟无一篇专访性质的文章，而独家新闻的标志性文体正是专访。反观《体坛周报》，一口气专访了车王舒马赫、国际汽联主席莫利斯和法拉利总经理托德三大巨头，完成了中国同质媒体几乎不可能完成的任务，尤其是对舒马赫的专访，是结合练习赛、排位赛和正赛分三次在不同时间的及时专访。《南方体育》则非常少见地采取了务实态度，退而求其次，专访了三个中小车队的老板，并结合中国人关心的问题，如中国怎样拥有 F1 车队、怎样培养自己的 F1 车手等，做了很好的访谈。

新闻评论是媒介的灵魂，历来为纸媒三强所重视。2004 年 9 月 27 日的 F1 报道无一例外地对上海站的实际运作与经营开发进行了反思。但与以往多点开花、众声喧哗的多元评论相比，《足球·劲体育》也许是因为版面有限、独家专访缺失等因素，这次只有 1 篇评述文章见报。《南方体育》的 4 篇评论秉承了一贯的调侃式风格，继续充满了"宿舍"味道。《体坛周报》的评论文章延续了正统评论路线，而且采用了短评、述评、外报评论和外电评论等多种形式。总之，在核心内容的选择与报道上，《体坛周报》坚持走"硬新闻"（Hard News）路线，采取了抓大放小（杨紫琼与托德的绯闻根本就不报）、逐层递进（从一般消息到独家专访再到新闻评论）的策略。《南方体育》继续奉行娱乐为主、剑走偏锋的"软新闻"（Soft News）路线，以女人为题的文章多达 4 篇，分别是《杨紫琼和让·托德甜蜜蜜》（这篇文章竟是该报当日 F1 特区的头条）、《这个女人不简单》、《工作站里的女人》和《追舒马赫，从美女开始》，女人成了该报扩张F1 读者的基本元素。《足球·劲体育》的周一 F1 报道则没有反映出该报应有的综合实力。

三、核心受众比较：网罗天下、局部扩张与权宜之计

纸媒三强都是综合性体育报纸，同质化现象越来越严重，经营上竞争手段也越来越趋同，市场逼迫它们各自必须作出选择：是继续"大众传播"，还是"分众传播"？是追求全面领先，还是先追求单项领先？

在纸媒三强中，率先退出全面竞争的是《南方体育》，它们的编辑方针十分清楚："以有趣抵抗无趣"，"跟它们不同"，坚定不移地走体育娱乐化道路。具体说来，一是在报道领域上，不再与另两家死拼足球，特别是国际足球和 NBA 的硬新闻报道，而是着力报道网球、高尔夫、F1 等贵族或时尚运动；二是在报道方式上，不再以"五个 W 和一个 H"来衡量文章的质量，而是强调记者或作者的主观感受，以此窄化该报的受众群，把读者缩小到具有一定消费能力和阅读趣味的小资白领与青年学生身上，并最大限度地将受众的注意力"二次售卖"给广告商，实现报纸零售与广告收入的均衡发展。这次 F1 报道是该报实现读者

局部扩张的最佳时机。反之，《体坛周报》的决心很大，即要做体育传媒中的全能冠军，办最全面、最专业的体育报纸，以大、中学生为主体，尽量网罗全国体育迷，因此，F1报道就是它们实现做强做大过程中新的增长点。相反，最难作出抉择的是《足球·劲体育》。首先，该报报名给人以"隔"的感觉——它究竟是叫《劲体育》，还是《足球·劲体育》或《足球劲体育》？其次，在核心受众定位上，它与《体坛周报》极度重合，但后者在篮球、围棋、小球等项目报道上经营多年，已形成较为稳定的读者群。

很显然，《足球·劲体育》做综合体育报道，缺乏的不仅仅是资源、人员、经验，更重要的是意识。这次F1报道，本是《足球·劲体育》在新领域咬住《体坛周报》的最佳时机，但它没有摆出拼命的架势，只是采取了简单的跟随战术。

有人说，现代读者的最大特点是读报时间缩短，对报纸的忠诚度降低，但其获取信息的目的没有改变。因此，报纸的编辑方针特别是读者定位一旦确定，报纸的版面构成、版面设计与编排手段就应与之相匹配，以凸现报纸的"易读性"，最大限度地为受众服务。

在这次F1报道中，纸媒三强都很注重编排手段的使用，尤其是对于图表的使用。《体坛周报》、《足球·劲体育》和《南方体育》分别使用了15、30和15张大小图表，平均每个版面2～3张。表格能直观地反映比赛的成绩排名、车队与车手积分等，而图片在任何时候都是版面的视觉中心。值得一提的是，《体坛周报》在A8/9连版上，一共使用了5张图片，分别是3张新闻图片（包括一张舒马赫的勾边图）、1张卡通图和1张上海赛道的示意图。使用不同类型的图片反映了编辑的独具匠心，多而不杂，图文并茂，特别是那张赛道示意图能很好地配合文章，提示性地解释了舒马赫在排位赛中出事故的地点和原因。

在版次排列上，《体坛周报》依照硬新闻的重要性递减原则，依次安排了主打新闻、车王聚焦、赛况综合、人物专访、经营开发、场外扫描等版面，让专业的体育迷在尽可能短的时间内，了解他们不知、欲知而又应知的事实。

《南方体育》在版次安排上，依次为图片导读、明星绯闻、经营开发、门票销售、赛况综合、兄弟聚焦、人物专访和场外扫描，这与该报一贯的美女娱乐和独家视点一脉相承。至于效果如何，那恐怕是"哑巴吃饺子——心中有数"了。

《足球·劲体育》的版次依次为主打新闻、场外扫描、赛况综合、赛后反思和赛车宝贝，这反映了该报的风格一直在《体坛周报》和《南方体育》之间左右摇摆的态势。前者是业内对手，后者是同城追兵，该报想兼顾，但又兼顾不了。恕笔者直言，本期《足球·劲体育》F1报道的版次缺乏内在的逻辑联系。如果该报还想继续走新闻专业主义的道路，其版序应根据硬新闻的重要性递减原则来安排版面，即主打新闻、赛况综合、赛后反思、场外扫描和赛车宝贝。

《足球·劲体育》作为一家崇尚新闻专业主义的传统报纸，在由单一足球报道转为综合体育报道之后，千万不能在 F1 如此重要的赛事报道中采取权宜之计，企望通过报道足球和 NBA 来捞分，拆东墙补西墙，那将十分危险。

注释：

［1］陆小华. 再造传媒：传统媒体系统整合方略. 北京：中信出版社，2002. 164.

［2］支庭荣. 如何培植传媒的核心竞争力——解析广州"报业三国"的竞争策略. 新闻实践，2002（6）.

［3］郑保卫，唐远清. 试论新闻传媒核心竞争力的开发. 新闻战线，2003（1）.

［4］曹鹏. 2001 年中国报业的 20 个关键词. 曹鹏. 中国媒介前沿：来自市场的观察报告. 北京：新华出版社，2003.

［5］付蓓. 媒体的核心竞争力要素分析. 新闻爱好者，2004（5）.

［6］欧阳觅剑. 从边缘到领先——体坛周报的资源策略与团队之道. 广州：南方日报出版社，2004.

（本文发表于《广州体育学院学报》2005 年第 5 期）

在困惑中寻找希望
——评《中国报业的产业化运作》

廖慧平　谈群林

摘　要：作为书评，本文从新闻学、传播学和媒体产业经济学的视角，探讨和揭示了《中国报业的产业化运作》一书观点独到、动态分析、正视矛盾和佐证充实等方面的优点，也指出了其在现实思考与学理分析方面的不足。

关键词：报业；产业化；困惑；希望

"中国报业进入社会主义市场经济体制，即便是关注报业的社会资本，对报业发展的方向的把握也不明晰。部分人并没有意识到传媒行业发生的变化是革命性的，而非改良性的，中国报业也将从采编时代进入经营时代。"[1] 由于社会和历史的原因，直至 1978 年部分报纸试行"事业单位，企业化管理"以来，中国报业才开始逐渐走上产业化的道路。中国报业的"产业化"，是报业发展史上的一次大转型，但与西方报业的完全产业化有着本质区别。它是在保持报刊作为党和政府宣传工具的前提下来探索报业的产业化发展的道路，推行"事业单位，企业化管理，市场化经营"的运作机制，因而在办报理念、新闻业务和经营管理等方面都发生了深刻的历史变革，形成困惑与希望同在、挑战与机遇并存的局面。现实呼唤着报业产业化的实践探索及理论探讨，由暨南大学新闻传播学院董天策教授主持撰写，四川人民出版社 2002 年 12 月出版的《中国报业的产业化运作》一书正是顺应这一时代潮流，从产业化运作的基本内涵和报业产业属性出发，在对近 20 年的报业经济走势进行分析的基础上，紧紧抓住产业化所蕴涵的内容、本质以及报业管理和经营所涉及的主要领域两条主线，结合报业的内部和外部环境，报业产业化个案的成功与失败的经验教训，在理论与实践、历史与现实、新闻业务与经营管理的对比统一论证过程中，分析探讨了中国报业的产业化运作，力图在困惑中寻找希望，在挑战中把握机遇。

[作者简介] 廖慧平，谈群林：广州体育学院体育新闻与传播专业 2002 级研究生。

该书在汇集国内报业研究的最新成果的基础上，提出了许多独到的见解，视点新颖。首先，由于长期的单一喉舌论思想的影响，国内在对报业的研究过程中，许多人关心的并不是它的产业功能，而是新闻的阶级性和党性问题。随着报业经营管理重要性的凸显，大多数论著往往抛开新闻业务，单纯研究报业的经营管理活动。该书则从传播学、管理学、经营学和经济学相结合的角度深化了对报业产业属性及其运作的研究。作者抓住了所阐述问题的重点，从报业的大经营观和报业运作的关键点出发，即从整体的市场分析、生存格局到内部的新闻策划、营销经营策略和管理机制，再到宏观层面——集团化发展，最后引申到整个行业的规范体系，从而形成一整套的市场产业化的运作链。在这一相关的链条中，作者坚持市场经济规律，把它放在社会经济的大环境中，用系统论的观点论证和阐述中国报业的产业化运作，既没有脱离报业作为新闻传播工具这一科学领域，又没有违背中国市场经济发展的规律，融科学性、思想性、客观性于一体。

其次，作者始终用动态的观点来分析和论证中国报业的产业化运作，这与中国改革处于探索中的现实背景是相符的。书中更多的是用发展的眼光来探讨中国报业的产业化运作，对于这一过程中可能出现的问题或者波动，作者结合中国现行的体制进行了客观的分析，也初步提出了自己的设想或者说是对策，并对报业产业化的发展前景进行了预测性展望。如对"报业经营网络的创新之路"的阐述，作者不单是客观地分析了网络给报业带来的挑战与机遇，而且进一步指出网络和报业各自的优势与局限，随即提出"让报业与网络在产业化运作中实现优势互补，走报业发展的网络之路"的方略，并具体阐述了"报业网络之路该怎么走、报业的网络经营该怎么开展"两个问题，冷静地指出"报业的网络经营不能局限于内容"和"报业的网络经营必须以新闻为基石"两大原则，清醒地看到报业的网络经营是一个基于新闻的、处于不断变动中的开放系统，唯其如此，才是最平稳和最有生命力的，极具指导性和启发性。

再次，敢于直面有争议的问题。传媒产业化理论在我国还是一个新兴的理论，它还有许多不完善的地方。比如，报业集团作为一个新生事物，还存在着许多非规范化的问题，像运作过程中存在的事业管理与企业经营的矛盾、产业扩张与规模经济的矛盾、一些政策规定与市场公平竞争的矛盾、所有制结构与市场发展趋势的矛盾等。对这些问题的分析难免会引起争议，但作者本着"学术无禁区"的原则，凭借扎实的功底大胆提出自己的见解和主张，所作的分析多有精彩之笔。例如，作者在分析报社的资产管理机制与经营机制创新问题时，指出"虽然没有得到政府和法律的公开承认，但媒介外资本进入媒介也已成为不争的事实，显然，媒介外资本进入媒介的根本目的在于赢利。但正是由于它还得不到法律的确认，其利润的分配方式往往只能以私下协议的形式来确定，而没有成熟的机制加以保障。在这样的状况下，企业投资者的利益，完全可能因某些突发性的事件而受到影响与损坏"，认为"如何建立起更为成熟的资产管理机制以确保双方的利益，便成为当务之急，当然也成为报业从事业体制向企业体制转轨过程中完善资产管理机制方面的又一课题"。这是一个大胆的呼吁，因为从理论上来说，传媒如果过分追逐经济利润，就会在某种意义上迷失传媒的舆论引导者角色。而事实是，尽管政府明确表示不允许国外资本介入中国传媒业，也不赞成国内的"业外资本"进入传媒业，但现实中的确存在某些业外资本以合作或赞助的方式渗入。像《新周刊》、《成都商报》的做法就等于说传媒作为企业也同样可以担当党和政府的喉舌，给理论界提出了新课题。从这个角度看，这些分析无论是对制定政策层面，还是对促进报业集团健康发展的运作方面都是有益的。

作为学术著作，最重要的一点就是所论证的研究课题必须要有理论论证与客观事实的佐证。该书展示了报业集团发展过程中中国报业每一次历程的实证。如都市报先锋《华西都市报》的崛起及其引导的都市报潮流，昭示着"日报"和"晚报"二元时代的终结，中国报业格局向多元化演进；报业先锋广州日报报业集团的组建，打破了我国报业的原有格局，标志着我国报社从传统的单纯的传播机构向企业发展的重大转变，意味着我国报业开始纳入社会主义市场经济轨道。诸如此类的实证具体而鲜活地印证了中国报业成长、壮大的历程及其艰辛。此外，该书还列举了许多报界具有经典意义的数据图表资料，完备准确，说明性强，使人感到仿佛"进入了报纸大观园，观赏了报界众生相"，这足以说明作者对中国报业每一步发展足迹都有深刻的认识，显示了作者对报业十分专业的眼光。理论与实践紧密结合，相得益彰，这是该书的特色，也是该书的成功之处。

总之，该书对有关报业产业化运作一系列问题的探讨，无论是从新闻实践方面还是从新闻理论建设方面来看，都具有重要的参考价值和学术价值。不过，该书的观点也还有一些值得商榷的地方。

其一，从大众传播媒介的变革方面来看，作者对于中国报业产业化这一转变过程的重心没有过多的现实思考，即对中国大众传媒所发生的"革命"——从精英文化时代步入大众文化时代的变迁的实质未作理性思考，而这是读者对中国报业产业化运作趋势理解之根基。新闻观念的转变和报业产业化运作的历史进程是促使其改变的原因之一，这是报业转变的内涵实质。但是，其转变的外延实质是什么，从逻辑学的形式和内容上来说，这反而是更重要的一面，恰好作者未予以明确说明，也就是说缺乏对中国大众传播媒介从计划到市场体制的演变的理性分析。计划经济时代高度集中的权力体系造成了社会成员利益的高度一致，人们的信息需求具有单纯性和同一性，故"精致"比"全面"更具卖点，其传播

"精品"更易引起社会的共鸣。而市场经济所导致的社会成员之间的利益多元化使过去的社会需求和评价体系不复存在，不同利益、不同地位、不同视角造成了社会多元化兼容的信息需求。作者如能加入这一思考或理解，那么，对于传播内容、受众定位、内部管理体制演变机制的运作就会有更加清晰的理解，在中国报业产业化运作的新闻业务和经营管理中遇到的许多问题也就能迎刃而解，毕竟今天的媒体英雄是超出个人层次的一种创新结构、创新机制或创新体制。

其二，该书虽然是以传播学、经济学、管理学、市场学等多学科的融合为视点，但总的看来，更侧重于传播学。笔者认为，在新闻界对媒介的商品性、产业性已形成共识的基础上，以媒介作为研究对象，如果能把视角更多地向管理学、经济学或市场学靠拢，视野将会更加开阔，能避免就事论事，陷入微观。对现阶段的传媒产业来说，解决战略问题远比解决战术问题要重要得多。该书从传播学的角度分析了报业在社会主义市场经济中应"做什么"的问题，如书中对报纸读者及广告两个市场的互动问题的分析，提出了具体的可行性办法，这是当前报业产业化运作的战术性问题之一。但作者对报纸这一传媒产品"周期性规律"未进行分析，即对现阶段我国报业产业化运作过程中其现存产品以及可能的"生长点"的生存和发展周期没有一个合理的判断与预测，而这是制定合理有效的基本战略的重要基础，也是成功的报业传媒市场操作的先导。作者如能在"在哪做"和"做什么"两者结合的基础上对当前报业集团产业化运作的战略性问题进行大胆的预测，那么，其后面所阐述的报业产业化运作的新闻业务和经营管理问题将有更广阔的发展空间。

其三，文中对当代中国报业竞争的几种模式的探讨很独到，但其中成都模式内容与分析略显单薄。事实上，成都模式除了"趋同竞争"外，它的"公关与新闻并举"的运作也很耐人寻味；而上海模式没有单列，分述于广州模式、北京模式和成都模式中。作者本意是为三种模式提供参照，结果却显得散乱，不能给人一个完整的印象。既然它已成为一种模式，不如单列出来，更有可比性。

其四，笔者还想就资料整理上提出一个小小的建议。前面已经提到，该书汇集了国内报业研究的最新资料数据，其中有许多堪称经典性、里程碑式的数据。如《中国青年报》1981 年创办第一家星期刊，《南方日报》1984 年创办第一家周末报《南方周末》，1995 年中国第一张都市报《华西都市报》在成都面世等，这些资料具有很大的参考价值。鉴于中国新闻学的学科历史不长，新闻文献学成果积累有限，尤其是报业经济科研方面的资料信息还不够多，如果作者能对这些数据资料加以归类整理，在书后集中附录，既方便了广大读者特别是科研工作者查阅，又充实了报业数据信息成果。

注释：

［1］东方源. 报业风云——南方都市报经营实录. 北京：中国财政经济出版社，2002.4.

（本文发表于《今传媒》2004 年第 2 期）

媒介融合中电视台网站的发展探析

——以凤凰网为例

韦　颖　童鹏程

摘　要：本文探讨了在媒介融合中电视台网站应该如何与电视媒体进行良性互动，兼论了凤凰网在媒介融合中如何把握自身的优势，成为电视台网站发展较为成功的典范。

关键词：媒介融合；电视台网站；凤凰网；发展策略

凤凰网于 2006 年 10 月成功改造成凤凰新媒体，这意味着凤凰卫视在媒介融合的进程中又实实在在地迈出了一大步。事实上，凤凰集团并没有明确提出"媒介融合"这个目标，但凤凰卫视的定位是：向世界发出华人媒体的声音[1]。由于政策原因，凤凰卫视未能在整个内地落地，于是媒介融合的策略变成凤凰卫视开发内地市场的法宝，凤凰网便肩负了这样的责任。凤凰网便是在这样的情况下建立起来的。与凤凰卫视不同的是，内地的媒体没有无法落地的问题，他们在建立电视台网站之初正是网络经济风起云涌的时候，电视台的竞争激烈性又迫使电视媒体把目光投向了网络领域，但是综观这几年内地电视台网站的发展也是差强人意。相反，凤凰卫视由于"先天不足"，更善于开发网站的作用。从改造凤凰网这一步起，凤凰集团便利用电视台网站实施媒介融合的策略，远远地走在了许多电视媒体的前面。本文将视野聚焦于凤凰网的改造，通过分析目前电视台网站的发展状况，从媒介融合的角度，分别为其定位、内容设置、运作的转变提供发展对策。

一、电视台网站——电视与网络融合的新方式

2005 年，中国互联网相关收入达到 160 亿元，上网人口 1.2 亿，网民数量次于美国的 1.5 亿，居世界第二位。不过，中国 70% 的网民在 30 岁以下，这一

［作者简介］韦颖：广州体育学院体育新闻与传播专业 2006 级研究生；童鹏程：广西电视台新闻中心记者。

比例居世界第一位。[2]年轻一族不但有着对信息的求知欲望，还是一个可以实现精确定位的新产品和新技术的消费群体（时尚群体）。这个群体的消费延展性非常大，对传统媒体而言，该群体的得与失关系到未来发展。传统媒体对网络媒体的发展产生了危机感。在一片新媒体可能颠覆传统媒体的质疑声中，作为强势的传统媒体——电视台纷纷寻找新的机会，而与网络媒体的媒介融合正是他们要走的路。电视台网站是目前网络媒体与电视媒体融合的最佳方式，它表现出两种媒介融合中至少三方面的优势：网络的强大传播力和电视节目的丰富多彩；网络弥补了电视传播稍纵即逝的缺陷，电视节目保证网站在同质新闻竞争中具有独特性；两者互动，融合可以扩大各自的影响。

二、电视台网站的发展现状

但事实是：除了央视国际网站发展得比较好之外，笔者浏览的多个省级电视台网站还没达到大众对它的期望。整体而言，省级电视台网站基本上发挥了网络超越时空限制、具备双向互动等特点，弥补了母体电视台节目稍纵即逝、时段固定、时间长度受限等缺陷，较好地达到了优势互补的效果。网站设置了比较全面的频道和栏目，重视与网民的互动与沟通，努力为广告商提供周到的服务和丰富的信息，并开展了视频服务和其他业务。但是笔者也发现，这些电视台网站都存在着频道设置比较单一、雷同等缺陷，基本上是"本台频道＋新闻＋影视＋广告＋论坛＋视频"的模式。除了湖南卫视比较重视特色活动如"快乐男声"的宣传，其他电视台网站提供的内容都比较一致，都是自身电视剧的介绍等，没有突出的重点，加上论坛缺乏人气和对热点问题的讨论，没有达到它应有的影响力。

另外，大部分电视台网站不仅在内容设置上存在问题，在网站的建设上也依靠电视台母体的资金维护，对母体的依赖程度很大，有很重的附属痕迹。

三、在媒介融合中电视台网站的发展策略

电视台网站在这几年的发展都不能取得很好的突破，原因就在于网站建设理念滞后，对于新媒体的发展认识不够，对网站的投入力量也远远不足。无论从定位、内容设置和运作方式来说，电视台网站都应该要有一个很好的转变。

1. 定位：由单纯服务于电视媒体转向服从于整体的媒介融合

近年来，网络的崛起使得作为传统媒体的电视台第一次有了巨大的危机感。事实证明，任何想单纯地以传统方式在媒介领域独占鳌头的传播模式都将失去更大的发展空间。于是，各种传统媒体纷纷掀起了与网络捆绑的大潮，以期在与网

络的结合中获得一种整合传播效应，电视台网站便是顺应这股潮流的产物。具备了网络的强大传播力和电视媒体独特的节目资源特点的电视台网站，无疑是很有优势的。综观电视台网站的发展情况，却不尽如人意，原因就在于网络媒体在不断发展壮大，而电视台网站依然停留在开办初期单纯为电视媒体服务的阶段。定位没有转变，投入也没有增加，电视台网站正处于"鸡肋"的处境。分析现在媒介竞争的现状不难看出，单纯服务于电视媒体的定位确实给电视台的宣传提供了一个很好的平台，受众可以方便地通过电视台的网站查询电视节目和电视台的相关活动，客户也能对电视广告价目一目了然。但是单纯服务于母体的定位也使网站的发展受到了束缚，并不能发挥出网络媒体应有的影响力。

而凤凰集团正是看准了这一点，把凤凰网改造成凤凰新媒体，将其从一个单纯服务于凤凰电视台的网站解放出来。新闻出版总署副署长柳斌杰这样定义新媒体："新媒体是一种传播方式，我们不能将传播方式、载体和内容混为一谈……计算机成为新媒体传播的中心环节，互联网成为基本载体。"[3]据新闻出版总署的阅读调查，阅读传统出版物的人数以每年12%的速度下降，而阅读新媒体的人数则以30%在增长。这些事实都说明了新媒体已经被读者、观众和听众所接受，人们的阅读、学习习惯已经发生了很大的改变。[4]如果说凤凰网的前身国凤在线是单纯地介绍电视台的网站，变身为凤凰网用来攻破在内地不能完全落地的市场壁垒则是一次质的飞跃。这次凤凰集团再次用它独到而准确的胆识把凤凰网改造成凤凰新媒体，这个举动决不单纯是为电视媒体进军内地市场开路，而是在凤凰品牌形成之后，抓住了新媒体发展的契机，把凤凰网打造成符合受众新的需求的一个独立的媒体。凤凰新媒体成功地完成了他们的华丽转身，为整个集团的媒介融合作出了积极的探索。

2. 内容设置：朝门户网站看齐兼具电视节目资源的特色

凤凰网摆脱了电视台网站存在的模式单一和内容单薄的状况，不仅在频道内容设置上下足工夫，而且在内容更新方面，凤凰网几乎做到了与一些大的门户网站同步。以2007年6月30日星期六的新闻为例，新浪、搜狐等大网站都把胡锦涛主席检阅驻港部队以及出席庆祝香港回归十周年活动作为要闻放在网站的首要位置。凤凰网也把这条新闻放在了要闻的位置并作了图片突出的处理，其他新闻与搜狐等大网站也大致相同。如此快速的反应已经满足了网民们在网络获取信息的需求。换句话说，网民们能在搜狐、新浪获得的新闻同样也能在凤凰网上获取。但是仅凭同样的新闻想在网络媒体立足是不够的，凤凰网更清楚自己的优势：除了大量的即时新闻，凤凰网还拥有大量优质的电视节目音频与视频，这是凤凰网的独特性所在。在同质新闻竞争激烈的今天，这无疑是它最大的优势和卖点。笔者特别将凤凰网的电视节目资源整理成下表：

宽频	凤凰早班车、有报天天读、锵锵三人行、小莉看世界、大视野、大讲堂、鲁豫、李敖、戈辉、一虎
直播	凤凰资讯台、1949当年事、神秘朝鲜、帝国斜阳、民间保钓、女星情爱、同志影像、华姐倾城（实时改变）
免费	Hot短片、时事、财经、体育、生活、娱乐、秋雨时分、金曲MV、凤凰会客厅、凤凰内幕
音频	锵锵之声、凤凰电台、凤凰金曲、娱乐八卦、佛艺音频、随身听

表中的内容几乎包括了凤凰自办的所有名牌栏目，不仅可以在线观看，还可以下载收看或者收听。凤凰网利用电视节目资源构成了它的独家性，使其在与其他网络媒体抗衡中仍保持有很强的竞争力。作为电视台网站，它给许多电视台网站摸索出了一条可行之路。

3. 市场运作：遵循网络媒体的运作规律

电视台网站的一个主要任务是宣传、打造电视媒体品牌，但这并不意味电视台网站不需要从事经营活动。虽然电视台母体在短期内给予其一定的扶持，但如果电视台网站没有自身的造血机制，就不可能获得持久的发展动力。在运作方面，首先要承认电视台网站的属性是网络媒体，它理所当然要遵守网络媒体的运作规律，才能在市场竞争中立足。目前大多数电视台网站仍处于电视母体的附属地位，无论是信息还是资金都来自母体，不仅给母体的发展造成一定的负担，对以后自身的发展也没有好处。

凤凰卫视在这方面也作出了大胆尝试。2006年中国移动入股凤凰卫视19%，这意味着刘长乐掌控了今日亚洲有限公司控股的37.3%而成为凤凰卫视的最大股东，而且它将直接与凤凰新媒体开展合作，这给了凤凰新媒体更大的发展空间。凤凰卫视有限公司副总裁、凤凰新媒体首席执行官刘爽在接受《互联网周刊》采访时提出了对未来凤凰新媒体的构想，即主要由门户、流媒体和无线增值三个部分组成。对于凤凰新媒体的运营，刘爽说出了在媒介融合中凤凰网站的发展轨迹："无线是我们业务起飞的一个引擎，流媒体是我们下一个发展壮大的未来，而门户是我们的门脸，是我们稳定资金、沉淀人气和打造品牌的展示平台。"[5]

可以预见，未来的媒介竞争更为激烈，但有一点是可以肯定的，网络传播相对于传统传播方式是一种传播变革，它带来了新媒介融合方式，电视网站要取得成功必须顺应这个潮流，从满足网民各种需求出发进行运作。网络带来的不仅是挑战更是机遇，电视网站唯有转变观念，沉着应对，并在电视网站与电视母体之间形成良性互动。电视网站和电视媒体完全可以在新的传播环境中迎来更辉煌的未来。

注释：

［1］师永刚. 解密凤凰. 北京：作家出版社，2004.

［2］支庭荣. 融合与转型：传统媒体的未来生存法则. 中国记者，2006（2）.

［3］柳斌杰接受记者采访中的讲话. 传媒，2006（12）.

［4］柳斌杰接受记者采访中的讲话. 传媒，2006（12）.

［5］陈玉鹏. 凤凰的新路. 互联网周刊，2006（19）.

（本文发表于《东南传播》2007 年第 8 期）

CCTV - 5 更名奥运频道的利弊分析及长远思考

张德胜 黄启龙

摘 要: 2008 年 1 月 1 日,中央电视台体育频道更名为奥运频道,这一事件立即引发了公众热议。文章从正反两个方面分析了央视体育频道更名奥运频道后的社会反响。从正面效果来说,更名的有利因素有四:第一,重新整合与优化配置央视资源,集中力量报道奥运;第二,加大奥运宣传力度,唤起全民奥运意识;第三,借助奥运品牌构筑品牌传播新理念,确立频道经营新思路,实现商业价值最大化;第四,以世人皆知的奥运五环为频道 logo,便于加大文化宣传力度,提升国家及国家电视台的形象。从负面效应来说,更名的不利因素有二:第一,唯奥运是举,削弱了体育专业频道的固有功能;第二,过分强调奥运报道,势必使忠实受众流失。通过讨论分析,文章提出了两方面对策与建议:第一,建议央视设置两个体育频道,节目内容各有侧重;第二,重新协调国内体育频道之间的关系,促进央视与地方媒体之间的和谐发展。

关键词: 央视体育频道;奥运频道;更名;利弊分析;对策与建议

一、引言:央视体育频道更名奥运频道引发争议

对于我国广大体育爱好者来说,2008 年元旦最大的新闻就是央视五套(即中央电视台体育频道的简称,英文缩写为 CCTV - 5)的"变脸"。从 2008 年 1 月 1 日零时起,央视五套正式更名为"奥运频道",这个名称持续到当年 9 月 30 日。

作为央视的品牌频道,CCTV - 5 已成为每年赛事直播量世界第一的频道,中国体育节目品类最丰富的频道,顶级赛事独家转播权最多的频道,热点大赛期间创中国收视纪录最多的频道。[1]为期 9 个月的更名变化必然引起社会的广泛关注,在各大论坛上均吸引了无数网民参与讨论。在百度贴吧的"每周论点"第 15 期,就展开了"CCTV - 5 有必要更名为奥运频道吗"的讨论,仅仅一周时间内,就有跟帖 200 篇,统计结果为:

[作者简介] 张德胜:广州体育学院体育新闻与传播专业教授,硕士生导师;黄启龙:广州体育学院体育新闻与传播专业 2006 级研究生。

	赞成	反对	中立或无所谓	对更名提出建议	认为不必讨论	被删	合计
数量（篇）	24	96	9	9	48	14	200
百分比（%）	12	48	4.5	4.5	24	7	100

然而，不管怎么争论，更名已是事实。下面，我们就央视五套更名奥运频道后所产生的利与弊进行学理分析，进而思考体育频道今后的长远走向。

二、央视体育频道更名奥运频道带来的有利因素

1. 重新整合与优化配置央视资源，集中力量报道奥运

整合各方面的资源与力量，放大 CCTV 的声音，为全民共享奥运作贡献，使之转化成为最大的传播效应，这是央视 2008 奥运转播年的整体理念。其实从 2007 年 1 月 1 日开始，央视五套就围绕"奥运冲刺年"，配合企业界对于奥运传播的需求，迎合观众群对于奥运节目的渴望，顺势而行，以"突出赛事、加强新闻，改造栏目、强化奥运，改进编排、扩大影响"为宗旨，进行了第三次大规模改版。

除了央视五套的更名动作外，央视一套、二套、七套以及一个高清频道和两个付费频道，在奥运会期间都将作为奥运频道的辅助频道，集中配合直播和转播奥运赛事。而在距奥运 839 天之际，一档专为报道奥运题材而设的栏目——《奥运来了》在央视新闻频道闪亮登场。这一全新栏目，就是从社会、经济、政治、文化等多方面、多视角关注北京奥运。[2]

根据计划，作为"主报道场"，奥运频道将根据奥运进程分为五个阶段进行操作：第一，1 月 1 日至 3 月 23 日，《体育晨报》将改版为《你好，2008》，下午则开辟时段重温历届奥运会的经典比赛；第二，3 月 24 日至 5 月 3 日，推出火炬传递报道节目《与圣火同行》，报道奥运圣火在境外和珠峰的传递情况；第三，5 月 4 日至 8 月 7 日，在每天早、中、晚时段增设《与圣火同行》特别节目，全力报道奥运圣火在中国各地的传递；第四，8 月 8 日至 24 日为奥运会报道阶段；第五，8 月 25 日至 9 月 30 日为残奥会报道阶段。

在此期间，奥运频道和央视一套、央视二套、央视七套、高清频道以及两个付费频道将全力为观众奉献丰盛的奥运大餐。除了有 8 月 8 日和 9 月 6 日两个开幕式的重要时间节点，更有前后近 30 天赛事的精彩直播、30 个场馆混合区单边点的现场报道和 18 个场馆评论席的现场解说。赛场机位、移动卫星车、直升机、空中、地面、奥林匹克区域内外，观众将享受到全方位、多渠道的立体化奥运

报道。

对那些因为各种原因无法到现场或者收看电视直播的观众来说，奥运频道赛间早、晚的新闻专题节目《你好，2008》、《奥运新闻》、《全景奥运》、《荣誉殿堂》和白天的滚动新闻，可以让他们对一天的奥运赛况有一个比较全面、快速的了解。8 月 8 日奥运会开幕前后，在保证赛事优先、直播优先的前提下，奥运频道将陆续推出重新打造的对话栏目《五环夜话》和全新的栏目《奥运故事会》、《奥运与科技》、《对手》。奥运会结束后，全景纪实纪录大片《奥运档案》也将在奥运频道与观众见面。

2. 加大奥运宣传力度，唤起全民奥运意识

奥运会是"全球媒介事件"。一切传播都是为了效果，首先应引起受众的关注，如果受众不听不看，那就根本谈不上产生效果。在当今信息化时代，只有人们的注意力才是稀缺的资源，如诺贝尔经济学奖获得者赫伯特·西蒙（Herbert Simon）所言，"信息的丰富产生注意力的贫乏"。在这种情况下，信息是否能够有效地吸引注意力就变得重要。而奥运传播恰恰在注意力这一层面上拥有无与伦比的优势。

北京举办 2008 年奥运会，全世界都在关注和期待。应该说，从 2001 年 7 月申奥成功开始，中国观众、中国媒体对北京奥运的关注就从未停止过。而在 2008 年，这种关注将会迅速升温。作为中国最为权威也最具实力的宣传媒介，央视担负着向全民普及奥运知识、传输奥运理念、弘扬奥林匹克精神的重任，而奥运频道也将会成为奥运宣传最红的一面旗帜，强化奥运将成为奥运频道的重要核心。通过改版来丰富频道的奥运资源，全面扩大奥运的影响，进一步提升奥运频道的收视份额，是央视奥运频道工作的重中之重。

3. 借助奥运品牌构筑品牌传播新理念，确立频道经营新思路，实现商业价值最大化

如今的电视媒体已经成为商业机构，要想获得丰厚的利润，就必须采用开放性的市场化运作模式。中国的电视媒体更要清晰地认识到抢占市场的重要性。从 2002 年开始，北京奥组委就陆续与中国移动通信、联想集团、中国石油天然气总公司、青岛啤酒、伊利乳品有限公司、德国大众汽车公司、可口可乐有限公司等国内外知名企业签署合作协议，并使许多栏目获得了独家冠名，奥运赞助商的中标总额也达到了 9.4 亿元[3]。使北京奥运会的合作化理念不断扩大，也使北京奥运会有了强大的经济后盾。

CCTV－5 作为中国最具品牌价值的专业电视体育媒体，凭借其强大的赛事资源已使全国观众形成了极为稳固、持续的收视行为。全年 2 000 多场直播赛事量，使它占据了全国电视体育市场 86% 的份额。CCTV－5 已经成为中国体育营

销领域最具市场影响力与号召力的战略性资源。[4]而北京奥运不同于以往，它的最大价值是巨大的主场价值，是众多中国品牌的主场，电视媒体是观众接触和欣赏奥运最重要的渠道。而 CCTV 作为中国大陆唯一拥有赛事转播权的机构，新媒体的转播也归其名下，必然成为亿万观众和众多商家最为瞩目的媒体。在这种背景下，CCTV - 5 更名为奥运频道后，无疑是央视所有频道中的王牌。

4. *以世人皆知的奥运五环为频道 Logo，便于加大文化宣传力度，提升国家及国家电视台的品牌形象*

在奥运传播中，主办国文化与奥林匹克文化的互动是基础。在此基础上，主办国文化借奥运"焦点效应"得以实现与世界各国文化的交流。奥运会最为主办国看重的是它的"焦点效应"[5]，"焦点效应"的体现就是国际媒介对主办国的关注和报道，它是奥运传播中最关键、最有价值，也是最有风险的一个环节。

奥运传播为主办国获得文化认同提供了绝佳的机会。首先，认同是社会互动过程的结果，一国文化必须在与他者的比较和交流中才有可能获得认同，而奥运传播为主办国文化提供了与世界各国文化"对话"的机会。我们的对外传播能否取得良好的效果，"关键就在于我们对外传播工作者能否在我们同外国受众之间，找到兴趣、需求的交汇点，找到认知的交汇点，找到感情的交汇点"[6]。奥林匹克文化正是奥运会主办国文化和世界各国文化之间的"交汇点"，既是兴趣和认知的交汇点，也是感情的交汇点。

对于国人来说，CCTV - 5 已经是一个品牌；对于其他国家的人来说，也许并不那么熟悉。然而，将 CCTV 和奥运五环整合在一起形成 Logo，极易让全世界产生认识与认同。在这样的标识里，无论怎样渲染奥运文化和弘扬中华文化，总是显得那么贴切和生动，让人易于接受和喜爱。在全球观众对于央视奥运频道节目的接受中，中国国家电视台和中国国家形象的正态价值将会与日俱增。

三、央视体育频道更名奥运频道造成的不利影响

1. *唯奥运是举，削弱了体育专业频道的固有功能*

央视体育频道是国内创办最早、规模最大、拥有世界众多顶级赛事国内独家报道权的专业体育频道。自 1995 年 1 月 1 日正式开播以来，迄今已成为国内电视体育媒体中无可比拟的霸主。许多栏目、资讯节目每天定时播出，个性特点鲜明，都已形成品牌，深受欢迎，观众也养成了收视习惯和收视期待。

但是，体育频道更名为奥运频道之后，一切为奥运让路，原先一些深受观众欢迎的体育品牌节目要么"缩水"，要么"隐退"。这对于喜爱这些节目的体育观众来说，无疑是一种遗憾。体育的真谛在于促进人的全面发展。竞技体育不是

衡量一个国家体育水平的唯一尺度，综合性竞技体育比赛也不是体育表现的唯一模式。毕竟奥运不等于体育，体育并非只有奥运。无数事实证明，在体育世界里，取胜不是最终的目的，奋斗才是体育的追求，参与才是体育不断发展的动力。只有群众体育运动的全面普及与提高，才能全面增强人们的身体素质，改善人们的生活质量。

2. 过分强调奥运报道，势必使忠实受众流失

央视五套改为奥运频道，势必对"体育频道"的品牌形成巨大的杀伤力，造成电视体育观众的分化。在奥运会开幕前的几个月时间里，央视五套过度报道奥运节目，就难免大幅减少国内电视体育观众所热衷的欧洲足球、NBA、F1、斯诺克等节目。与往年相比，电视体育观众多年的收视习惯被打破，使得不少人放弃或少看央视体育节目。

当然，奥运之后，央视恢复体育频道，但是观众要恢复以前对于体育频道的忠诚度，估计需要一段时间。

四、北京奥运会之后的对策与建议

1. 建议央视设置两个体育频道，节目内容各有侧重

与西方国家体育观众关注本国联赛不同，中国的体育观众非常喜爱国外的高水平联赛，特别是欧洲足球、NBA等项目，这就造成了一个矛盾：国内外联赛中的足球、篮球项目，其重要赛事都是安排在周末播出，无论是比赛的精彩程度还是电视制作的质量，毫无疑问，都是欧美国家高。央视如果只有一个体育频道，就容易顾此失彼。如果侧重转播欧美联赛，可以照顾大多数体育观众的欣赏趣味，容易获得广告与赞助，但是，我们国家自己的联赛就永远也扶持不起来。反之，如果侧重转播国内联赛，可以逐步培养中国体育的观众群体，但是，因为关注度与收视率不高，电视台不可能花大价钱去购买比赛转播的版权，还会造成更大面积的观众流失。

因此，两全其美的办法是，在央视设置两个体育频道。在马国力任央视体育节目中心主任的时候，他就有过这样的设想："在我的理想模式里，中央电视台将拥有两个综合体育频道，它们不是像国外的体育频道那样主要以年龄组为区分原则，而应该以国际和国内赛事为内容的区别——根据对体育频道的收视调查，中国的观众在对于大多数赛事的选择上并没有很明显的年龄差距……这两个频道都是以中央电视台为主，可以适当吸收外来资本，如国家体育总局，吸收外来资本的主要目的是解决部分比赛的电视报道权。"[7]

央视增设一个体育频道的最好时机就是2008年，因为北京奥运会。奥运会

的赛事时间虽然不长，但是奥运会比赛之前有全球火炬接力，比赛之后有残奥会，这样，奥运把中国和世界紧密地联系起来。央视理想的做法，应该是在维持原体育频道不变的前提下，顺势增设一个体育频道（即现在的奥运频道）。奥运会结束后，两个频道可作如下分工：在赛事转播节目和专题节目方面，奥运频道侧重报道奥运项目，体育频道侧重报道非奥运项目；或者奥运频道侧重报道竞技体育，体育频道侧重报道大众体育；或者奥运频道侧重报道国际赛事，体育频道侧重报道国内赛事。在体育新闻节目方面，两个频道的节目内容可以共同制作，播出共享。至于两个频道如何侧重的问题，完全可以通过实践摸索之后再作调整。

但是，既然我们已经错过了一次机会（即奥运频道应该单设，而不是取代），不应该再错下去了。央视奥运频道应在北京奥运会结束之后继续保留，然后再申请创办或恢复体育频道，至于其中所涉及的具体政策、资金、技术等问题，凭借央视的独特地位与身份，要去解决它们，相信不是一件太难的事情。

2. 重新协调国内体育频道之间的关系，促进央视与地方媒体之间的和谐发展

现在国内设置了四五十个体育（文体）频道，它们可以分为三个层次：央视体育频道（奥运频道）雄霸第一层；北京、上海、广东三地的体育频道占领第二层；其他地方体育频道分布在第三层。应该说，第三层次的体育频道，绝大多数经营状况不佳。由于能供报道的赛事资源匮乏，地方体育频道不得不靠大量的文化、娱乐、美食等类型节目来充数，支撑门面。

如果央视同时设置了奥运频道和体育频道，可考虑由奥运频道谈判购买奥运会、世界杯、亚运会的报道权，以确保我国媒体在国际谈判中占据有利地位，谈判成功后再与地方体育媒体达成分销协议。而国内赛事报道则由央视体育频道联手北京、上海、广东三地的体育频道来共同购买版权与制作信号，这三家地方频道以各自所在地区为主要播出区域，同时覆盖全国。央视的牵头作用，可以部分保证这三个区域体育频道既有地方特色又有国际色彩。在此框架下，第三层次的体育频道，可以因地制宜地制作一些富有地方特色的非奥运项目和群众体育娱乐休闲类节目，与第一、第二两个层次的体育频道之间建立互利互惠、相互补充的合作与交换关系。例如，深圳地区高尔夫比赛较多，深圳体育频道可以制作国内高尔夫节目，参与国内体育节目的流通。

注释：

[1] 白斌，潘青山. 电视体育频道的受众市场分析. 声屏世界，2006（4）：57~58.

［2］薛梅.《奥运来了》——中央电视台新闻频道全新风格体育新闻栏目. 广告大观（媒介版），2006（4）：75.

［3］佚名. CCTV-5——中国第一足球电视品牌体育媒体. 广告人，2007（9）：23.

［4］林志楠. 论奥运契机与体育频道发展. 东南传播，2007（8）：10~11.

［5］沈苏儒. 对外传播的理论与实践. 北京：五洲传播出版社，2004.94.

［6］杜婕. 奥运传播中的机遇与风险分析. 武汉体育学院学报，2007（2）：25~28.

［7］马国力. 脚印. 苗炜. 五魁首：CCTV-5 十年纪实. 上海：上海文艺出版社，2005.251.

（本文发表于《新闻知识》2008 年第 5 期）

从球场到荧屏
——电视体育新闻传播的变迁与展望

陈　治

摘　要：在离 2008 年北京奥运会开幕还有 500 天的时候，国内一些媒体纷纷出版特刊或专题，奥运报道发出了第一枪。接下来，各媒体的体育报道人员要进入热身备战状态。如何做好自己家门口的奥运会报道，并以此为契机，提升体育报道的质量，成为各媒体必修的功课。

关键词：新闻传播；电视新闻；体育赛事；展望

从古希腊、古罗马的竞技场，到近现代奥林匹克运动会等，竞技体育融合了运动员的表演和观众的欣赏。包含的主要元素有：竞技的场地（如足球场、网球场、游泳池等），这是体育赛事进行的必要条件；现场观众（表演场地要设有观众席，容纳有限度的人数），观众观看体育赛事是体育赛事得以传播的重要条件。

正如 20 世纪著名学者麦克卢汉提出"地球村"概念时指出的："随着传播技术的进步，世界将变成一个村庄，随之而来的就是不同文化的碰撞和融合，而体育传播正是能够完成文化交流与融合的任务。"[1]20 世纪 70 年代后，卫星通信被普遍采用，电视将体育推向一个新高度，观众可以不用到现场，在家中就可以欣赏紧张、刺激的体育比赛。由于电视的特殊表现技巧，观众能更为清楚地欣赏到运动员的高超技艺，对他们更为崇拜。而一些地域性的或偏门的体育运动，通过电视传播，能在陌生的地方得到推广。总之，竞技体育的传播由于电视的介入发生了翻天覆地的变化。

一、体育从球场转型到电视，其内容表现的哲学基础发生了变化

体育运动表现的哲学基础由现实主义向非现实主义转变。在球场上看体育赛

［作者简介］陈治：广州体育学院体育新闻与传播专业 2004 级研究生。

事，体育赛事得以真实的表现，属现实主义表演。反观电视荧幕，则采用扭曲表现的形式。例如，直播球赛时采用数十部摄像机，将现实赛事大为扭曲。通过剪切（打碎空间）、慢镜头（将速度和暴力美化）、重复镜头等制造出梦幻性体育。

观众视角也由球场到荧幕发生了变化。首先，球场是一个整体的空间。在球场的观众有固定座位，在一个固定的视点观看体育赛事。其视野相当于电影技巧中的远景镜头，而且是单镜头。观众通过电视观看体育赛事则没有固定的视点，观众的眼睛跟着摄影机镜头走动，经常看到球员的面部特写，运动员的喜怒哀乐一目了然。而且由于可以看到入球时不同角度的回放，观众就算分心，错过入球的瞬间，也可以通过回放来补看。

对于作为体育运动主体的运动员，观众在现场观看则侧重观察运动员的整体表现。虽然因远离球场，观众无法看到运动员的细微表情，但整体的机动性合作一览无遗。而镜头运动能追逐个别运动员，回放镜头突出再现明星运动员的高超技艺，通过荧幕观众更关注运动员的个人表现。

二、电视体育新闻传播内容及形式的变迁

在电视体育新闻传播发展的初期，受制于技术条件，采取的是与电影拍摄完全类似的手法。它是媒体依赖的表现形式，当体育赛事结束时，拍摄完毕。即电视转播结束，体育赛事也要结束，它受制于拍摄程序。比如，早期的体育赛事转播常采取先拍摄后配音的方式，通过画面配解说的方式将赛事内容的镜头语言与声音语言的个性特征结合起来。如早期香港转播世界冠军摔跤大赛，就是先拍摄好比赛画面，再由何守信旁述。

随着电子技术的发展，从20世纪70年代中后期开始，电视体育新闻现场直播的优势也日益得到体现。电视比其他媒介更优越的地方就是能即时将当场发生的事情传播到千家万户，让观众在事发的同一时间得以知道整个过程，甚至结果。这使电视体育新闻传播内容更具现实性。电视能捕捉瞬间的画面，充满惊险、悬念和惊奇。现场直播的赛事让观众看得很紧张，不到最后一刻不知赛果。如果知道赛果再看重播，就变得非常乏味了。

随着电视创作管理理念日益成熟，电视体育新闻传播更是由媒体依赖转变成事件依赖。只要有体育赛事举行，电视媒体就会闻风而动，去转播赛事的整个过程，而且每天跟进作直击报道，直到事件结束。如果事件持续数年，播映也就会延续很久而充满悬念。例如，2006年在多哈亚运会期间发生的周萌萌与田鹏飞的打架事件，随着事件的升级，成为电视媒体持续报道的焦点，直到近期周家撤诉方告一段落。

对于重要的综合体育赛事，电视媒体更是花足本钱进行报道。电视台和社会上其他单位通力合作，预先策划及宣传，甚至调整正常节目的播映，提高节目质量来吸引观众的眼球。见证历史时刻的电视体育直播，其最大的作用在于凝聚国家和团结民族，政治性多于信息性或娱乐性。例如，1996年美国亚特兰大奥运会，香港电视媒体第一时间抢先采访到李丽珊而轰动一时，极大地增强了香港民众的民族自豪感。体育赛事直播可给我们错综感受和复杂的视点，让我们在同一时间用不同角度和不同感受看同一事件。

三、电视体育传播发展的展望

展望一：电视体育新闻传播将娱乐至上

体育运动转型为电视节目后变得娱乐化，赏心悦目，极大地吸引了观众。在卫星直播的奥运会和世界杯上，通宵达旦追看者大有人在。除了关注赛事本身以外，电视体育节目还制造体育明星，渲染高难动作，强调事件发展的戏剧性，甚至制造紧张悬疑，不到最后一刻不知结局如何。娱乐化色彩日趋强烈，CCTV－5的"全明星猜想"、"城市之间"等节目的出现可视为电视体育新闻娱乐化的强音。

展望二：电视将球场的有限空间变为无限

通常由于体育场地有限，电视通过变化多端的拍摄技巧，捕捉动作的瞬间，突出动作、体态、肌肉、面部表情（例如特写、慢镜），从不同角度反复表现动作姿势，使运动员完全超越空间的限制（尤其跳水、平衡木等），还可以通过分割画面、鱼眼镜等拉扩空间。

电视画面在处理体育运动时，充分发挥表演和重演的魅力。运动员的体态姿势通过慢镜头和回放镜头得到高度美化，于是体育就转型为超人梦想，美者更臻完美。将球场的有限空间变为无限，绘成体育运动的美丽画卷。

展望三：电视体育传播将瞬间变成永恒

在体育表演现场，画面转瞬即逝，稍有分神便会错过。电视所制造的视觉效果却可完全脱离现实，把瞬间变成永恒。这包括：第一，从容支配时间（如通过剪切技巧，将历时数小时的马拉松长跑比赛浓缩为几分钟的过程）；第二，控制时间，使动作更加戏剧化（如慢镜头、不同角度重复动作），强调表演的成功或失败、胜利的喜悦或失败的痛苦等；第三，勾出个别动作，破坏本来是连贯的动作（如凝镜等）。

展望四：电视体育传播将由表层向深层挖掘

电视体育新闻报道所传播的信息内容可分为表层和深层两类。表层信息是可视可感的事实信息。电视体育新闻传播相比其他媒体，要充分利用声形手段，最大限度地发挥自身对体育新闻事件的表现力。深层信息是对事件的重要性、影响面等方面进行解读。电视在和其他媒体的竞争过程中对事件的深层解读是其弱项，因为电视展现的往往是事实的表象，再加上电视记者往往以为有了表象就有了一切，这就更强化了这一点。因此，电视体育新闻报道要长期保持活力必须对体育事件进行深层的解读。

注释:

[1] 王大中，杜志红，陈鹏. 体育传播——运动、媒体与社会. 北京: 中国传媒大学出版社，2006.65.

(本文发表于《青年记者》2007 年第 7 期)

新浪网国内新闻版改版启示

张晓辉

　　摘　要:本文通过对新浪网国内新闻版 2005 年改版后网页编辑风格的分析,总结出其中四条成功的经验:突出头条专题新闻;注重新闻时效性和重要性的平衡;突出新闻评论;提高受众主导地位。

　　关键词:新浪网;改版;启示

　　网站的网页与报纸的版面有着许多相似之处。在传统的印刷报纸上,编辑的意图可以用多种方式表达,其中一个重要的手段就是版面语言,而网页在网络新闻传播过程中也能够起到类似的作用。近日,一直在国内网络新闻传播领域处于领跑地位的新浪网,对其新闻频道下的国内、国际、社会三个新闻版进行了大幅度的改版(由于这三个新闻版网页风格具有较大的相似性,本文仅以国内新闻版为例进行研究)。通过其国内新闻版(http://news.sina.com.cn/china/)改版后的网页编辑风格,可以看到新浪网新闻传播理念的变化。

一、增加头条新闻,突出专题新闻

　　在版面语言中,"强势"是一个很重要的概念。所谓强势,就是版面吸引读者注意的特性。"来论"则让群众在报纸上直接表达观点,提出意见,使群众的口头舆论场获得了放大效应。只有开辟和重视"来论"栏目,才能为普通受众提供直接参与舆论监督的平台。

　　读者阅读报纸的时候,对每个版面及每个版面上的各个局部的注意程度是不相同的,因而就形成不同的强势。[1]报纸的版面存在强势区域,新闻网页也同样存在。网络阅读有着一个普遍的模式:视线多数时候首先在网页左上角停留,然后在该区域稍作浏览,跟着移动到网页右方。在对网页上方进行一段时间的仔细阅读后,才会开始浏览下方内容。因此,可以认为网页的强势区域由强到弱的次

　　[作者简介] 张晓辉:广州体育学院体育新闻与传播专业 2003 级研究生。

序依次是：上左—上中—上右—下方。

改版后的新浪网国内新闻版（以下称"新版"，改版前的国内新闻版称"旧版"），在其网页左上方，一般放置一张当天最重要新闻的图片。受众一打开网页，目光便会停留在左上方的图片上，点击图片即可看到该条新闻的文字内容。新版上中区域是文字新闻标题部分。编辑把当天或者当天某个时段内较为重要的新闻放在该区域的最上方，将其标题字号放大，并配以不同于其他标题的颜色，这就自然形成了该版面的文字新闻头条。而旧版的各条标题的字号、字体、颜色完全一样，并且只是按时间顺序由上到下排列，重要的新闻未能显现出来，更无头条新闻可言。

在新版上右区域设置的是"热点专题"。新闻专题一般用来报道在某一个较长时间段内能够引起公众持久注意的热点新闻。新闻专题可以说是最具特色的网络新闻，它包含了大量的信息，除了能发挥告知功能，还可以给受众答疑解惑，因而深受网民喜爱，往往能取得不错的传播效果。而旧版的热点专题放在网页下右的位置，也是整个网页最弱势的区域，显然未能发挥热点专题应有的作用，传播效果也大打折扣。相对而言，旧版只是多条新闻简单的堆砌，除数量外，几乎毫无特色可言。而新版增加了头条新闻，突出了专题新闻，体现了与报纸相近的编辑思想，能够更好地发挥媒介议程设置功能。

二、注重新闻时效性和重要性的平衡

新闻报道的首要工作是对有新闻价值的事实进行选择，选择的目标和判断标准都围绕价值进行，因此新闻报道的价值选择是一切报道活动的中心环节。[2]网络新闻传播注定是分秒必争的，网络新闻编辑必须要尽早报道最新的新闻，但是由于网页空间有限，这样往往会造成最新的新闻覆盖了虽然"旧"，但却是更为重要的新闻。因此，编辑在选择时效性强的新闻与更加重要的新闻之间就会产生矛盾。改版后的新浪网国内新闻版在网页上左区域的图片下方，设置了"24 小时新闻排行榜"，依据新闻的重要性，由上至下依次排列；在网页上中区域的头条新闻下，则依据新闻报道的时间顺序，由上至下排列。这样既能够满足最新的新闻及时报道，又不会湮没一些"旧"的重要新闻，较好地平衡了不同新闻的时效性和重要性。从受众的角度来说，如果是新浪网的忠实读者，可能一天会多次打开新浪网新闻网页阅读，这样在再次打开国内新闻版，发现"24 小时新闻排行榜"上重要的新闻都读过时，就可以直接转向网页上中时效性新闻区域，阅读最新的新闻，既节省了时间，又能迅速找到阅读目标。

三、突出新闻评论

对于新闻评论的价值，或者说是主要功能和积极作用，中外政治家和新闻学者素有各种各样的称誉，诸如："评论是报纸的灵魂"，"评论是报纸的旗帜"，"评论是报纸的心脏"，"没有评论的报纸是不完全的报纸"，等等。[3] 由此可见它的重要地位和独特功能。新闻评论在我国一些知名媒体中占据极其重要的地位，如被誉为"新闻铁军"的《南方都市报》，其 A02、A03 这两个重要版面均为新闻评论版。

然而改版前的新浪网国内新闻版并未看重新闻评论，把"媒体评论"专栏放在了网页的最下方。根据网络阅读习惯，网页最下方的区域是受众最容易忽略的地方。因此一般受众在旧版网页上几乎是注意不到新闻评论的，这不能不说是一个很大的遗憾。当然这正是由新浪网以前的网络新闻观所导致的。新浪网总编辑陈彤曾经表示："有人提到要从所谓更高层次来要求网络媒体，如加强观点、评论的力度，发出媒体自己的声音等等，但其实这些仍然不是最重要的。"[4]

新版则把"媒体评论"放在网页上方正中间的强势区域，里面包含五条精选的新闻评论，突出了评论的地位。虽然这些评论是从报纸上转载而来的，并非网站的原创，但这是网络编辑挑选上百家报纸新闻评论的过程，即新闻选择，体现了编辑的思想和意图，从而也体现了网站立场。显然，新浪网对新闻评论的观念已经发生了改变。

四、提高了受众的主体地位

与旧版相比，新版增加了"论坛热帖"和"网评排行"两个栏目。"论坛热帖"集中了新浪网论坛里网友原创的比较出色的帖子，帖子的内容可以是新闻信息，也可以是评论。这也正是网络媒体的受众与传统媒体受众的不同之处，网络受众不仅仅是信息的接受者与旁观者，他们更多地加入到传播过程中，可以提出自己对信息的需求，可以对传播的内容提出看法，也可以将自己认为有价值的信息放到网上传播，网络受众是新闻的再生产者。[5] 在 2005 年 7 月 6 日的新浪网国内新闻版的"论坛热帖"里，就有网民发的一条题为"感动中国：这是一支真正的人民军队"的信息，里面是一组"广西梧州数万市民欢送抗洪部队撤离"的照片。此时南方特大洪水刚过，这条信息定会激发人们拥军的热情，起到积极的作用，其传播效果绝不亚于传统媒体的任何一篇报道。

"网评排行"汇集了受众对重大新闻事件的评论，只要点击该栏目里的主题新闻，受众即可进入相应的新闻留言板，自由发表自己的评论。"网评排行"里共有 10 条主题新闻，由上至下，完全按照受众对每条新闻发表评论的总体数量来排列。这样不但给了受众自由发表言论的空间，还充分尊重了受众的选择。"论坛热帖"和"网评排行"里的信息传播是新浪网新闻信息传播的重要组成部分。这两个栏目的增加，充分体现了网站进一步提高受众主体地位的思想。

从以上四点不难发现新浪网新闻编辑思想的两个新动向：一是抛弃以前简单的堆砌新闻的做法，借鉴报纸编辑技术，突出头条新闻、重大新闻、专题新闻以及评论，体现网站的传播意图；二是在新闻传播过程中，突出受众的主体地位。新浪网运用传统媒体的新闻传播理念和操作手段，是否符合网络新闻传播的规律，尚待研究。但可以肯定的是，正是在一次次的创新和突破中，网络媒体积累了越来越多的新闻传播经验，并将走向规范和成熟。

注释：

[1] 郑兴东. 报纸编辑学教程. 北京：中国人民大学出版社，2003.237.

[2] 刘建明. 当代新闻学原理. 北京：清华大学出版社，2003.204.

[3] 丁法章. 新闻评论教程. 上海：复旦大学出版社，2002.52.

[4] 陈彤. 新浪之道. 福州：福建人民出版社，2005.49.

[5] 彭兰. 网络新闻学原理与应用. 北京：新华出版社，2003.86.

（本文发表于《新闻知识》2005 年第 8 期）

NBA 薪资制度建设及运行效果研究

王晓东 白 麟

摘 要：本文运用文献资料、逻辑分析等方法对 NBA 薪资制度及运行效果进行了研究。研究结果表明，工资帽是 NBA 薪资制度的核心，工资帽规定了球队薪金的最大限额和最低限额。工资帽特例允许球队在某些条件下超过工资帽，主要有伯德、早伯德、中产阶级、双年、新秀、底薪等特例条款。NBA 规定了球员薪金额度、合同年限以及增长幅度。球员工资有底薪和顶薪限制，两者都是建立在球员的 NBA 球龄的基础上的。球龄越长，薪金限制额度越高。首轮新秀的年薪与其选秀顺位严格挂钩，某顺位新秀的年薪由前 7 年同样顺位新秀年薪加权平均计算得来。契约税是针对球员的处罚机制，奢侈税是针对老板的处罚机制，奢侈税和契约金平均分配给各球队。NBA 球队工资增长幅度比较平稳，工资额和胜场数之间的关系不大，完善的薪资制度有助于保持联盟平衡与竞争性。

关键词：NBA；薪金；制度

薪资制度是职业体育联赛运行机制的核心环节，完善的薪资制度有助于保持联盟的平衡与竞争性，促进联赛健康协调发展。我国职业体育开展 10 余年来，尽管取得了很大的成绩，但也暴露了一些尖锐的问题。一方面，联赛运营成本逐年提高，但俱乐部造血功能低下，很多俱乐部经营状况欠佳。另一方面，一些项目的运动员收入却日益飞涨，呈现出与贡献不成比例的畸高状况，受到了人民群众的广泛质疑，很大程度上影响了我国职业体育的声誉和发展势头。这些问题或多或少都与我国职业体育薪资制度建设不够完善有关，可以说，薪资制度建设是关系到我国职业体育生存与发展的重大举措。NBA 作为全球影响最广泛的职业体育赛事，对其薪资制度进行研究，有助于指导我国职业体育薪资制度建设，为我国职业体育的可持续发展服务。

［作者简介］王晓东：广州体育学院新闻与传播专业教授；白麟：广州体育学院体育新闻与传播专业 2010 级研究生。

一、NBA 对球队薪金的限制

1. 球队薪金总额的构成

劳资协议是 NBA 联盟和球员工会制定的一个合约，订立了一些双方都必须遵循的规则。根据 1999 年的劳资协议，球队薪金包括：所有现役球员和伤病名单上的球员的工资，包括可能的红利；付给被球队裁掉的球员的工资（减去联盟豁免的一定数额）；退休球员的工资；球队尚未宣布放弃的自由球员的前一年工资的一部分；邀请合同的工资；未签约的第一轮新秀的工资；球员总数少于 11 人时的罚薪；如果球队薪金低于上限，则所有未申明放弃的特例条款都记入球队薪金；如果球队在赛季中有转会交易，那么被转走的球员的工资不计算在球队薪金之内，交易中得到的球员的工资则计算在球队薪金之内。2005 年的劳资协议规定球队有一个一次性遣散名额，用来遣散一名球员（或者用在一名已经遣散的球员的和约上）。该球员薪金继续计入球队薪金总额，但计算奢侈税时该球员薪金将从球队薪金总额中除去。

2. 球队薪金额度的限制

工资帽是球队能够用于球员工资开销的最大限额，NBA 第一次设立薪金上限是在 1946—1947 赛季。那时的球队薪金上限是 55 000 美元，大多数球员的工资只有四五千元。大明星乔·法尔克的年薪是 8 000 美元，全联盟工资最高的是底特律猎鹰队的汤姆·金，年薪 16 500 美元，那还是因为他身兼球员、公关主管和运营经理三职。现代 NBA 薪金上限开始于 1984—1985 赛季。NBA 根据近几年的情况预测下个赛季的"篮球相关收入"（BRI），从计划 BRI 的 48.04% 中减去红利再除以 29（NBA 球队数目），最后得到工资帽的数额。2005—2006 赛季工资帽占 BRI 的比例上升到 49.5%，2006—2007 赛季上升到 51%。工资帽在每个赛季的七月冻结期后的第一天被计算出来。除此以外，劳资协议还规定了薪金下限（薪金上限的 75%）。如果一个球队的薪金总额低于薪金下限，那么赛季结束后这部分差额将会返还分配给球员。球队有权拖欠球员工资的 30%，但是在计算球队每年薪金的时候，拖欠的数额计算在"应付"的一年，而不是"实付"的那一年。[1]

表1 1998年以来NBA球队薪金限制额度一览表

单位：美元

赛季	规定的薪金约束	实际薪金上限	实际薪金下限	保证金	奢侈税触及线
1998—1999	3 000万	3 000万	2 250万	无	无
1999—2000	3 400万	3 400万	2 550万	无	无
2000—2001	48.04%的BRI	3 500万	2 663万	无	4 367万
2001—2002	48.04%的BRI	4 250万	3 186万	超过BRI 55%的部分	—
2002—2003	48.04%的BRI	4 027万	3 020万	超过BRI 55%的部分	5 288万
2003—2004	48.04%的BRI	4 384万	3 288万	超过BRI 55%的部分	—
2004—2005	48.04%的BRI	4 387万	3 290万	超过BRI 57%的部分	5 469万
2005—2006	49.5%的BRI	4 950万	3 712.5万	超过BRI 57%的部分	6 127万
2006—2007	51%的BRI	5 315.5万	3 985万	超过BRI 57%的部分	6 542万

数据来源：根据NBA官方网站资料整理

3. 工资帽特例

NBA用的是软工资帽，允许球队在某些条件下超过工资帽。工资帽规则有以下几种特例：拉里·伯德条款，允许工资帽以上的球队同本队的自由球员重签合约，数额可以达到顶薪。这名球员必须至少打满三个赛季，且在这三个赛季中没有被解雇过，没有以自由球员身份换过球队。1999年劳资协议规定自由球员合约最长年限为6年，年薪涨幅最高为10%。使用伯德条款最高签约年限为7年，年薪最高增长幅度为12.5%。2005年劳资协议将自由球员合约的最长年限减为5年，年薪最高涨幅降为8%。使用伯德条款最高签约年限为6年，年薪涨幅最高为10.5%。此外，NBA还有早伯德、中产阶级、双年、新秀等一些特例条款，分别对特定球员签约资格、薪金额度、签约年限及工资涨幅作了特别的规定（见表2）。值得注意的是，只有球队工资超过了工资帽，工资帽特例才能生效。如果球队工资在工资帽之下，这些特例就被加在球队工资总额中。基本思路是使球队不能得利于特例的使用顺序，球队不能先使用各种特例，然后留出薪资空间来签自由球员。如果球队薪金已经超过工资帽，那么特例就不算在球队工资中，因为这时球队已经没有空余的工资空间来签自由球员了。

表2　2005年NBA劳资协议工资帽特例规定

特例条款	资格	合同年限	最高薪金	最大涨幅	能否分割使用	其他要求
拉里·伯德	3年没有作为自由球员转会的本队自由球员	1~6年	顶薪	10.5%	否	无
早伯德	2年没有作为自由球员转会的本队自由球员	2~5年	前一份工资的175%或者平均工资，两者取大	8%	否	无
非伯德	本队不符合伯德条款、早伯德条款的自由球员	1~5年	前一份工资的120%或者底薪的120%，两者取大	5%	否	无
中产阶级	任何人	1~5年	500万美元	8%	可以	无
双年条款	任何人	1~2年	2005—2006赛季为167万美元，每个赛季递增前赛季的4.5%	8%	可以	隔年使用
新秀条款	首轮新秀	2++球队选项	新秀既定工资的120%	8%	否	选项年后成为受限自由球员
底薪	任何人	1~2年	底薪	8%	否	无
伤病球员	任何人	1~5年	伤病球员工资的50%或者平均工资，两者取小	8%	否	经联盟确认可以只在有限时间内使用
邀请合约	效力某队第一个三年的受限制自由球员	2年及以上	顶薪	8%	否	该球员的原球队有签约优先权

二、NBA 对球员薪金额度的限制

1. 球员顶薪限制

球员工资有底薪和顶薪的限制，两者都是建立在球员的 NBA 球龄的基础上的。球龄越长，薪金限制额度越高。顶薪是指球员在一个赛季内所能够领取的最多薪金。0~6 年球龄的球员顶薪为当年工资帽的 25%，7~9 年球龄的球员顶薪为当年工资帽的 30%，10 年及以上球龄的球员顶薪为当年工资帽的 35%。这一规定的特例是：在多年期合同中，只有第一个赛季的工资受顶薪的限制（但是之后每年工资涨幅是另有限制的）。而且，前一个赛季的工资高于顶薪的自由球员，他们新合同的工资最高可以达到前一个赛季工资的 105%。有一点需要注意的是：由于 1999—2000 赛季的球员工资超过了 BRI 的 55%，因此 2000—2001 赛季工资帽下调了。而顶薪却没有受到这个调整的影响，仍是在调整前的工资帽的25%、30% 和 35% 的基础上设定的。[2]

表3　1999—2006 年 NBA 劳资协议对球员顶薪的限制

单位：美元

球龄	1998—1999	1999—2000	2000—2001	2001—2002	2002—2003	2003—2004	2004—2005	2005—2006	2006—2007
0	9 000 000	9 000 000	9 658 000	10 625 000	10 067 750	10 960 000	10 970 000	12 000 000	12 700 000
1	9 000 000	9 000 000	9 658 000	10 625 000	10 067 750	10 960 000	10 970 000	12 000 000	12 700 000
2	9 000 000	9 000 000	9 658 000	10 625 000	10 067 750	10 960 000	10 970 000	12 000 000	12 700 000
3	9 000 000	9 000 000	9 658 000	10 625 000	10 067 750	10 960 000	10 970 000	12 000 000	12 700 000
4	9 000 000	9 000 000	9 658 000	10 625 000	10 067 750	10 960 000	10 970 000	12 000 000	12 700 000
5	9 000 000	9 000 000	9 658 000	10 625 000	10 067 750	10 960 000	10 970 000	12 000 000	12 700 000
6	9 000 000	9 000 000	9 658 000	10 625 000	10 067 750	10 960 000	10 970 000	12 000 000	12 700 000
7	11 000 000	11 000 000	11 589 000	12 750 000	12 081 300	13 152 000	13 164 000	14 400 000	15 710 000
8	11 000 000	11 000 000	11 589 000	12 750 000	12 081 300	13 152 000	13 164 000	14 400 000	15 710 000
9	11 000 000	11 000 000	11 589 000	12 750 000	12 081 300	13 152 000	13 164 000	14 400 000	15 710 000
10 +	14 000 000	14 000 000	14 000 000	14 875 000	14 094 850	15 344 000	15 358 000	16 800 000	17 720 000

2. 球员底薪限制

球员底薪是指球员在 NBA 一个赛季中所应领取的最少薪金。底薪与球员服

役年限成正相关，如 2004—2005 新秀的底薪为 38.5 万美元，而球龄 10 年以上的球员底薪达到了 110 万美元。2005 年劳资协议规定：2006—2010 年间，底薪工资每年按照 3% 的比率增长。关于底薪有一个重要特例：对于一些特定的球员，联盟办公室会负责支付他的一部分工资。这种情况发生在当一个球员在联盟效力了 4 年以上，而且同球队签订了一份一年，或者 10 天，或者剩余赛季的底薪合同时。这种情况下，球队支付给这个球员的工资是按 3 年球龄的球员的工资水平来计算的，联盟支付剩下的部分。这样做的原因是避免球队因为老球员身价较高而放弃他们。此外，以一年底薪签约的球员，如果服役年龄超过 2 年，球队只需按照 2 年底薪球员标准支付工资，差价部分由联盟支付，且差价不计入球队薪金总额。

表4 1998—2004 年 NBA 劳资协议对球员底薪限制一览表

单位：美元

服役年限	1998—1999	1999—2000	2000—2001	2001—2002	2002—2003	2003—2004	2004—2005
0	287 500	301 875	316 969	332 817	349 458	366 931	385 277
1	350 000	385 000	423 500	465 850	512 435	563 679	620 046
2	425 000	460 000	498 500	540 850	587 435	638 679	695 046
3	450 000	485 000	523 500	565 850	612 435	663 679	720 046
4	475 000	510 000	548 500	590 850	637 435	688 679	745 046
5	537 500	572 500	611 000	653 350	699 935	751 179	807 546
6	600 000	635 000	673 500	715 850	762 435	813 679	870 046
7	662 500	697 500	736 000	778 350	824 935	876 179	932 546
8	725 000	760 000	798 500	840 850	887 435	938 679	995 046
9	850 000	885 000	923 500	965 850	1 000 000	1 000 000	1 000 000
10 +	1 000 000	1 000 000	1 000 000	1 000 000	1 030 000	1 070 000	1 100 000

3. 首轮新秀工资额度限制

NBA 从 1994 年开始实行严格的首轮新秀工资规定，当时有流言说那年状元秀 Glenn Robinson 要价 1 亿美元，否则将不和球队签约，最后双方以 10 年 6 815 万美元成交。由于首轮新秀常常拒绝和球队签约，要挟高额合同，而一些老球员看到没有资历的新秀得到丰厚合同，也会心存芥蒂，因此 1995 年开始，首轮新秀的年薪与其选秀顺位严格挂钩，某顺位新秀的年薪由前 7 年同样顺位新秀年薪加权平均计算得来。第一轮新秀合同必须是 3 年，之后成为自由球员。[3] 劳资协议签订后的第一个赛季（1998—1999）沿用了这一方式，从 1999—2000 赛季开始，新秀工资数字每年上涨 1998—1999 赛季金额的 5%。表 5 列举了规定的1998—2004 年状元秀的工资数额，实际上合同金额可以在规定数字的 80% 和120% 中滑动，每年涨幅不得高于 10%。举例来说，1999—2000 赛季状元秀的第一年工资可以是 2 250 640 美元到 3 375 960 美元中的任何数字。合同是 3 年加一个球队选项（这个选项必须在球员第二个赛季后的 10 月 31 日之前执行）。第四年后，球员成为受限制自由球员（假设球队执行第四年选项）。合同可以在第三赛季后的 8 月 1 日和 10 月 31 日中由双方同意后延期。第四选项年合同的涨幅根据顺位变化，第一位新秀是 26.1%，第 29 位则可以达到 80.5%。2005 年劳资协议规定首轮新秀和约从 3＋1 变为 2＋1＋1（两次球队选项，分别在第一赛季和第二赛季末），完成 4 年合同的新秀成为受限制自由球员。[4]

表 5　1998—2004 年 NBA 劳资协议对状元新秀顶薪的规定

单位：美元

赛季	第一年	第二年	第三年	第四年球队选项（在第三年工资基础上的涨幅）
1998—1999	2 679 300	2 880 200	3 081 200	26.1%
1999—2000	2 813 300	3 024 300	3 235 300	26.1%
2000—2001	2 947 200	3 168 300	3 389 300	26.1%
2001—2002	3 081 200	3 312 300	3 543 400	26.1%
2002—2003	3 251 200	3 456 300	3 697 400	26.1%
2003—2004	3 349 100	3 600 300	3 851 500	26.1%
2004—2005	3 483 100	3 744 300	4 005 600	26.1%

三、NBA 薪资制度的处罚机制

1. 契约税

契约税是针对球员的处罚机制。导致 1998 年停摆的最大因素是球员薪金在联盟总收入中的比例之争。

1995 劳资协议规定球员工资不能超过 BRI 的 53%，但是在 1997—1998 赛季时，这个值超过了 58%，就激发了"中止"条款，使得老板们终止了 1995 年劳资协议。1999年劳资协议加入了契约税系统，以确保球员工资和红利不超过一个指定的BRI百分比。2001—2004年间工资和红利占BRI的上限百分比为55%，2004年以后占BRI的57%。为了使得工资和红利不高于这个指定百分比，从2001—2002赛季开始，球员工资将被扣留一部分，存入到一个契约税账户中。扣留部分是预计可能超过的数额，不得超过工资和红利总额的10%。每个赛季结束后，比较联盟总工资和BRI的指定百分比，检查是否有超出。如果没有超出，那么所有契约税中的钱都会被退还给球员。如果超出了，那么超出部分将返还给老板（这使得工资总额重新等于指定百分比），然后球员拿回剩下的部分。

2. 奢侈税

工资托管的目的是使球员的工资与福利之和保持在BRI的指定百分率。假设在某个赛季内，球员的工资与福利之和超过BRI的指定百分率，但是，球员的托管工资足以把两者的差额补齐的话，NBA联盟就不会征收奢侈税。假设在某个赛季内，球员的工资与福利之和超过BRI的指定百分率，但是，球员的托管工资不足以把两者的差额补齐的话，NBA联盟就要征收奢侈税了。当联盟工资和红利总额超过了BRI的61.1%［理论上讲是循环小数61.111%，即55%/（1−10%），2004—2005赛季是63.333%，即57%/（1−10%）］时，奢侈税就被触发。如果奢侈税被触发，那么所有工资额高于奢侈税触发线［在CBA中叫做"球队契约上限"（Team Escrow Limit）］的球队都将支付奢侈税，支付的金额为球队工资超过奢侈税触发线的部分。1999年劳资协议规定：如果联盟工资和红利总额少于这个数，那么没有球队需要支付奢侈税，不管他们工资有多高。例如，对于2001—2002赛季来说，尽管纽约尼克斯队的工资达到了8 550万美元，但由于球员工资总额未达到奢侈税触发线（BRI的61.1%），NBA联盟并没有对其征收奢侈税。但在2005年劳资协议中，不管球员薪金总额有没有达到奢侈税触发线（BRI的63.5%），超过触发线的球队也要按照1∶1的比例缴纳税款。奢侈税和契约金将平均分配给各球队。[5]

四、NBA薪资制度运行效果

由于球员工资与联盟经营情况挂钩，球员工资增长幅度较为平稳。在1998—2006年间，球队平均工资由1998年约3 500万美元增长到2006年约6 600万美元，增长幅度约为80%，与联盟同期篮球相关收入幅度较一致。球队之间的工资也比较均衡，除了新军夏洛特山猫队薪金总额较低外，其余球队的薪金额度和联盟平均工资比较接近（见表6）。工资帽有助于保持联盟的平衡与竞争性。2001—2002赛季，NBA球队工资额和胜场数之间的关系系数是0.13，基本上两者没有什么必然联系，而没有工资帽限制的美国职业棒球大联盟的这个系数在 2002 赛季高达 0.43。由于高额工资并不一定能够带来优异战绩，那些不顾球队经营状况而大肆"烧钱"的球队往往会陷于债台高筑的困境，逐步会放弃哄抢球星的不理性行为，NBA 薪资制度的运行效果也就越来越好。

表6 1998—2008 年间 NBA 球队球员薪金一览表

单位：百万美元

	1998	1999	2000	2001	2002	2003	2004	2005	2006	2007	2008
纽约尼克斯	58	50	75	82	86	80	96	100	118	121	100
洛杉矶湖人	38	28	58	65	56	68	69	66	77	81	77
达拉斯小牛	29	24	42	60	58	75	83	95	97	91	103
芝加哥公牛	69	20	30	33	43	47	57	60	61	59	67
休斯敦火箭	30	25	55	52	49	53	59	63	73	68	75
底特律活塞	28	23	45	40	42	51	57	58	63	63	70
菲尼克斯太阳	44	25	49	45	56	58	66	48	57	66	72
迈阿密热队	37	31	53	67	53	49	50	63	65	68	79
圣安东尼奥马刺	36	26	46	60	46	56	50	54	67	69	74
克利弗兰骑士	29	21	49	48	46	53	50	52	55	69	85
萨克拉门托国王	33	23	43	49	55	73	72	65	67	68	67
费城76人	32	24	45	54	53	61	63	70	78	75	78
波士顿凯尔特人	27	21	49	49	48	56	54	68	66	67	78
印第安纳步行者	41	34	57	58	54	56	61	59	79	67	70
华盛顿奇才	42	29	55	62	53	49	49	53	58	67	66
新泽西网	34	28	45	60	54	63	67	60	70	68	67
多伦多猛龙	26	21	37	41	53	58	59	65	68	57	70
孟菲斯灰熊	28	22	40	51	45	54	61	70	71	66	58
丹佛掘金	28	22	46	55	53	52	43	48	60	70	87
明尼苏达森林狼	29	22	45	50	55	56	75	73	65	71	73
犹他爵士	30	21	52	57	54	53	38	47	61	68	69
洛杉矶快艇	26	20	29	33	34	46	42	44	55	63	62
奥兰多魔术	47	27	44	40	47	54	54	71	79	65	62
夏洛特山猫								28	37	46	59

（续上表）

	1998	1999	2000	2001	2002	2003	2004	2005	2006	2007	2008
亚特兰大鹰	32	28	46	42	47	59	58	44	47	52	60
西雅图超音速	39	24	44	54	46	56	55	57	53	61	65
金州勇士	31	21	39	45	48	51	56	58	61	69	65
密尔沃基雄鹿	28	23	48	60	56	62	57	61	67	68	66
新奥尔良黄蜂	29	21	41	49	50	48	52	56	45	58	66
波特兰开拓人	31	39	76	90	84	100	74	87	66	82	73
球队薪金均值	34.9	25.6	47.7	53.5	52.6	58.5	59.6	61.4	66.2	68.8	72.1

五、结语

　　工资帽是 NBA 薪资制度的核心，工资帽规定了球队薪金的最大限额和最低限额。工资帽特例允许球队在某些条件下超过工资帽，主要有伯德、早伯德、中产阶级、双年、新秀、底薪等特例条款。NBA 规定了球员薪金额度、合同年限以及增长幅度。球员工资有底薪和顶薪限制，两者都建立在球员的 NBA 球龄的基础上。球龄越长，薪金限制额度越高。首轮新秀的年薪与其选秀顺位严格挂钩，某顺位新秀的年薪由前 7 年同样顺位新秀年薪加权平均计算得来。契约税是针对球员的处罚机制，球员工资被扣留一部分存入到一个契约税账户中。如果联盟总工资超过了 BRI 的指定百分比，超出部分将返还给老板，之后球员拿回剩下的部分。奢侈税是针对球队的处罚机制，如果球队工资超过了奢侈税触发线，球队将按照 1∶1 的比例缴纳税款。奢侈税和契约金平均分配给各球队。NBA 球队工资额和胜场数之间的关系不大，完善的薪资制度有助于保持联盟平衡与竞争性。NBA 球队工资增长幅度比较平稳，与 NBA 经营状况基本保持协调发展。

注释：
[1] 金赛英. NBA 运动员与俱乐部工资收支状况之研究. 体育科学，2004（2）.
[2] 王建国. NBA 球员工资的限制制度. 体育学刊，2006（3）.
[3] 姜玉华. NBA 的工资制度与全球推广战略. 南京体育学院学报（社会科学版），2004（6）.
[4] 孔孟. NBA 大百科：2005—2010 新劳资协议当中的新条款. http：//sports. sohu. com/20050622/n226036579. shtml，2005－06－22.

［5］南方网. 19 岁以下免谈　NBA 2005—2010 劳资协议增加新条款. http：//www. southcn. com/sports/match/nba/200506240836. htm，2005 - 06 - 22.

（本文发表于《广州体育学院学报》2010 年第 4 期）